주역외전 역주

周易外傳譯註

An Annotated Translation of "JUYEOKOEJEON"

【4권】

주역외전 역주 周易外傳譯註 【4권】

An Annotated Translation of "JUYEOKOEJEON"

—

1판 1쇄 인쇄 2024년 3월 5일
1판 1쇄 발행 2024년 3월 20일

—

저   자 ㅣ 王夫之
역주자 ㅣ 김진근
발행인 ㅣ 이방원
발행처 ㅣ 세창출판사
　　　　신고번호 제1990-000013호
　　　　주소 03736 서울시 서대문구 경기대로 58 경기빌딩 602호
　　　　전화 02-723-8660 팩스 02-720-4579
　　　　이메일 edit@sechangpub.co.kr 홈페이지 www.sechangpub.co.kr
　　　　블로그 blog.naver.com/scpc1992 페이스북 fb.me/Sechangofficial 인스타그램 @sechang_official

—

ISBN 979-11-6684-312-9 94140
　　　　979-11-6684-308-2 (세트)

—

이 번역서는 2020년 대한민국 교육부와 한국연구재단의 지원을 받아 수행된 연구임.
(NRF-2020S1A5A7085263)

—

주역외전 역주

周易外傳譯註

An Annotated Translation of "JUYEOKOEJEON"

【4권】

王夫之 저

김진근 역주

세창출판사

□ 일러두기 / 9

계사하전 제1장(繫辭下傳第一章)   10

계사하전 제2장(繫辭下傳第二章)   32

계사하전 제3장(繫辭下傳第三章)   45

계사하전 제4장(繫辭下傳第四章)   52

계사하전 제5장(繫辭下傳第五章)   60

계사하전 제6장(繫辭下傳第六章)   102

계사하전 제7장(繫辭下傳第七章)   112

계사하전 제8장(繫辭下傳第八章)   125

계사하전 제9장(繫辭下傳第九章)   132

계사하전 제10장(繫辭下傳第十章)   146

계사하전 제11장(繫辭下傳第十一章)   155

계사하전 제12장(繫辭下傳第十二章)   164

설괘전(說卦傳)   174

서괘전(序卦傳)   239

잡괘전(雜卦傳)   306

주역외전 역주 1권
一卷

건괘(☰☰乾)
곤괘(☷☷坤)
준괘(☵☳屯)
몽괘(☶☵蒙)
수괘(☵☰需)
송괘(☰☵訟)
사괘(☷☵師)
비괘(☵☷比)
소축괘(☴☰小畜)
리괘(☰☱履)
태괘(☷☰泰)
비괘(☰☷否)
동인괘(☰☲同人)
대유괘(☲☰大有)
겸괘(☷☶謙)
예괘(☳☷豫)
수괘(☱☳隨)
고괘(☶☴蠱)
임괘(☷☱臨)
관괘(☴☷觀)
서합괘(☲☳噬嗑)
비괘(☶☲賁)

박괘(☶☷剝)
복괘(☷☳復)

주역외전 역주 2권
二卷

무망괘(☰☳无妄)
대축괘(☶☰大畜)
이괘(☶☳頤)
대과괘(☱☴大過)
감괘(☵☵坎)
리괘(☲☲離)
함괘(☱☶咸)
항괘(☳☴恒)
둔괘(☰☶遯)
대장괘(☳☰大壯)
진괘(☲☷晉)
명이괘(☷☲明夷)
가인괘(☴☲家人)
규괘(☲☱睽)
건괘(☵☶蹇)
해괘(☳☵解)
손괘(☶☱損)
익괘(☴☳益)

쾌괘(☱☰夬)

구괘(☰☴姤)

췌괘(☱☷萃)

승괘(☷☴升)

곤괘(☱☵困)

정괘(☵☴井)

혁괘(☱☲革)

정괘(☲☴鼎)

진괘(☳☳震)

간괘(☶☶艮)

미제괘(☲☵未濟)

계사상전 제1장(繫辭上傳第一章)

계사상전 제2장(繫辭上傳第二章)

계사상전 제3장(繫辭上傳第三章)

계사상전 제4장(繫辭上傳第四章)

계사상전 제5장(繫辭上傳第五章)

계사상전 제6장(繫辭上傳第六章)

계사상전 제7장(繫辭上傳第七章)

계사상전 제8장(繫辭上傳第八章)

계사상전 제9장(繫辭上傳第九章)

계사상전 제10장(繫辭上傳第十章)

계사상전 제11장(繫辭上傳第十一章)

계사상전 제12장(繫辭上傳第十二章)

주역외전 역주 3권
三卷

점괘(☴☶漸)

귀매괘(☳☱歸妹)

풍괘(☳☲豐)

여괘(☲☶旅)

손괘(☴☴巽)

태괘(☱☱兌)

환괘(☴☵渙)

절괘(☵☱節)

중부괘(☴☱中孚)

소과괘(☳☶小過)

기제괘(☵☲旣濟)

주역외전 역주 4권
四卷

계사하전 제1장(繫辭下傳第一章)

계사하전 제2장(繫辭下傳第二章)

계사하전 제3장(繫辭下傳第三章)

계사하전 제4장(繫辭下傳第四章)

계사하전 제5장(繫辭下傳第五章)

계사하전 제6장(繫辭下傳第六章)

계사하전 제7장(繫辭下傳第七章)

계사하전 제8장(繫辭下傳第八章)

계사하전 제9장(繫辭下傳第九章)   설괘전(說卦傳)

계사하전 제10장(繫辭下傳第十章)   서괘전(序卦傳)

계사하전 제11장(繫辭下傳第十一章)   잡괘전(雜卦傳)

계사하전 제12장(繫辭下傳第十二章)

일러두기

1. 이 번역은 중국 장사(長沙)의 악록서사(嶽麓書社)에서 1992년에 발행한 선산전서(船山全書) 가운데 『周易外傳』을 그 저본으로 하였다.

2. 이 『주역외전』에서는 괘 이름을 저자의 관점을 살려서 표기하기로 하였다. 예컨대 우리나라에서는 遯卦를 '돈괘'라고 읽지만, 왕부지가 철저하게 '은둔'의 의미로 풀고 있음을 존중하여 이 번역에서는 '둔괘'로 읽었다.

3. 가능하면 순수한 우리말로 풀자는 관점에서 우리말로 표기한 것들이 있다. 그리고 가능하면 [ ] 안에 한자를 병기하였다. 예컨대 '剛・柔'를 '굳셈[剛]・부드러움[柔]'으로, '動・靜'을 '움직임[動]・고요함[靜]'으로, '시(時)'를 '때[時]'로, '德'을 '특성[德]'으로, '常'을 '한결같음[常]'으로, '消・長'을 '사그라짐[消]・자라남[長]'으로 표기한 것 등이 그것이다. 이 외에도 가능하면 순수한 우리말로 풀자는 시도를 의식적으로 하였다. 따라서 이것들이 일반 서술어들과 혼동을 줄 수 있는 여지가 있지만 독자 제현의 이해를 바란다.

계사하전 제1장

繫辭下傳第一章章句依朱子『本義』¹³⁴⁰

一

爲治水之術者曰, "陻其所自溢", 是伯鯀之術, 而白圭襲之者也. 則
爲安身利用之術者曰, "杜吉凶悔吝之所從生", 亦猶是而已矣.

역문 치수(治水)의 방법을 다루는 사람은 "물이 넘쳐흐르는 곳을 틀어막아
라!"라고 하는데, 이는 백곤(伯鯀)이 쓰던 방법이었다.¹³⁴¹ 그리고 백규(白圭;

1340 **저자 자주**: 이『계사하전』의 장구(章句)는 주자의『주역본의』에 따라서 나누었다.

1341 백곤은 하나라를 세운 우왕(禹王)의 아버지다. '백(伯)'은 그 작위를, '곤(鯀)'은 그 이름을
가리킨다. 원래 이 곤이 황하의 치수를 담당했는데, 그는 황하의 물이 넘쳐흐르지 못하도
록 둑을 쌓아서 틀어막는 방식[陻]을 썼고, 이렇게 하면서 오행을 잘못 펼쳤다. 그러나 이렇
게 함에서는 그 한계가 있어서 홍수에 범람하는 물을 막을 수가 없었다. 그리하여 결국 범
람하게 되어서는 오히려 사람들에게 더욱 큰 피해를 입혔다. 하느님은 이러한 곤에게 크게
화를 내었고, 그래서 사람 세상을 짐승들의 무리와는 다르게 꾸려 갈 수 있는 비책인 홍범
구주(洪範九疇)를 그에게 내려 주지 않았다. 그래서 곤이 이끌던 사람 세상은 무질서한 사
회가 되었고, 이러한 결과를 초래한 곤은 그 죄로 귀양 가서 죽었다. 그 아들인 우임금이
대를 이어 일어나 아버지 곤과는 달리 물을 소통하게 하는 방식으로 황하의 치수에 성공하
자, 하느님은 그에게 홍범구주를 내려 주었고, 우임금은 이를 자신이 이끌던 나라에 잘 실
현함으로써 살기 좋은 나라를 만들 수 있었다고 한다.(『書經』,「周書, 洪範」: 箕子乃言曰,
"我聞, 在昔, 鯀陻洪水, 汩陳其五行, 帝乃震怒, 不畀洪範九疇, 彝倫攸斁. 鯀則殛死, 禹乃嗣
興, 天乃錫禹洪範九疇, 彝倫攸敍.")

약 B.C.370~B.C.300)[1342]가 이를 답습하였다. 제 한 몸의 안위를 위하여 다른 사람이나 물건을 수단으로 이용하는 사람은 "길·흉, 후회함[悔]·아쉬워함[吝]이 생겨나는 곳을 틀어막아라!"라고 하는데, 이 또한 똑같을 따름이다.

天下固有此澤洞浩瀚之流行於地中, 中國自足以勝之. 驚其无涯而陻以徼幸, 禁其必動, 室其方生, 汩亂五行, 而不祥莫大焉. 知吉凶悔吝之生乎動也, 則曰, "不動不生, 不生則不肇乎吉, 不成乎凶, 不貽可悔, 不見其吝, 而以逍遙乎蒼莽, 解脫乎火宅," 嗚呼! 无以勝之, 而欲其不生, 則將謂 "稻麥生夫飢, 絲麻生夫寒, 君師生夫亂, 父母生乎死", 亦奚爲而不可? 其云 "大盜生於聖人, 無明生於知見", 猶有忌而不敢昌言. 充其所操, 惟'乾''坤'父母爲古今之大害, 而視之若仇讎. 乃要其所挾, 則亦避禍畏難之私, 與禽獸均焉而已矣.

역문 이 세상에는 이렇게 홍수가 크게 범람하여 땅에 널리 퍼지는 재해가 본디 있을 수밖에 없다. 그리고 중국은 스스로 충분히 이를 이겨 냈다. 그런데 백곤은 그 범람이 끝없이 펼쳐짐에 놀라서 요행에 내맡긴 채 둑을 쌓아 이를 막고, 물길이 반드시 움직이게 되어 있음을 금지하였다. 아울러 한창 생겨나는 것을 틀어막으며 오행을 어긋나게 펼쳤다. 그 결과 사람 세상에

1342 백규는 전국시대 중기의 인물이다. 낙양 지방 출신이라고 한다. 이름은 단(丹)이었고, 자(字)가 규(圭)였다. 그를 상(商)나라의 시조라 하는 설도 있다. 백규는 위(魏)나라 혜왕(惠王) 때의 대신으로서 둑을 잘 쌓고 수리 시설을 튼튼하게 다진 사람으로 알려져 있다. 한비자는 백규가 둑의 조그마한 틈들을 찬찬히 잘 살펴보며 틀어막아서 둑이 터지는 것을 막았으니, 이는 '쉬운 것을 신중히 함으로써 어려운 것을 피함'이라 하며 칭찬하고 있다.(『韓非子』, 「喩老」: 千丈之隄, 以螻蟻之穴潰; 百尺之室, 以突隙之烟焚. 故曰: 白圭之行隄也, 塞其穴, 丈人之愼火也塗其隙, 是以白圭無水難, 丈人無火患. 此皆愼易以避難, 敬細以遠大者也.) 또 『전한서』에서는 백규가 산업 경영 방면[治生]에서 남보다 앞서는 이론을 주장하였다고 하고 있다.(『前漢書』, 「貨殖傳」: 蓋天下言治生者, 祖白圭.)

상서롭지 못한 결과를 가져왔으니, 그 폐해가 이보다 큰 것이 없을 정도였다.

그런데 이단(異端)들은 길·흉과 후회함[悔]·아쉬워함[吝]이 움직임[動]에서 생겨난다는 것을 알고는, "움직이지도 않고 생겨나지도 않으니, 생겨나지 않으면 길함에서 비롯하지도 않고, 흉함에서 이루어지지도 않는다. 후회할 만한 것을 주지도 않고, 아쉬워할 것을 보이지도 않는다. 그리하여 마음이 깊고 넓게 툭 터진 속에서 유유자적하고,[1343] 불난 집에서 해탈한다.[1344]"라고 말한다. 오호라! 이겨 낼 수가 없다고 하여 아예 생겨나지를 않으려 하면, 장차 "벼와 보리가 생겨도 굶주리고, 잠사(蠶絲)와 삼베가 생겨도 추위에 떨며, 임금과 스승이 생겨도 사람 세상이 혼란에 빠지고, 부모가 낳아 주더라도 죽는다."라고 말하는 것이 또한 어찌 안 되겠는가? 그들은 말하기를 "큰 도둑은 성인(聖人)들에게서 생겨나고,[1345] 인간의 무지몽매함은 알음알이에서 생긴다.[1346]"라고 한다. 그런데도 오히려 꺼리며 이를 내놓고 말하지는 못한다. 이들은 나름대로 지켜야 할 것을 마음속 가득 채

1343 이는 『장자』의 「소요유」에 나오는 말들을 전제로 하여 비판하는 것이다.

1344 '불난 집[火宅]'에서 '불[火]'은 번뇌의 고통을 상징하고, '집[宅]'은 일체중생이 살아가는 세상으로서의 삼계(三界)를 말한다. 즉 우리 중생들이 번뇌의 고통을 안고 살아가는 이승을 '불이 난 집[火宅]'에 비유하는 불교의 용어다. 『법화경』, 제3 「방편품」에 나오는 말이다. 이 「방편품」에서 중생들은 불이 난 집에서도 노느라 정신이 팔려 대피할 줄을 모르는 존재로 유비하고 있다. 이는 무지몽매함[無明] 속에서 탐욕에 물들어 살아가는 중생을 묘사하는 것이다. 이에 부처님께서 여러 가지 유인책을 써서 이들을 불난 집으로부터 구해 내려 한다고 하고 있다.

1345 『노자』, 제19장의 "유가에서 내세우는 성스러움 따위를 배제해 버리고 머리 좋음을 내친다면, 백성들의 이익은 오히려 100배가 된다. 인(仁)을 배제해 버리고 의(義)를 내친다면, 백성들은 효(孝)와 자애를 회복할 것이다. 교활함을 버리고 잇속 챙기기를 내친다면, 남의 것을 훔치고 해치는 일은 일어나지 않을 것이다.(絶聖棄智, 民利百倍; 絶仁棄義, 民復孝慈; 絶巧棄利, 盜賊無有.)"라는 구절을 전제로 하는 말이다.

1346 불교에서 말하는 것을 왕부지의 관점에서 요약한 말이다.

우고서는, 오직 '건'·'곤'과 부·모를 아득한 예부터 지금까지 크나큰 해악이라 여기며 마치 원수처럼 여긴다. 그런데 이들이 끼고서 내려놓지 않으려 하는 것을 요약하면, 역시 화를 피하고 어려움을 두려워하는 사사로움이다. 이러한 점에서는 이들이 본능과 욕구대로 움직이는 짐승들과 다를 바 없을 따름이다.

夫聖人亦既知之, 曰, "吉凶悔吝生乎動"者矣. 而吉者吾道也, 凶者吾義也, 悔者吾行之幾也, 吝者吾止之時也. 道不可疑, 義不可避, 幾不可逆, 時不可違, 恒有所奉以勝之. 故袗衣·鼓琴而居之自得, 夏臺·羑里而處之不憂. 怨艾以牖其聰明, 而神智日益; 退抑以守其堅忍, 而魄骨日强. 統此者, 貞而已矣. 惟其貞也, 是以无不勝也. 无不勝, 則无不一矣.

역문 유가의 성인들은 이에 대해서 벌써 알고 있었다. 그래서, "길함과 흉함, 후회함과 아쉬워함 등은 움직임에서 생겨나는 것들이다."라고 말하였다. 길함도 우리가 따라야 할 도(道)이고, 흉함도 우리가 실천해야 할 의로움[義]이며, 후회함도 우리가 행할 낌새[幾]로서 드러나고, 아쉬워함도 우리가 멈추어야 할 때[時]로서 드러난다. 우리는 도를 의심해서는 안 되고, 의로움을 피해서는 안 되며, 낌새를 거역해서도 안 되고, 때를 어겨서도 안 된다. 이들은 늘 우리가 받들면서도 이겨 내야 할 것들이다.

    화려하게 수놓은 의복을 입고 악단들이 연주해 주는 속에서 살아가더라도[1347] 스스로 터득해야 하고, 하대(夏臺)[1348]·유리(羑里)[1349]에 갇히더라도

[1347] 이는 천자(天子)의 삶에 해당한다. 맹자가 순임금이 천자가 되었을 때를 묘사하는 말이기도 하다.(『孟子』, 「盡心 下」: 孟子曰, "舜之飯糗茹草也, 若將終身焉, 及其爲天子也, 被袗

근심하지 않아야 한다. 이전의 잘못을 뉘우치며 귀로 듣고 눈으로 보는 능력을 길러서 신묘한 지혜를 날로 증익시키고, 물러나 억누르며 군세게 참아 냄을 길러서 넋과 뼈대가 날로 튼튼해지게 해야 한다. 이러한 것들을 통제하는 것은 올곧음[貞]일 따름이다. 오로지 이 올곧음이라야 이겨 내지 못함이 없다. 이겨 내지 못함이 없으면 하는 일 모두에서 한결같은[一] 것이다.

且夫欲禁天下之動, 則亦惡從而禁之? 天地所貞者可觀, 而明晦榮凋弗能禁也. 日月所貞者可明, 而陰霾暈珥弗能禁也. 天下所可貞者君子之一, 而得失憂虞弗能禁也. 當其吉, 不得不吉, 而固非我榮; 當其凶, 不得不凶, 而固非我辱.

역문 그런데 이 세상의 움직임[動]을 금지한다고 하면 또한 어떻게 금지한다는 것인가? 하늘·땅이 올곧게 행함을 볼 수는 있지만, 그렇다고 하늘이 맑았다 흐렸다 함, 땅의 초목들이 무성했다 시들었다 함을 금할 수는 없

衣, 鼓琴, 二女果, 若固有之.")

1348 '하대'는 하나라의 감옥이다. 그 마지막 왕인 걸왕(桀王)이 성탕(成湯)을 불러들여 이 감옥에 가두었다가 풀어 주었다.[『史記』, 「夏本紀」: 子帝履癸立, 是爲桀. 帝桀之時, 自孔甲以來而諸侯多畔夏, 桀不務德而武傷百姓, 百姓弗堪(백성불감). 乃召湯而囚之夏臺, 已而釋之.] 나중에 이 탕왕은 걸왕을 몰아내고 상(商)나라를 세웠다.

1349 '유리'는 은나라의 감옥이다. 그 마지막 왕인 주왕(紂王)이 희창(姬昌)을 여기에 가두었다가 희창 부하들의 뇌물을 받고 그를 풀어 주었다고 한다. 이렇게 하여 풀려난 희창은 주왕에 의해 서백(西伯)이 되었다. 그리고 서백은 이후 주나라가 중원의 지배자가 되는 초석을 닦았다. 이 사람이 바로 주나라의 문왕(약B.C.1152~약B.C.1056)이다.(『史記』, 「殷本紀」: 九侯有好女, 入之紂. 九侯女不喜淫, 紂怒, 殺之, 而醢九侯. 鄂侯爭之彊, 辨之疾, 并脯鄂侯. 西伯昌聞之, 竊嘆. 崇侯虎知之, 以告紂, 紂囚西伯羑里. 西伯之臣閎夭之徒, 求美女奇物善馬以獻紂, 紂乃赦西伯. 西伯出而獻洛西之地, 以請除炮格之刑. 紂乃許之, 賜弓矢斧鉞, 使得征伐, 爲西伯.) 주왕(紂王)의 은나라는 이 문왕의 아들인 무왕에 의해 멸망하였다. 이후 중원은 문왕 후손들의 나라, 즉 주(周)나라가 되었다.

다. 해와 달이 올곧음으로는 세상을 밝힐 수 있는데, 그렇다고 하늘이 어두워지며 흙비가 내림과 햇무리·달무리가 뜨는 것을 금할 수는 없다. 이 세상에서 올곧게 할 수 있음은 군자의 한결같음이지만, 그에게 얻음[得]·잃음[失], 우려와 근심이 닥침을 금할 수는 없다. 길할 적에는 길하지 않을 수가 없으나 이는 본디 나에게 영예로움이 아니고, 흉할 적에도 흉하지 않을 수 없으나 이는 본디 나에게 치욕스러움이 아니다.

如曰, "无吉則无凶, 无凶則无悔吝", 則莫如舍君子而野人. 野人之吉凶, 不出乎井廬者也, 則莫如舍野人而禽魚. 禽魚无所吉, 而凶亦不先覺也, 則莫如舍禽魚而塊土. 至於塊土, 而吉凶悔吝之端泯, 終古而頹然自若也. 乃天既不俾我爲塊土矣, 有情則有動, 且與禽魚偕動焉; 抑不俾我爲禽魚矣, 有才則有動, 且與野人偕動焉. 抑彼自謂絀才去情, 以偕乎野人, 而抑以擅君子之實, 思以易天下, 有道則有動, 必將與君子偕動焉. 姑且曰, "胡不如野人之貿貿? 胡不如禽魚之狋狋? 胡不如塊土之冥冥?", 以搖天下葸畏偸安者, 而自命爲道.

역문 만약에 이단들처럼 "길함이 없으면 흉함도 없고, 흉함이 없으면 후회함[悔]·아쉬워함[吝]도 없다."라고 할 것 같으면, 차라리 군자가 되는 것을 버리고서 야인(野人)이 되는 것이 더 낫다고 해야 할 것이다. 그러나 야인이 된다고 해도 길·흉은 닥치며 살아가면서 향리를 벗어날 수도 없으니, 그렇다면 차라리 야인이 되기보다는 날짐승·물고기가 되는 것이 더 낫다고 해야 할 것이다. 그런데 날짐승이나 물고기에게는 길함이란 없고 흉함은 있는데, 이 흉함이 닥치더라도 이들은 먼저 깨닫지를 못한다. 그렇다면 차라리 이들이 되느니보다는 흙덩이가 되는 것이 더 낫다고 해야 할 것이다.

이 흙덩이의 경우는 길·흉과 후회함[悔]·아쉬워함[吝]의 단서조차 꺼져 버렸으니 영원토록 무너져 있는 채 그대로이기 때문이다.

그러나 하늘은 이미 우리를 흙덩이로 만들지 않아서 마음 씀씀이[情]가 있으면 행동으로 옮기는데, 날짐승·물고기도 움직이니, 이러한 점에서는 우리가 이들과 다를 바 없다. 또한 우리를 날짐승·물고기로도 만들지 않았기 때문에, 사람으로서 우리는 재질이 있어서 행동에 옮기니, 야인들도 행동한다는 점에서는 야인과 다를 바 없다. 그런데 저들은 스스로 말하기를 "우리에게서 재질도 내치고 마음 씀씀이[情]도 제거하여 야인과 함께 살아가리라."라고 하며, 어떤 경우에는 군자의 실질을 제멋대로 휘두르며 우리가 살아가는 세상을 뒤집어 버리겠다고 생각하고, 도(道)가 있으면 행동함이 있어야 한다고 한다. 그러나 이는 필연코 군자처럼 행동하는 것이다. 그런데도 이들은 또한 말하기를 "어째서 야인처럼 예(禮) 따위는 모르는 채로 제멋대로 살아가지 않느냐? 어째서 날짐승·물고기처럼 그저 떼를 지어 다니지 않느냐? 어째서 흙덩이처럼 아무런 인식도 의식도 없이 그저 그대로 멍하니 있지 않으냐?"라고 하면서, 세상 사람들이 그 불완전함에 두려워하며 눈앞의 편안함을 도모하는 것을 흔들어 댄다. 그리고는 스스로 '도(道)'라고 명명(命名)한다.

嗚呼！ 勿憂其无冥冥之日也. 死則亦與塊土同歸, 動不生而吉凶悔吝之終離, 則虛極靜篤, 亦長年永日而宴安矣. 故其爲道也, 與禽爲嬉, 與魚爲泳, 與土爲委, 與野人爲偸, 與死爲滅, 與鬼爲幽.

역문 오호라, 이단들이여, 아무런 인식도 의식도 없이 그저 그대로 멍하니 보내는 날이 없음을 걱정하지 말지어다. 우리 모두 죽으면 역시 흙무더기와 같은 곳으로 돌아가리니, 그렇게 되면 움직임[動]이 아예 생기지도 않을 것이고, 길·흉으로부터도 후회함[悔]·아쉬워함[吝]으로부터도 마침내 벗어날 것이다. 텅 빔[虛]이 극에 이르고 고요함이 두텁기만 하여서, 또한 영원무궁토록 의식도 인식도 없는 채로 평안할 것이다. 그러므로 이렇게 사는 길이란 날짐승과 기쁨을 나누고, 물고기와 함께 헤엄치고, 흙무더기에게로 무너져 내린 그대로이고, 야인과 눈앞의 편안함을 도모하고, 죽음과 함께 멸하고, 귀신과 함께 그윽하리라.

乃其畏凶而憚悔吝也, 畏死而已矣. 畏凶者極於死, 畏悔吝者畏其
焦肺怵心以迫乎死, 然而與死爲徒焉. 此无藉之子逃桁楊而自雉經
之智計, 亦惡足比數於人類哉!

역문 그러나 이는 흉함을 두려워하고 후회함[悔]·아쉬워함[吝]을 꺼리는 것이며, 죽음을 두려워하는 것일 따름이다. 이들이 흉함을 두려워함에서는 죽음이 가장 심하고, 후회함[悔]·아쉬워함[吝]을 두려워하여서는 두려움에 떨며 폐를 바싹 말리고 심장을 놀라게 하다가 죽음으로 내몰려 간다. 그러나 이렇게 하다 보면, 결국 죽음과 한 무리가 되고 만다. 이는 무뢰한이 목과 발목에 차꼬를 채우는 것으로부터 도망친답시고 하다가 스스로 목을 매다는 지모와 계책을 내는 꼴이다. 그러니 어찌 또한 이들을 사람의 무리와 나란히 놓고 논할 만하다고 하겠는가!

其爲心也, 非无所利於吉也. 畏不得吉, 无可奈何而寧勿吉也. 夫君
子則无所利於吉, 而何畏乎非吉? 故守貞而一之, 而道乃无窮. 其示
天下, 不可无吉也, 无吉則道不行; 不可无凶也, 无凶則義不著; 不

可无悔也, 无悔則仁不復; 不可无吝也, 无吝則志不恒.

역문 이들의 마음속에는 길함으로부터 이익을 얻고자 함이 없지 않다. 길함을 얻지 못함을 두려워하여, 어쩔 수 없이 차라리 길함이 없는 쪽으로 가는 것이다. 그러나 군자는 길함으로부터 이로움을 얻음이 없으니, 길하지 않음에 대해 어찌 두려워하겠는가? 그러므로 군자는 그저 올곧음을 지키며 늘 한결같이 행동하니, 그의 도는 무궁하다. 군자가 이 세상 사람들에게 보여 주는 것을 보면, 길함이 없을 수 없으니 길함이 없으면 도가 행해지지 않는다는 것이고, 흉함이 없을 수 없으니 흉함이 없으면 의로움[義]이 드러나지 않는다는 것이며, 후회함이 없을 수 없으니 후회함이 없으면 어짊[仁]으로 돌아오지를 않고, 아쉬워함이 없을 수 없으니 아쉬워함이 없으면 뜻함이 한결같음을 유지하지 못한다는 것이다.

故不知進退存亡, 而龍德乃備; 不憚玄黃之血, 而天地以雜而成功. 則天下日動而君子日生, 天下日生而君子日動. 動者, 道之樞, 德之牖也. 『易』以之與天地均其覸, 與日月均其明, 而君子以與『易』均其功業. 故曰, "天地之大德曰生". 離乎死之不動之謂也.

역문 그러므로 나아감과 물러남, 존속과 멸망을 몰라야 용의 덕이 갖추어지고, 싸우다가 피가 터져서 거무튀튀하고 누렇게 질펀해지는 것[1350]을 꺼리지 않아야 하늘·땅이 뒤섞여서 공(功)을 이룬다. 그리하여 세상 사람들은 날마다 움직이고 군자는 날마다 생겨나며, 세상 사람들이 날마다 생겨나

1350 곤괘▦ 상육효사에 나오는 말이다. 거기에서는 "용들이 들에서 싸우니 그 피가 터져 거무튀튀하고 누렇게 질펀하다.(龍戰于野, 其血玄黃.)"라 하고 있다.

고 군자가 날마다 움직이는 것이다. 움직임은 도의 지도리[樞]이고, 덕이 드나드는 창문[牖]이다. 『주역』은 이 움직임으로써 하늘·땅과 똑같이 보여 주고, 해·달과 똑같이 밝게 빛나며, 군자는 『주역』과 그 공(功)·사업을 똑같이 이룬다. 그러므로 "천지의 큰 덕을 '생함'이라 한다."[1351]라고 하는 것이다. 이는 죽어서 아무런 움직임이 없는 것에서 벗어남을 일컫는 말이다.

彼異端者, 導翁嫗甕粟之欲, 守稚子衽席之逸, 雖鬼瑣曼延, 而慮不出乎此; 乃窺『大易』之言, 曰, "'吉凶悔吝生乎動', 吉一而凶三. 天下皆羿之彀, 不如窒其動以絶其源." 洄湍汪濊, 亦何從而測其所歸哉!

역문 저 이단의 무리는 늙은 남자·늙은 여자들을 옹기와 곡식의 욕구로 유도하고 어린아이들에게는 이부자리의 편안함을 지키도록 하면서, 비록 음험·간사함이 끊이지 않은 채 이어지더라도 이러함에서 벗어나지 않으려고 고려한다. 그리고는 위대한 『주역』의 말을 훔쳐다가는 "'길함과 흉함, 후회함과 아쉬워함 등은 움직임에서 생겨나는 것들이다'라고 하니, 길함은 하나요 흉함은 셋이다. 그렇다면 이 세상은 모두 후예[1352]의 과녁이리

1351 『계사하전』 제1장에 나오는 말이다.
1352 후예(后羿)는 전설적인 인물로서 백발백중을 자랑하던 활쏘기의 명인이다. 전설 속에서는 두 시대에 걸쳐 각기 그의 활동상이 전해진다. 먼저 요임금 때의 후예다. 그 당시 하늘에 10개의 태양이 함께 출현하여 그 피해가 이만저만이 아니었다. 너무나 뜨거워서 대지가 말라붙고 초목은 시들었으며 사람들은 숨조차 쉴 수가 없을 지경이었다. 이에 천제(天帝)가 활을 잘 쏘는 이 후예를 보내 9개의 태양을 떨어뜨리고 1개의 태양만을 남겨 놓아 이 재앙을 가시게 하였다고 한다. 그래서 대지에 다시 생기가 소생하게 하였으니, 그를 '대예(大羿)'라고 부른다.
    하(夏)나라 때도 후예(后羿)가 활약한 것으로 전해진다. 이때의 후예는 동이족 유궁씨(有窮氏)의 수령이라 한다. 그래서 그를 '이예(夷羿)', '후예(後羿)'라고도 부른다. 이 유궁

니, 그 움직임을 틀어막아서 그 근원을 아예 끊어 버리는 것보다 나은 것이 없다."라고 말한다. 이처럼 빠른 물살을 이루며 한쪽으로 빙빙 도는 여울처럼, 아득하고 질펀한 물처럼, 이들의 설은 퍼져 나아가고 있는데, 이들의 설이 어디로 귀결할지를 어떻게 헤아릴까나!

二

樂行而不釋其憂勞, 憂違而不改其欣適, 貞夫一矣. 則得失皆貞也, 吉凶悔吝可以俱忘, 而奚有於卜筮以審其疑耶?

역문 즐겁게 행하면서도 그 우환과 수고를 내려놓지 않고, 혹시 천도(天道)와 어긋나지나 않을까 우려하며 기쁘게 거기에 맞추어 감을 고치지 않으니, 이것이 바로 올곧아서 한결같이 함이다. 얻음[得]에든 잃음[失]에든 모두 올곧음으로 대처하며, 길·흉과 후회함[悔]·아쉬워함[吝]을 다 잊을 수가 있으니, 어찌 『주역』점을 쳐서 나온 결과에 대해 의심을 내며 보랴?

夫天下之有所大疑者二, 得之思保之, 未得思致之, 未失思存之, 失而思安之: 位也, 財也. 天下之得失盡於此而已矣. 蔑君罔親而圖之者, 姦人也. 詘節苶廉以利之者, 庸人也. 圖功取譽而終身以之者, 當世之士也. 如是, 則聖人奬當世之士, 而啟庸愚姦宄以爭疑信於

씨 부족은 모두 활을 잘 쏘았는데, 후예는 그 가운데서도 가장 빼어났던 인물이다. 어떤 학자들은 후예(后羿)가 후예(後羿)와 대예(大羿)를 특징을 융합해서 만든 신화적인 인물에 대한 이름이라고 한다.

不必得之中, 則何貞之有哉!

이 세상 사람들이 크게 노심초사하며 혹시나 얻지 못하면 어쩔까 하는 것에는 두 가지가 있다. 즉 얻었으면 보존하기를 생각하고 얻지 못했으면 어떻게 하여 이루어 낼 수 있을까를 생각하며, 또 잃어버리지 않았을 적에는 간직하기를 생각하고 잃어버렸을 적에는 마음 편안해하기를 생각하는 것인데, 여기에 해당하는 것이 바로 지위와 재화다. 이 세상 사람들의 얻음[得]·잃음[失]은 모두 이들에서 다할 따름이다.

그러나 임금을 능멸하고 부모를 속이면서까지 이들을 얻으려 하는 사람은 간사한 인간이다. 예절 따위는 무시하고 염치 따위는 내팽개친 채 이익을 얻으려 하는 사람은 평범하고 변변치 못한 인간이다. 공을 도모하고 명예를 얻어서 평생토록 이것을 우려먹는 사람은 치세(治世)하는 인간이다. 이와 같다면, 『주역』을 만든 성인들께서는 치세하는 인간들을 장려하여, 이들 변변치 못한 인간·어리석은 인간·간사한 인간·도둑질하는 인간들에게 자극을 줌으로써, 꼭 지위와 재화를 얻지 못할 상황에서도 다투어 의심을 내거나 믿음을 갖도록 했다는 것이 된다. 그렇다면 여기에 어찌 올곧게 함이 있으리오!

曰: 非然也. 位者仁之藏, "何以守位曰仁", '仁'字當如字. 財者義之具也. 故天下无吉凶, 而吉凶於財位; 君子无吉凶, 而財位有吉凶. 此所謂與百姓同其憂患者也. 察原觀化, 渾萬變而一之, 渾涵於仁義之大有, 則位惡得而不實, 財惡得而不聚乎!

그런데 내 생각을 말하자면 그렇지 않다는 것이다. 지위는 어짊[仁]이 저장된 것이고,[1353] 재화는 의로움[義]이 갖추어져 있는 것이다. 그러므로 이 세상에는 길·흉이 없고 길·흉은 재화와 지위에 있으며, 군자에게는 길·흉이 없고 재화와 지위에 길·흉이 있다. 이것이 바로 "백성과 그 우환을 함께한다."라고 하는 말의 의미다. 이 세상의 근원과 지어냄[造化]을 살피고 이 세상 모든 변화를 구별하지 않은 채 하나로 하여 어짊[仁]·의로움[義]으로 크게 있게 함[大有]에서 모두 다 하나로 포괄한다면, 지위가 어떻게 보배가 되지 않을 수 있고, 재화가 어떻게 사람을 모아들이지 않을 수 있겠는가!

且位惡從而設於倫類, 財惡從而流行於事物哉? 愚者見位, 知其貴而已也, 而驕肆以喪其仁; 愚者見財, 矜其富而已也, 而鄙吝以墮其義. 故位非其位, 而財非其財. 若夫位則有所自設矣, 若夫財則有所自殖矣.

1353 **저자 자주**: (이 『계사하전』 제1장에서) "어떻게 하면 이 지위를 지킬까 하면, 그것은 바로 '어짊[仁]'이다."라 한 것에서의 '어짊[仁]'이라 한 것은 마땅히 이 글자대로 보아야 한다. /**역자 주**: 이 부분에 대해서 주희는 『주역본의』에서 "'바로 사람이다[曰人]'라고 해야 할 '人'자를 오늘날 전해지는 『주역』에서는 '仁'으로 쓰고 있는데, 여씨[呂祖謙; 1137~1181]는 옛 주석을 따르고 있다. 왜냐하면 '다중이 아니면 나라를 지켜 내지 못한다.[『서경』, 「우서(虞書), 대우모(大禹謨)」에 나오는 말이다]'라고 하기 때문이다.('曰人'之'人', 今本作'仁', 呂氏從古. 蓋所謂'非衆罔與守邦'.)"라 풀이하고 있다. 즉 주희의 관점에서는, 『계사하전』의 '仁'자를 '人'으로 보아야 의미가 더 잘 통한다는 것이다. 그리고 그 방증으로서 그는 『서경』, 「우서(虞書), 대우모(大禹謨)」에 나오는 말을 인용하는 것이다.
왕부지는 이러한 주희의 풀이에 대해 비판적으로 본다. 그래서 여기에서 특별히 이렇게 자주(自註)를 내서, 『계사하전』 원문의 글자 그대로 '仁'자로 보아야 함을 강조하는 것이다. 참고로 『계사하전』의 이 부분 전체를 인용하면, "하늘·땅의 위대한 덕을 '생함'이라 한다. 성인의 위대한 보배를 '지위'라 한다. 어떻게 하면 이 지위를 지킬까 하면, 그것은 바로 '어짊[仁]'이다. 어떻게 하면 사람을 모이게 할 수 있는가 하면, 그것은 바로 '재화'다. 재화를 다스리고 사(辭)를 바르게 하며 백성들이 잘못된 짓을 못 하게 하는 것을 '의로움[義]'이라 한다.(天地之大德曰生. 聖人之大寶曰位. 何以守位曰仁. 何以聚人曰財. 理財正辭, 禁民爲非曰義.)"로 되어 있다.

역문 또한 지위는 어떻게 해야 인류에게서 행사하며, 재화는 어떻게 해야 사(事) · 물(物)에서 널리 베풀겠는가? 어리석은 인간이 높은 지위를 차지하면, 그 지위가 고귀하다는 것만을 알 따름이어서, 교만하고 방자하게 굴다가 그 속의 어짊[仁]을 잃어버린다. 또 어리석은 인간이 재화를 얻으면, 그 부유함에 우쭐댈 따름이어서, 비루하고 인색하게 굴다가 그 속의 의로움[義]을 떨어뜨려 버린다. 이렇게 해서는 지위가 제대로 된 지위가 아니고, 재화가 제대로 된 재화가 아니다. 지위에는 스스로 행사함이 있는 것이고, 재화는 스스로 증식(增殖)함이 있는 것이다.

天地之大德者生也, 珍其德之生者人也. 胥爲生矣, 舉蚑行喙息 · 高鶱深泳之生彙而統之於人, 人者天地之所以治萬物也; 舉川涵石韞, 勞榮落實之生質而統之於人, 人者天地之所以用萬物也. 胥爲人矣, 舉强武知文 · 效功立能之生理而統之以位,　位者天地之所以治人也; 舉賦職修事 · 勸能警惰之生機而統之以財, 財者天地之所以用人也.

역문 하늘 · 땅의 위대한 덕은 생함인데, 그 덕을 보배롭게 하며 생겨나는 존재는 사람이다. 다들 생겨나지만 기어다니는 벌레와 주둥이로 숨을 쉬는 생명체 및 허공으로 높이 날아오르는 짐승들, 깊은 물속으로 헤엄쳐 다니는 짐승들이 모두 사람에 의해서 통제받는다. 그래서 사람은 하늘 · 땅이 만물을 다스리는 것과 같은 존재다. 또 개울에서 살아가는 물고기들과 바위 틈 사이로 몸을 숨기며 살아가는 짐승들 및 활짝 피었다가 낙엽으로 졌다가 하는 식물들이 모두 사람에 의해 통제받으니, 사람은 하늘 · 땅이 만물에 작용하는 것과 같은 존재다. 그런데 모두가 다 사람이기는 하지만 무인과 문인들 및 공(功)을 드러내게 하고 능력 있는 이를 세우는 생리(生理)가 모두 지위에 의해 통제받는다. 그러므로 지위는 하늘·땅이 사람을 다스림과도 같다. 직책을 부여하고 일을 처리함이나 재능이 있는 사람을 장려하고 게으른 사람을 깨우치는 생기(生機)는 재화로써 통제하니, 재화는 하늘·땅이 사람에 작용하는 것과 같다.

不得其治, 則叛散孤畸, 而生氣不翕, 天地於此有不忍焉; 不任以用, 則委棄腐萎, 而生道不登, 天地於此有不倦焉. 故翕天下以位而人統乎人, 人乃以統乎物; 登天下以財而人用乎人, 人乃以用乎物. 故天地於其所生, 无所惄置於已生之餘. 莫之喩而喩, 使之自相貴而位以定; 莫之勸而勸, 使之交相需而財以庸. 然則位者, 天地不忍不治之仁, 因以秩之; 財者, 天地不倦於用之義, 因以給之.

역문 그 다스림을 얻지 못하면 세상에 존재하는 것들은 서로가 배반하고 흩어지며 고독하고 기이(奇異)하게 된다. 그래서 생하는 체제[生機]가 화합을 이루게 하지 못한다. 하늘·땅은 이러한 상황을 차마 그대로 두지 못한다. 또 작용으로써 세상에 존재하는 것들에게 알맞게 맡기지 않으면, 버려지고 부패하며 시들어서 생하는 이치[生道]가 올라오지 못한다. 하늘·땅은 이러한 상황에서는 나태하지 않음을 발휘하게 된다. 그러므로 이 세상을 지위로써 화합하게 하여서, 사람은 사람에게 통제받고, 사람은 이러한 방식으로써 물(物)들을 통제한다. 또 세상에 존재하는 것들을 재화로써 올라오게 하여서, 사람이 사람에게 작용하고, 사람은 이러한 방식으로써 물(物)들에 작용한다. 그러므로 하늘·땅은 그 생함에서 이미 생하였다고 하여 그 뒤에 손을 놓아 버리지 않는다.

깨우치지 않더라도 각자가 스스로 깨우쳐서 스스로 귀하게 여기도록 하니, 지위가 이렇게 하여 정해진다. 또 권하지 않더라도 각자가 권하여서 교제하면서 서로 의지하도록 하니, 재화가 이렇게 하여 작용한다. 이렇게 보면 지위는 하늘·땅이 차마 다스리지 않고 그대로 두도록 하지 않는 어짊[仁]이다. 이렇게 하여 이 세상은 질서가 잡힌다. 또 재화는 하늘·땅이 작용함에서 나태하지 않은 의로움[義]이다. 그래서 이 세상에 존재하는 것들에게 주는 것이다.

聖人欽承於天, 而於天步之去留, 天物之登耗, [殫] 心於得失之林, 弗容已矣. 其得也, 吉也; 其失也, 凶也; 其悔也, 欲其得也; 其吝也, 戒其失也. 請命於天, 與謀於鬼, 大公於百姓, 興神物以使明於消息存亡之數, 尚德而非以獎競, 崇功而非以導貪, 而天地之德, 亦待聖人而終顯其功.

역문 성인은 하늘을 공경하며 받드는데, 하늘의 행보[時運]가 머물거나 떠남에 따라서 하늘의 산물이 늘어나거나 줄어드니, 얻음[得]·잃음[失]의 숲에서 온 마음을 다하며 그만두지를 못할 따름이다. 얻음은 길함이고, 잃음은 흉함이다. 후회함에서는 얻기를 바라고, 아쉬워함에서는 잃어버릴까 경계한다. 하늘에게 좋은 명(命)을 내려 주라고 간청하고, 귀신에게는 더불어 도모하며, 백성들에게는 크게 공정함을 실현한다. 『주역』점과 같은 신령스러운 물(物)을 일으켜서, 성했다 쇠했다 하고 존속했다 망했다 함의 수(數)를 사람들에게 밝게 알도록 한다. 덕을 높이 치면서도 경쟁을 장려하지 않고, 공(功)을 높이 치면서도 탐욕으로 유도하지 않는다. 그러므로 하늘·땅의 덕은 역시 성인에 의거하여야 마침내 그 공을 훤히 드러내는 것이다.

嗚呼! 彼驕語貧賤, 何爲也哉? "金夫不有躬", 非其財也; "負乘致寇
至", 非其位也. "君子於行, 三日不食", 以安位也; "困於赤紱, 乃徐有
說", 以節財也. 非然者, 貧其身以貧萬物, 巽於牀而喪資斧; 賤其身
以賤天下, 折其足以覆公餗. 於陵仲子以餒成其不義, 延陵季子以
讓成其不仁, 君子將厚責之, 況乎創越人熏穴之言, 拾食蛤遨遊之
說, 桎梏寶命, 塵垢天物, 以絶仁棄義, 而刑天地之生者哉!

역문 오호라, 저들처럼 가난함과 천함을 교만스레 말함은 도대체 무엇을 하
자는 것인가? "돈 많은 사내를 좇다 제 몸까지 망치다."[1354]라는 것은, 그 재
화가 자신의 것이 아니기 때문이고, "등에 짊어지고 져 날라야 할 신분의
사람이면서도 대부 이상이 타는 수레를 탔으니 외적들의 침입을 불러들인
다."[1355]라고 함은, 그 지위가 자신의 지위가 아니기 때문이다. "군자가 가
는 데서 사흘 동안 먹지를 못함이다."[1356]라고 함은 지위에 편안해하기 때
문이고, "붉은색 무릎 가리개[蔽膝]를 드리운 관복에 의해 곤궁함을 당하나
서서히 벗어나게 된다."[1357]라는 것은 재화를 절제하기 때문이다.

1354 몽괘䷃ 육삼효사에 나오는 말이다. 효사 전체는, "육삼: 여자를 취하지 마라! 돈 많은 사내
를 좇다 제 몸까지 망치리니, 이로울 것이 없다.(勿用取女, 見金夫不有躬, 无攸利.)"로 되어
있다.
1355 해괘䷧ 육삼효사에 나오는 말이다. 효사 전체는, "등에 짊어지고 날라야 할 신분의 사람이
면서도 대부 이상이 타는 수레를 탔으니 외적들의 침입을 불러들인다. 올곧지만 아쉬워함
이 있다.(負且乘, 致寇至, 貞吝.)"로 되어 있다.
1356 명이괘䷣ 초구효사에 나오는 말이다. 효사 전체는 "밝은 덕을 지닌 이가 날지 못할 상처를
입었는데 날개를 펼쳐 아래로 내려뜨리고만 있다. 군자가 가는 데서 사흘 동안 먹지를 못
함이다. 떠나가고 있는데, 주인이 이러쿵저러쿵 말을 한다.(明夷于飛, 垂其翼. 君子于行,
三日不食. 有攸往, 主人有言.)"로 되어 있다.

이렇게 하지 않는 이들은 자신을 가난하게 하다가 만물을 가난하게 하니, 하찮은 평상(平床)에 공경을 다 바치다가 사용할 도끼를 잃어버리는 꼴이다.[1358] 또 자신을 천하게 여기다가 온 세상을 다 천하게 하니, 솥의 다리가 부러져서 솥이 뒤집힌 나머지 솥 속의 내용물이 엎질러지게 함에[1359] 해당한다. 예컨대 오릉중자는 굶주림으로써 그 불의(不義)를 이루었고,[1360] 연릉계자(?~?)는 양보로써 불인(不仁)을 이루었다.[1361] 그래서 군자라면 이들

[1357] 곤괘(困卦)䷮ 구오효사에 나오는 말이다. 전체 효사는 "코를 베이고 발뒤꿈치를 베이는 형벌을 당한다. 붉은색 무릎 가리개[蔽膝]를 드리운 관복에 의해 곤궁함을 당한다. 그러나 서서히 벗어나게 되고 제사를 지냄에 이롭다.(劓刖, 困于朱紱, 乃徐有說, 利用祭祀.)"로 되어 있다.

[1358] 손괘䷲ 상구효사의 일부다. 전체 효사는, "공손함이 평상 아래에 있는데 사용할 도끼를 잃어버림이다. 올곧지만 흉하다.(巽在牀下, 喪其資斧, 貞凶.)"로 되어 있다.

[1359] 정괘(鼎卦)䷱ 구사효사에 나오는 말이다. 이 효사 전체는 "솥의 다리가 부러져서 솥이 뒤집히고 솥 속의 내용물이 엎질러짐이다. 그 모양이 젖어서 더럽다. 흉하다.(鼎折足, 覆公餗, 其形渥, 凶.)"로 되어 있다.

[1360] 오릉중자(於陵仲子)는 진중자(陳仲子), 또는 진중(陳仲), 전중(田仲) 등으로도 불린다. 중국 전국시대에 제(齊)나라의 유명한 사상가로서 은자(隱者)였다. 그의 조상은 진(陳)나라의 공족(公族)이었는데 진완(陳完)이라는 인물이 전란을 피해 제나라로 와서 성씨를 '전(田)'으로 바꾸었다. 그래서 '진중자'를 '전중'이라고도 부르는 것이다.

진중자는 그 형이 수많은 녹봉을 받는 것을 보고 이를 의롭지 않다고 여겼다. 그래서 형의 이러한 모습이 싫어서 진중자는 제나라를 떠나 초나라로 옮겨 가서 살았다.

진중자는 제나라에서 대부를 제의했어도 완강하게 거절하였고, 초나라에서 재상을 제의했어도 완강하게 거절하였다. 초나라로 가서는 먼저 오릉(於陵)으로 거처를 옮겼다가 나중에는 산속에서 은거하였다. 그리고는 더러운 군주의 조정에서는 벼슬하지 않는다, 난세의 먹을 것을 먹지 않는다는 기상을 보여 주다가 굶어 죽었다.

왕부지가 여기에서 오릉중자가 굶주림으로써 그 불의(不義)를 이루었다고 하는 것은 바로 이러한 점들을 가리키는 것으로 보인다. 군자는 조정에 나아가 벼슬을 함으로써 자기가 발붙이고 살아가는 세상과 민초들에게 살맛 나는 세상을 이루어 주어야 하고 이것이 의로움[義]인데, 오릉중자는 이러한 능력을 지닌 인물임에도 불구하고 청렴만을 고집하다가 결국 굶어 죽었으니, 군자로서의 이러한 의무와 사명을 저버렸다는 이유에서다. 맹자는 이 진중자를 제나라의 제일가는 인물[巨擘]로 치면서도, 진중자처럼 사는 것이 청렴하다고 할 것 같으면, 이는 지렁이처럼 살아야만 가능한 일이라고 하면서 비판적으로 보고 있다. 오릉중자에 대한 이 맹자의 관점이 바로 이곳에서의 왕부지의 관점이기도 하다.

[1361] 연릉계자는 오나라 왕 수몽(壽夢; ?~B.C.561)의 넷째 아들로서 막내였다. 이름이 찰(札)이

을 매섭게 질책하거늘, 하물며 월나라 사람들이 억지로 임금으로 모셔 가기 위해 동굴 속에 숨어 있는 왕자 수(搜; ?~?)를 나오게 하려고 쑥을 태워서 그 연기를 동굴 속으로 불어넣었다는 말을 창작해 내고,[1362] 조개를 먹

었다. 그래서 '공자 찰(公子札)'이라 부르기도 하고, 그의 아버지에 의해 연릉(延陵)에 봉(封)해졌기 때문에 '연릉계자(延陵季子)'라고도 부른다. 오왕 수몽은 이 계찰의 자질이 뛰어나고 덕성이 훌륭함을 보고는 그에게 왕위를 물려주려 하였다. 그러나 계찰은 큰형 제번(諸樊)을 추천하고서 자기는 시골로 피해 가서 은거하였다. 수몽이 죽자 그의 큰형 제번은 아버지의 바람도 있고 해서 계찰에게 왕위를 양보하려 하였으나, 계찰은 거절하였다. 할 수 없이 왕위에 오른 제번은 자기가 죽으면 계찰이 왕위를 계승한다는 것을 널리 알렸다. 이 제번이 죽자 둘째 형인 여제(餘祭)가 아버지와 형의 뜻을 살려 다시 계찰에게 양위하려고 하였으나, 계찰은 이 또한 옳지 않다고 하며 받아들이지 않았다. 여제는 할 수 없이 왕위를 계승하고는 계찰에게 나라 안의 한 성(城)인 주래(州來)를 다스리도록 했다. 계찰은 그래서 이 주래를 다스리게 되었다.(B.C.519) 여제가 죽고 왕위를 계승하였던 계찰의 셋째 형 여매(餘昧)까지 죽자, 왕실에서는 사신을 보내 계찰에게 왕위를 계승하도록 하였다. 그러나 계찰은 가지 않고 오히려 도주해 버렸다. 어쩔 수 없이 오나라의 왕위는 수몽의 서장자(庶長子)인 요(僚)에게로 계승되었다. 그러나 여매의 아들인 공자(公子) 광(光)이 이에 불복하여 자객을 보내 오왕 요를 살해하였다. 그리고는 자신이 오나라의 왕위에 올랐다. 이 사람이 바로 오왕 합려(闔閭; ?~B.C.496, 재위 B.C.514년 ~ B.C.496)다. 이 합려는 오나라를 부강하게 하여 춘추오패의 하나가 되게 하였다.

계찰은 매우 장수하여서 합려의 아들 부차(夫差; ?~B.C.473, 재위 B.C.495~B.C.473)가 왕위를 계승하였을 적에도 여전히 살아서 활약하였다. 그래서 초나라가 진(陳)나라를 침범했을 때, 이 부차의 명을 받아 사신으로 가서 협상에 성공하여, 싸우지 않고도 초나라 군대가 물러가도록 하였다. 또 당시 대국이었던 진(晉)나라에 사신으로 가서 그 국정을 살피고는, 진나라가 장차 한(韓)·위(魏)·조(趙) 세 나라로 과분(瓜分)될 것을 예언하기도 하였다.(이상, 『사기』, 「吳太伯世家」 및 『춘추좌씨전』, 『춘추공양전』 등 참고.)

[1362] 여기에서 말하는 '왕자 수'는 『장자』와 『여씨춘추』에서 부른 칭호다. 월(越)나라 임금 착지(錯枝)를 가리킨다. 또는 '부착지(孚錯枝)'라고도 부른다. 월나라 왕 예(瞖) 때에 이르러 월나라의 국력은 이미 시들고 있었다. 그래서 예왕 33년(B.C.378)에는 제나라·초나라의 압박을 견디지 못해 수도를 낭야(琅琊)에서 오(吳; 지금의 蘇州)로 옮겼다. 월나라 남쪽 지역에 대한 통치나마 제대로 하기 위해서였다. 착지는 이 예왕의 아들이다. 그 3년 뒤(B.C.375) 예왕의 동생[豫]이 왕위를 노리고 모반해서 태자 저구(諸咎; ?~B.C.375)의 세 동생을 죽이고, 예왕에게 태자 저구도 죽이라고 핍박하였다. 예왕은 이를 받아들이지 않았다. 이해 7월 저구가 군대를 동원하여 예왕의 동생 예(豫)를 몰아내고, 내친김에 왕궁을 포위하여 아버지 예왕도 살해하고 자신이 왕위에 올랐다. 그리고 3개월 뒤인 이해 10월 월왕 저구는 월나라의 경대부(卿大夫)인 사구(寺區)에게 피살되었다.

월나라의 내란으로 말미암아 3명의 왕, 즉 불수(不壽; ?~B.C.448, 재위 B.C.457~

으며 이 세상을 벗어나 초연하게 유유자적한다는 말을[1363] 주워듣고는, 사람으로서 마땅히 실현해야 할 보배와 같은 사명을 질곡 시키고, 하늘이 내린 생명체들을 쓰레기로 여기는 등, 어짊[仁]을 끊고 의로움[義]을 내팽개치며 하늘·땅이 생함을 깎아 내리는 이들이야!

B.C.448), 예(翳), 저구(諸咎) 등이 피살되는 것을 본 왕자 수(搜)는 자신도 살해당할까 봐 겁이 나서 단지(丹地)로 도망가 버렸다. 사구(寺區)가 내란을 수습하고는 이 왕자 수에게 월나라 임금으로 즉복할 것을 요청하였다. 그러나 트라우마를 극복하지 못한 왕자 수는 동굴 속으로 숨어 들어가서 나오려고 하지 않았다. 그러자 월나라 사람들이 쑥을 태워 연기를 내서 동굴 안으로 들여보냈다. 이에 숨을 쉴 수 없게 된 왕자 수는 할 수 없이 밖으로 나왔고, 사람들은 그를 재빨리 옥여(玉輿)에 태워 대궐로 모시고 왔다. 『장자』에서는 왕자 수가 이렇게 한사코 임금의 자리에 오르는 것을 반대한 이유로써 '그 자리가 생명을 해친다[傷生]'는 이유라 보고 있다.(『莊子』,「讓王」: 越人三世弑其君, 王子搜患之, 逃乎丹穴. 而越國無君, 求王子搜不得, 從之丹穴. 王子搜不肯出, 越人薰之以艾, 乘以玉輿. 王子搜援綏登車, 仰天而呼曰, "君乎君乎! 獨不可以舍我乎!" 王子搜非惡爲君也, 惡爲君之患也. 若王子搜者, 可謂不以國傷生矣, 此固越人之所欲得爲君也.) 이렇게 해서 겨우 임금의 자리에 오르기는 했지만 견디지 못하는 그를 보고서, 경대부 사구는 이듬해 무여(無餘)를 월나라의 임금으로 옹립하고는 수를 왕위에서 해방해 주었다.

1363 『회남자』,「도응훈(道應訓)」에 실려 있는 내용을 거론하는 것으로 보인다. 진시황 때 연나라 출신의 방사(方士)이자 박사인 노오(盧放; B.C.275~B.C.195)가 북해로 놀러 가다가 태음(太陰)을 지나 몽곡산(蒙谷山)에서 한 기인을 만났는데, 그는 범상치 않게 생긴 인물로서 바람을 맞으며 춤을 추고 있었다. 그러다 노오를 발견하자 추던 춤을 멈추고 비석 뒤로 숨었다. 노오가 다가가자 그는 거북이 껍질에 걸터앉아서 조개를 먹고 있었다. 노오가 자신은 사람의 무리를 떠나[背輩離黨] 세상 밖[六合之外]을 다 둘러보고자 한다면서, 자신은 어려서부터 여행을 좋아하여 아무리 멀어도 다 돌아본 나머지 지금까지 세상 거의 모든 곳[四極] 다 가 보았는데, 오직 북쪽 추운 지역[北陰]만 아직 못 가 보았다고 하였다. 그리고는 우리 둘이 이렇게 만났으니 서로 벗이 되어서 함께 이곳을 여행했으면 좋겠다고 했다. 이 말을 들은 이 기인은 비웃으며, 우주 사이는 얼마나 큰데 네가 지금까지 본 것은 겨우 하나의 작은 조각에 지나지 않는다, 다 둘러보려면 아직 멀었다고 하였다. 그리고는 "나는 이 세상[九垓] 밖에서 한만(汗漫)과 만나자고 약속이 되어 있으니, 여기에서 이렇게 오래 있을 수 없다!"라고 하며, 어깨를 으쓱하고는 몸을 솟구쳐 구름 속으로 사라졌다고 한다. 이 뒤로 '거북이 껍질에 걸터앉아 조개를 먹는다[踞黿食蛤]'는 말은, 이 세상을 초연히 벗어나 사방을 유유자적한다는 의미로 쓰이게 되었다. 이 비슷한 이야기가 『논형(論衡)』,「도허(道虛)」편에도 실려 있다.

故聖人之於『易』也, 據位 · 財爲得失, 以得爲吉, 以失爲凶, 以命之不易 · 物之艱難爲悔吝, 與百姓同情, 與天地同用, 仁以昌, 義以建, 非褊心之子所可與其深也. 故「洪範」以福 · 極爲嚮 · 威, 『春秋』以失地亡國爲大惡, 誠重之也. 非徒與陶 · 猗爭區區之廉, 莽 · 操爭硜硜之節也.

역문 그러므로 성인께서는 『주역』을 대하면서 지위와 재화에 의거하여 얻음[得] · 잃음[失]을 판단하는데, 얻음을 길함으로 여기고 잃음을 흉함으로 여기며, 명(命)이 바뀔 수 없음과 물(物)들이 어려움에 처하는 것으로써 후회함[悔] · 아쉬워함[吝]으로 여긴다. 나아가 백성들과 마음 씀씀이[情]를 함께하고 하늘 · 땅과 작용을 같이하니, 어짊[仁]은 이렇게 하는 속에 활짝 피어나고 의로움[義]은 우뚝 세워진다. 그러니 속 좁은 이들로서는 성인들의 이 깊은 경지에 함께할 수 없다. 그러므로 『서경』, 「홍범」에서는 오복(五福)[1364]으로써 향하게 하고 육극(六極)[1365]으로써 위엄을 보이라고 하며, 『춘추』에서는 땅을 빼앗기고 나라를 잃는 것은 최대의 악으로 치니, 진실로 이를 무겁게 여겨야 할 것이다. 이는 한갓 도주공(陶朱公)과 의돈(猗頓; ?~

[1364] 「홍범」 편에서는 '오복', 즉 사람이 살아가면서 누리는 다섯 가지 복을, ① 오래 사는 것[壽], ② 부유하게 사는 것[富], ③ 마음 편히 사는 것[康寧], ④ 덕을 좋아하며 즐겨 행하는 것[攸好德], ⑤ 제 명대로 살다가 편안히 죽는 것[考終命]으로 꼽고 있다. '오복(五福)으로써 향하게 한다'라는 것은, 백성들이 이들 오복을 누리게 함으로써 백성들이 임금 자신을 향하게 한다는 말이다.

[1365] 「홍범」 편에서는 '육극(六極)', 즉 사람이 살아가면서 당하는 극도로 나쁜 여섯 가지를, ① 흉한 일을 당해서 일찍 죽는 것[凶短折], ② 고질병에 걸리는 것[疾], ③ 근심 걱정이 끊이지 않는 것[憂], ④ 가난[貧], ⑤ 추악하게 사는 것[惡], ⑥ 허약하게 사는 것[弱] 등을 들고 있다. '육극(六極)으로써 위엄을 보이라는 것'은, 백성들이 나쁜 짓을 하거나 임금에게서 위반하게 되면 이들 육극을 당할 수 있음을 실현해 보임으로써, 임금으로서의 권위를 세우라는 것이다.

?)[1366] 따위의 구구(區區)함을 다투는 청렴으로는 비길 것이 아니며, 왕망(王莽; B.C.45~23A.D. 재위 9~23)[1367]과 조조(曹操)[1368] 따위의 누구보다 고집스러운 절개[1369]로는 비길 것이 아니다.

1366 여기에서 도주공(陶朱公)은 범려(范蠡; B.C.536~B.C.448)를 가리킨다. 범려는 그의 세 번째 정착지로 삼은 도(陶; 오늘날 山東省 定陶의 서북 지역에 해당)에서 장사를 해 대부호가 되었다. 그래서 사람들은 그를 '도주공'이라 칭하며 존경을 표했다. 범려에 대한 더 자세한 사항은 앞 주725)를 참고하라. 그리고 가난한 서생으로 살던 의돈(猗頓)은 범려의 소문을 듣고 그에게 찾아가 돈을 버는 방법을 물었다. 범려는 그에게 제염(製鹽)업에 종사하라고 조언을 해 주었고, 의돈은 범려의 말 그대로 따라 하여 역시 수만금의 부자가 되었다고 한다.[『사기』,「화식열전(貨殖列傳)」참고.]

   한편 『전한서(前漢書)』,「진승・항적열전(陳勝項籍傳)」에 실린 가의(賈誼)의 「과진(過秦)」에서도 '도주공과 의돈의 부[陶朱猗頓之富]'를 적시하고 있다. 이에 대해 안사고(顏師古)는 "월나라 사람이었던 범려는 월나라로부터 도망쳐서 '도'라는 곳에서 살았는데, 스스로를 '도주공(陶朱公)'이라 불렀다. 의돈은 본래 노(魯)나라 사람이었는데 의씨(猗氏; 山西省에 있는 옛 현 이름)의 남쪽에서 크게 목축업을 하여, 왕공에 버금갈 만큼 큰돈을 벌어서 세상에 이름을 날렸다.(師古曰, 越人范蠡, 逃越止於陶, 自謂陶朱公; 猗頓, 本魯人, 大畜牛羊於猗氏之南, 貲擬王公, 馳名天下.)"라고 주해하고 있다. 여기에서 범려에 대한 기술은 『사기』,「화식열전」과 다름이 없는데, 의돈이 종사했던 생업에 대해서는 달리하고 있다.

1367 왕망에 대한 자세한 사항은 앞 주1207)을 참고하라.

1368 조조에 대한 자세한 사항은 앞 주559)를 참고하라.

1369 왕망과 조조는 모두 군주의 자리를 빼앗은 사람들이기에 의당 절의가 없는 사람들이라야 맞다. 다만 이들에게서도 누구 못지않게 고집스러웠던 절개만은 인정할 수 있다는 것이다.

계사하전 제2장

繫辭下傳第二章

法象莫大乎'乾''坤', 法皆其法, 象皆其象, 故曰大也. 資始資生, 而萬
物之數皆備; 易知簡能, 而天下之理皆得. 是盡天下之象而无以當
之. 故佃漁耒耕以給養, 交易以利用, 弧矢門柝以禦害, 舟楫服乘以
致遠, 宮室棺槨以衛生而送死, 書契以紀事而載道, 民用之所以浹,
王道之所以備, 而皆不足以當'乾''坤'.

역문 이 세상 법(法)과 상(象) 중에서는 '건'·'곤'보다 큰 것이 없다. 모든 법은
다 이들의 법이고, 모든 상은 다 이들의 상이다. 그래서 '크다'라고 한 것이
다. 만물이 이들에 힘입어서 비롯하고 힘입어서 생겨나니, 이들에는 만물
의 수(數)가 다 갖추어져 있다. 또한 '건'은 쉽게 알아서 하고 '곤'은 간단히
해내니, 이들은 이 세상의 모든 이치를 얻고 있다. 이러한 까닭에, 이 세상
어떤 상이든 이들에게서 벗어나는 상은 없다.

그러므로 농작과 어로에 쓰는 도구 및 쟁기와 보습 등을 만들어서 먹고
사는 문제를 해결해 주었다. 교역을 통해서 이롭게 쓰도록 하였고, 활과
화살 및 문에 딱따기를 쳐 댐으로써 외부에서 오는 해를 막게 했다. 배를
타서 노를 젓고 마소를 길들여 타고 감으로써, 멀리까지도 오갈 수 있게

하였다. 또 궁실을 짓고 살며, 죽은 이는 관곽(棺槨)에 담아 상례를 치름으로써, 살아가는 동안 안전하게 살아가고, 죽은 이를 제대로 보낼 수 있게 하였다. 서계(書契)를 통해 일들을 기록하고 도(道)를 기재함으로써, 백성들이 사용하는 데 스며들도록 하였고, 왕도가 갖추어지도록 하였다. 그러나 이것들 하나하나는 모두 '건' · '곤'에는 미치지 못한다.

衣裳之垂, 其爲生人之用, 亦與數者均尔. 且其始於毛革, 繼以絲枲,
冬以溫, 夏以清, 別嫌疑, 厚廉恥, 猶其切焉者也. 若夫上衣下裳, 施
以繡, 間以繪, 采以五, 章以十二, 配以六冕, 綴以觼佩, 應乎規矩,
中乎準繩, 炎非以適, 寒非以溫, 爲之也勞, 服之也若贅. 乃聖人獨
取'乾''坤'之法象以當之, 而以天下之治繫之. 嗚呼! 孰有知其爲天地
之大經, 人禽之大別, 治亂之大辨, 以建人極而不可毁者乎!

역문 의상 입는 것을 사람들에게 보여 준 것에는, 살아 있는 사람들이 사용하도록 하기 위함도 있지만, 또한 이것이 수(數)와도 어울린다. 처음에는 짐승의 털과 가죽으로 만들어 입었다. 이어서 삼베와 모시로 지어 입음으로써 겨울에는 따뜻하고 여름에는 시원했는데, 남녀 간에 꺼리고 싫어하는 것을 구별하게 해 주고 부끄러워할 것들을 잘 가려 주었다. 의상을 입는 것에서는 오히려 이러한 점들이 더욱 적절하다고 할 수 있다.

그런데 윗도리 옷[衣] · 아랫도리 치마[裳]에 수를 놓고 무늬 넣은 것을 보면, 오행을 상징하는 색들로 색깔을 냈고, 12가지 장식[章]으로 꾸몄으며,[1370] 여기에 6가지 면류관으로써[1371] 짝을 맞추었다. 그리고 그 위에 폐

[1370] 고대에 제왕이나 고급 관리들이 입던 예복에다 수를 놓았던 12가지 장식을 말한다. 해, 달, 별[星辰], 여러 산[群山], 용, 화충(華蟲; 때로는 꽃과 새 두 가지를 나누어서 장식하기도

슬(蔽膝)과 패옥(佩玉)[1372]을 걸쳤다. 이들은 하늘·땅의 운행 법도에 조응(照應)하는 것이었고, 사람 세상의 기준에 딱딱 들어맞는 것이었다.

그러나 이들은 더위에는 적당하지 않았고, 추위에도 따뜻하게 해 주지는 않았으며, 만들자면 수고롭기가 그지없었고, 입어도 군더더기 같았다. 그런데도 세 분 성인께서 유독 '건'·'곤'의 법상에서 취하여 이에 맞추었고, 이렇게 함으로써 사람 세상을 다스림과 연계시켰다.

오호라, 뉘라서 알리오, 이렇게 함이 하늘·땅의 위대한 법칙[大經]이고, 사람과 짐승을 구별해 주는 것이며, 사람 세상을 안정되게 이끌어 가느냐

함), 종이(宗彝; 호랑이와 긴꼬리원숭이), 마름[藻], 불, 쌀, 보(黼; 흰 실과 검은 실로 수놓은 도끼 모양), 불(黻; '亞'자 모양의 수) 등인데, 실제로는 16가지 문양이다. 이들의 의미를 살펴보면, '해, 달, 별'은 '위에서 내려다봄'을, '여러 산'은 '진중하고 침착함'을, 용은 '신기하고 예사롭지 않으며[神異], 여러 가지로 변화무쌍함'을, '화충(華蟲)'은 '아름답고 화려함'을, '종이'는 '어버이에게 효도로써 공양함'을, '마름'은 '깨끗함'을, '불'은 '밝음'을, '쌀'은 '기르는 것'을, '보'는 '과감하게 결단함'을, '불'은 '분별하여 잘 살핌과 악을 등지고 선으로 향함'을 각각 상징한다.

1371 여섯 가지 면류관에는 대구면(大裘冕), 곤면(袞冕), 별면(鷩冕), 취면(毳冕), 치면(絺冕), 현면(玄冕) 등이 있다. 대구면은 왕이 하느님께 제사 지낼 때 쓰던 관이다. 앞뒤로 각각 12줄의 면류가 달려 있다. 이 관을 쓸 때는 의상도 12장(章)을 모두 수놓은 것을 입었다. 따라서 이 대구면은 가장 큰 예를 표하는 관이라 할 수 있다. 곤면은 왕이 길복(吉卜)을 입을 때 쓰던 관이다. 앞뒤로 각각 9줄의 면류가 달려 있다. 이 관을 쓸 때는 의상은 9가지 장(章)을 수놓은 것을 입었다. 별면은 왕이 죽은 조상들에게 제사 지낼 때나 향사례(鄕射禮)를 할 때 쓰던 관이다. 앞뒤로 각각 7줄의 면류가 달려 있다. 이 관을 쓸 때 의상은 7가지 장을 수놓은 것을 입었다. 취면은 왕이 사방 산천에 제사 지낼 때 쓰던 관으로서 앞뒤로 각각 5줄의 면류가 달려 있다. 이 관을 쓸 때는 의상은 5가지 장을 수놓은 것을 입었다. 치면은 왕이 사직과 선왕들에게 제사 지낼 때 쓰던 관이다. 앞뒤로 각각 4줄의 면류가 달려 있으며, 이 관을 쓸 때 상의에는 1장, 아래치마에는 2장의 수를 놓아서 모두 3장의 수를 놓은 의상을 입었다. 현면은 왕이 숲이나 호수 및 여러 가지 타부가 있는 것들에 제사 지낼 때 쓰던 관이다. 앞뒤로 각각 3줄의 면류가 달려 있다. 이 관을 쓸 적에는 상의에는 장이 없고, 아래치마에만 불(黻)을 장식한 의상을 입었다. 따라서 이 현면이 가장 간소한 예를 표하는 것이라 할 수 있다.

1372 폐슬은 사타구니 부분을 가리는 것으로서 무릎까지 가렸고, 패옥은 차던 구슬들을 가리킨다. 이것들은 모두 신분을 표시하기 위한 것이었다.

[治] 아니면 혼란하게 하여 살기 어렵게 끌어가느냐[亂]를 크게 구별해 주는 것임을! 이렇게 하는 것이 바로 사람 세상의 표준을 세운 것이어서 절대로 허물어 버릴 수 없다는 것을!

夫法象之於天地, 亦非其功德之切, 與於人物者也. 懸日月星辰於上, 而人有不可法之知; 奠海嶽邱原於下, 而人有不可效之能. 始有所以始, 而可觀者非能爲美利; 生有所以生, 而昭著者非能爲變蕃. 然而文之所著, 變之所自察; 理之所顯, 化之所自宜. 无功之功, 啟群倫之覺; 无用之用, 安萬彙之宜. 天地不事以其德業詹詹與萬物寡過, 而治莫尚焉矣. 故水·火·雷·風, 不能越其廣大; 六子·五十六變, 不能亂其崇卑.

역문 자연계의 현상들[法象]은 이 세계에서, 그 공덕의 적절함이 역시 사람이나 물(物)들과 같은 차원에 있지 않다. 예컨대 해·달·별들[星辰]은 위에 매달려 있지만, 이것들에는 사람들로서는 본받을 수 없는 앎[知]이 있다. 또 바다·산악·구릉·평원 등은 아래에 자리 잡고 있지만, 이것들에는 사람들로서는 효과를 낼 수 없는 능함[能]이 있다. 만물의 비롯함에는 비롯하게 하는 까닭이 있는데, 현상으로서 사람의 눈에 보이는 것들은 아름다운 이로움이 될 수가 없다.[1373] 또 생겨남에는 생겨나게 하는 까닭이 있는 것인데, 사람의 눈에 현상으로서 훤히 드러나는 것들은 변하며 번성하게 할 수가 없다. 그러나 문채가 드러남에서 변함[變]이 저절로 살펴지고, 이

1373 『문언전』, '건괘'에서는 "'건'의 비롯함은 아름다운 이로움으로써 능히 천하를 이롭게 함에도 이로움을 입는 대상에 대해서는 말하지 않으니, 위대하도다!(乾始能以美利利天下, 不言所利, 大矣哉!)"라 하고 있다.

치가 드러남에서 지어냄[造化]이 저절로 적절하게 이루어진다. 공으로 드러나지 않는 공[无功之功]이 무리 지어 살아가는 인류에게 깨우침을 열고, 쓸모없어 보이는 쓰임[无用之用]이 자신에 맞게 살아가는 온 생명을 편안하게 한다.

하늘[☰]·땅[☷]은 그 덕행과 위업으로써 만물에 쓸데없는 말들을 쉼 없이 늘어놓으면서 이들이 과오를 적게 범하도록 하지 않지만, 다스림으로는 이보다 더 나은 것이 없다. 그러므로 물·불·우레·바람 등은 하늘·땅의 광대함을 넘어설 수가 없고, 여섯 자식 괘[六子卦]¹³⁷⁴·56변괘¹³⁷⁵는 하늘은 높고 땅은 낮게 있음을 상징하는 건괘☰·곤괘☷를 어지럽힐 수 없다.

大哉法象乎! 而生人之事, 聖人所以繼天而致治者, 孰足以當此乎? 天位尊, 地位卑, 上下定矣; 天成象, 地成形, 文章著矣. 上下定, 故萬物戢是然而不敢干; 文章著, 故萬物訢然而樂聽其命. 則天地可得而治萬物, 人可得而治物, 君子可得而治野人. 而非此者, 則亂.

역문 위대하도다, 자연계의 현상[法象]들이여! 사람을 낳는 일, 이는 성인들께서 하늘을 계승하여 사람 세상을 잘 다스리는 것이기도 하니, 뉘라서 족히 이를 해내리오? 이 자연계의 현상들을 보면, 하늘의 위치는 높고 땅의 위치는 낮아서 위·아래가 정해지며, 하늘은 상(象)을 이루고 땅은 형(形)을 이루어서 아름답고 빛나는 것들이 드러나게 된다. 또 위·아래가 정해지므로 만물은 이러함을 편안하게 받아들이며 감히 간여하려 들지 않는다.

1374 건괘☰·곤괘☷는 부모괘이고, 감괘☵·리괘☲·손괘☴·진괘☳·태괘☱·간괘☶ 등 여섯 괘는 건괘·곤괘의 소산이라는 점에서 '6자괘'라고 부른다.
1375 여기에서 '56변괘'라 한 것은, 건괘☰·곤괘☷와 그 자식 괘들인 진괘☳, 감괘☵, 간괘☶, 손괘☴, 리괘☲, 태괘☱ 등 6괘를 제외한 나머지 괘들을 말하는 것으로 보인다.

이렇듯 아름답고 빛나는 것들이 드러나므로, 만물은 이러함에 기뻐하고, 그 명(命)을 즐기는 마음으로 받아들인다. 그리하여 하늘·땅은 만물을 다스릴 수가 있고, 사람은 물(物)들을 다스릴 수가 있으며, 군자는 야인(野人)들을 다스릴 수가 있다. 만약에 이러하지 않다면 혼란이 일어날 것이다.

古之聖人, 思有以治天下, 而其心殫矣. 久而乃得之於法象焉. 人之所可受吾治者, 惟其敬愛而已矣. 怳然不敢干之心生, 則敬興; 訢然樂聽其命之心生, 則愛興. 觸目而天地之法象在焉, 莫或不敬也, 莫或不愛也. 人成位乎中, 而君子者野人之耳目也. 人成位乎中, 則可以效法天地而无慙; 君子爲野人之耳目, 則利用其敬愛法象之心, 以作其敬愛而受治.

역문 옛 성인들께서는 이 세상을 좋은 것으로 만들고자 하는 생각이 있어서 이를 위해 온 마음을 기울였다. 이러함이 오래되어서는 자연계의 모든 현상[法象]에서 깨닫게 되었다. 다름 아니라 사람들이 우리의 다스림을 받아들이는 까닭은, 오직 존경하고 사랑하기 때문이라는 것이다. 두려워서 감히 간여하지 못하는 마음이 생기면 존경이 일고, 기뻐하며 즐겁게 그 명(命)을 받아들이는 마음이 생기면 사랑이 인다. 눈에 보이는 것들마다 하늘·땅의 현상이 존재하니, 혹시라도 존경하지 않음이 없고 혹시라도 사랑하지 않음이 없다. 사람은 하늘과 땅의 가운데에 자리를 잡고 있다. 그래서 군자는 야인들의 눈과 귀다. 또한 사람이 하늘과 땅의 가운데에 자리를 잡고 있으니, 하늘·땅을 본받을 수 있어서 부끄러워할 일을 저지름이 없다. 또 군자가 야인들의 눈과 귀가 되어 주니, 이들도 법상을 존경하고 사랑하는 마음을 이롭게 쓴다. 이렇게 함으로써 이들에게서 존경과 사랑이 일어나니 군자의 다스림을 받아들이는 것이다.

故衣裳之垂也, 上下辨焉, 物采昭焉, 榮華盛焉. 潔齊, 以示无散亂
也, 寬博, 以示无虔驚也. 天地方圓之儀則・天產地產之精華咸備焉,
陰陽損益之數・律度規矩準繩自然之式咸在焉, 以示人極之全也. 而
天下悉觀感以生其敬愛, 於是而聖人者亦有其无功之功, 以與天地
相參. 故惟衣裳可以配'乾'"坤', 而非他制器尚象所得而擬焉者也.

역문 그러므로 사람이 의상(衣裳)을 입게 되어서는 위・아래가 구별되고, 물
(物)들의 아름다움이 환히 드러나며, 영화(榮華)가 번성하게 되었다. 의상
이 정결하고 가지런하여서는 몸가짐에 흐트러짐이 없음을 드러내고, 성글
게 대강대강 지은 옷을 추레하게 입어서는 겁탈하거나 사납게 굴 마음이
없음을 드러냈다. 이러한 의상 속에는, 하늘은 둥글고 땅은 네모난 의칙
(儀則)과 하늘이 낳고 땅이 낳은 것들의 정화(精華)가 다 갖추어져 있다.
또한 음과 양이 덜고 더함으로 드러내는 수(數)와 율도(律度)[1376]・규구(規
矩)[1377]・준승(準繩)[1378] 등 자연이 드러내는 표준이 다 여기에 존재한다. 이
렇게 함으로써 '사람 세상의 표준[人極]'을 드러나게 하는 것이다. 세상 사
람들은 모두 이러함을 보고서 감응하며 존경과 사랑의 마음을 내게 되니,

1376 '율도'는 도량형의 도수(度數)를 의미하는데, 모두 황종(黃鍾)의 율(律)에서 나왔기 때문에
'율도'라 칭한다. '도(度)'는 길고 짧음을 표시한다. 그 단위는 분(分)・촌(寸)・척(尺)・장
(丈)・인(引) 등이며, 용적과 중량도 포괄한다. 물론 음률의 표준을 의미하기도 한다.

1377 '규구'에서 '규(規)'는 동그라미를 그리는 그림쇠, '구(矩)'는 네모를 그리는 그림쇠를 지칭한
다. 즉 동그라미와 네모를 그리려면 이들 그림쇠를 따라서 그려야 하는 것이다. 그래서 이
의미가 확대되어서는 지켜야 할 준칙, 법칙, 원리 등을 의미하게 되었다.

1378 '준승'은 나무를 켤 때, 먼저 먹줄을 튕겨 반듯한 줄을 드러나게 함으로써, 이를 따라 반듯
하게 켤 수 있도록 하는 것이다. 따라서 이 역시 기준, 원칙, 원리 등을 의미한다.

이에 성인들께도 '공으로 드러나지 않는 공[无功之功]'이 있어서 하늘·땅에 참여하게 되는 것이다. 그러므로 오직 의상만이 '건'·'곤'에 짝할 수 있으며, 기타의 기물을 만들고 상(象)을 숭상함에서 얻은 것들로서는 비교할 수가 없다.

嗚呼! 衣裳之於人, 大矣哉! 可敬者義之府也, 可愛者仁之縕也; 是善惡之樞也, 生殺之機也, 治亂之司也, 君子野人之辨也, 而尤莫大乎人禽之別焉. 鷦鴣負葉以覆露, 水鸛畜礜以禦寒, 甌蛋文身以辟蛟, 濊貊重貂以履雪, 食衣裳之利而去其文, 无以自殊於羽毛之族而人道亡, 則'乾"坤'之法象亡矣. 黃帝以前, 未之備也, 及其有之, 而'乾"坤'定; 趙武靈以後, 淪於替也, 寖以亂之, 而'乾"坤'傷. 妲己男冠以亡殷, 何晏女服以覆晉, 宋齊邱羽衣而災及其身, [王旦] 披緇而辱逮於死. 小變而流於妖, 禍發於當年; 大變而濫於禽, 禍且移於運會矣. 古之聖人, 法象治之而有餘; 後之王者, 干戈爭之而不足. 『易』曰, "『易』不可見, '乾"坤'或幾乎息矣"是殆『易』毀而'乾"坤'將息之日也與! 悲夫!

역문 오호라, 의상이 사람에게서 하는 역할은 크도다! 존경할 수 있는 사람은 의로움[義]을 간직하고 있고, 사랑할 수 있는 사람은 어짊[仁]을 속에 꽉 채우고 있다. 이 의상은 선이 되게도 하고 악이 되게도 하는 핵심 관건[樞]이고, 살리기도 하고 죽이기도 함을 불러들이는 기틀[機]이다. 또한 사람 세상을 살맛 나는 것으로서 안정되게 이끌어 가느냐[治] 어지러워서 살기 어렵게 몰아가느냐[亂]를 가름하는 것이고, 군자와 야인을 구별하는 것이기도 하다. 더욱이 사람과 짐승을 구별함에서 이보다 더 큰 것은 없다.

자고새는 낙엽을 물어다가 이슬을 덮고, 물에서 사는 황새는 여석(礜石)을 쌓아서 추위를 막는다.[1379] 구단(甌蜑)[1380] 사람들은 문신해서 교룡(蛟龍)을 피하고, 예맥(濊貊) 사람들은 담비 가죽을 두 겹으로 한 가죽옷을 만들어서 추운 겨울에 눈을 밟고 다닌다. 이렇게 의상의 이로움을 누리기만 하며 사람 세상만의 아름다움[文]을 없애 버리면, 날짐승·들짐승처럼 털로 살아가는 무리와 저절로 구별됨을 무너뜨리고 '사람 세상을 꾸려 가는 원리원칙[人道]'도 없어져 버릴 것이다. 이렇게 되면 '건'·'곤'이 드러내고 있는 법상도 없어질 것이다.

황제(黃帝) 이전에는 이 의상이 갖추어지지 않았다가, 이 의상이 있게 됨에 이르러서 '건'·'곤'은 정해졌다. 그러나 조나라 무령왕(武靈王; B.C.365~B.C.295, 재위 B.C.326~B.C.299) 이후에 쇠퇴하기 시작하여 점점 어지러워졌고, '건'·'곤'도 손상되었다.[1381] 달기(妲己)[1382]가 남자의 관(冠)을 씀으로써

[1379] '여석'은 독이 있으면서도 열기를 품고 있는 돌이다. 황비철광(黃砒鐵鑛)이다. 물 황새는 알을 품을 적에 이 여석을 모아다가 알 주변에 깔아서 따뜻한 기운을 돕는다고 한다.

[1380] 구단(甌蜑)은 중국의 남동 지역을 가리킨다.

[1381] 조나라의 무령왕은 27년 동안 임금 자리에 있었는데, '호복(胡服)·기사(騎射)' 정책을 써서 조나라를 강성한 나라로 이끌었다. 의복을 북방 유목 민족들의 의복[胡服]으로 바꾸어 입고 전쟁에서는 말을 타고 활을 쓰는[騎射] 것으로 전략(戰略)을 바꾼 것이다. 당시 무령왕은 약해진 조나라의 국력을 끌어올리고 빼앗겼던 국토 회복을 으뜸 목표로 삼았는데, 한족의 전통적인 전술, 즉 세 명의 전사가 한 조를 이루어 한 사람은 마부를 맡고 한 사람은 활쏘기를 담당하며 한 사람은 창을 사용하여 백병전하는 전차전(戰車戰) 방식으로는 도저히 전쟁에서 승리할 수 없다고 보고, 유목 민족들의 전쟁 방식을 차용(借用)하기로 한 것이다. 그러자면 말 타고 활 쏘는 데 편리하도록 복장을 이들의 복장으로 바꾸어야 할 필요가 있었다. 한족의 전통 의복으로는 이렇게 하기에는 불편하였기 때문이다.

무령왕은 이 정책을 반대하던 숙부 조성(趙成; ?~?)과 대신들을 차례로 설득하고는, 자신이 먼저 유목민들의 의복을 입고 군사들에게도 모두 이 의복을 입게 하였다. 이 정책이 성공하여 조나라는 강성해질 수 있었다. 그 결과 중산국(中山國)을 멸망시키고, 임호(林胡)·누번(樓煩) 족을 무찔렀으며, 운중(雲中)·안문(雁門)·대(代) 등의 세 군(郡)을 개척하였다. 그리고 조나라의 장성(長城)을 쌓았다.

이 무령왕에게는 정실 한후(韓后) 소생의 태자 조장(趙章; ?~B.C.295)이 있었다. 그런데

은나라는 멸망하였고, 하안(何晏)이 여복(女服)을 함으로써 진(晉)나라는 뒤
집혔다. 송제구(宋齊邱; 887~959)[1383]는 우의(羽衣)를 입어서 그 재앙이 자신

나중에 무령왕은 계비(繼妃)인 오왜(吳娃)와의 사랑에 빠진 나머지, 태자를 그 소생인 조
하(趙何; B.C.310~B.C.266, 재위 B.C.298~B.C.266)로 바꾸었다. 그리고는 끝내 그에게
왕위를 물려준 뒤 자신은 '주보(主父)'의 직함을 갖고 막후(幕後)로 물러났다. 그러나 무령
왕의 이러한 조치에서 오는 울분을 견디지 못한 정실 소생의 아들 조장이 반란[沙丘之亂]
을 일으켰다(B.C.295). 이를 진압한 공자 조성(趙成; ?~?. 무령왕의 삼촌)이 후환이 두려워
무령왕이 있는 궁실을 봉쇄하고 다른 사람들을 다 밖으로 나오게 했다. 혼자 남은 무령왕
은 3개월을 버티다 굶어 죽었다.(이상, 『사기』, 「趙世家」참고.)
　왕부지는 사람 세상을 짐승들의 무리와 구분해 주는 핵심이 예(禮)를 실현하느냐에 있다
고 본다. 그가 평생을 통해 이데올로기로 안고 산 '이하지변(夷夏之辨)'에서 내세우는 핵심
근거도 바로 이것이다. 한족과 주변의 변방 민족들을 변별하며 한족이 우월하다는 의식을
갖는 것의 정당성이, 한족은 예를 실현함에 있다는 것이다. 물론 사덕(四德) 중의 나머지
덕들을 잘 실현한다는 것도 불문가지다. 그런데 이 예의 실현이 바로 의복에서 가장 눈에
잘 드러난다고 할 수 있다. 예와 신분제도는 서로 필수불가결한데 의복을 통해서 이를 드
러내기 때문이다. 그래서 왕부지는 여기에서 이렇게 의상(衣裳)에 대해 강조하는 것이다.
여기에서 '건'·'곤'이 정해졌다고 하는 것은 중원 지배가 한족 중심으로 이루어지며 예가
잘 실현된다는 의미다.
　그런데 왕부지 생전에 한족은 만주족에 의해서 지배당하고, 옷도 만주족의 옷을 입어야
했으며, 머리모양도 만주족의 머리모양인 변발(辮髮)을 강요받았다. 이것이 왕부지에게
얼마나 큰 치욕으로 다가왔을지는 어느 정도 짐작할 수 있다. 이렇게 자신들이 깔보는 변
방 민족들의 옷을 입는 것이, 왕부지는 한족의 역사상 조나라의 무령왕에게서 비롯되었다
고 보며 이렇게 비판하는 것이다. 한마디로 '건'·'곤'이 손상되었다는 것이다.

1382　달기는 중국 은나라의 마지막 임금인 주왕(紂王)이 총애하였던 비(妃)다. 기(己)가 성(姓)
이고, 달(妲)은 자(字)다. 절세의 미모로써 주왕을 홀려 방탕하고 잔인한 폭정을 행하게 한
나머지, 망국의 비운을 초래한 인물로 꼽힌다. 『봉신연의(封神演義)』의 기록에 의하면 달
기의 성품은 본래 선량했다고 한다. 그런데 16세에 왕비로 발탁되어 궁중으로 들어가던 도
중, 구미호인 호리정(狐狸精)에게 죽임을 당하고 거기에 호리정의 혼이 들씌워서 변한 일
종의 요괴라 하고 있다. 주왕의 학정은 대부분, 이 달기가 빌미가 되어 일어났다.

1383　송제구는 오대십국의 하나인 남당(南唐)의 모신(謀臣)이었다. 당시 오나라의 실권을 쥐고
있던 서지호(徐知誥; 889~943)의 모사가 되어, 세제(稅制) 개혁안을 서지호에게 건의해 실
현토록 함으로써, 오나라를 부강하게 하였다. 이 여세를 몰아 서지호는 남당의 개국 황제
가 되는데(烈祖, 재위 937~943), 이렇게 되는 데서 송제구는 역시 결정적인 역할을 하였
다. 이를 인정받아 송제구는 남당의 재상이 되었다. 그런데 석경당(石敬瑭; 892~942, 재위
936~942)이 후당(後唐)을 멸망시키고 후진(後晉)의 개국 황제가 되는 것을 보고, 송제구는
이제 남당의 황제가 된 서지호에게 멸망한 이씨의 당나라 족보에 서지호를 갖다 붙이라고

에게 미쳤고,[1384] 왕단(王旦; 957~1017)은 승복을 입어 죽은 뒤에까지 치욕이 미치게 하였다.[1385]

건의했다. 서지호는 원래 이씨(李氏)였는데 어려서 서씨 가문에 양자로 들어가는 바람에 '서씨'가 되었었다. 서지호는 이 건의를 받아들여, 자신의 성씨를 원래의 '이씨'로 바꾸고, 자신의 남당 왕조가 당(唐) 황실임을 자처했다. 그리고는 당 황실의 중흥 대업을 스스로가 이룰 것을 기약했다. 실제로 이 남당의 개국 황제는 정사에 열중하여 남당의 국력을 크게 끌어올렸다.

열조가 죽고 그 아들 원종(元宗)이 즉위하자 송제구는 중서령(中書令)이 되었다. 그리고는 이정고(李征古; ?~959)·진각(陳覺; ?~959)·풍연사(馮延巳; 903~960)·풍연로(馮延魯; ?~?)·이문휘(李文徽; ?~?) 등과 붕당을 맺어 남당의 조정 일에 깊이 간여하였다. 사람들은 이들을 '오귀(五鬼)'라 불렀다. 이에 손성(孫晟; ?~956)·상몽석(常夢錫; 898~958)·한희재(韓熙載; 902~970) 등이 또 하나의 붕당을 이루어 이들 두 당파는 사사건건 대립하였다. 이들의 권력 투쟁은 너무나 격렬하게 전개된 나머지, 새로운 군주인 원종의 지위까지 위태롭게 할 지경이었다.

이러는 동안 남당의 국력은 쇠약해졌고, 보대(保大) 말년(957), 마침내 남당은 후주(後周)에게 패하여 회남(淮南)·강북(江北) 지역을 빼앗기고 만다. 이때 송제구와 같은 붕당을 이루고 있던 풍연로가 전장에 나아가서 패하고 포로로 잡혀갔다. 송제구의 정적 손성도 그 이전에 후주에 사신으로 갔다가 피살되었다. 이듬해(958)에 남당은 후주에게 신하의 나라로서 칭했다.

이러한 일련의 모욕을 겪은 뒤 원종은 심기일전하기 위해 연호를 '중흥(中興)'으로 바꾼다. 나아가 원종은 이러한 상황을 초래한 원흉으로 송제구 일당을 지목하고는 먼저 진각을 살해한다. 그리고 송제구를 청양현(靑陽縣) 구화산(九華山)으로 압송하여 가두어 버렸다. 송제구를 가둔 뒤 방문을 봉쇄하고는 벽에 작은 구멍을 내서 먹을 것만을 들여보내 주었다고 한다. 이러한 치욕을 견디지 못한 송제구는 자살하였다. 시호가 '추무(醜繆)'다.(이상 『자치통감』, 「後晉紀」, '齊王上' 조 및 『南唐書』, 「黨與傳上」, '宋齊丘' 조 등 참고.)

[1384] '우의(羽衣)'는 선녀나 도사(道士)들이 입는 옷으로서, 새의 깃으로 만든 옷이다. '깃옷'이라고도 하고, '날개옷'이라고도 한다. 왕부지가 여기에서, 송제구가 이 옷 입은 것을 비판하는 것을 보면, 송제구가 도교에 심취해 있던 것으로 보인다.

[1385] 왕단은 북송 초기의 명신이다. 24세에 진사에 급제하여 죽기 직전까지 관로에 있었다. 지방 수령으로 있을 적에는 인의 도덕에 따라 백성들을 살핌으로써 그들로부터 칭송받았으며, 중앙 관직에 있을 적에는 맡은바 직무를 그의 천부적 자질과 진중함을 통해서 해냄으로써, 동료들로부터는 물론, 위아래 관리들로부터도 존경과 신임을 받았다.

특히 진종(眞宗; 968~1022, 재위 997~1022)의 그에 대한 신임이 두터웠다. 진종의 통치 시기에 왕단은 18년 동안 관로에 있었는데, 이 중 12년을 재상으로 일하였다. 진종은 매사에 그의 의견을 들어서 국가의 크고 작은 일을 처리할 정도였다. 왕단이 중병이 들어서 여러 차례 재상직을 사직하려 했으나, 진종은 이를 허락하지 않고 다만 직무만을 면제해 준

작은 변(變)은 요망함으로 흘러가는 정도에 그치고, 화(禍)도 발생한 그

채 재상 봉록의 절반을 지급하기도 하였다. 왕단의 병이 더욱 깊어 가자 진종은 하루에도 몇 차례씩 내시들을 보내 문병하였으며, 친히 죽과 약을 끓여서 보내기도 하였다.

왕단은 진종이 행한 봉선(封禪) 의식을 막지 못한 것을 두고 필생의 치욕으로 여겼다. 그의 관점에서는 이것이 미신에 불과한 것인데, 자신이 재상의 지위에 있으면서도 그렇게 많은 재화를 허비하며 이 일을 벌이도록 하였으니, 이러한 자신의 소행을 스스로 도저히 받아들일 수 없었던 것이다.

사실 이는 송나라가 요(遼)나라의 침입을 격퇴하지 못하고 그들과 굴욕적인 화약(和約), 즉 '전연지맹(澶淵之盟; 1005)'을 맺은 것에 대한 보상 심리로 거행한 것이다. 이 화약에서는 두 나라가 '형제의 나라'가 되기로 하고, 송나라가 요나라에 해마다 세폐(歲幣)로 은 10만 냥과 비단 20만 필을 바치기로 하였다. 이를 그대로 당한 송나라의 입장에서 무력으로는 요나라를 제압할 수 없으니, 천자만이 할 수 있는 것으로서, 사해(四海)의 높은 산에 봉선 의식을 거행함으로써 송나라 황제의 위신과 권위를 과시하고자 한 일환이었다.

그런데 이를 막지 못한 것을 평생의 치욕으로 여긴 왕단은 죽기 전에 자제들을 모아 놓고 자신이 죽으면 머리는 삭발하고 몸에는 가사를 입히라고 하였다. 죽은 뒤에 승려가 되어서 속죄하겠다는 의미에서다. 이른바 '죽은 뒤 출가'를 하겠다는 것이다. 다만 나중에 양억(楊億; 974~1020)의 만류로, 왕단의 집안에서는 이를 실행에 옮기지는 않았다. 왕부지가 여기에서 지적하는 것은 바로 왕단의 '죽은 뒤 출가'에 관한 것이다. 비록 죽은 뒤라고 할지라도 유자(儒者)가 승복을 입는 것을 그로서는 도저히 용인할 수 없었던 것이다.

한편 왕부지는『송론』에서, 왕흠약(王欽若; 962~1025)의 건의로 시행된 이 봉선 의식을 두고, 논의가 일 적에 왕단이 재상의 자리를 걸고 끝까지 반대하였으면 막을 수 있었던 것을 그렇게 하지 않았다고 하면서, 왕단의 이 일과 관련된 행위에 비판적 태도를 보이고 있다. 심지어 진종이 왕단의 반대를 누그러뜨리려고 내린 재물에 마음이 흔들려 진종의 위망(僞妄)을 따라갔다고 하며, 재화에 혹해서 제 할 일을 제대로 수행하지 못하였다고까지 하고 있다. 다만 왕단의 입장에서 자신이 재상의 자리를 물러나면 왕흠약을 비롯한 간신배들이 조정을 차지할 것을 우려하여, 어쩔 수 없이 진종의 강행을 받아들일 수밖에 없었다는 면도 인정하기는 한다.(王旦受美珠之賜, 而俯仰以從眞宗之僞妄, 以爲熒於貨而喪其守, 非知旦者, 不足以服旦也. 人主欲有所爲, 而厚賄其臣以求遂, 則事必無中止之勢, 不得, 則必不能安於其位. 及身之退, 而小人益肆, 國益危. 旦居元輔之位, 系國之安危, 而王欽若・丁謂・陳彭年之徒, 側目其去, 以執宋之魁柄. 則其遲回隱忍而導諛者, 固有不得已於斯者矣 … 雖然, 旦之處此也, 自有道焉. 且皆失之, 則彷徨而出於苟且之塗, 弗能自拔, 其必然矣. 澶州受盟納賄之恥, 微欽若言, 君與大臣豈能無愧於心? … 旦之登庸, 以寇準之罷相也. 欽若不能與同朝, 則旦亦不可與欽若竝用. 乃欽若告旦以祥瑞之說, 旦無以處之, 而欽若早料其宜無不可. 則旦自信以能持欽若, 而早已爲欽若所持. 夫其爲欽若持, 而料其不能爲異者, 何也? 相位故也. 使旦於命相之日, 力爭寇準之去, 而不肯代其位, 則欽若之奸不摧而自折, 眞宗之惑不辨而自釋, 亦奚至孤立群奸之上, 上下交脅以阿從哉? 進退之際, 道之枉直存焉, 旦於此一失, 而欲挽之於終, 難矣!)

해에만 그친다. 그러나 큰 변은 더불어 살아가는 짐승들에게까지 흘러넘치고, 화(禍)도 시대적 추세[時勢]로까지 옮겨 간다. 옛 성인들은 법상에 의해 다스리면서도 여유가 있었고, 오늘날의 왕들은 무기로써 전쟁을 벌이면서도 오히려 부족하다. 『주역』에서는 "『주역』을 볼 수 없으면 '건'·'곤'도 어쩌면 사라질 것이다."라고 한다. 이 말인즉슨 『주역』이 허물어지고 '건'·'곤'도 장차 사라지는 날이 있을 수도 있다는 말이로다! 슬프도다![1386]

[1386] 왕부지 자신이 살던 시대가 그러하다는 의미다. 의상이 한족의 의상에서 청나라 만주족의 의상으로 바뀌었음을 두고 하는 말이다. 이 시대에는 '건'·'곤'이 무너졌고, 『주역』의 법칙도 설 자리를 잃었다는 것이다. 사덕(四德)과 예제(禮制)로써 사람 세상을 운용하는 주체, 즉 한족의 중원 지배권이 상실되었다는 전제에서 하는 말이다.

계사하전 제3장
繫辭下傳第三章

天下无象外之道, 何也? 有外, 則相與爲兩, 卽甚親, 而亦如父之於
子也; 无外, 則相與爲一, 雖有異名, 而亦若耳目之於聰明也. 父生
子而各自有形, 父死而子繼; 不曰道生象, 而各自爲體, 道逝而象留.
然則象外无道, 欲詳道而略象, 奚可哉?

역문 이 세상에 상(象)의 밖에는 도(道)가 없다, 왜냐? 만약에 상의 밖에 도가
있다면 상과 도는 서로 둘이 되리니, 그렇다면 이들은 매우 친하여서 또한
부모가 자식에게 갖는 관계와도 같을 것이다. 그러나 상의 밖에 도가 없다
면 상과 도는 서로 하나가 되리니, 비록 이들이 이름은 다르다고 할지라도
또한 귀·눈이 귀 밝음·눈 밝음과 갖는 관계와 같을 것이다. 부모가 자식
을 낳아서는 각기 자체로 형체를 가지니 부모가 죽더라도 자식은 계승한
다. 그러나 그렇다고 해서 도가 상을 낳아서 각각 자체로 몸을 이루고 있
다가, 도가 가더라도 상은 남는다고 말하지는 않는다. 그렇다면 상의 밖에
는 도가 없는 것이니, 도를 상세하게 하고 상을 소략(疏略)하게 하려 한들,
어찌 가능하겠는가?

今夫象, 玄黃純雜, 因以得文; 長短縱橫, 因以得度; 堅脆動止, 因以得質; 大小同異, 因以得情; 日月星辰, 因以得明; 墳埴壚壤, 因以得產; 艸木華實, 因以得材; 風雨散潤, 因以得節. 其於耳啓竅以得聰, 目含珠以得明, 其致一也. 象不勝多, 而一之於『易』. 『易』聚象於奇偶, 而散之於參伍錯綜之往來, 相與開合, 相與源流. 開合有情, 源流有理. 故吉凶悔吝, 舍象而无所徵. '乾'非六陽, 无以爲龍; '坤'非六陰, 无以爲馬. 中實外虛, 頤无以養; 足敡鉉斷, 鼎无以烹. 推此而言, 天下有象, 而聖人有『易』, 故神物興而民用前矣.

역문 그렇다면 이제 상(象)에 대해 논해 보자. 상은 검기도 하고 노랗기도 한 것들이, 순수 그대로이기도 하고 뒤섞이기도 하여 무늬를 이룬다. 길기도 하고 짧기도 한 것들이, 가로 세로로 있으면서 도수(度數)를 이룬다. 딱딱하기도 하고 무르기도 한 것들이, 움직이기도 하고 멈추어 있기도 하면서 질(質)을 이룬다. 크고 작은 것들이 같기도 하고 다르기도 하여 실정을 이룬다. 일ㆍ월ㆍ성ㆍ신 등이 있어서 밝음을 얻는다. 이러저러한 흙들이 있어서 산물을 내기도 한다. 풀과 나무가 꽃을 피우기도 하고 열매를 맺기도 하여 재화를 얻게 한다. 바람과 비가 흩트리기도 하고 적셔 주기도 하여서 계절이 생기게 한다. 귀에 구멍을 내서 들을 수 있게 하고, 눈에 눈동자가 있어서 밝게 볼 수 있게도 하는데, 이렇게 해내는 것들은 똑같다. 이처럼 상은 이루 헤아릴 수 없이 많지만, 『주역』에서는 하나가 된다.

『주역』은 상들을 홀[奇]ㆍ짝[偶]으로 모아서 뒤섞임[參]ㆍ대오를 이룸[伍]ㆍ착(錯)ㆍ종(綜)의 방식으로 왔다[來] 갔다[往] 함에 흩트리고는, 서로 함께 열어서 합하게도 하며, 서로 함께 근원도 되고 지류도 되게 한다. 열어서 합함에는 이렇게 할 수밖에 없는 실정[情]이 있고, 근원이 되거나 지류가 됨에는 상당하는 이치가 있다. 그러므로 길·흉과 후회함[悔]·아쉬워함[吝]은 상이 아니면 징험할 길이 없다. 건괘☰가 여섯 양(—)이 아니면 용(龍)이 되지를 못하고, 곤괘☷가 여섯 음(--)이 아니면 말[馬]이 되지를 못한다. 만약에 턱의 가운데는 실하고 밖이 텅 비어 있다면 이러한 턱으로는 음식물을 씹어서 몸에 자양을 제공할 수가 없고, 솥의 다리들이 똑같지 않아 어느 한쪽으로 기울고 그 귀가 끊어져 버려서는 이 솥에 무엇을 넣고 삶을 수가 없다. 이러한 점들로 미루어 보건대, 이 세상에는 상이 있고 성인들에게는 『주역』이 있기에, 신령스러운 물(物)이 출현하여서 백성들이 사용하기 이전에 이루어졌다.

漢儒說象, 多取附會. 流及於虞翻, 而約象互體, 大象變爻, 曲以象物者, 繁雜瑣屈, 不可勝紀. 王弼反其道而槪廢之, 曰, "得象而忘言, 得意而忘象". 乃『傳』固曰, "『易』者, 象也" 然則彙象以成『易』, 擧『易』而皆象, 象即『易』也. 何居乎以爲兔之蹄·魚之筌也?

역문 한나라 유학자들은 상(象)을 말하면서 너무나 많이 견강부회하였다. 우번(虞翻; 164~233)[1387]에 이르러서는 약상(約象)이니, 호체(互體)니, 반상(半象)[1388]이니, 변효(變爻)니 하면서, 왜곡되게 물(物)들을 본뜬 것이 번잡스럽

[1387] 우번은 자가 중상(仲翔)으로서 회계(會稽; 오늘날의 절강성) 출신이다. 삼국 시대에 오(吳)나라의 학자이며 관리였다. 본래는 회계 태수 왕랑(王朗)의 부하로서 공조(功曹)를 맡아 보았는데, 왕랑이 손책(孫策)에게 투항하자 우번도 이때부터 동오(東吳)에서 벼슬을 하게 되었다.

어려서부터 공부를 좋아했던 우번은 경학(經學)에 조예가 깊었다. 우번은 특히 역학(易學)에 정통하였다. 성품이 거칠고 직설적이며 기개가 높았던 우번은, 나중에 오(吳)나라의 왕이 된 손권(孫權)의 비위를 자주 거스름으로써 마침내 교주(交州)에 유배되었다. 그는 유배지에서도 강학에 열중하여 문도가 늘 수백 명에 이르렀다고 한다. 향년 70세로 죽었다.

[1388] 이 번역에서 저본으로 삼고 있는 악록서사(嶽麓書社) 본에는 '大象'으로 되어 있지만, 그 교

고 자질구레해서 도대체 갈피를 잡을 수가 없다.

왕필은 이들의 설을 반대하면서 대부분 폐기해 버렸다. 그리고는 "상을 밝혔거들랑 말은 잊어라.", "뜻을 이해했거들랑 상은 잊어라."라고 하였다.[1389] 그러나『주역』에서는 본래 "『주역』은 상(象)이다."[1390]라고 한다. 그렇다면 상(象)들을 모아서『주역』을 만들었다는 것이고,『주역』 전체는 모두 상이며, 상이 바로『주역』이라는 의미가 된다. 도대체 무슨 근거로『주역』의 '상'을 토끼를 잡는 올무나 물고기를 잡는 통발쯤으로 여긴단 말인가?

夫蹄非兎也, 筌非魚也. 魚・兎・筌・蹄, 物異而象殊, 故可執蹄筌以獲魚兎, 亦可舍筌蹄而別有得魚兎之理. 畋漁之具夥矣. 乃盈天下而皆象矣.『詩』之比興,『書』之政事,『春秋』之名分,『禮』之儀,『樂』之律, 莫非象也, 而『易』統會其理. 舍筌蹄而別有得魚得兎之理, 舍象而別有得『易』之塗耶?

역문 올무는 토끼가 아니고, 통발은 물고기가 아니다. 물고기·토끼·통발·올무는 물(物)이 다르고 상(象)이 다르다. 그러므로 올무와 통발을 가지고 토끼와 물고기를 잡을 수 있지만, 또한 통발과 올무를 버리고서도 따로 물고기와 토끼를 잡을 수 있는 이치는 있다. 수렵과 천렵을 하는 도구는 얼

감기에서는 수유경서옥(守遺經書屋) 본·금릉(金陵) 본·전후(前後) 중화서국(中華書局) 본 등에 모두 '半象'으로 되어 있다고 하고 있다. 곡계명(谷繼明)은 우번(虞飜)의 설을 고찰해 볼 때 '半象'이라 해야 옳다고 하고 있다.(谷繼明,『王船山『周易外傳』箋疏』, 239쪽.) 그래서 이 번역에서는 '半象'이라는 설을 취한다. 의미는 '상이 절반만 드러난다'라는 것이다.

1389 이에 대해서는 앞 주1338)을 참고하라.
1390 『계사하전』제3장에 나오는 말이다.

마든지 있는 것이다. 이 세상을 가득 채우고 있는 것은 모두 상(象)인 것이다. 『시경』에서 구사하고 있는 '비(比)'와 '흥(興)',[1391] 『서경』에서 기록하고 있는 '정사(政事)', 『춘추』에서 드러내고 있는 '명분(名分)', 『예기』에서 드러내고 있는 '의칙(儀則)', 『악기』에서 드러내고 있는 '율(律)' 등은 상 아닌 것이 없다. 『주역』은 이들의 이치를 집중적으로 모아 놓고 있는 것이다. 그러니 통발과 올무를 버리더라도 물고기와 토끼를 잡을 수 있는 이치가 따로 있다고 하여, 『주역』에서 상을 버리고서 『주역』을 이해할 수 있는 길이 따로 있단 말인가?

若夫言以說象, 相得以彰, 以擬筌蹄, 有相似者. 而象所由得, 言固未可忘已. 魚自游於水, 兔自窟於山, 筌不設而魚非其魚, 蹄不設而兔非其兔. 非其魚兔, 則道在天下而不即人心, 於己爲長物, 而何以云'得象'·'得意'哉? 故言未可忘, 而奚況於象? 況乎言所自出, 因體因氣, 因動因心, 因物因理. 道抑因言而生, 則言·象·意·道, 固合而无畛, 而奚以忘耶?

역문 말로써 상(象)을 설명하여서는 서로가 잘 드러날 수 있으니, 그래서 통발과 올무에 비유한 것과 서로 비슷한 점이 있다. 그런데 상이 이해될 수

1391 주희의 설명에 의하면, 저것[彼物]으로써 이것[此物]을 비유하는 것이 '비(比)'이고(『詩經集傳』, 「國風, 周南一之一」: 比者, 以彼物比此物也. 后妃不妒忌而子孫衆多, 故衆妾, 以螽斯之輩, 處和集而子孫衆多. 比之言, 其有是德而宜有是福也. 後凡言比者放此), 다른 물(物)을 먼저 말하여서 읊고자 하는 말을 불러일으키는 것이 '흥(興)'이다.(『詩經集傳』, 「國風, 周南一之一」: 興者, 先言他物, 以引起所詠之辭也. 周之文王, 生有聖德, 又得聖女姒氏以爲之配, 宮中之人, 於其始至, 見其有幽閒貞静之德. 故作是詩言彼關關然之雎鳩, 則相與和鳴於河洲之上矣. 此窈窕之淑女, 則豈非君子之善匹乎! 言其相與和樂而恭敬, 亦若雎鳩之情摯而有別也. 後凡言興者, 其文意皆放此.) 이들은 시에서 자신의 정서를 표달(表達)하여 읽은 이에게 잘 전달하기 위한 기법들이다.

있는 수단이나 말은 본디 잊을 수 없을 따름이다. 물고기는 스스로 물에서 헤엄치며 놀고 토끼는 스스로 산에 굴을 파고 사니, 통발을 설치하지 않고서는 저 물고기가 나의 물고기가 아니고 올무를 설치하지 않고서는 토끼도 나의 토끼가 아니다. 물고기와 토끼가 내가 잡은 나의 토끼가 아니라면, 도(道)는 이 세상에 존재하는 것이고 사람의 마음에 있지 않으니, 내 소유가 아닌 존재다. 그러니 어찌 '상을 밝혔다'·'뜻을 이해했다'라고 말할 수 있겠는가? 그러므로 말은 잊을 수 없는 것인데, 어찌 상에 비유할 수 있겠는가? 말이 저절로 나옴에 비유하자면, 몸에 기인하고 기(氣)에 기인한다. 또 움직임[動]에 기인하고 마음에 기인하며, 물(物)에 기인하고 이치에 기인한다. 도가 혹시 말에 기인하여 생긴다면, 말·상·뜻·도가 본디 합해져서 구분됨이 없을 터이니, 그러면 어떻게 잊는단 말인가?

蓋王弼者, 老·莊之支子, 而假『易』以文之者也. 老之言曰, "言者不知." 莊之言曰, "言隱於榮華". 而釋氏亦託之以爲敎外別傳之旨. 棄民彝, 絶物理, 胥此焉耳.

역문 생각건대 왕필은 종자(宗子)는 아닐지라도 노·장의 아들임은 틀림없는데, 다만 『주역』을 빌려서 글을 지었을 따름이다. 노자의 말에 "말하는 사람은 알지 못한다."[1392]라고 하고, 장자의 말에 "말은 화려한 말발에는 가려져서 드러나지 않는다."[1393]라고 한다. 그런데 불교에서도 이에 의탁하여 교외별전(敎外別傳)[1394]의 취지로 삼고 있다. 백성들이 살맛 나는 세상을 꾸려

1392 『老子』, 제56장에 나오는 말이다.
1393 『莊子』, 「齊物論」에 나오는 말이다.
1394 '교외별전'은 불교에서도 선종(禪宗)에서 내세우는 것이다. 진리는 말이나 경전에 의해서는 전할 수 없고, 석가모니와 가섭(迦葉) 사이에 주고받은 것처럼 '서로 마음으로 주고받음

가기 위해서는 반드시 필요한 규범을 내팽개치고 물(物)들의 이치를 끊어 버림이 바로 이러함에 있을 따름이다.

嗚呼! 聖人之示人顯矣. 因像求象, 因象成『易』. 成而爲材, 動而爲效. 故天下无非『易』而无非道, 不待設此以掩彼. 俱无所忘以皆備, 斯爲善言『易』者與! 若彼泥象忘理以支離附會者, 亦觀象以正之而精意自顯, 亦何必忘之而始免於"小言破道"之咎乎!

역문 오호라, 성인들께서 사람들에게 제시하고 있는 것은 환하도다! 모양을 바탕으로 하여 상(象)을 드러내고, 이 상을 바탕으로 하여 『주역』을 만든 것이다. 이 상들은 이루어져서는 재질이 되고, 사람의 움직임[動]에서는 효험을 드러낸다. 그러므로 이 세상에 『주역』 아닌 것이 없고, 도(道) 아닌 것이 없으니, 굳이 어느 것을 펼쳐서 다른 것을 가릴 필요도 없다. 모두를 잊지 않고서 다 갖추어야 하니, 이렇게 하는 것이 『주역』을 잘 이해하는 사람이로다! 저 한나라 유학자들처럼 상에 빠져 이치를 잊어버린 채 시시콜콜하게 견강부회하는 이들 또한 상을 보고서 자신들의 잘못을 바로잡으며 뜻을 골똘히 생각하여 저절로 환해질 것이다. 그러니 또한 어찌 꼭 잊어버려야만 비로소 "자질구레한 말이 도를 깨뜨려 버린다."[1395]라고 하는 허물을 면하리오!

[以心傳心]'에 의해서만 전해질 수 있다는 것이다. 참선(參禪)도 그 방법 중의 하나다.
1395 『공자가어(孔子家語)』에 나오는 말이다.

계사하전 제4장

繫辭下傳第四章

君用獨以統群, 民用衆以從主. 君制治而民從法, 故莫要於立君以
主民, 而民但受治焉.

역문 임금은 '홀로'로서 무리를 통솔하고, 백성들은 '다중'으로서 주인을 따른
다. 임금은 통치 체제를 만들고 백성들은 법을 따른다. 그러므로 임금을
세워서 백성들을 주도하는 것보다 더 긴요한 것은 없으나, 백성들은 이렇
게 함에서 단지 다스림을 받아들이기만 한다.

君子恒順, 小人恒逆, 而卦之陰陽肖之. 奇一也, 偶二也. 陽卦以一
陽統二陰, 以奇爲君, 以偶爲民, [是一君而二民也], 故曰順. 陰卦
以二陽歸一陰, 以偶爲君, 以奇爲民, [是二君而一民也], 故曰逆.

역문 군자는 늘 순종하고 소인은 늘 거역하는데, 괘의 음(--)·양(—)이 이를
본뜨고 있다. 홀[奇]은 1이고, 짝[偶]은 2다. 양괘(陽卦)는 한 양(—)으로써 두
음(==)을 통할하니, 홀이 임금이 되고 짝이 백성이 된다. 이것이 바로 양효
하나가 임금이고 음효 둘이 백성이라 함[1396]이며, 그러므로 '순종함'이라 한

다. 이에 비해 음괘(陰卦)는 두 양(=)을 하나의 음(--)에 귀속시키니, 짝이 임금이 되고 홀이 백성이 된다. 이것이 바로 음효 둘이 임금이고 양효 하나가 백성이라 함[1397]이며, 그러므로 '거역함'이라 한다.

試論之. 道之流行於人也, 始於合, 中於分, 終於合, 以始終爲同時同撰者也. 始者生也, 終者死也, 中者今日是也.

역문 시험 삼아 논해 보겠다. 도가 사람에게서 널리 행해짐을 보면, 시작함에서는 합했다가 중간에는 나누어지고 끝마침에서는 합한다. 이는 시작함과 끝마침을 시간도 같고 하는 일도 같다고 여기는 것이다. 시작함은 생겨나는 것이고, 끝마침은 죽는 것이며, 중간은 지금 살아가고 있는 오늘이 바로 그것이다.

君子以人事天, 小人以鬼治人. 以人事天者, 統乎大始, 理一而已. 理氣一也, 性命一也, 其繼也, 合於一善而无與爲偶. 故君子奉一以爲本, 原始以建中, 萬目從綱, 有條不紊, 分之秩之, 兩端審而功滿天下. 一念之誠, 一心之健, 推而準之於无窮, 皆是物也. 若其所終, 則无事逆挽以求合. 言滿天下, 行滿天下, 斯以爲全歸而已矣. 故謹於知生, 而略於知死.

역문 군자는 사람으로서 하늘을 섬기고, 소인은 귀신으로써 사람을 다스린다. 사람으로서 하늘을 섬긴다는 것은 위대한 시작에 통할된다는 것인데,

---

1396 『계사하전』제4장에 나오는 말이다.
1397 역시 『계사하전』제4장에 나오는 말이다.

리(理)는 하나일 뿐이다. 리(理)·기(氣)는 하나이고, 성(性)·명(命)은 하나인데, 이것들을 계승함에서는 하나인 선(善)에 합치하며 이것과 맞서지 않는다. 그러므로 군자는 하나를 받들며 이를 근본으로 삼고, 시작을 근원적으로 살펴서 중간을 세운다. 그리고 눈을 가진 모든 이들이 이 군자가 제시한 기강을 따르기에 조리가 있어서 문란하지 않으며, 예제(禮制)에 따라 사회 계층을 나누어서 질서를 잡는다. 대대(對待)를 이루는 사안에 대해서는 양 끝을 살피기에 이룬 공(功)이 온 세상에 가득 찬다. 한 생각으로 정성스럽고, 한마음으로 씩씩하며, 이를 미루어서 무궁한 것들에 기준으로 삼으니, 모두가 이 물(物)들이기 때문이다. 삶의 끝마침에 이르러서는 어떤 일에서도 거스르면서까지 자신에게로 당겨서 합치함을 구하지 않는다. 그가 한 말이 온 세상에 가득 차고, 그가 했던 행위가 온 세상에 가득 차는 것, 이렇게 함을 온전하게 돌아감[1398]으로 여길 따름이다. 그러므로 함부로 자신의 생겨남을 알아내려 하지 않고, 죽음이 무엇인지를 알아냄에 대해서도 생략한다.

若夫小人之道, 則亦有一之說矣, 而必先之以二. 君二者, 因中以歸終也. '載營魄'以始, '抱一'以終; '萬法'以始, '歸一'以終. 從多致寡, 從寡致无, 以鬼統人, 而返人於鬼. 是故期於知死, 而忽於知生. 先後制從之間, 逆計而挽其末流, 則志懾而氣亦萎矣.

[1398] '온전하게 돌아감[全歸]'은 군자의 끝마침, 즉 죽음을 의미한다. 생겨날 적에 부모님으로부터 온전하게 받은 그대로를 훼손함이 없이 잘 유지했다가 온전하게 돌아가는 것을 의미한다. 『예기(禮記)』, 「증자대효(曾子大孝)」 편에 그 출전이 있다.(父母全而生之, 子全而歸之, 可謂孝矣; 不亏其體, 可謂全體. 故君子頃步之不敢忘也.) 왕부지도 같은 관점에서 보고 있다.(『思問錄』, 「內篇」: 子孫, 體之傳也; 言行之跡, 氣之傳也; 心之陟降, 理之傳也. 三者各有以傳之, 無戕賊汚蝕之, 全而歸之者也.)

역문 소인들이 살아가면서 원리·원칙으로 삼는 것에도 한결같음이 있다는 설이 있기는 한데, 이들은 반듯이 둘[나누어짐]로써 앞을 세운다. 이렇게 임금이 둘이라 하는 이들은, 시작함은 없이 중간[1399]으로부터 말미암아서 끝마침으로 귀결하는 것이다. '혼백을 실음'으로써 시작하여 '하나를 껴안음'으로써 끝마친다는 것이고,[1400] '모든 법[萬法]'으로써 시작하여 '하나로 돌아감[歸一]'[1401]을 끝마침으로 하기 때문이다. 많음을 좇아서 적음을 이루고, 적음을 좇아서 없음[無]을 이루어 내며, 귀신으로써 사람을 통할하며 사람을 귀신으로 돌이킨다. 이러한 까닭에, 이들은 죽음이 무엇인지를 알아냄에 목표를 두고, 어떻게 살아가야 하는지를 알아냄에는 소홀히 한다. 또

1399 여기에서 '중간'이라 한 것은 앞에서 "시작함에서는 합했다가 중간에는 나누어지고 끝마침에서는 합하니"라 했던 구절에서의 중간이다. 중간에는 나누어지는데, 임금을 둘로 한 것 또한 나누어진 것이므로 이렇게 말하는 것이다.

1400 『老子』, 제10장에 나오는 말이다. 이 구절은 『노자』에서도 이해하기에 매우 까다로운 구절 중의 하나이며, 그만큼 이 구절에 대한 주석가들의 이설도 분분하다. 그런데 이 『주역외전』이 왕부지의 저작이므로 여기에서는 왕부지의 『노자연(老子衍)』 주석에 따라 번역하기로 한다. 왕부지는 『노자연』에서 "영백(營魄)은 혼이고, 싣고 있는 것은 백(魄)이 싣고 있다.(營魄者, 魂也. 載者, 魄載.)"라고 주해하고 있다. 아울러 "싣고 있으면 실린 것과 둘이 되니, 유리된 것이다.(載, 則與所載者二, 而離矣.)"라고 풀이한다. 이렇게 보면 『노자』의 이 구절[載營魄抱一, 能無離乎?]은 "(넋이) 혼을 싣고서 하나로 껴안아서 유리되지 않을 수 있는가?"라고 번역할 수 있다.

　　왕부지는 이처럼 싣고 있는 것은 우리의 몸을 이루고 있는 넋[魄]이고, 이것에 실린 것은 우리의 정신을 이루는 얼[魂]이라 하고 있다. 그러므로 왕부지는 노자의 이 구절이 둘로부터 말미암는 것이라 하는 것이다. 시작은 하나로부터 시작하는 것인데, 노자의 이 구절에서는 이 '하나'에 대한 언급이 없다는 이유에서다. 그래서 왕부지는 여기에서 "중간으로부터 말미암아서 끝마침으로 귀결하는 것이다."라 하는 것이다.

1401 이는 어느 무명 스님과 조주(趙州) 사이의 선문답 중에 나오는 말이다. 어느 스님이 조주화상에게 묻기를, "모든 법은 하나로 돌아간다는데, 그 하나는 어디로 돌아갑니까?"라고 물었다. 이에 대해 조주는, "내가 청주에 있을 적에 베적삼 하나를 지어 입었는데, 무게가 7근이었다."라고 대답하였다.(擧. 僧問趙州, "萬法歸一, 一歸何處?" 州云, "我在靑州, 作一領布衫, 重七斤.") 이 선문답은 『조당집(祖堂集)』, 『전등록(傳燈錄)』, 『조주록(趙州錄)』 등에 실려 있다.

이들은 앞세워야 할 것과 나중에 해야 할 것·제정함과 이를 따라야 함 사이에서 거꾸로 도모하면서 그 말류를 끌어당기니, 뜻함으로 두려워하고 기(氣)도 위축된 것이다.

故聖人之於異端, 均言一矣. 彼曰, '歸一', 此曰, '一貫'; 彼曰, '抱一', 此曰, '一致'. 抱以歸者所終也, 處後而從治之績也; 貫以致者所始也, 處先而制法之主也. 故君子君一, 而小人民一. 民一而未嘗不一, 小人乃无忌憚而以一傲君子矣.

역문 그러므로 우리 성인들께서는 이단들에게 똑같이 '하나[一]'를 말해 주는 것이다. 저들은 '하나로 돌아감'을 말하지만 우리 성인들께서는 '하나로 꿰[一貫]'을 말하고, 저들은 '하나를 껴안음'을 말하지만, 우리 성인들께서는 '하나를 이룸[一致]'을 말한다. 저들이 껴안고서 돌아감은 끝마침이고, 뒷자리에 있으면서 다스림을 좇는 누적이다. 이에 비해 우리 성인들께서 일관하여 이룸은 시작함이고, 앞자리에 앉아서 법을 제정하는 주인이다. 그러므로 군자의 임금은 하나이고, 소인들의 백성은 하나다. 백성이 하나이면서 어느 때나 하나가 아닌 적이 없으니, 소인들은 거리낌이 없이 하나로써 군자에게 오만방자하게 군다.

是以異端必濫於鬼, 而聖人必本於天. 唯然, 故習於小人之道以應吉凶之務者, 亦君子恒順而小人恒逆. 君子之動也, 榮辱貴賤·安危生死之殊絕, 喜怒憂樂·釀賞重罰之淆用, 敦土以旁行, 安身以定交, 皆本一誠以先, 而洋溢敷施, 萬變而无必然之信果. 究其所歸, 堯·禹異治, 姬·孔異教, 天下見君子之大, 而不見君子之一. 君得所麗, 民得所紀, 亦猶深宮无褻見之天顏, 而比屋有可書之閭黨矣.

역문 이러한 까닭에 이단들은 반드시 귀신에게 넘치도록 굴고, 우리 성인들께서는 반드시 하늘에 근본을 둔다. 오직 이러하므로, 군자와 소인들이 살아가면서 원리·원칙으로 삼는 것을 익혀서 길·흉으로 갈리는 임무에 응함을 보면, 역시 군자는 늘 순종하나 소인들은 늘 거역한다. 군자의 행동함을 보면, 영예와 치욕·귀함과 천함 및 편안함과 위태로움·삶과 죽음으로 현격히 다르더라도, 기뻐함·노여워함·우려함·즐거워함에서 한결같으며, 상(賞)을 후하게 내리고 벌(罰)을 신중하게 함을 되풀이해서 쓴다. 또 지금 자신이 발붙이고 살아가는 곳을 좋은 세상으로 만들기 위해 노력하며 이러한 행실이 널리 퍼지도록 하고, 몸을 편안히 한 채 사귐을 안정적으로 갖는다. 이 모두가 한결같이 성실함에 근본을 두고 남들보다 앞서서 함이다. 그러나 그 시행이 온 누리에 널리 퍼지도록 두루 펼치지만, 자신이 겪는 온갖 변화에서 꼭 어찌해야 한다는 믿음이나 결과가 없다. 그래서 이들이 귀결한 것을 궁구해 보면, 요임금과 우임금의 통치가 달랐고, 주공과 공자의 가르침이 달랐으니, 세상 사람들은 군자의 위대함은 보아도 군자가 똑같음은 보지 못한다. 임금은 붙들어 맴을 얻고 백성들은 기강이 되는 것을 얻으니, 역시 깊은 궁궐에 있기에 함부로 보지 못하는 임금의 얼굴과도 같고, 가옥들이 나란히 늘어서 있어 글씨를 쓸 수 있는 마을과도 같다.

小人之動也, 一榮一辱而志移, 一喜一怒而情變; 持兩端以揣勢, 分兩念以圖全; 一以爲禍福而瞿然恐, 一以爲善惡而厭然畏. 早作夜思, 雙行於義利而庶幾其可合. 機深巧售, 終以自得, 曰吉凶之離變

於前而終歸於畫一之算也. 則小人亦利賴其一以安矣. 先利而後義,
先成敗而後是非. 要其所君, 則中庸模稜爲固藏之宗主, 擁戴而高
居者也.

역문 이에 비해 소인들이 행동하는 것을 보면, 영예를 누리다가 치욕을 당하다 함에 따라 자신의 뜻함을 바꾸고, 기쁠 때와 노여울 때에 따라서 감정의 기복이 심하다. 또 대립하고 있는 세력들의 양 끝을 잡고서 어느 쪽의 세력이 큰가를 저울질하며, 이 생각 저 생각 바꾸어 가며 자신의 안전을 도모한다. 한편으로는 화(禍)·복(福)으로 여기며 깜짝 놀라서 두려워하고, 또 한편으로는 선(善)·악(惡)으로 여기며 자신의 행위를 감추고 두려워한다. 새벽같이 일어나서 밤늦게까지 생각하며 의로움[義]과 이로움[利] 두 가지 측면에서 함께 행하면서 이들이 합치하기를 바란다. 마음속 꿍꿍이가 깊고도 은밀하며 약삭빠르게 실행에 옮긴다. 그리고는 끝내 자기 행동에 득의만만하여 "길·흉이 아무리 앞에서 변화 막심하더라도 끝내는 한결같이 똑같은 계산속으로 귀결한다."라고 말한다. 그래서 소인들도 그 하나에 의지하여서 편안해한다. 자신의 이로움을 먼저 따지고 공공의 의로움은 뒤로 돌리며, 성패(成敗) 여부를 먼저 따지고 옳고 그름 따위는 뒤로 돌린다. 이들의 임금으로서 요구되는 것을 보면, 중용을 지킨답시고 어떤 일을 당하더라도 결정하지 않고 모호한 태도를 보이는 것인데, 이렇게 하는 것이 견고하게 감추어진 종주(宗主)니, 이러한 사람을 옹립하고 추대하여 높은 자리에 앉힌다.

嗚呼! 以一爲君, 德主天而行主義. 以二爲君, 德尚鬼而行尚利.
鬼·利者, 陰之性也. 一亂其統, 疾入於小人之道而不復. '巽'之'頻',

'兌'之'來', '離'之'沱若', 且不自保, 而況其變焉者乎!

역문 오호라! 한결같음으로써 임금 노릇을 하면, 그 덕은 하늘에 주안점을 둘 것이고, 행함은 의로움에 주안점을 둘 것이다. 이에 비해 이것도 좋고 저 것도 좋다는 '양가(兩可)'의 태도로 임금 노릇을 하면, 덕으로는 귀신을 숭 상할 것이고 행동함에서도 이로움을 높이 칠 것이다.

귀신·이로움은 음(陰)의 본성이다. 단 한 번이라도 그 통할함을 어지럽 히면, 재빨리 소인의 길로 들어설 것이며 회복하지 못할 것이다. 손괘(巽 卦)☴의 '찌푸림',[1402] 태괘(兌卦)☱의 '불러옴',[1403] 리괘(離卦)☲의 '너무나 깊 은 근심에 탄식함'[1404] 등을 보면 이러한 괘들조차 스스로 보호하지 못하거 늘, 하물며 변한 것들이야!

[1402] 손괘☴의 구삼효사에 나오는 말이다. 효사 전체는 "공손함에 눈살을 찌푸리고 얼굴을 찡그 림이다. 아쉬워함이 있다.(頻巽, 吝.)"로 되어 있다.

[1403] 태괘☱의 육삼효사에 나오는 말이다. 효사 전체는 "기쁨을 불러오는데 흉하다.(來兌, 凶.)" 로 되어 있다.

[1404] 리괘☲의 육오효사에 나오는 말이다. 효사 전체는 "눈물을 줄줄 흘리며 너무나 깊은 근심 에 탄식하지만, 길하다.(出涕沱若, 戚嗟若, 吉.)"로 되어 있다.

계사하전 제5장

繫辭下傳第五章

一

天地之間, 流行不息, 皆其生焉者也. 故曰, "天地之大德曰生." 自虛
而實, 來也; 自實而虛, 往也. 來可見, 往不可見. 來實爲今, 往虛爲
古. 來者生也, 然而數來而不節者, 將一往而難來. 一噓一吸, 自然
之勢也, 故往來相乘而迭用. 相乘迭用, 彼異端固曰, "死此生彼", 而
輪回之說興焉. 死此生彼者, 一往一來之謂也. 夫一往一來, 而有同
往同來者焉, 有異往異來者焉, 故一往一來而往來不一. 化機之妙,
大造之不可爲心, 豈彼異端之所得知哉!

역문 하늘·땅 사이에서는 널리 행해지며 쉬지 않으니, 이는 모두 이 속에서
생겨나는 것들 때문이다. 그러므로 "하늘·땅의 위대한 덕을 '생함'이라
한다."[1405]라고 한다. 텅 비었다가[虛] 실해지는 것은 옴[來]이고, 실했다가
텅 비는 것은 감[往]이다. 오면 볼 수가 있고, 가면 볼 수가 없다. 와서 실한
것이 지금[今]이고, 가서 텅 빈 것은 옛날[古]이다. 오는 것이 생겨나기는 하

1405 『계사하전』 제1장에 나오는 말이다.

지만, 자주 오며 옴을 절제하지 않는 것은 한 번 가면 오기가 어렵다. 한 번은 내쉬었다가 한 번은 들이마셨다 하는 것이 '저절로 그러함[自然]'의 추세다. 그러므로 왔다[來] 갔다[往] 함을 서로 타고서 번갈아 가며 이용한다. 그런데 이단에서는 고루하게 "여기에서 죽은 것이 저기에서 생겨난다."라고 하니, 윤회설이 이렇게 해서 일어난 것이다. 여기에서 죽은 것이 저기에서 생겨남은, 사실 한 번은 갔다 한 번은 왔다 함을 말하는 것이다.

한 번은 갔다 한 번은 왔다 함에는, 함께 왔다가 함께 가는 것들도 있고, 다르게 왔다가 다르게 가는 것들도 있다. 그러므로 한 번은 갔다 한 번은 왔다 하며, 왔다 갔다 함이 일정하지 않다. 하늘·땅의 지어냄[造化] 체제는 신묘하며 위대한 지어냄은 마음이 될 수가 없는데,[1406] 저 이단이 어찌 이를 알 수 있으리오!

嘗論之: 天地之大德則既在生矣. 陽以生而爲氣, 陰以生而爲形. 有氣无形, 則遊魂盪而无卽; 有形无氣, 則骸骼具而无靈. 乃形氣具而尚未足以生邪! 形盛於氣則壅而萎, 氣勝於形則浮而枵, 爲夭·爲尫·爲不慧, 其去不生也无幾. 唯夫和以均之, 主以持之, 一陰一陽之道善其生而成其性, 而生乃伸. 則其於生也, 亦不數數矣.

역문 이에 대해 한 번 논해 보겠다. 하늘·땅의 위대한 덕은 이미 생함에 있다. 양은 생겨나서 기(氣)가 되고, 음은 생겨나서 형(形)이 된다. 기만 있고 형이 없으면 떠돌이 혼(魂)이 되어 흔들리면서 붙어 있을 곳이 없고, 형은 있는데 기가 없으면 골격만 갖추어졌지 영혼이 없다.

[1406] 이는 "모든 것은 오직 우리의 마음이 지어낸 것이다.[一切唯心造.]"라는 화엄경의 중심 사상을 의식해서 하는 말이다.

그러나 형과 기가 갖추어졌다고 하더라도 오히려 아직은 족히 생겨나지 못하는 것이로다! 형이 기보다 왕성하면 기가 막혀서 위축되고, 기가 형을 이기면 형이 들떠서 텅 빈다. 이렇게 되어서는, 요절하기도 하고, 지체 장애를 갖기도 하고, 지적 장애를 갖기도 하는데, 가서 생겨나지 않는 것은 얼마 안 된다. 오직 조화로움으로써 균형을 이루어서 주관하니, 한 번은 음이 되었다 한 번은 양이 되었다 하는 도(道)가 잘 생하며 본성을 이루어 내고, 생겨남이 이렇게 하여 펼쳐진다. 이러하기에 생겨남에서 역시 급급 해하지 않는 것이다.

男女搆精而生, 所以生者誠有自來; 形氣離叛而死, 所以死者誠有自往. 聖人之與異端, 胥言此矣. 乃欲知其所自來, 請驗之於其所自往. 氣往而合於杳冥, 猶炊熱之上爲溼也; 形往而合於土壤, 猶薪炭之委爲塵也. 所以生者何往乎? 形陰氣陽, 陰與陽合, 則道得以均和而主持之. 分而各就所都, 則无所施和, 而莫適爲主. 杳冥有則, 土壤有實, 則往固可以復來. 然則歸其往者, 所以給其來也.

역문 남녀가 흘레해서 사람이 생겨나지만, 이렇게 하여 생겨나는 것들에는 진실로 스스로 옴이 있다. 그리고 형(形)과 기(氣)가 서로 떨어지게 되어서는 죽는데, 이렇게 하여 죽는 것들에는 진실로 스스로 감이 있다. 우리 유가의 성인들도, 이단들도, 이에 대해서는 모두 말하고 있다. 그러나 스스로 옴에 대해서 알고자 하면, 청컨대 그 스스로 감에서 징험해 보아야 한다. 기(氣)가 가서 저 '어둡고 아득한 존재[杳冥]'에 합하는 것은 마치 불을 땔 때서 생긴 연기가 위로 올라가서 습기가 되는 것과 같고, 형(形)이 가서 흙에 합하는 것은 마치 땔감과 목탄을 태우고 난 찌꺼기가 티끌이 되는 것과 같다.

　그렇다면 이렇게 하여 생겨나는 것들은 어디로 가는 것일까? 형은 음이고 기는 양인데, 음과 양이 합하면 도(道)가 균형과 조화를 이루면서 이들을 주재할 수 있다. 형과 기가 나뉘어서 각기 있는 제가 있던 곳으로 가면 조화를 베풀지도 않고 가서 주재하지도 않는다. 그런데 저 '어둡고 아득한 존재'에는 법칙이 있고, 흙에는 실함이 있다. 그래서 이들은 갔다가 본디 다시 올 수가 있는 것이다. 이렇게 보면, 왔던 곳으로 돌아간 것이 옴에 대해 공급해 주는 것이다.

顧旣往之於且來, 有同焉者, 有異焉者. [其異者], 非但人物之生死然也. 今日之日月, 非用昨日之明也; 今歲之寒暑, 非用昔歲之氣也. 明用昨日, 則如鐙如鏡, 而有熄有昏; 氣用昨歲, 則如湯中之熱, 溝澮之水, 而漸衰漸泯. 而非然也. 是以知其富有者惟其日新, 斯日月貞明而寒暑恒盛也. 陽實而翕, 故晝明者必聚而爲日; 陰虛而闢, 故夜明者必凝而爲月. 寒暑之發斂而无窮, 亦猶是也. 不用其故, 方盡而生, 莫之分劑而自不亂, 非有同也.

역문 갔다가 다시 오는 것들을 살펴보면, 이들에는 같은 것도 있고 다른 것도 있다. 다른 것들을 보면, 꼭 사람과 물(物)들의 살고 죽는 것만 그러한 것이 아니다. 오늘의 해와 달은 어제의 해와 달의 밝음을 쓰지 않는다. 올해의 추위와 더위도 작년의 기(氣)를 쓰지 않는다. 만약에 해와 달의 밝음이 어제의 것을 쓴다면, 등불이나 거울처럼 꺼져 버리기도 하고 어두워져 버리기도 할 것이다. 또 올해의 추위와 더위를 이루는 기(氣)가 작년의 것을 쓴다면, 끓는 물 속의 열이나 도랑의 물처럼 점점 쇠미해지고 점점 사라지게 될 것이다. 그러나 실제는 그렇지 아니하다. 이를 근거로 우리가 알 수 있는 것은, 이 세상에 만물이 풍부하게 있을 수 있는 까닭은 오직 날마다 새롭기 때문이고, 이렇게 해서 해와 달은 늘 밝으며 추위와 더위도 항상 왕성하다는 사실이다.

　양은 실하며 오므리고 있다. 그러므로 낮의 밝음은 반드시 모여서 해가 된다. 이에 비해 음은 비었으며 벌리고 있다. 그러므로 밤의 밝음이 반드시 엉겨서 달이 된다. 추위와 더위가 펼쳤다 거두어들였다 하며 무궁하게 지속되는 것, 또한 이와 같다. 이전의 것을 쓰지 않기 때문에 바야흐로 소진하며 새로이 생겨나는 것이고, 각기 나누어서 주지하는 속에서 서로 조절하지 않더라도 저절로 혼란스럽지 않으며, 똑같은 것이란 있지 아니하다.

其同者, 來以天地之生, 往以天地之化, 生化各乘其機而從其類, 天地非能有心而分別之. 故人物之生化也, 誰與判然使一人之識亘古而爲一人? 誰與判然使一物之命亘古而爲一物? 且惟有質而有形者, 可因其區宇, 畫以界限, 使彼此亘古而不相雜. 所以生者, 虛明而善動, 於彼於此, 雖有類之可從, 而无畛之可畫, 而何從執其識命以相報乎? 夫氣升如炊溼, 一山之雲, 不必其還雨一山; 形降如炭塵, 一薪之糞, 不必其還滋一木. 有形質者且然, 奚況其虛明而善動者哉? 則任運自然, 而互聽其化, 非有異也.

역문 갔다가 다시 오는 것들에서, 이제 같은 것을 보자. 와서는 하늘·땅이 생함이 되고, 가서는 하늘·땅이 화함이 되는 것들이 바로 이것이다. 이렇게 생하고 화하는 속에서 사람과 물(物)들은 각기 그 체제를 타고서 제 부류를 좇는데, 하늘·땅이 어떤 마음을 내어서 이들을 이렇게 분별할 수 있는 것은 아니다. 그러므로 사람과 물(物)들이 생겨나고 화함에서 뉘라서 판연하게 특정한 사람의 식(識)을 영원히 그 사람만 되게 하겠으며, 또 뉘라서 판연하게 특정한 물(物)의 명(命)이 영원토록 그 물(物)이 되도록 하겠는가? 사람이 되고 물(物)이 된 것들에는 오직 질(質)이 있고 형(形)이 있을 뿐이니, 각자는 이것들로 말미암아서 제 영역을 가질 수 있고, 구분할 수 있으며, 서로 간에 영원토록 뒤섞이지 않을 수 있다.

생하는 것은 텅 비고 밝으며 잘 움직인다. 그런데 사람과 물(物)들은 이 것저것으로 비록 제 부류가 있어서 좇을 수는 있다지만, 구획 지을 수 있는 경계는 없다. 그렇다면, 이 생겨나게 하는 것이 도대체 무엇을 좇아 그식(識)·명(命)을 꼭 집어서 서로 보응(報應)하도록 하겠는가? 기(氣)가 올라가서는 마치 불 땐 연기가 습기가 되는 것과도 같다지만, 특정 산에서 일어난 구름이 꼭 돌이켜 그 산에만 비를 내리는 것이 아니다. 또 형(形)이 내려가서는 땔감·목탄이 타고난 찌꺼기와도 같다지만, 한 묶음 땔감의 재가 꼭 다시 그 한 그루의 나무에만 자양을 주는 것이 아니다. 형과 질이 있는 것들도 이러하거늘, 하물며 텅 비고 밝으며 잘 움직이는 것들이랴? '저절로 그러함[自然]'의 안배에 운명을 내맡긴 채 서로 그 화함을 받아들인다는 것, 여기에 다름이 있을 수가 없다.

是故天地之以德生人物也, 必使之有養以益生, 必使之有性以紀類. 養資形氣, 而運之者非形氣; 性資善, 而所成者麗於形氣. 運形者從陰而濁, 運氣者從陽而淸. 淸濁互凝, 以成旣生以後之養性, 濁爲食色, 淸爲仁義. 其生也相運相資, 其死也相離相返. 離返於此, 運資於彼. 則旣生以後, 還以起夫方生. 往來交動 於太虛之中. 太虛者, 本動者也. 動以入動, 不息不滯. 其來也, 因而合之; 其往也, 因往而聽合. 其往也, 養與性仍弛乎人, 以待命於理數; 其來也, 理數紹 命, 而使之不窮. 其往也, 渾淪而時合; 其來也, 因器而分施. 其往也, 无形无色, 而流以不遷; 其來也, 有受有充, 而因之皆備. 搏造无心, 勢不能各保其固然, 亦无待其固然而後可以生也.

역문 이러한 까닭에 하늘·땅이 덕으로써 사람과 물(物)들을 생함에서는, 반드시 이들에게 자양을 공급하여 생명에 보탬이 되도록 하고, 반드시 이들에게 성(性)이 있어서 부류를 따르도록 한다. 자양은 형(形)·기(氣)에 힘입지만 이를 운반하는 것은 형·기가 아니며, 성(性)은 선(善)에 힘입지만 이루어진 성(性)은 형·기에 붙어 있다. 형(形)을 운반하는 것은 음을 좇아서 흐리고, 기(氣)를 운반하는 것은 양을 좇아서 맑다. 이들 맑은 것·흐린 것은 서로 엉겨서 이미 생겨난 뒤의 성(性)을 함양하는데, 흐린 것은 식(食)·색(色)이 되고, 맑은 것은 어짊[仁]·의로움[義]이 된다. 생함에서는 서로 운반하고 서로 도움을 주지만, 죽음에서는 서로 분리되어 서로의 곳으로 돌아간다. 그런데 여기에서 분리되어 돌아가서는 저기에서 운반하고 의뢰가 되어 준다. 이렇게 하여 이미 생한 이후에도 여전히 저 바야흐로 생함을 일으킨다.

왔다[來] 갔다[往] 하며 태허(太虛) 속에서 교접하고 움직인다. 태허란 본래 움직이는 것이다. 그래서 움직여서[往來] 움직이는 것[太虛]에로 들어가니, 쉬거나 정체함이 없다. 와서는 왔기에 합하고, 가서는 감으로써 합함에 순응한다. 이렇게 하여 가서는 함양함과 성(性)이 여전히 다른 사람에게 베풀어지도록 천운(天運)에서 명(命)이 내리기를 기다린다. 이렇게 하여 와서는 천수가 명(命)으로 이어져서 궁하지 않도록 한다.

가서는 구별되지 아니한 채 모든 것이 뒤섞여 있는 전체[渾淪]가 되어 때

[時]가 합해지지만, 와서는 기(器)에 맞게 나누어서 베푼다. 가서는 아무런 형체도 색도 없고, 머물러 있으면서 옮기지 않는다. 와서는 받아들이기도 하고 채우기도 하며, 이렇게 하여 모두를 갖춘다. 하늘·땅이 아무런 사심이 없이 버무려서 지어내니, 추세상 각기 그 고연(固然)함을 보존할 수가 없으며, 또한 그 고연함에 의지함이 없은 뒤에라야 생겨날 수가 있다.

清多者明, 清少者愚; 清君濁者聖, 濁君清者頑. 既已弛人而待命矣, 聽理數之分劑, 而理數復以无心, 則或一人之養性散而爲數人, 或數人之養性聚而爲一人. 已散已聚, 而多少倍蓰因之以不齊. 故堯之既崩, 不再生而爲堯; 桀之既亡, 不再生而爲桀. 藉其再生, 則代一堯而國一桀矣.

역문 맑음이 많은 사람은 현명하고, 맑음이 적은 사람은 우둔하다. 맑음으로써 흐림을 제대로 제어하는 사람은 성인이고, 흐림이 맑음을 제어하는 사람은 완악한 사람이다. 이미 사람에게 베풀어져서 명(命)을 기다릴진대, 천운(天運)이 각기 나누어 줌을 받아들이는 것이다. 그리하여 천운이 아무런 사심 없이 되풀이하면, 원래는 한 사람의 성(性)이었던 것이 흩어져서 여러 사람이 되기도 하고, 여러 사람의 성을 함양함이 모여서 한 사람이 되기도 한다. 이렇듯 이미 흩어지기도 하고 이미 모이기도 하여서는, 어느 정도 두 곱이 되기도 하고 다섯 곱이 되기도 하여서 고르지 않다. 그러므로 요임금께서 붕어한 뒤 다시 생겨나서 요임금이 되지 않고, 걸왕이 죽은 뒤 다시 생겨나서 걸왕이 되지 않는다. 만약에 다시 생겨난다고 할 것 같으면, 시대마다 하나의 요임금이 있을 것이고, 나라마다 하나의 걸왕이 있을 것이다.

清聚者, 積中人而賢, 積賢而聖; 清散者, 分聖而數賢, 分賢而數中人. 濁散者, 分頑而數中人, 分中人而數賢; 濁聚者, 積賢而中人, 積中人而頑. 清本於陽, 二十五而不足, 故人極於聖, 而不能无養. 濁本於陰, 三十而有餘, 故人極於頑, 而不知其性. 又極而下之, 則狗馬鹿豕 · 蚓蠋梟獍之類充矣. 要其方往而方來之際, 或聚或散, 固不可刻梔以問遺劍也.

역문 맑은 것이 모이는 경우는, 보통 사람들의 것을 누적하여 현인이 되고, 현인들의 것을 누적하여 성인이 된다. 이에 비해 맑은 것이 흩어지는 경우는, 성인의 것을 나누어서 여러 현인으로 되고, 현인들의 것을 나누어서 수많은 보통 사람이 된다. 그리고 흐린 것이 흩어지는 경우는, 완악한 사람들의 것을 나누어서 여러 보통 사람이 되고, 보통 사람들의 것을 나누어서 여러 현인이 된다. 이에 비해 흐린 것이 모이는 경우는 현인들의 것이 누적하여서 보통 사람이 되고, 이 보통 사람들의 것이 누적하여서 완악한 사람이 된다.

맑은 것은 양에 근본을 두고 있어서 그 수가 25로서 부족하다. 그러므로 이러한 사람들은 성인에게서 극에 이르며, 함양함이 없을 수가 없다. 이에 비해 흐린 것은 음에 근본을 두고 있어서 그 수가 30으로서 남음이 있다.[1407] 그러므로 이러한 사람들은 완악한 사람에게서 극에 이르며, 자신에게 사람다움으로서의 성(性)이 있다는 것조차 모른다. 이보다 극한을 더

1407 여기에서 말하는 수들은 '하도(河圖)'의 수를 근거로 한 것이다. '하도'의 수는 1~10이며, 이 가운데 양의 수는 홀수들이고, 음의 수는 짝수들이다. 그래서 홀수, 즉 양의 수들의 합은 1+3+5+7+9로서 그 합이 25다. 이에 비해, 짝수, 즉 음의 수들의 합은 2+4+6+8+10으로서 그 합이 30이다. 그래서 양의 수는 음의 수에 비해서 부족하고, 음의 수는 양의 수에 비해서 남음이 있다고 하는 것이다.

아래로 내리면 개·말·사슴·돼지 및 지렁이·나비애벌레·올빼미·경(獍)[1408] 등의 부류가 채운다. 요컨대 갔다가 왔다가 하는 즈음에 모이기도 하고 흩어지기도 해서 이런 여러 가지 것들이 되는데, 본디 잃어버린 칼을 찾기 위해서 배의 빠트린 지점에 새기듯 할 수는 없다.[1409]

使此一人焉, 必死於此而生於彼, 魂魄既分於升降, 又各尋其合, 而營營往來, 交午於道, 亦紛詭而必迷矣. 故往之或來, 來之必往, 可信其自然, 以爲天地之大德. 而往來之衝, 聚散多寡之際, 聽乎理數之无心, 則所謂'過此以往'者也. 有心可億以因心, 无心无定以召億. '未之或知', 豈復有知此者哉! 雖欲知之, 而不能強无心者以聽我, 徒眩而憂. 憂而召妄, 固將悲其往而幸其不來, 則生老病死皆苦, 抑將滅情絕識, 居長策於无生矣, 則又何貴乎知之耶? 不必知之, 而聖人之利用以貞來而善往者, 固有道矣.

역문 가령 여기에 한 사람이 있다고 하자. 그는 반드시 여기에서는 죽어서 다

1408 경(獍)은 전설 속의 맹수인데, 호랑이·표범보다 더 작으며, 태어나서 그 어미를 잡아먹는다고 한다.

1409 『회남자』, 「설림훈(說林訓)」에 나오는 고사다. 배를 타고 강을 건너던 나그네가 강의 중간쯤에서 그만 칼을 물속에 빠트려 버렸다. 이 나그네는 배가 강나루에 도착하면 찾을 요량으로 배의 빠트린 곳에다 재빨리 표시해 두었다. 그리고 도착하자마자 어스름 석양인데 그는 아까 배에 표시해 둔 곳의 밑으로 내려가서 칼을 찾아보았지만, 이는 될 일이 아니었다. '각주구검(刻舟求劍)'이라는 사자성어가 여기에서 생겨났다. 한 시대에 유효했던 제도를 가지고 어느 시대에나 똑같은 방식으로 통치하려 함을 꼬집는 말인데, 세상이 변했다는 것을 모른 채 이전 것만 고집하는 어리석음을 비유한 말로 쓰인다.(『회남자』, 「설림훈」: 以一世之度制治天下, 譬猶客之乘舟, 中流遺其劍, 遽契其舟楫, 暮薄而求之, 其不知物類亦甚!) 왕부지는 여기에서 이 각주구검의 고사를, 사람과 물(物)들이 왔다가 태허로 돌아가면 이전 것은 완전히 풀어져서 태허에 하나로 합쳤다가, 다시 올 적에는 완전히 다른 것으로 오는데, 이전 것을 꼭 집어서 다시 그대로 오기를 바랄 수는 없다는 의미로 구사하고 있다.

른 곳에서 생겨날 것이다. 그러자면 혼과 백은 올라갔다 내려갔다 함에서 벌써 분리되어 또한 각각 자기들의 합함을 찾을 것이고, 끊이지 않고 왔다 갔다 하며 길에서 이리저리 엇갈릴 뿐만 아니라, 또한 기이하게 여러 가지 모습을 하고서 틀림없이 길을 잃기도 할 것이다. 그러므로 갔다가는 어쩌다 오기도 하지만, 와서는 반드시 가게 되어 있는데, 이러함이 '저절로 그러함[自然]'임을 믿을 수 있어서 하늘·땅의 위대한 덕으로 여길 것이다.[1410]

왔다 갔다 하는 주요한 길목에서 모였다 흩어졌다, 많아졌다 적어졌다 하는 즈음에 천운(天運)이 아무런 사심 없이 작동하고 있음에 순응한다면, 이것이 이른바 '이 이상 더 나아가는 것'[1411]이라 함이다. 만약에 사심이 있다면 헤아려서 사심 그대로 하려 할 수 있을 것이로되, 사심이 없으면 꼭 자신이 헤아린 것을 불러오려 하지 않을 것이다. '사람으로서 알 수 없지만 더러는 알기도 한다'[1412]라고 하니, 어찌 다시 이를 알아차림이 있겠는

1410 지금 이 부분에서 '온다[來]'는 것은 사람으로서든, 물(物)로서든, 이 세상에 생겨난다는 것이고, '간다[往]'는 것은 죽어서 태허일기(太虛一氣)로 환원되어 합치되어 버린다는 것이다. 이 세상은 현상이고, 태허일기는 본체다. 왕부지가 사숙(私淑) 스승이자 자기 철학의 본보기로 여기고 있는 장재(張載; 1020~1077)는 이 세상을 '잠정적 세계[客形]'라고 불렀다. 그리고 왕부지는 장재의 『정몽』을 주해한 책 『장자정몽주(張子正蒙注)』에서 '태허일기'를 '태화인온지기(太和絪縕之氣)'라 하였다. '거대하게 조화를 이루며 인·온 운동을 하는 기(氣)'라는 의미다. 이렇게 태허일기[太和絪縕之氣]로 환원되었다가[갔다가] 다른 사람이든, 다른 물(物)이든, 다른 모습을 하고 이 세상에 올 수도 있고 안 올 수도 있다는 것이 이곳에서의 왕부지 주장이다. 다만 가기 이전의 그 존재로는 절대로 다시 올 수 없다는 것이다. 왜냐하면 그 존재는 태허일기[太和絪縕之氣]로 가서 합치될 적에 이미 해체되어 버렸기 때문이다. 이는 불교의 '전생윤회(轉生輪迴)'설이 설 자리를 근원적으로 없애 버리는 것이기도 하다.

1411 『계사하전』 제5장에 나오는 말이다. 전후 문맥을 다 인용하면, "의로움을 골똘히 살펴서 밝히며 신묘함의 경지에 듦으로써 일상생활에서 (『주역』을) 잘 활용한다. 활용함에 이롭게 하고 몸을 편안히 함으로써 덕을 높인다. 이 이상 더 나아가는 것은 사람으로서 알 수 없지만 더러는 알기도 한다.(精義入神, 以致用也. 利用安身, 以崇德也. 過此以往, 未之或知也.)"라 하고 있다.

1412 위의 주를 참고할 것.

가! 비록 알려고 한다 한들 아무런 사심이 없는 존재에게 억지로 자신의 소원을 들어 달라고 할 수는 없는 노릇이니, 이런 생각을 한다면 한갓 현혹되어서 근심만 될 따름이다.

근심되어서 망령됨을 부른다면, 진실로 장차 가는 것을 슬퍼하며 이 세상에 오지 않음을 다행으로 여길 것이다. 그렇다면 생겨나고, 늙고, 병들고, 죽는 것 등이 모두 괴로움으로 다가올 것이니, 어쩌면 사람의 마음 씀씀이[情] 따위는 죄다 없애 버리고 알음알이[識]도 다 끊어 버릴 것이다. 그리고는 생겨남이 아예 없는 곳에다 좋은 계책을 세워 놓았다고 한들, 안다고 해서 귀할 게 무엇이 있겠는가? 꼭 알 필요도 없을 것이니, 성인들께서 이롭게 활용하는 방식으로써 와서 올곧게 지내다 가기를 잘하는 것에 진실로 깊은 진리가 있는 것이다.

生化之理, 一日月也, 一寒暑也. 今明非昨明, 今歲非昨歲, 固已異矣. 而實而翕者, 明必爲日; 虛而闢者, 明必爲月; 温而生者, 氣必爲暑; 肅而殺者, 氣必爲寒; 相因以類, 往來必貞. 故人物之生, 莫之壹而自如其恒. 特其用也, 陽數寡動, 以喜來而大; 陰數多靜, 以喜往而小. 養與性均, 以有生. 養數多, 下逮乎蟲鳥; 性數少, 遞殺於中人. 多者不恤其往, 寡者重予以來, 聖人之所以必盡性而利天下之生也.

역문 생하고 화하는 이치는 해와 달에서도 똑같고, 계절의 추위와 더위에서도 똑같다. 오늘의 밝음은 어제의 밝음이 아니고 올해는 작년이 아니니, 이들은 본디 벌써 다른 것이다. 실하며 오므리고 있는 것[陽]은 밝아서는 반드시 해가 되고, 비어서 열고 있는 것[陰]은 밝아서는 반드시 달이 된다.

따뜻하여 생하는 것은 기(氣)가 꼭 덥기 때문이고, 매섭게 죽이는 것은 기가 꼭 춥기 때문이다. 이들은 서로 원인을 제공하며 유(類)를 이루고, 왔다 갔다 함에서 반드시 올곧다. 그러므로 사람과 물(物)들이 생함에서는 꼭 하나로 하지 않더라도 저절로 늘 한결같은 모습을 보인다.

다만 그 작용함을 보면, 양의 수는 적고 움직여서 오는 것을 기뻐하고 크다. 이에 비해 음의 수는 많고 고요하여서 가는 것을 기뻐하고 작다. 함양함과 성(性)이 균형을 이루어서는 생겨나게 된다. 함양의 수가 많은 것은 아래로 벌레나 새들에 이르고, 성(性)의 수가 적은 것은 보통 사람들에게서 차례에 따라 점점 줄어든다. 수가 많은 것들은 가는 것을 괘념하지 않고, 수가 적은 것들은 주는 것을 중요하게 여기며 온다. 그러기에 우리 유가의 성인들은 반드시 타고난 성(性)을 죄다 실현하여 천하의 생함을 이롭게 한다.

性之數既寡, 而人抑不能存之, 且虧替之. 大寶在位, 而聰明强力之足任, 則爲功於往來以節宣陰陽者, 存乎其人矣. 充性以節養, 延於他日, 延於他人, 而要有餘淸; 充養以替性, 延於他日, 延於他人, 而要有餘濁. 故成周之刑措百年, 衰晉之五胡雲擾, 善惡之積, 亦有往來, 率數百年而一復. 然且聖人憂之者, 化不可知而幾甚危也.

역문 성(性)의 수가 벌써 적어졌다면 사람은 어쩌면 존재할 수 없거나 폐기될 수 있다. 위대한 보배는 지위에 있는데,[1413] 귀로 듣고 눈으로 보는 능력이 뛰어나서 충분히 맡을 수 있으니, 왔다 갔다 함에 공(功)을 이루어 음·양

1413 『계사하전』 제1장에 나오는 "성인의 위대한 보배를 '지위'라 한다.(聖人之大寶曰位.)"를 인용하는 말이다.

을 알맞게 조절함은 이 사람에게 달려 있다. 성(性)을 채움으로써 함양함을 조절하여 다른 날들에 늘리고 다른 사람들에게 늘리니, 그에게는 구함에 넘치는 맑음[淸]이 있다. 이에 비해 함양함을 채워서 성(性)을 대체하고, 이를 다른 날들에 늘리며 다른 사람에게 늘리는 이에게는, 구함에 넘치는 흐림[濁]이 있다. 그러므로 서주(西周) 시기에는 100년 동안 형법을 제쳐 두고 사용하지 않았고[治世], 쇠미해 가는 진(晉)나라 시기에는 오호(五胡)가 구름처럼 일어나서 세상을 어지럽혔으니[亂世], 선(善)이나 악(惡)이 누적하면 또한 왔다 갔다 함이 있으며, 대강 수백 년에 한 번씩 이것이 되풀이된다. 그러나 성인들께서 이를 우려하는 것은, 화함을 알 수 없으며 매우 위태로움에 거의 가까워짐이다.

是故必盡性而利天下之生. 自我盡之, 生而存者, 德存於我; 自我盡之, 化而往者, 德歸於天地. 德歸於天地, 而淸者既於我而擴充, 則有所埤益, 而无所吝留. 他日之生, 他人之生, 或聚或散, 常以扶淸而抑濁, 則公諸來世與群生, 聖人固以贊天地之德, 而不曰, "死此而生彼", 春播而秋穫之, 銖銖期報於往來之間也.

역문 그러므로 성인들은 반드시 타고난 본성을 죄다 발휘하여 이 세상 생겨나는 것들을 이롭게 한다. 만약에 내가 죄다 발휘하여서 생겨나고 존재하게 되면 덕은 나에게 있으며, 내가 죄다 발휘하는데도 화하여 가는 것은 그 덕이 하늘·땅에로 돌아간다. 덕이 하늘·땅에로 돌아가고 맑음[淸; 性]이 이미 나에게서 확충되면, 도움 되는 바는 있어도 아까워하며 인색하게 굶은 없다. 다른 날에 생겨나고 다른 사람들이 생겨남으로써 모이기도 하고 흩어지기도 하는데, 늘 맑은 것[淸; 性]을 도와주고 흐린 것[濁; 欲]을 억누르니, 오는 세상과 군생(群生)들에게 공정함이 베풀어진다. 그래서 성인들은 본디 하늘·땅의 덕을 기리지 "여기에서 죽어서 저기에서 태어난다."라고 말하지 않는다. 또 봄에 씨앗을 뿌려서 가을에 거두어들이는데, 알곡 하나하나에서 왔다 갔다 하는 사이에 있다는 것을 알려 준다.

是故『詩』·『書』·『禮』·『樂』以敦其教, 綱常秩敘以峻其防, 功不預擬於將來, 事必先崇於今日. 爲埤益之, 勿吝留之, 正婚姻以厚男女之別, 謹饗食以制飮食之度, 猶日无朒朓而月有盈虛也, 猶寒暑相半而和勝於寒以助溫也, 則聖人與天地之相斟酌深矣.

역문 그러므로 『시』·『서』·『예』·『악』을 통해서 그 교화를 돈독히 하고, 삼강·오상과 질서를 통해서 사람 세상이 무너짐을 방비하는 벽을 높이 세운다. 공(功)은 장래에 일을 벌이기도 전에 먼저 따져 보는 것이 아니고, 일은 반드시 먼저 오늘 해야 함을 높이 친다. 도움이 되고 보탬이 되는 일을 해야지, 인색하게 굴며 베풀지 않아서는 안 된다. 혼인을 올바르게 하여 남녀의 구별을 두터이 하고, 향례(饗禮)와 식례(食禮)를 엄격히 시행해서 마시고 먹는 정도를 절제해야 한다. 이는 마치 초승달과 그믐달이 하루에 다 뜨지 않고 한 달 동안 달이 찼다 기울었다 함과도 같으며, 한 해에 추위와 더위가 서로 반씩 오지만 온화함이 추위를 이겨서 따뜻함을 돕는 것과도 같다. 이렇게 보면, 성인들께서 하늘·땅과 서로 주고받음이 깊음을 알 수 있다.

且今日之來, 聖人之所珍也; 他日之往, 聖人之所愼也. 因其來而善其往, 安其往所以善其來. 物之來與己之來, 則何擇焉! 是則屈於此

而伸於彼, 屈於一人而伸於萬世, 長延清紀, 以利用无窮. 尺蠖之信
而龍蛇之存, 其機大矣. 故生踐形色而沒存政教, 則德徧民物而道
崇天地. 豈舍安身以求人神之效也手? 惟然, 故不區畫於必來, 而待
效於報身也; 抑不愁苦於必往, 而苟避於不來也.

역문 오늘이 옴을 성인들께서는 보배롭게 여기며, 다른 날이 감에서 성인들
은 삼간다. 오는 날들을 어떻게 보내느냐 따라서 가는 날들을 잘 보낼 수
있고, 가는 날들에 편안해하는 것이 오는 날을 잘 보내는 비결이다. 물(物)
들이 옴과 내가 옴 중에서 어떤 것을 택하리오!

　이러하기에 여기에서는 굽혔다가 저기에서는 펴고, 한 사람에게 굽혀서
만세에 펴며, 맑은 기강을 오래도록 끊이지 않게 늘려 감으로써 무궁토록
이롭게 쓴다. 자벌레가 몸을 펼치고 용과 뱀이 존재함은, 이러한 체제가
위대함을 드러내는 것이다. 그러므로 살아서는 타고난 몸을 통해 올바르
게 실천하고, 죽어서는 정교(政敎)를 보존하는 것이니, 그 덕이 백성과 물
(物)들에 두루 펼쳐지고, 그 도(道)는 하늘·땅에 우뚝 서는 것이다.

　이러할진대 어찌 자신을 편안히 함을 버리고서 신묘함의 경지에 드는
효과를 구하겠는가? 오직 이러하기에 반드시 오게 되어 있는 것을 딱 잘라
구별하며 보신(報身)에 대한 효과를 기대하지 않는다. 또 반드시 오게 되어
있는 것을 걱정하고 고통스럽게 여기며 오지 않음에로 구차하게 숨으려
하지 않는다.

然則天下之淫思而過慮者, 何爲也哉? 釋守性以爲己貞, 老守命以
爲己寶, 以同所異而異所同, 立藩棘於蕩平之宇, 是亦共·驪朋黨之
私, 屠酤固惒之情已耳. 故曰, “君子和而不同.” 與天下萬世和也, 而

不怗必同於己也.

역문 그렇다면 이 세상에서 음란하게 생각하며 지나치게 고려하는 이들은 어떻게 할까? 석씨[釋迦牟尼]는 본성 지킴을 자기의 올바름으로 여기고, 노씨[老子]는 명(命) 지킴을 자기의 보배로 여긴다. 이들은 이렇게 함으로써, 다른 것을 같다고 하고 같은 것을 다르다고 하며, 자기들의 영역을 공고히 하기 위해 평탄한 땅에다가 가시울타리를 세운다. 이는 또한 공공(共工)·환두(驩兜)[1414] 패거리의 사사로움이고, 백정·술장사들이 고루하게 제 것을 아끼는 마음 씀씀이[情]일 따름이다. 그러므로 "군자는 잘 어울리지만 똑같지는 않다."[1415]라고 하니, 이 세상 모든 사람과 영원토록 잘 어울리는 것이지 꼭 자기와 똑같음에 의지하지 않는다.

然則何以見其義於'咸'之九四也? '艮', 男之成也; '兑', 女之成也. 三·四之交, 男女相感之際, 人道之終始·往來之衝, 而取諸身者爲心. 心感而思, 感思以止, 秉貞而盡道之常, 不安養之悅以叛性, 不

1414 이들은 요순시대에 악명을 떨치던 '4흉(凶)' 가운데 두 사람이다. 4흉에는 이들 이외에도 삼묘(三苗)와 곤(鯀)이 더 있다. 이들은 각 부족을 이끌던 우두머리였다. 순(舜)임금이 이들을 축출함으로써 천하 사람들의 마음을 얻었다고 한다.(『書』,「舜典」: 流共工於幽州, 放驩兜於崇山, 竄三苗於三危, 殛鯀於羽山, 四罪而天下咸服.) 그런데『춘추좌씨전』에서는 '4흉'으로 혼돈(渾敦), 궁기(窮奇), 도올(檮杌), 도철(饕餮)을 들고 있다.(『春秋左氏傳』,「文公」十八年條: "舜臣堯, 賓於四門, 流四凶族渾敦·窮奇·檮杌·饕餮, 投諸四裔, 以禦魑魅. 是以堯崩而天下如一, 同心戴舜以爲天子, 以其擧十六相, 去四凶也.) 이에 대해 채침(蔡沈)은, 궁기는 공공, 혼돈은 환두, 도철은 삼묘, 도올은 곤일 것이라 하면서도 판단을 유보하고 있다.(蔡沈,『書集傳』: 『春秋傳』所記四凶之名與此不同, 說者以窮奇爲共工, 渾敦爲驩兜, 饕餮爲三苗, 檮杌爲鯀, 不知其果然否也.)
1415 『논어』,「자로(子路)」에 나오는 말이다. 뜻은, 군자는 모든 사람과 잘 어울리며 화목을 도모하지만, 자신의 정체성은 견지하여 남과 똑같아지지는 않는다는 것이다.

專己而絶物, 故曰, "聖人感人心而天下和平"天下和平, 則己之思慮
釋矣. 若夫迷於'往來'之恒理, 惑其'憧憧'而固守己私, 以覬他生之
善, 謂死此生彼之不昧者, 始未嘗不勸進於无惡. 而怙私崇利, 離乎
光大以即卑暗, 導天下以迷, 而不難叛其君親. 聖人有憂之, 故於此
三致戒焉.

역문 그렇다면 어떻게 해야 함괘䷞ 구사효[1416]에서 그 의미를 발견할 수 있을
까. 이 함괘의 정괘(貞卦)를 이루고 있는 간괘☶는 남성의 이루어짐을 드러
내고 있고, 회괘(悔卦)를 이루고 있는 태괘☱는 여성의 이루어짐을 드러내
고 있다. 그리고 이 함괘 구삼·교사효의 교접은 남성과 여성이 서로 느끼
며 맞닿음을 이루고 있으니, 이는 '사람 세상을 이루는 원리[人道]'의 처음
이자 끝일 뿐만 아니라,[1417] 이 세계의 운행이 왔다 갔다 하는 길목에 해당
한다.

이를 우리 몸에서 취하면 마음이 된다. 마음은 느끼면 생각하고, 느낌은
생각하고서 멈추는데, 올곧음을 지키면서 도(道)의 한결같음을 다한다. 안
식과 휴양에서 오는 열락(悅樂)에 취해 성(性)을 이반(離叛)하지 않으며, 오
로지 제 안에 안주한 채 외물을 끊어 버리지도 않는다. 그러므로 "성인들
께서 사람들의 마음에 감화를 주어 온 세상이 화평해진다."[1418]라고 한 것
이다. 이렇게 온 세상이 화평해지면 자기의 사려도 풀린다.

1416 함괘䷞ 구사효사는, "올곧아서 길하고 후회함이 없다. 마음을 정하지 못한 채 생각이 끊임
없이 왔다 갔다 하거들랑 벗들까지 너의 생각함을 따른다.(貞吉, 悔亡. 憧憧往來, 朋從爾
思.)"로 되어 있다. 이 가운데 일부를 이『계사하전』제5장에서 인용하며 그 의미를 부연하
고 있다.
1417 남녀가 만나서 자식을 낳음으로써 사람 세상은 유지될 수 있기 때문이다.
1418 함괘䷞의『단전』에 나오는 말이다.

만약에 '왔다[來] 갔다[往] 함'의 한결같은 이치에는 눈이 먼 채 '마음을 정하지 못함'에 말려들어서 자기의 사사로움이나 굳게 지키며 다른 곳에서 생겨남의 선함을 엿보고는 '여기에서 죽어서 저기에서 생겨남의 어둡지 않음'을 입에 올린다면, 아예 처음부터 악이 없음에로 나아가기를 권함, 그 자체다. 사적(私的)인 것에 의지한 채 이로움이나 떠받들면서, 광대(光大)함에서 벗어나 낮고 어두움으로 가는 것은, 온 세상 사람을 미혹됨으로 이끄는 것이다. 또한 국가공동체의 우두머리인 임금과 가족 공동체의 우두머리인 부모를 어렵지 않게 배반하는 것이기도 하다. 성인들은 이에 대해 우려하였다. 그러므로 여기에서 3번에 걸쳐서 경계하는 것이다.

嗚呼! 聖人之時, 彼說未來也, 而知人思慮之淫, 必有疑於此者, 故早爲之剖析於千歲之上, 可不謂'前知'者與! 『列禦寇』西方聖人之說, 又何誣焉! 雖然, 聖人之於此, 廣矣大矣, 『易』道備矣, 豈獨爲咸四言之與?

역문 오호라! 성인(聖人)이 살던 때에는 저러한 설들이 아직 이 땅에 오지도 않았다. 그런데도 『주역』을 만든 성인께서는 사람의 사려가 음란하여서 반드시 이러한 설들이 이 땅에 전해지리라 의심을 냈고, 그래서 천년도 더 이전에 일찌감치 이에 대해 분석해 놓았으니, '미리 아는' 사람이라 하지 않을 수 있겠는가! 『열자』에서 서방(西方) 성인의 설을 소개하고 있는데,[1419] 또한 무엇을 속일 수 있겠는가! 비록 그렇기는 하지만, 성인은 이

1419 『열자』, 「중니(仲尼)」에 나오는 구절이다. 상(商)나라 태재(太宰)가 공자를 만나서 공자가 성인(聖人)인가를 묻자, 공자가 자신은 박학다식한 사람일 뿐 '성인'이라는 칭호는 감당할 수 없는 존재라고 답했다. 그래서 태재가 다시 삼왕(三王)·오제(五帝)·삼황(三皇) 등이 성인인가를 차례대로 물었는데, 공자는 이 사람들이 나름대로 다 훌륭한 점은 있지만 성인

『주역』에서 한 말이 넓고도 크니, 『주역』의 원리가 이 속에 다 갖추어져 있다. 그렇다고 어찌 꼭 이 함괘☷☶ 구사효에 대해서만 말했겠는가?

二

'歸'者其所自來也, '致'者其所自往也. 天下有所往非其所自來者乎? 則是別有一壑, 受萬類之塡委充積而消之, 旣歸非其歸, 而來者抑數用而不給矣. 繇此言之, 流動不息, 要以敦本而親用, 恒以一而得萬, 不強萬以爲一也, 明矣.

역문 '돌아감[歸]'이란 왔던 곳을 가리키고, '이름[致]'이란 가는 곳을 가리킨다.[1420] 이 세상에 가는 곳이란 모두 왔던 곳이 아니던가? 만약 따로 하나의

___

이라 할 수 있는지에 대해서는 회의가 있다고 했다. 이에 태재가 좀 짜증스럽게 "그렇다면 누가 성인인가?"라고 묻자, 공자는 서방 사람을 댄다. 이 서방 사람은 굳이 나라를 다스리지 않더라도 나라가 혼란스럽지 않고, 말하지 않더라도 사람들 스스로가 믿으며, 구태여 교화하지 않더라도 사람들이 스스로 알아서 행하니, 백성들의 인식능력으로는 알 수 없는 차원에 있어서 이름조차 붙일 수 없는 인물이라 하였다. 그래서 자신은 이 서방 사람이 성인이 아닌가 하고 생각한다고 하고 있다. 이 대답을 들은 태재는 가만히 속으로 생각해 보고는, "공자가 나를 속였도다!"라고 말하고 있다.(商太宰見孔子曰, "丘聖者歟?" 孔子曰, "聖則丘何敢, 然則丘博學多識者也." 商太宰曰, "三王聖者歟?" 孔子曰, "三王善任智勇者, 聖則丘不知." 曰, "五帝聖者歟?" 孔子曰, "五帝善任仁義者, 聖則丘弗知." 曰, "三皇聖者歟?" 孔子曰, "三皇善任因時者, 聖則丘弗知." 商太宰大駭, 曰, "然則孰者爲聖?" 孔子動容有閒, 曰, "西方之人, 有聖者焉, 不治而不亂, 不言而自信, 不化而自行, 蕩蕩乎民無能名焉. 丘疑其爲聖. 弗知眞爲聖歟? 眞不聖歟?" 商太宰嘿然心計曰, "孔丘欺我哉!")

왕부지가 특히 '서방(西方) 성인'을 이렇게 콕 집어서 말한 까닭은, 여기에서 주로 비판하는 것이 불교의 '전생윤회'설이고, 이 불교가 중국의 관점에서 볼 때 서역에서 전해진 것이기 때문이다. 석가모니가 중국에서는 '서방 성인'이라 할 수 있는 것이다. 그래서 왕부지는 굳이 『열자』의 이 「중니」편에 나오는 '서방 성인'을 예로 들어서 간접적으로 비판하는 구성을 펼치고 있다고 할 수 있다.

골짜기가 있어서 온갖 부류들을 거기에 던져서 메우고 채우며 켜켜이 쌓
는다고 하더라도 이 골짜기가 다 수용하며 없애 버린다면, 이리로 돌아간
것은 올바로 돌아간 것이 아니리니, 오는 것들은 아마도 몇 번 사용하고
나면 더 이상 충당해 주지 못할 것이다. 이를 근거로 말하면, 고정되지 아
니한 채 끊임없이 늘 변동하기 위해서는, 근본을 돈독히 하고 실용을 중시
해야 하며, 늘 하나로써 만(萬)을 얻되, 만을 억지로 하나로 여기지 않아야
한다는 것이 명확하다.[1421]

異端之言曰, "萬法歸一", 一歸何處? 信萬法之歸一, 則一之所歸, 舍
萬法其奚適哉? 是可截然命之曰"一歸萬法", [弗能於一之上索光怪
泡影以爲之歸. 然而非也. 萬法] 一致, 而非歸一也, 致順而歸逆也.

역문 이단은 말하기를, "모든 법은 하나로 돌아간다."라고 말하는데, 그렇다
면 그 하나는 도대체 어느 곳으로 돌아간단 것인가? 진실로 모든 법이 하
나로 돌아간다면, 그 하나가 돌아가는 곳이 모든 법을 제쳐 두고 도대체
어디로 간다는 것인가? 뚝 잘라서 "그 하나는 모든 법으로 돌아간다."라고
명명(命名)할 수 있는데, 그 '하나' 위에서 신기·괴이하며 물방울이나 그림
자라 할 것을 찾아서 '돌아감'이라 여길 수는 없을 것이다. 그러나 그렇지

1420 여기에서 말하는 '돌아감[歸]'·'이름[致]'이란 『계사하전』 제5장에 나오는 "천하 만물에 대
해 무엇을 생각하고 무엇을 고려하리오! 천하 만물은 다 같은 곳으로 돌아가는데도 거기에
이르는 길은 다 달리하고, 한곳으로 이르는데도 수만 가지로 다 다르게 고려하는데, 도대
체 천하 만물에 대해 무엇을 생각하고 무엇을 고려하리오!"라고 하는 것에서의 '돌아감'과
'이름'이다.

1421 "만을 억지로 하나로 여기지 않아야 한다."라고 함에서 '하나'는 위에서 든 비유로서의 골짜
기를 의미한다. 이 '하나'는 만물의 왔다[來] 갔다[往] 함과는 별개로 존재하는 것으로서, 돌
아가는 모든 것을 수용해서 없애 버리는 것이다. 이렇게 되면 이 세계의 순환은 깨지고
만다.

않다. 모든 법은 하나에 이르지만, 하나로 돌아가는 것이 아니다. '이름[致]'은 순(順)이고, '돌아감[歸]'은 역(逆)이다.

夫彼之爲此說也, 亦有所測也. 謂天下之動也必增, 其靜也必減; 其生也日以增而成, 其死也日以減而滅. 千章之木, 不給於一塓之灰; 市朝之人, 不給於原阜之塚. 初古之生, 今日而无影迹之可擧. 因而疑天下之始鉅而終細也. 獨不曰前此之未有, 今日之繁然而皆備乎?

역문 그런데 저들이 이러한 설을 만들어 낸 것에도 역시 무언가 미루어 짐작한 결과일 것이다. 즉, "이 세상의 움직임[動]에서는 반드시 증가하고, 고요함[靜]에서는 반드시 감소한다. 생겨남에서는 날마다 증가하여 이루어지고, 죽음에서는 날마다 감소하여 소멸한다."라고. 물론 엄밀히 따지면, 1,000장(章)이나 되는 거목도 한 덩이의 딱딱한 회토(灰土)에 보태 준 것이 없고, 시장과 조정의 사람들도 언덕 위의 무덤에 보태 준 것이 없다. 이 세상이 시작되던 아득한 옛날에 생겨난 것들은 오늘날 그림자나 흔적조차 찾아볼 수 없다. 따라서 이를 근거로 보면, 이 세상은 시초에는 거대했으나 종말에 가서는 세소(細小)해지리라 의심할 수 있을 것이다. 그런데 유독 "이것 이전에는 있지 않던 것들이, 오늘날에는 번성하며 모두 갖추어져 있다."라고는 말하지 않는가?

且以爲由一而得萬, 如竅風之吹於巨壑, 或疑其散而不歸; 浸以萬而歸一, 如石粟之注於蠡瓢, 不憂其沓而難容耶? 强而歸之, 必殺其末以使之銳, 是以輕載重, 以杪承幹, 而化亦孱喪以不立矣.

역문 또한 하나로 말미암아 만(萬)을 얻을 수 있으니, 이는 마치 거대한 골짜기의 수많은 구멍에 바람이 불어서 소리를 내는 것과 같다고 여긴다. 나아가 어떤 사람은 이것들이 흩어져서 돌아오지 않으리라고 의심하기까지도 한다. 그리고 점차 이 만(萬)이 하나로 돌아간다고 하는데, 이는 마치 한 섬의 좁쌀을 표주박에 들이붓는 것과도 같으리니, 너무 촘촘하여 다 들어가기 어렵다고 걱정되지 않는가? 억지로 돌아가게 하려면 반드시 그 끝을 줄여서 날카롭게 해야 할 것이니, 이는 가벼운 것을 가지고서 무거운 것을 싣게 하는 짝이고, 나뭇가지 끝을 가지고서 줄기를 받들게 하는 짝이다. 그래서 화하더라도 어려서 고향을 잃어버렸으니, 어디 가서 자리를 잡지 못할 것이다.

且夫'同'而'一'者非其少也, '殊'而'百'者非其多也. 天下之生, 无不可與道爲體; 天下之理, 无不可與道爲本. 成熟擴充, 以臻於光大, 隨所入德而皆有其大備, 而量有不齊, 則難易差焉. 故君子擇其精粹以爲之統, 則仁首四端而孝先百行, 其大凡也. 立本者, 親始者也. 序立而量能相給也, 亦非有一之可執以臣妾乎萬有, 況得有一立於萬有之餘, 以吸萬而爲之藏哉!

역문 또 '같으며[同]' '하나[一]'인 것이 적은 것이 아니며, '다르고[殊]' '수만 가지[百]'인 것이 많은 것은 아니다. 이 세상에 생겨나는 것들은 모두 도(道)와 몸을 이루지 않을 수 없고, 이 세상 모든 이치는 도(道)와 근본이 되지 않을 수가 없기 때문이다. 성숙하여 확충하여서 광대(光大)함에 이르고, 덕에 들어가는 바를 따라서 모두에게 크게 갖춤이 있지만 양(量)에 들쭉날쭉 고르지 않음이 있어서 어렵고 쉬운 차이가 있는 것이다. 그러므로 군자는 그 정수(精粹)를 골라서 계통을 잡는 실마리로 삼는다. 그래서 그에게서는 어

짊[仁]이 사단(四端)의 으뜸이 되고, 효가 모든 행동에 가장 앞서니, 대체로
그렇다는 것이다. 근본을 세움은 자신을 비롯하게 해 준 존재에게 친하게
대하는 것이다. 순서가 제대로 서고서 양(量)이 서로에게 공급될 수 있다.
그러니 또한 하나가 존재하는 모든 것들[萬有]을 신하와 첩으로서 가질 수
도 없거늘, 하물며 하나를 존재하는 모든 것들 너머에 세워서 존재하는 모
든 것들을 흡수하고 그들을 저장할 수 있겠는가!

天地之間大矣, 其始終亦不息矣. 盈然皆備而咸保其太和, 則所謂
‘同歸’而‘一致’者矣. 旣非本大而末小, 亦非本小而末大. 故此往彼
來, 互相經緯而不礙. 夫道, 則必與天地相稱也. 彼之言曰 “世界如
腰鼓顙”矣, 抑以道爲兩端小而中大, 則是天地之兩端有餘, 而道之
中央无頓舍也, 其亦不相揜以相稱矣.

역문 하늘과 땅 사이는 크며, 그 시작부터 끝까지 쉬지도 않는다.[1422] 그 속에
가득 찬 것들이 모두 갖추어져서 다 함께 거대한 조화[太和]를 이룬다. 이
것이 바로 ‘같은 곳으로 돌아감’이고 ‘한곳으로 이름’이다. 근본이 크고 말
단이 작은 것이 아닐 뿐만 아니라, 또한 근본은 작고 말단이 크지도 않다.
그러므로 여기로 왔다가 저기로 가면서 서로 간에 경위(經緯)를 이루고 방
해하지 않는다. 저 도(道)는 반드시 이 하늘·땅과 딱 들어맞는다. 그런데
도 저들은 말하기를 “세계는 장구통 같다.”[1423]라고 하는데, 또한 도는 양

1422 늘 움직임[動] 속에 있다는 의미다.

1423 여기에서 ‘장구통’이라 번역한 ‘腰鼓顙’은 『능엄경』에 나오는 말이다. 『능엄경』에서는 세계
가 아니라 우리 몸을 이것에 비유하고 있다.(『楞嚴經』 권4: 由離合等二種相摩, 於妙圓中黏
湛發覺, 覺精映觸, 搏觸成根, 根元目爲淸淨四大, 因名身體, 如腰鼓顙, 浮根四塵, 流逸奔
觸.)

끝이 작고 가운데가 크다고 하니, 이렇다면 하늘·땅의 양 끝에는 남음이 있고, 도의 중앙에는 무엇을 놓아둘 공간이 없다는 것이다. 그래서 역시 하늘·땅과 도는 서로 가리지 못하고 서로 딱 들어맞지도 못한다.[1424]

且其謂津液煖氣之屬歸乎地水火風, 亦既粗測夫即化之歸, 而要以致辨於知死. 知死而不知生, 是故地水火風之精粹, 聽往來以利天下之用, 來歸以爲生者, 顧略而不審. 又恐其斷滅而說不立也, 則取夫既同既一之化, 櫛比而絲續之, 曰, "死此而生彼". 乃'殊塗'·'百慮'之不可齊者, 橫立此疆彼界於大同之中, 思其无可思, 慮其无可慮, 亂終始之條理, 而曰, "芥子納須彌". '納'者不受而强致之也, 亦未知芥子須彌之同原而異理也. 驚天下於往來而昧其生道, 則其爲害豈勝道哉!

역문 그리고 그들은 진액(津液)과 따뜻한 기운[煖氣]에 속하는 것들은 지(地)·수(水)·화(火)·풍(風)으로 돌아간다고 말하는데,[1425] 이는 역시 화하여 곧바로 돌아간 것만을 대강 어림짐작한 것일 따름이다. 그래서 죽음이 무엇인지를 아는지 확실하게 변별할 필요가 있다. 이들은 죽음은 알지만 생함은 알지 못한다. 그러므로 지·수·화·풍의 정수(精粹)가 왔다 갔다 하며 이 세계의 쓰임을 이롭게 함에 순응하고, 왔다가 돌아가서 생한다는 것에

1424 하늘·땅은 장구통과 같아서 양 끝이 크고 가운데가 작다. 그런데 도는 이와 반대로 양 끝이 작고 가운데가 크다. 그래서 이 둘을 합해 보면, 도를 기준으로 할 때, 양 끝은 남아돌고 가운데 무엇 하나 놓아둘 공간이 없는 꼴이 된다. 그래서 이렇게 말하는 것이다. 하늘·땅과 도가 서로 딱 들어맞지 않는다는 것이다. 그래서 불교의 이런 주장은 틀렸다는 것이다.

1425 圓覺經: 我今此身, 四大和合. 所謂髮毛爪齒, 皮肉筋骨, 髓腦垢色, 皆歸於地. 唾涕膿血, 津液涎沫, 痰淚精氣, 大小便利, 皆歸於水. 煖氣歸火. 動轉歸風. 四大各離, 今者妄身, 當在何處? 即知此身, 畢竟無體, 和合爲想, 實同幻化.

대해서는 대략만 돌아보고 자세히 살피려 들지 않는다. 그리고 끊어져서 완전히 없어져 버려 그 설이 성립하지 않을까 두려워한다. 그리하여 이미 같고 이미 한곳으로 화한다고 함을 취하여 즐비하게 실타래를 이어 가며, "여기에서 죽어서 저기에서 생겨난다."라고 말한다.

그러나 '이르는 길은 다 달리함[殊塗]'·'수만 가지로 다 다르게 고려함[百慮]'에서의 쭉 고르지 아니함이 '거대한 동일함[大同]' 가운데서 이 경계 저 경계를 가르고 서 있다. 그리고 생각할 수 없는 것을 생각하고, 고려할 수 없는 것을 고려하며, 시작부터 끝까지를 아우르는 조리(條理)를 어지럽힌다. 그리고는 말하기를 "겨자씨 속에다 수미산을 집어넣는다."[1426]라고 말한다. '집어넣는다[納]'라는 것은 받아들여지지 않으니 억지로 이렇게 한다는 의미다. 그러니 또한 겨자씨·수미산이 근원은 같으나 이치는 달리함을 알지 못하는 것이다. 이처럼 이들은 세상 사람들을 왔다[來] 갔다[往] 함

[1426] 이는 『유마힐경(維摩詰經)』, 「불가사의품(不可思議品)」에서 "아득히 넘실대는 온 바다의 물을 한 터럭 구멍에 거두고, 커다란 수미산을 작은 겨자씨 가운데 넣는다. 부처님의 국토를 시방세계에 날려도 본디 있던 자리를 조금도 이동하지 않고, 삼천대천세계를 이 세상 밖으로 내던져도 중생들이 알지 못한다. 해와 달이 터럭 끝에 매달리고 시방세계 공양물이 몸 안에 나타나며, 뱃속에 우주를 태우는 불길을 들여도 타는 불길이 여전하고 시방세계에 부는 바람을 몽땅 마셔도 몸이 손상되지 않는다.(以四海之渺瀰, 攝歸毛孔, 用須彌之高廣, 納入芥中. 飛佛土於十方, 未移本處, 擲大千於界外, 含識莫知. 日月懸於毫端, 供具現於體內, 腹納劫燒之燄, 火事如然, 口吸十方之風, 身無損減.)"라고 한 것을, 『천태(天台) 소(疏)』에서 "커다란 수미산을 작은 겨자씨 가운데 넣어도 수미산이나 겨자씨에 조금도 증감이 없는 것은 수미산의 본디 모습이 여여(如如)하기 때문이다. 사천왕과 도리천의 모든 하늘신은 자기들이 들어간 곳을 모르지만 오직 깨달은 사람만 수미산이 겨자씨에 들어간 것을 보니 이를 '불가사의 해탈법문'이라 한다. 또 온 바닷물을 한 터럭 구멍에 들인다는 이런 이야기는 '불가사의한 커다란 쓰임새'를 밝힌 것이다. 바로 진실한 지혜와 성품이 하나로 되었기에 이런 헤아릴 수 없는 작용을 하는 것이다.(以須彌之高廣, 納芥子中, 無所增減, 須彌山王, 本相如故. 而四天王·忉利諸天, 不覺不知, 己之所入, 唯應度者, 乃見須彌入芥子中, 是名不可思議解脫法門. 又 以四大海水, 入一毛孔等, 此是明不思議之大用也.)"라고 한 것 가운데 나오는 말이다.(이곳의 번역은, '법보신문' 2011. 4. 12일 자, 「원순스님의 명추회요강설」, '중생이 일으킨 한 생각 무명이 그대로 여래의 마음'에서 인용하였다.)

에서 치달리게 하면서도 그 생하는 도(道)에 대해서는 모르니, 이들이 끼치는 해로움을 어찌 다 말로 하리오!

子曰, "天下同歸而殊塗, 一致而百慮", 一本萬殊之謂也. 借曰, "殊塗而同歸, 百慮而一致", 則二本而无分矣. 同而一者, 所以來也; 殊而百者, 所以往也. 過此以往, 爲殊爲同, 爲一爲百, 不容知也. 子曰, "未之或知", 豈復有知之者? 而必推本以觀其往來, 豈强知之哉! 亦以明其不可知者而已. 殊塗百慮, 不勝知矣. 稍進而親始不勝知者, 亦可以止思慮之濫, 而作'憧憧'之防. "書不盡言, 言不盡意", 聖人之意, 莫與繹之, 將誰紀以別於異端?

역문 공자님께서는 "천하 만물은 다 같은 곳으로 돌아가는데도 거기에 이르는 길은 다 달리하고, 한곳으로 이르는데도 수만 가지로 다 다르게 고려한다."라고 하였는데, 이는 근본은 하나지만 온갖 가지로 다 다름을 말한 것이다. 만약에 "길을 달리하지만 돌아가는 곳은 같고, 고려하기는 수만 가지로 다하지만 한곳으로 이른다."라고 할 것 같으면, 근본이 둘이고 나뉨이 없는 것이다. 같으면서 하나인 것은 오는 것이고, 다르면서 수만 가지인 것은 가는 것이다. 이 이후로는 다른 것이 되든 같은 것이 되든, 하나가 되든 수만 가지가 되든, 인간의 인식 능력 밖에 있는 것이다. 공자께서도 "사람으로서 알 수 없는 차원에 있는 것이다."[1427]라고 하였으니, 어찌 다시 이에 대해 아는 이가 있을까? 반드시 근본을 미루어서는 그 왔다[來] 갔다[往] 함을 보리니, 어찌 억지로 이를 알리오! 역시 사람으로서는 알 수 없는

1427 『계사하전』 제5장에 나오는 말이다.

것을 밝히려 하는 것일 따름이다.

　길을 달리하고 수만 가지로 각기 다르게 고려하는 것을 다 알 수는 없다. 점점 나아가서 친히 알 수 없는 것을 시작하는 사람에게는 역시 사려의 지나침을 그만두게 할 수 있으며 '마음을 정하지 못함'을 방비할 수 있다. 공자께서도 "글로는 말을 다 드러내지 못하고, 말로는 머릿속 생각[뜻]을 다 드러내지 못한다."[1428]라 하였으니, 성인의 머릿속 생각[뜻]을 풀어 내지 못할진대, 장차 뉘라서 실마리를 잡아 이단과 구별해 주리오?

三

下生者其本立, 積之再三者其本盛, 故'乾'坤'其蔑以加矣. 未至乎'乾'坤'者, '艮', 陰之盛也; '兌', 陽之盛也; '泰', 陰陽之盛也. 陰盛於'艮', '乾'道乃致一而成之; 陽盛於'兌', '坤'道乃致一而成之; 陰陽盛於'泰', '損'乃致一而成之. 三致一陽於上, 上乃下交而爲友. 未盛者, 授之成而不能成, 欲致之而未可致也. 故曰, "天地絪縕, 萬物化醇." 時雨將至, 炎氣隆隆; 宿靄欲消, 寒清蕭蕭. 炎之薄, 而密雲无以成其膏澤: 寒之淺, 而旭日无以成其滌清. 天地且不能强致, 而況於人乎?

역문 아래에서 생겨나면 그 근본이 서고, 거기에 재차·삼차 생겨난 것들이 쌓이면, 근본은 더욱 성대해진다. 그러므로 건괘☰·곤괘☷는 더할 나위가 없다. 아직 이 건괘☰·곤괘☷에 이르지 않은 것 가운데 간괘☶는 음

1428 『계사상전』 제12장에 나오는 말이다.

(--)이 성대한 것이고, 태괘☱는 양(─)이 성대한 것이다. 그리고 태괘䷹는 음(--)·양(─) 모두가 성대한 것이다. 음(--)은 간괘☶에서 성대한데, 건괘☰의 원리는 바로 하나만 이르면 완성이 된다. 양(─)은 태괘☱에서 성대한데, 곤괘☷의 원리는 하나만 이르면 완성이 된다.[1429] 음(--)·양(─)은 태괘䷹에서 성대해지는데, 손괘䷸는 하나가 이르러서 완성된다.[1430]

이 손괘䷸가 성대하지 못한 까닭은 완성하고 있던 것을 주어 버려서 자신은 완성할 수 없기 때문이며,[1431] 성대함을 이루고자 해도 이룰 수가 없다.

그러므로 "하늘과 땅이 인(絪)·온(縕) 운동을 하는 속에서 만물은 화하며 효능이 더욱 뛰어나게 된다."[1432]라고 하는데, 때에 맞게 내리는 비가 곧 내리려 하며 더운 기운이 융성해지고, 오랫동안 칙칙하게 끼어 있던 구름이 사라지려 하며 춥고 서늘함이 엄숙하고 고요해질 뿐이다. 더위가 누그러지고 구름만 빽빽하게 끼어 있을 뿐 가뭄에 시든 농작물에 단비를 내려줌이 없으며, 추위가 사그라들어서 아침에 떠오르는 해에도 그 맑고 깨끗한 모습이 없다. 이렇게 하늘·땅도 억지로 이루지 못하거늘 하물며 사람에게서랴?

1429 이는 『주역』의 괘들이 아래에서부터 위로 생겨 나아가는 것을 두고 하는 말이다.
1430 **저자 자주**: 태괘䷹의 구삼효(─)가 상효에서 하나를 이루고, 상육효(--)는 이에 아래로 내려와 사귀면서 벗이 된다. /**역자 주**: 이는 태괘䷹의 구삼효(─)가 상효로 가고, 그 자리에 있던 상육효(--)는 아래로 내려와 가고 없는 구삼효의 자리에 감으로써, 손괘䷸가 되었음을 두고 하는 말이다.
1431 손괘䷸가 태괘䷹의 성대함을 이루지 못한 까닭에 대해서 하는 말이다. 손괘䷸의 회괘(悔卦)인 간괘☶는 원래 태괘䷹의 회괘(悔卦)로서 곤괘☷를 이루고 있었지만, 이제 그 상효(--)가 아래 3효의 위(位)로 내려가고 상효의 자리에는 3효의 자리에 있던 양(--)이 올라와서 간괘☶를 이루게 된 것이다. 그래서 완성됨을 주어 버려서 완성될 수 없다고 말하는 것이다.
1432 『계사하전』 제5장에 나오는 말이다.

三人行, 則可損一人矣. 三人損一以行, 則友得矣. 藉其惟一人之踽
踽, 欲往合而定交, 非徒其損極而无以自存, 佻佻之子, 物亦且疑之,
而孰令聽之乎? 故曰, "介於石, 不終日"; 匪介於石焉, 終日而猶憂其
速也. 武王之所以養之於十三祀, 而耆定於一朝也. 故曰, "安其身而
後動"; 其身不安焉, 民不與而傷之者至矣. 孔子之所以天下莫與而
莫能傷也. 故曰, "成器而動", "動而不括"; 器不成焉, 弗能不括而遽
釋也. 孟子之所以三見齊王而不言事也.

역문 세 사람이 간다면 한 사람을 덜어 낼 수가 있다. 세 사람 가운데 한 사람
을 덜어 내고 가게 되면 벗을 얻게 된다. 그러나 오직 그 한 사람의 외로운
모습을 보고는 가서 그와 함께 교제를 맺고자 한다면, 그 손해가 극심하여
서 스스로 보존하지 못할 뿐만 아니라, 홀로 가는 그 사내를 물(物)들도 의
심하리니, 뉘라서 그에게 말을 듣게 하리오? 그러므로 "돌처럼 굳게 지키
고 있음이니, 하루가 가지 않는다."[1433]라고 말하는 것이다. 돌처럼 굳게 지
키지 않으니, 하루가 다 가는데도 오히려 너무나 빠르다고 걱정하는 것이
다. 이러하기에 무왕은 13년 동안이나 자신의 힘을 기르다가 일단 거사에
나서자 하루아침에 은나라 주왕에 대한 정벌을 이루어 냈던 것이다.[1434]

그러므로 "군자는 몸을 평안히 한 뒤에 행동한다."[1435]라고 하니, 자신이
편안하지 않고서는 백성들도 그와 함께하지 않으며, 자신을 상하게 하는
이들조차 이른다. 그래서 공자께서는 세상 사람들이 함께하지 않았으나

1433 예괘▓ 구이효사에 나오는 말이다.
1434 『사기』, 「주본기(周本紀)」에서는 무왕 11년에 주왕을 정벌하고 은나라를 멸망시킨 것으로
되어 있다. 그런데 『서경』, 「주서(周書), 태서(泰誓)」에서는 무왕 13년에 정벌한 것으로
기록하고 있다.
1435 『계사하전』 제5장에 나오는 말이다.

상하게 할 수 없었던 것이다. 그러므로 "그릇[1436]을 이루어서 움직인다", "움직임에 막힘이 없다."[1437]라고 하는 것이니, 그릇이 이루어지지 않고서는 막힘없이 한순간에 풀어 버릴 수가 없다. 그래서 맹자는 제나라 왕을 세 번이나 만났으나 정사(政事)에 대해서는 말하지 않았던 것이다.[1438]

是故損之爲德, 儉人之所修; 致之爲功, 惠人之所樂; 友之爲益, 通人之所尙. 而絪縕者, 莫之能逮. 夫絪縕者, 而豈易言哉! 旁薄以充陽之能, 欲怒以發而不爲'震'之'虩虩', 欲濟以至而不爲'坎'之'不盈'; 凝固以厚陰之藏, 欲利其入而不爲'巽'之'紛若', 欲麗其明而不爲'離'之'突如'; 動靜交貞以奠陰陽之所, 欲往合其孚而不爲'恒'之'浚'以振

1436 왕부지는 『주역내전』에서 이 '그릇[器]'에 대해 "'그릇'은 군자가 권세를 타고서 소인을 다스리는 도(道)를 의미한다.('器'者, 君子乘權以治小人之道也.)"라고 풀이하고 있다.

1437 모두 『계사하전』 제5장에 나오는 말이다.

1438 이는, 『맹자』, 「이루(離婁) 상」의 "임금의 됨됨이가 모자라면 꾸짖어 보았자 소용이 없고, 정사에 간여해 보았자 소용이 없다. 오직 대인이라야 임금 마음의 잘못됨을 바로잡을 수 있다. 임금이 어질면 그가 다스리는 나라에 어질지 않음이 없고, 임금이 의로우면 그 나라에 의롭지 않음이 없으며, 임금이 올바르면 그 나라에 올바르지 않음이 없다. 한 번 임금을 올바르게 하여서 나라가 올발라지는 것이다.(人不足與適也, 政不足間也. 唯大人爲能格君心之非. 君仁, 莫不仁, 君義, 莫不義, 君正, 莫不正. 一正君而國正矣.)"라는 구절에 대한 정이(程頤; 1033~1107)의 풀이 속에 나오는 말이다.

정이는 그 풀이에서, "사람 세상을 살맛 나는 것으로서 안정되게 이끌어 가느냐[治] 아니면 사람 세상을 혼란스럽게 하여 살기 어렵게 끌어가느냐[亂]는 그 나라의 임금이 어진가 어질지 않은가에 달려 있을 따름이다. 임금의 마음이 그릇되면 곧바로 정치에 해를 입히니, 그것이 굳이 밖으로 드러나기까지 기다릴 필요도 없다. 옛날에 맹자가 세 번이나 제선왕(齊宣王)을 만났는데도 정사에 대해서는 말하지 않자, 그 제자들이 의아하게 여겼다. 그러자 맹자는 '나는 먼저 그 비뚤어진 마음을 바로잡으려 하노니, 그 마음이 바루어진 뒤에라야 그 나라의 일을 제대로 다스릴 수 있는 것이다.'라고 제자들에게 말해 주었다. … (程子曰, "天下之治亂, 繫乎人君之仁與不仁耳. 心之非, 卽害於政, 不待乎發之於外也. 昔者孟子三見齊王而不言事, 門人疑之. 孟子曰, '我先攻其邪心, 心旣正, 而後天下之事可從而理也.' …)"라 하고 있다. 똑같은 내용이 『순자』, 「대략(大略)」에 실려 있다.(孟子三見宣王不言事. 門人曰, "曷爲三遇齊王而不言事?" 孟子曰, "我先攻其邪心.")

也. 夫然後以之損而可損, 鉅橋之發, 非李密敎倉之發也; 以之致而
可致, 岡·畢之命, 非裹王河陽之命也; 以之友而可友, 庸·蜀·
羌·髳之合, 非蘇秦洹水之合也.

역문 이러한 까닭에 '덜어 냄'의 덕은 검소한 사람이 닦은 것이고, 이루어서
공(功)을 세움은 시혜를 주는 사람들이 즐기는 것이며, 벗을 삼아서 이익
이 되게 하는 것은 길 가는 사람들이 높이 치는 것이다. 그러나 하늘·땅
이 거대하게 조화를 이루며 인(絪)·온(縕) 운동을 함에는 미칠 수가 없다.
이 인(絪)·온(縕)이라는 것이 어찌 쉽게 말할 수 있는 것이리오!

널리 보편으로 펼쳐지며 양(陽)의 능함을 채우는 것을 보면, 노여움을
펼치고자 하더라도 진괘䷲의 '두려움에 떨게 함'[1439]이 되지 않고, 물이 졸
졸 흘러 이르러서는 감괘䷜의 '가득 채우지 않음'[1440]이 되지는 않는다. 또
견고하게 엉겨서 음(陰)의 저장함을 두터이 함을 보면, 그 들어감을 이롭
게 하고자 하나 손괘䷸의 '왕성함[紛若]'[1441]이 되지는 않고, 그 밝음을 환히
드러내고자 하나 리괘䷝의 '돌연함[突如]'[1442]이 되지는 않는다. 움직였다[動]
고요했다[靜] 함이 각각의 올곧음을 교접하여 음과 양이 있을 곳을 정하는

[1439] 진괘䷲의 괘사에 나오는 말이다. 이에 대해 그 『단전』에서는 "'우레가 오니 두려움에 떨다'
라는 말은, 두려움이 복을 불러온다는 말이다.('震來虩虩', 恐致福也.)"라고 풀이하고 있다.

[1440] 감괘䷜ㆍ『단전』의 "물은 흘러갈 뿐 가득 채우고 있지 않다.(水流而不盈.)"와 그 구오효사
"구덩이가 가득 차지도 않고 가로막던 것들도 이미 평탄해졌다. 허물이 없다.[坎不盈, 祗旣
平, 无咎.]"에서 나오는 말이다.

[1441] 손괘䷸의 구이효사에 나오는 말이다. 그 효사 전체는, "공손함이 평상 아래에 있고 사(史)
와 무(巫)를 왕성하게 사용하니 길하며 허물이 없다.(巽在牀下, 用史巫紛若, 吉无咎.)"로
되어 있다.

[1442] 리괘䷝의 구사효사에 나오는 말이다. 그 효사 전체는, "돌연히 그것이 오는 듯하고 불타는
듯하며 죽은 듯하다. 버려진 듯도 하다.(九四, 突如其來如, 焚如·死如, 棄如.)"로 되어
있다.

데, 가서 그 믿음[孚]에 함께하고자 하더라도 항괘틀의 '깊이 파고 들어감 [浚]'[1443]으로써 '떫[振]'[1444]이 되지는 않는다.

이러한 뒤에라야 이들 이치에 따라 덜어 내더라도 옳게 덜어 낼 수 있으니, 거교(鉅橋)를 열어서 그 곡식을 백성들에게 나누어 준 것[1445]은, 이밀(李密; 582~619)이 오창(敖倉)을 열어서 그곳에 저장되어 있던 식량을 궁민들에게 나누어 준 것[1446]과 다르다. 또 이들 이치에 따라야 이루더라도 제대로

1443 항괘틀의 초육효사에 나오는 말이다. 그 효사 전체는, "깊이 파고 들어간 항구함이니 올곧더라도 흉하고 이로움이란 없다.(初六, 浚恒, 貞凶, 无攸利.)"로 되어 있다.

1444 항괘틀의 상육효사에 나오는 말이다. 그 효사 전체는, "항구함을 떫이니 흉하다.(振恒, 凶.)"로 되어 있다.

1445 『서경』, 「무성(武成)」 편에서는 무왕이 은나라를 멸망시키고 곡식 창고인 거교(鉅橋)를 열어서 그 곡식을 백성들에게 나누어 준 것으로 기록하고 있다.

1446 이밀은 요동(遼東)인들의 후손인데, 증조할아버지 때부터 할아버지, 아버지로 이어 가며 서위(西魏)와 수(隋)나라 조정에서 부귀(富貴)를 누리는 바람에 장안(長安)에서 태어났다. 그는 수(隋)나라 말기, 풍운의 시대를 살다 간 비운의 인물이다.

수양제(隋煬帝)는 3번에 걸쳐 고구려 정벌에 나섰다가 실패하였다. 이 바람에 인적 자원과 물적 자원 모두에서 막심한 피해를 입은 나머지, 수나라의 국고는 비어 가고 국력은 쇠약해져 갔다. 그리고 일반 백성들은 극도의 궁핍에 시달리지 않을 수 없었다. 이를 견디다 못한 농민들은 기의(起義)하여 농민군을 짜서 관군(官軍)에 저항하였다. 그중에 대표적인 것이 와강군(瓦崗軍)이었다. 그리고 국력의 쇠약은 필연적으로 수나라 조정의 통치 정당성과 정통성을 퇴색시켰고, 그 국권이 흔들리며 반란을 부르고 있었다.

일찍이 29세 때(613) 이밀은 양현감(楊玄感)의 반란군에 가담한 적이 있다. 수양제의 고구려 침입을 수행하던 양현감이 반란을 일으켰는데, 이밀이 이 양현감의 군대에 달려가 합류했던 것이다. 그러나 이 반란군은 괴멸하였고, 이밀은 간신히 목숨만을 부지하였다. 그리고 이름을 바꾼 채 민간에 숨어 살고 있었다.

32세 되던 해(616) 이밀은 적양(翟讓; ?~617)이 이끌던 와강군(瓦崗軍)에 들어갔다. 이밀의 작전에 의해 와강군은 흥락창(興洛倉)을 습격하는 데 성공하였다. 이 흥락창에는 2400만 석의 쌀이 저장되어 있었다. 이 양이면 1천만 명을 1년 동안 먹여 살릴 수 있는 정도라고 한다. 이밀은 '창고에 와서 쌀을 갖다 먹어라![就倉吃米]'라고 궁핍한 백성들에 외치며 쌀을 나누어 주었다. 그리하여 이밀은 수많은 백성들로부터 커다란 지지를 받게 되었고, 와강군 지원 병력은 늘어만 갔다. 아울러 이 작전의 성공으로 말미암아 이밀은 와강군의 우두머리 적양(翟讓)에게 절대적 신임을 얻게 되었다.

이렇게 군량을 확보하고 덩달아 병력이 증가함으로써 와강군의 위세는 갈수록 커져만 갔다. 그리고 적양이 자신의 재능은 이밀에 미치지 못함을 깨닫고 이밀을 위공(魏公)으로

이룰 수가 있으니, 경(囧)과 필(畢)에게 내린 명(命)은,[1447] 양왕(襄王; B.C. ?~

추대하는 바람에, 적양과 이밀의 지위는 이제 역전되었다. 와강군이 이밀의 손에 들어온 것이다.

계속 수나라 군대를 밀어붙인 와강군은 거듭 승리를 거두며 여양창(黎陽倉)도 점령하여 그 쌀도 백성들에게 나누어 주었다. 이때 백성들의 지지를 바탕으로 한 이밀의 위세를 단적으로 말해 주는 것이, 각지의 호걸들이 이밀에게 황제의 지위에 오를 것을 여러 차례 건의한 사실이다. 그러나 이밀은 아직 동도(東都)인 낙양을 점령하지 못했다는 이유로 거절하였다.

618년에는 우문화급(宇文化及)이 거느리고 온 10만여 낙양 정벌군을 이밀은 여양(黎陽)에서 대파(大破)하기도 했다. 그런데 이제 이밀은 거만해질 대로 거만해져서 이전처럼 자신의 병사들을 같은 입장이 되어 보살펴 주지 않았다. 그리고 그의 창고도 텅 비어 갔다. 전리품도 장군들에게 나누어 주지 않음으로써 수하 장군들의 마음은 이밀로부터 멀어져만 갔다.

이러한 이밀과 그 수하의 와강군은 이해 왕세충(王世充) 군과의 싸움에서 대패하였다. 이는 어쩌면 이미 정해진 결말이라 할 수 있다. 이밀은 할 수 없어서 이연(李淵; 566~635)에게 투항하였다. 이연은 나중에 당조(唐朝)의 개국황제가 된 인물이다. 이연은 이밀을 잘 대해 주었지만 이밀은 본성이 남의 밑에 있는 것을 달가워하지 않았고, 당시 자신의 처지에 너무나 불만이 컸다. 이밀은 나중에 이연에게 반기를 들었다가 실패하여 결국은 이연으로부터 죽임을 당했다.

이밀의 충직한 부하였던 서세적(徐世績)이 여양(黎陽)을 이연에게 바치고 투항하며, 이밀의 머리를 자신이 직접 묻어 줄 수 있기를 간청했다. 이연은 이를 허락했다. 서세적은 이밀을 잘 묻어 주었다. 백성들의 이밀에 대한 존경심은 대단하여서 중국의 민간신앙에서 이밀은 그의 벗 양현감(楊玄感)과 함께 지옥에서 목련존자(目連尊者)를 보좌하는 심판관으로 받들어지고 있다. 그런데 왕부지는 이밀의 비극적 최후가 흥락창(興洛倉)을 손에 넣고 백성들에게 쌀을 나누어 준 것에서부터 시작되었다고 여기는 것으로 보인다. 이후로 너무 나아갔다는 것이다.

[1447] 경명(囧命)과 필명(畢命)을 말한다. 먼저 경명은 주나라 목왕(穆王; B.C.1027~B.C.922; 재위 B.C.976~B.C.922)이 당시 태복정(太僕正)이던 백경(伯囧)에게 명령을 내렸던 책서(冊書)다. 내용은 현명한 신하를 잘 골라서 기용할 것과 뇌물을 근절하라는 것이다. 자세한 것은 『서경』의 해당 편을 참고하기 바란다.

필명은 주나라 강왕(康王; B.C.1040~B.C.996, 재위 B.C.1020~B.C.996)이 재위 12년에 풍(豊) 땅에 있는 문왕의 사당까지 걸어가서 필공고(畢公高; ?~?)에게 성주(成周; 下都로서 洛邑을 가리킨다.)의 통치를 맡기면서 명령한 내용을 기록한 것이다. 필공고가 문왕, 무왕, 주공, 성왕을 보필하였는데, 특히 문왕을 보필한 공이 컸으므로 이렇게 한 것이다. 문왕의 사당까지 친히 걸어가서 문왕의 사당 앞에서 내리는 명령이니 그만큼 엄숙하다고 할 것이다. 내용은 백성들을 덕으로 교화하여 통치 기반을 안정시킴으로써 선대에서부터 이어져 온 주나라의 대업을 공고히 함에 일조하고, 앞으로도 이러함이 죽 이어져 갈 수 있도록 하

B.C.619, 재위 B.C.652~B.C.619)이 하양(河陽)에서 내린 명[1448]과는 다른 것이다. 또 이들 이치에 따라야 벗을 삼더라도 제대로 벗을 삼을 수 있으니, 용(庸)·촉(蜀)·강(羌)·모(髳) 등의 나라와 합한 것은,[1449] 소진(蘇秦)이 원수(洹水)에서[1450] 합종한 것과는 다르다.

라는 것이다. 자세한 것은 『서경』의 해당 편을 참고하기를 바란다.

[1448] 주나라 양왕(襄王) 20년(B.C.632), 진문공(晉文公)은 성복(城濮)의 전투에서 초나라 군대를 격파하였다. 진문공은 천토(踐土)에 제후들(晉·魯·齊·宋·蔡·鄭·衛의 군주들)을 불러서 회맹(會盟)하였는데, 이 회맹에서 제후들은 진문공을 맹주(盟主), 즉 패자(霸者)로 추대하였다. 여기에 주양왕도 대표를 파견하여서 이 회맹의 정당성을 세워 주었다. 진문공은 여세를 몰아 주양왕을 하양(河陽)으로 불러서, 주나라 천자의 명분을 끼고 제후들에게 명령을 내렸다. 그래서 명분상으로는 주양왕이 내리는 것이었지만, 실제로는 진문공이 내리는 명령이다. 그래서 왕부지는 여기에서 이 명령에 대해 비판적으로 보는 것이다.

[1449] 이들 나라 이외에도 미(微)·노(盧)·팽(彭)·복(濮) 등의 나라가 더 있었다. 모두 8개국이다. 이들 나라는 주나라의 서경(西京)인 호경(鎬京; 오늘날의 西安) 서쪽에 있는 나라들로서, 이전부터 주나라에 좋은 관계를 맺고 주나라에 부역하던 나라들이다. 주무왕(周武王)이 은나라 주왕(紂王)과 끝장을 보기 위해 은나라의 교외인 목야(牧野)에 도착하여, 이들 나라 사람들에게 이 싸움의 필요성을 역설하며, 이 싸움에 함께하여 승리함으로써 살맛 나는 세상을 꾸려 가자는 취지로 연설하고 맹세하였다. 지금 주왕이 달기(妲己)라는 여인과의 사랑놀이에 빠져서 민생을 도탄에 빠트리고 있으니, 이 도탄에 빠진 백성들을 구하기 위해서 부득이 이 싸움을 벌여서 이겨야만 한다는 것이다. 여기에서 주무왕은, 암탉은 새벽에 울지 않고[牝雞無晨], 암탉이 새벽에 울면 그 집안 망한다.[牝雞之晨, 惟家之索.]는 비유를 들어서, 주왕의 학정은 망할 수밖에 없음을 암시하고 있다. 아울러 이는 하늘을 대신하여 자신이 징치하는 것이므로, 이 싸움은 은나라 주왕을 격퇴하는 것으로 금방 끝내겠으며, 은나라 이외의 지역으로 전장을 벌이지는 않겠다는 맹서를 하고 있다. 자세한 것은 『서경』,「목서(牧誓)」를 참고하기 바란다.

[1450] 소진은 원래 진(秦)나라의 효공(孝公; B.C.381~B.C.338, 재위 B.C.361~B.C.338)을 먼저 찾아갔다. 그리고는 진나라가 '천부(天府)'라 불릴 만한 지리적 이점을 가지고 있고, 인구 수와 병력이 막강하니 천하를 병탄하여 '제(帝)'라 칭하는 것이 어떠하겠느냐고 간언하였다. 그러나 효공은 "아직 날개도 다 자라지 않은 새가 어찌 높이 날 수 있겠으며, 문리(文理)가 아직 천하에 환히 드러나지 않은 진나라가 어찌 천하를 겸병할 수 있겠느냐? [毛羽未成, 不可以高蜚; 文理未明, 不可以竝兼.]"며 반대하였다.

자기의 뜻이 관철되지 않아 실의에 빠져 있던 소진은 조나라로 갔다. 조나라 임금[肅侯]은 그를 무안군(武安君)에 봉했다. 그리고 제·초·위(魏)·한(韓)·연나라에 사신을 보내 원수(洹水)에서 모이자고 했다. 이들 나라의 임금들이 차례로 도착하자 소진은 이들 여섯 나라의 임금들에게 그 호칭을 모두 '왕(王)'으로 통일하여 서열을 없애자고 하였고, 여섯 나

故威不厚者不可以恩, 恩不篤者不可以威; 知不徹者不可以行, 行不慊者不可以知. 周公七年而定宗禮, 非叔孫綿蕝而創漢儀也; 孔子五十而學『大易』, 非王通泚筆而作『元經』也. 博學不教者, 內而不出; 多聞而闕者, 必愼其餘. 道溢於事, 神充於形. 神充於形, 則不謂之耳目而謂之聰明; 道溢於事, 則不謂之功名而謂之學問.

역문 그러므로 권위가 두텁지 않고서는 은혜를 베풀 수가 없고, 은혜가 돈독하지 않고서는 권위를 세울 수가 없다. 또 지혜로움이 통철하지 않고서는 행동할 수가 없고, 행동이 착실하지 않으면 지혜로울 수가 없다. 주공 7년 종묘에 제사 지내는 전례(典禮; 宗禮)를 확정했는데, 이는 숙손통(叔孫通)이 면절(綿蕝)을 이용해 한나라 의례(儀禮)를 창안한 것[1451] 정도로는 비길 바

라의 땅을 합하면 진(秦)나라의 다섯 배가 되고 군사의 수는 10배가 되니, 여섯 나라가 하나가 되어 서쪽의 진(秦)나라에 대항하자는 안을 내어 성립시켰다.(이상, 『사기』, 『소진열전』 참고.)

1451 숙손통(?~?)은 전국시대 말기에서 한나라 초기에 활약한 인물이다. 원래는 노나라 강역이었던 설(薛)현 출신이다. 처음에는 진(秦)나라의 대조(待詔) 박사였고, 진나라 2세 황제에 의해 박사에 봉해졌다. 그러나 진나라가 멸망하리라는 것을 예측하고는 고향으로 도망 와 있다가, 거기에 웅거하고 있던 항량(項梁; ?~B.C.208)의 수하로 들어갔다. 항량이 정도(定陶)에서 패하여 죽은 뒤에는 초회왕(楚懷王; ?~B.C.206)의 수하로 들어왔다. 그러나 이 회왕이 의제(義帝)가 되어 장사(長沙)로 옮겨가자, 숙손통은 여전히 항우(項羽; B.C.232~B.C.202)에게 남아서 그를 섬겼다. 한고조(漢高祖) 2년(B.C.205), 유방(劉邦; B.C.256, 또는 B.C.247~B.C.195, 재위 B.C.202~B.C.195)의 군대가 팽성(彭城)을 공격하자, 숙손통은 이 한나라 군대에 투항했다. 투항한 숙손통은 한나라 군대가 중원을 통일하는 데서 일조하였다. 그리고 그 공을 인정받아 한고조에 의해 박사의 지위를 받았다.

한고조는 정도(定陶)에서 황제의 지위로 추대된 뒤 진(秦)나라의 의법(儀法)을 모두 폐지하라고 했다. 그러면서도 군신 간의 예법은 엄연하기를 바랐다. 숙손통이 이러한 한고조의 의중을 알아차리고 자신이 나서서 한나라 예법을 제정하겠다고 하였다. 숙손통은 고례(古禮)를 뼈대로 하되 진나라의 의법도 일부 참작하여 한나라의 예법을 창안하였다. 그리고는 이를 시험하고 확정하기 위해, 숙손통은 자기의 고향인 노나라 지역으로 가서 유생 30명을 뽑아 왔다. 여기에 황제를 보좌하는 학자들과 자기 제자 100여 명을 더해, 이들을 데리고 야외에서 자신이 창안한 예법을 연습시켰다. 이때 숙손통은 새끼줄을 늘어뜨려서

가 아니다. 또 공자는 50세에 이르러서『주역』을 공부하였는데, 이는 왕
통(王通; 584~617)[1452]이 붓을 먹에 적셔 가며『원경(元經)』을 지은 것 정도로
는 비길 바가 못 된다.

많은 것들을 폭넓게 배우되 설익은 지식으로 남을 가르치려 들지 않는
사람은 받아들이며 마음속에 쌓아 나아가기만 할 뿐, 밖으로 드러내 보이
지 않는다.[1453] 많이 들으면서도 의심스러운 것은 빼놓는 사람은 반드시 그
나머지를 신중하게 행한다.[1454] 도(道)는 일에서 넘쳐나고, 사람의 신(神)은

대오를 표시하고[蕝], 띠 풀을 묶어서 사람들의 위(位)를 표시하였다[縣, 또는 蕝]. 그래서
이후에 숙손통이 이때 사용한 '면최(縣蕝)'·'면절(綿蕝)'은 조의(朝儀)·전장(典章)을 제정
하고 정돈한다는 의미를 지니게 되었다. 왕부지도 여기에서 이러한 의미로 사용하고 있다.
숙손통이 이렇게 한 달 남짓 이렇게 연습시킨 뒤, 장락궁(長樂宮)이 완성되자 한고조가 친
히 왕림하고 제후와 대신들이 모두 이 조의(朝儀)에 의하여 예를 시행해 보았는데, 질서정
연하게 맞아떨어졌다. 이 예의 특성은 간명하면서도 쉽게 행할 수 있다는 데 있었다. 한고
조는 크게 만족해하였다. 이렇게 해서 한나라의 예법은 확정되었다. 숙손통이 이 공로를
인정받아 승진하였고, 그 제자들도 함께 승진하였다. 사마천은 이러한 숙손통을 한나라 유
가의 유종(儒宗)이라고 대단히 높이 평가하고 있다.(이상,『사기』,「숙손통열전」참고.)
1452 왕통은 자가 중엄(仲淹)인데, '문중자(文中子)'라고도 불렸다. 그의 조상들은 산서성(山西
省) 기현(祁縣)에서 대대로 살다가, 수(隋)나라 때 하동군(河東郡) 용문현(龍門縣)으로 옮
겨 와서 살았다. 왕통은 수나라 때의 교육자, 사상가였다. 어려서부터 가학(家學)으로 공
부하였고, 오경(五經)을 정독하며 익혔다. 그는『속서(續書)』,『속시(續詩)』,『원경(元經)』,
『예경(禮經)』,『악론(樂論)』,『찬역(贊易)』등 6부작을 남겼다고 하는데, 당나라 때 벌써
모두 실전하였다. 겨우 전해지는 것은, 그의 제자들이 편집한『문중자설(文中子說)』이다.
또한『중설(中說)』은『논어』를 모방하여 그와 문인들 사이의 문답을 기록한 것이다. 이 책
은 유·불·도 삼교합일 사상을 담고 있다고 한다. 송대에 완일(阮逸)이『문중자설』에 주
해를 낸『문중자설주(文中子中說注)』가 있다.
1453 『예기(禮記)』,「내칙(內則)」에 나오는 구절이다.(二十而冠, 始學禮, 可以衣裘帛, 舞大夏,
惇行孝弟, 博學不敎, 內而不出.)
1454 자장(子張)이 어떻게 벼슬살이를 할 것인지를 묻자, 공자가 답하는 내용 중의 일부다. "많
이 듣되 의심스러운 것은 빼놓고 그 나머지 것만을 말하면 과오가 적을 것이고, 많이 보되
위태로운 것은 빼놓고 그 나머지 것들만 신중하게 행하면 후회가 적을 것이다."라는 것이
공자의 대답이다.(『논어』,「위정(爲政)」: 子張學干祿. 子曰, "多聞闕疑, 愼言其餘, 則寡尤;
多見闕殆, 愼行其餘, 則寡悔. 言寡尤, 行寡悔, 祿在其中矣.")

몸[形]을 채운다. 신이 몸을 채우면 '이목(耳目)'이라 하지 않고 '총명(聰明)'
이라 한다. 또 도가 일에서 넘쳐나면 '공명(功名)'이라 하지 않고, '학문(學
問)'이라 한다.

故損其有餘以致諸天下之不足, 雷雨之'屯'猶惜其不滿, 火風之'鼎'
猶慮其不足以安. 然後行者其三人也, 非嬰嬰而呼將伯也; 致者可
一人也, 非連雞而相觀望也. 故曰, "'乾'道成男, '坤'道成女", '震'・
'巽'・'坎'・'離'讓其成以徯'艮'・'兌'久矣. 偕行者衆, 而投之於可遷之
地, 求之不深, 足之不折, 天地且然, 而況於人乎?

역문 그러므로 남음이 있는 것을 덜어 내서 이 세상의 부족한 곳에 이루어 줌
은, 마치 우레와 바람으로 된 준괘▤가 그 가득 참을 애석해함[1455]과 같고,
불과 바람으로 이루어진 정괘(鼎卦)▤가 부족한데도 편안해함을 염려함[1456]
과 같다. 이러한 자세와 됨됨이라면 셋이 함께 길을 가더라도 의지할 데가
없다고 하여 나이 많은 사람들에게 호소하고 청하지 않을 것이다.[1457] 왜냐
하면 이루는 사람이 한 사람일 수도 있으며, 굳이 닭들을 함께 모아 놓아
서로 바라보기만 하도록 하는 것은 아니기 때문이다. 그러므로 "건괘▤의

[1455] 이 준괘▤의 『단전』에서는 "험함 속에서 떨치며 움직이니, 올곧음에 크게 형통하고, 우레
와 비의 움직임이 가득 차도다.(動乎險中, 大亨貞, 雷雨之動滿盈.)"라 하고 있다.

[1456] 이 정괘(鼎卦)▤의 『대상전』에서는 "나무 위에 불이 있는 것이 정괘니, 군자는 이를 본받
아 자리를 올바르게 하고 명령을 엄정하게 한다.(木上有火, '鼎', 君子以正位凝命.)"라 하고
있다.

[1457] 여기에서 왕부지는 『시경』의 두 시를 인용하고 있다. 하나는 『시경』, 「당풍(唐風)」의 '홀
로 서 있는 팥배나무[杕杜]'라는 시에서 '의지할 데가 없다'[『모전(毛傳)』의 풀이에 의함]는
의미로 구사하고 있는 '嬛嬛(경경)'이라는 구절이며, 또 하나는 『시경』, 「소아(小雅)」의 '정
월(正月)'이라는 시에서 '어른에게 청하다'[역시 『모전(毛傳)』의 풀이에 의함]라는 의미로
구사하고 있는 '將伯(장백)'이라는 구절이다.

도(道)는 남성을 이루고, 곤괘☷의 도는 여성을 이룬다."[1458]라고 하니, 진괘☳·손괘☴·감괘☵·리괘☲는[1459] 자신들의 성취를 양보하고서 간괘☶·태괘☱를[1460] 기다린 지 오래다. 이렇듯 함께 가는 이들이 다중이고, 옮겨 갈 수 있는 곳에 던져 두어서 찾는 것이 깊지 않고 다리도 부러지지 않았으니,[1461] 하늘·땅도 이러하거늘, 하물며 사람에게서야?

大哉! 絪縕之爲德乎! 陽翕以固, 景融所涵, 極碧霄, 達黃壚, 而輪囷不舍. 陰闢以演, 滋膏所沁, 極碧霄, 達黃壚, 而洋溢无餘. 不息者其惟誠也, 不間者其惟仁也, 不窮者其惟知也.

역문 위대하도다, 인(絪)·온(縕)의 덕이여! 양은 오므려서 견고하고, 햇볕이 융합하여 다들 껴안으며, 범위로는 저 푸른 하늘 끝에서 대지 저 깊숙한 곳까지 미칠 뿐만 아니라, 아무리 서리서리 굽은 곳이라 할지라도 샅샅이 그 영향을 미친다. 음은 벌려서 늘려 나아가는데, 자양이 되고 기름지게 하여 스며들며, 역시 저 하늘 끝까지 또 대지 저 깊숙한 곳까지 미칠 뿐만 아니라, 그 어느 곳이든 남김없이 질펀하게 흘러넘친다. 이들이 쉬지 않는

1458 『계사상전』 제1장에 나오는 말이다.

1459 이들 진괘☳·손괘☴·감괘☵·리괘☲는 준괘䷂와 정괘(鼎卦)䷰의 정괘(貞卦)·회괘(悔卦)들이다.

1460 이들 간괘☶·태괘☱를 합하면, 손괘(損卦)䷨가 된다. 그러므로 "진괘☳·손괘☴·감괘☵·리괘☲는 자신들의 성취를 양보하고서 간괘☶·태괘☱를 기다린 지 오래다."라는 것은, 준괘䷂와 정괘(鼎卦)䷰가 아직 자신들을 이루지 않고서 손괘(損卦)䷨의 상황이 초래하는 덜어 냄을 보완해 준다는 것이다. 즉 "남음이 있는 것을 덜어 내서 이 세상의 부족한 곳에 이루어 준다."라는 것이다.

1461 이는 정괘(鼎卦)䷰의 구사효사를 전제로 하는 말이다. 구사효사에서는 "솥의 다리가 부러져서 솥이 뒤집히고 솥 속의 내용물이 엎질러짐이다. 그 모양이 젖어서 더럽다. 흉하다.(鼎折足, 覆公餗, 其形渥, 凶.)"라 하고 있다. 그런데 왕부지는 여기에서 이러한 일이 일어나지 않는다고 하고 있다.

것은 오직 성실하기 때문이요, 사이가 없이 밀접한 것은 오직 어질기 때문이며, 궁색하지 않음은 오직 지혜롭기 때문이다.

故君子以之爲學, 耄勤而不倦; 以之爲敎, 循循而不竭; 以之爲治, 徹百姓之場圃筐篚而皆浹乎深宮之志; 以之爲功, 體萬方之壺漿歌舞而毋貳其旄鉞之心. 而後道侔於天, 而陽隆於首出; 德均於地, 而陰暢於黃裳; 天下見其致而樂其仁, 天下見其損而服其義, 天下見其一而感其誠. 亦孰知損之而不匱, 二陽仍定位於下. 致之而不勞, 三·上非用爻. 自有其植本之盛乎?

역문 그러므로 군자는 이를 본받아 학문을 하는 데서 늘그막에 이르러 그만둘 때까지 게으르지 않고,[1462] 이를 본받아 교육함에서 학생들에게 순서대로 차근차근 일러 주며 그침이 없다. 아울러 이를 본받아 다스림에서는 백성들이 농사짓는 곳과 타작하는 곳, 광주리와 대자리까지 꿰뚫어 보며 이들 모두에 임금의 뜻함이 사무치도록 한다. 나아가 이를 본받아 공을 세움에서는 만방의 사람들이 음주·가무를 하도록 체현하면서도 무왕(武王)이 왼손에 노란 도끼·오른손에 하얀 장식을 한 깃대를 들고 주왕(紂王)을 치러 나가던 마음을[1463] 죽 견지한다. 이렇게 한 뒤에라야 그의 도는 하늘과 짝하니, 그의 양(陽)은 맨 먼저 출현할 정도로[1464] 융성한다. 또 그의 도는 땅과 균등해지니, 그의 음(陰)은 노란 치마에서 훤히 드러난다.[1465]

[1462] 이 말의 출전은『서경』에 있다.(『書經』,「大禹謨」: 耄期倦於勤.)

[1463] 『書經』,「牧誓」: 王左杖黃鉞, 右秉白旄以麾.

[1464] 이 말은 건괘䷀,『단전』에 출전이 있다. 거기에서는 "만물 가운데 건괘䷀의 덕을 지닌 이가 맨 먼저 출현하니 온 나라가 다 평안해진다.(首出庶物, 萬國咸寧.)"라 하고 있다.

[1465] 이 말은 곤괘, 육오효사에 나온다. 그 전체 효사는 "노란 치마니, 으뜸으로 길하다.(黃裳元

세상 사람들은 군자가 이렇게 해내는 것을 보고서 그 어짊[仁]을 즐거워하고, 또 군자가 이렇게 덜어 냄을 보고서 그 의로움[義]에 기쁜 마음으로 복종하며, 군자의 한결같음을 보고서 그 성실함에 감탄한다. 이러한 군자 말고 또 뉘라서 덜어 내면서도 다 없어지지 않게 할 줄을 알고,[1466] 이루어 내면서도 수고롭게 여기지 않을 줄 알며,[1467] 저절로 근본을 다지는 성대함이 있게 할 줄을 알리오.

'三'者, 數之極也, 天地人之合也; '行'者, 動之效也, 陰陽之和也; '損'者, 有餘之可損也; '致'者, 致之所餘而能受也; '得其友'者, 交无所歉而後无所疑也. 皆絪縕之所可給也. 致其一焉, 斯醇矣. 故舉天地之大德, 萬物之生化, 而歸之於'損'三, 豈虛加之哉!

역문 '3'이란 수(數)의 극이고, 하늘·땅·사람을 합한 것이다. '행(行)'이란 움직임[動]이 드러난 것이고 음·양이 조화를 이룬 것이다. '손(損)'이란 여유가 있어서 덜어 낼 수 있음이다. '치(致)'란 여유가 있도록 해서 받아들일 수 있음이다. '그 벗을 얻음'이란 사귀면서 서로 뜻에 맞지 않음이 없고, 그리하여 서로에게 의심을 내는 것이 없음이다. 이것들 모두는 하늘·땅의

吉.)"로 되어 있다. 『주역내전』에서 왕부지는 이 효사에 대해, "육오효는 중앙에 자리 잡고서 이 곤괘 의 상체에 처해 있는데, 그의 부드러움과 순종함, 편안히 올곧음을 지키는 덕이 육이효에서부터 이미 이루어졌다. 그리고 곤괘 의 덕인 '크게 순종함'이 누적된 나머지, 이 육오효에서는 하늘과 한 몸을 이루어서 때에 맞게 행하니, 마치 치마가 옷과 짝을 이루는 것처럼 깊고 두터우면서도 아름다움이 저절로 드러난다. 그리하여 길함이 마땅하다.(六五居中以處上體, 而柔順安貞之德, 自六二而已成. 大順之積, 體天時行, 若裳以配衣, 深厚而美自見, 宜乎其吉矣.)"라 하고 있다.

1466 저자 자주: 이 손괘(損卦) 에서 두 양(⚌) 여전히 아래에 자리 잡고 있다.

1467 저자 자주: 이 손괘(損卦) 에서 육삼효와 상구효는 쓰이는 효가 아니다. /역자 주: 그래서 공을 이루면서도 수고롭게 여기지 않는다는 것이다.

인(絪)·온(縕)이 줄 수 있는 것들이다. 이러함에서 한결같음을 이루기에 '효능이 뛰어나게 되는[醇]' 것이다.[1468] 그러므로 하늘·땅의 위대한 덕과 만물이 생겨나고 화함을 거론하여 손괘☷의 세 음효로 귀결하는 것이, 어찌 알맹이 없이 그저 덧씌운 것이겠는가!

[1468] 이상은 『계사하전』 제5장의 "하늘과 땅이 인(絪)·온(縕) 운동을 하는 속에서 만물은 화하며 효능이 더욱 뛰어나게 된다. 남·여가 교합하여 정(精)을 나누는 속에 만물은 화하며 생겨난다. 그래서 『주역』에서는 '세 사람이 길을 가면 한 사람을 덜어 내고, 한 사람이 길을 가면 그 벗을 얻는다.'라고 하니, 이는 하나를 이룸을 말하는 것이다.(天地絪縕, 萬物化醇; 男女構精, 萬物化生. 『易』曰, "三人行則損一人, 一人行則得其友." 言致一也.)"라고 한 구절을 풀이하는 것이다.

계사하전 제6장

繫辭下傳第六章

道之見於數者, 奇偶而已矣. 奇一偶二, 奇偶合而三, 故八卦之畫三,
而數之分合具矣.

역문 도(道)가 수(數)에 드러난 것은 홀·짝일 따름이다. 홀은 1, 짝은 2이며,
홀짝이 합해서는 3이 된다. 그러므로 팔괘의 획은 3인데, 여기에 수의 나
뉨과 합함이 갖추어져 있는 것이다.

然此者, 數之自然, 未能以其德及乎天下也. 推德以及天下, 因其自
然而復爲之合. 三亦奇也, 偶其所奇而六, 故六十四卦之畫六, 而天
地之德合. 合以成撰, 撰備而體不缺, 德乃流行焉. 二其三, 三其二,
而奇偶之變具矣.

역문 그러나 이것은 수의 '저절로 그러함[自然]'일 뿐, 이것으로써는 그 덕이
온 세상에 미칠 수가 없다. 덕을 밀어서 온 세상에 미치게 하기 위해서는,
이 '저절로 그러함'을 바탕으로 하여 다시 합해야 한다. 3도 홀수일 따름이
니, 이 홀수인 것에 짝수를 곱하면 6(2×3)이 된다. 그러므로 『주역』 64괘의

획은 6이다. 이 6획에서는 하늘·땅의 덕이 합하고 있다. 이렇게 합하여 일을 이루어 내고, 이 일이 갖추어져서 이를 드러내는『주역』의 몸[體]에 결함이 없게 되니, 덕이 널리 행해진다. 2를 셋으로 하거나, 3을 둘로 하는 속에, 홀·짝의 변함[變]이 갖추어져 있다.

然此者, 天地之德固然, 人未有以與之也. 迓天地之德, 以人謀參之, 因其固然而復爲之合. 六亦偶也, 奇其所偶而十八, 故四營之變十有八, 則三極之往來盡矣, 而奇偶之分合止矣, 過此者皆統於此矣.

역문 그러나 위에서 말한 것은, 하늘·땅의 덕이 본래 그러하다는 것이고, 사람은 아직 여기에 함께하지 못한다. 그래서 사람이 하늘·땅의 덕을 맞아 들이고 거기에 인모(人謀)를 더하여서, 하늘·땅의 본래 그러함을 바탕으로 하여 다시 합하게 된다. 6도 짝수일 따름이니, 이 짝수인 것에 홀수를 곱하면 18[3×6]이 된다. 그러므로 시초점을 치는 데서 4영(營)의 변(變)이 18이다. 이 18변에서 천·지·인 3극의 왔다[來] 갔다[往] 함이 망라되며, 홀·짝의 나뉨과 합함이 그치게 된다. 이 이상은 모두 여기에 통괄된다.

要而論之, 奇偶合用以相乘,『易』與筮均是物也. 筮者, 人之迓天者也; 三其六, 以奇御偶, 圓數也, 圓而神者以通神明之德.『易』者, 天地固然之撰也; 二其三, 以偶御奇, 易簡之數也, 易以貢者以體陰陽之物. 故筮用十八, 而『易』盡於六. 六則德以合矣, 體以全矣, 无有缺焉, 抑豈有能缺者哉?

역문 요약해서 논하건대, 홀[奇]·짝[偶]이 각각의 작용을 합하여서 상승작용을 일으키니,『주역』과 시초점은 고루 물(物)이다. 시초점이란 사람이 하늘을 맞이하는 것인데, 6을 3배 한 것은 홀수로써 짝수를 통제하는 것이다. 이는 원(圓)의 수(數)로서, 원만하고 신묘함이 신명한 덕에 통하는 것이다. 그리고 『주역』이란 하늘·땅이 본래대로 하는 일을 드러내는 것인데, 3을 2배 한 것은 짝수로써 홀수를 통제하는 것이다. 이는 쉽고 간단함을 드러내는 수로서, 바뀌어 가며 숨김없이 알려 주는 방식으로써 음·양을 상징하는 물(物)들을 체현하고 있는 것이다.[1469] 그러므로 시초점에서는 18이라는 수를 쓰고, 『주역』에서는 6에서 끝난다. 6이면 덕이 합치하고, 몸[體]은 온전하여, 결함이 없는 것이다. 그러니 어찌 이러한 『주역』에 결함이 있게 할 수 있으리오.

夫陽奇陰偶, 相積而六. 陽合於陰, 陰體乃成; 陰合於陽, 陽體乃成. 有體乃有撰. 陽亦六也, 陰亦六也. 陰陽各六, 而見於撰者半, 居爲德者半. 合德·撰 而陰陽之數十二, 故『易』有十二; 而位定於六者, 撰可見, 德不可見也. 陰六陽六, 陰陽十二, 往來用半而不窮. 其相雜者, 極於旣濟·未濟; 其相勝者, 極於復·姤·夬·剝; 而其俱見於撰以爲至純者, 莫盛於'乾'坤'. 故曰, "'乾'坤', 其『易』之門邪!"

역문 양은 홀수이고 음은 짝수인데, 서로 누적하여서는 6이 된다. 양이 음에 합하여서 음의 몸[體]이 이루어지고, 음이 양에 합하여서 양의 몸[體]이 이루어진다. 이렇게 해서 몸[體]이 있으니 각각에 하는 일[撰]이 있게 된다. 양도 6이고 음도 6이다. 이렇게 음·양이 각각 6으로서 하는 일을 통해서 드

[1469] 이 구절은 『계사상전』 제11장에 나오는 "그러므로 시초(蓍草)의 덕은 원만하게 신묘함을 다하고 괘의 덕은 방정하게 환히 알며, 육효의 의미는 바뀌어 가며 숨김없이 알려 준다.(是故蓍之德圓而神, 卦之德方以知, 六爻之義易以貢.)"는 구절을 풀어쓴 것이다.

러나는 것이 절반이고 덕으로서 자리 잡고 있는 것이 절반이다. 그래서 덕·일을 합한 음·양의 수는 12니, 『주역』에는 12라는 수가 있는 것이다. 그런데 그 위(位)가 6에서 정해지는 까닭은, 일은 드러나서 눈으로 볼 수가 있고, 덕은 볼 수 없기 때문이다. 이렇게 음6·양6으로서 음·양은 12인데, 왔다[來] 갔다[往] 함에서 이들의 절반을 쓰더라도 궁하지가 않다.

음·양이 서로 뒤섞여 있는 것으로서는 기제괘䷾·미제괘䷿에서 극을 이루고, 음·양이 상대방을 서로 누르는 것으로서는 복괘䷗·구괘䷫와 쾌괘䷪·박괘䷖에서 극에 이른다. 그러나 일을 통해서 음·양이 함께 드러나면서도 가장 순수한 것으로는 건괘䷀·곤괘䷁가 가장 성대하다. 그러므로 "건괘䷀·곤괘䷁는 『주역』의 문이로다!"[1470]라고 말하는 것이다.

‘乾’之見於撰者六陽, 居以爲德者六陰; ‘坤’之見於撰者六陰, 居以爲德者六陽. 道有其六陽, ‘乾’俱見以爲撰, 故可確然以其至健聽天下之化; 道有其六陰, ‘坤’俱見以爲撰, 故可隤然以其至順聽天下之變. 盡見其純, 以受變化之起, 則天下之相雜相勝者生矣. 借非然而已雜已勝矣, 天下亦且日以雜勝爲憂, 而務反之純, 安能復與之爲相雜而爲相勝乎? 故門立, 而開闔任乎用. 牖无陰, 開而不能闔; 牆无陽, 闔而不能開. 德不備而撰不能以相通矣.

역문 건괘䷀에서 하는 일[撰]을 통해 드러나는 것은 6양이고, 덕으로서 자리 잡고 있는 것은 6음이다. 이에 비해 곤괘䷁에서 하는 일을 통해 드러나는 것은 6음이고, 덕으로서 자리 잡고 있는 것은 6양이다. 도(道)에 그 6양이

있으므로 건괘䷀는 하는 일을 통해서 함께 드러내고 있고, 그래서 그 지극히 씩씩함으로써 이 세상의 화함[化]을 확연히 들어줄 수 있다. 또 도에 그 6음이 있으므로 곤괘䷁는 하는 일을 통해서 함께 드러내고 있고, 그래서 그 지극히 순종함으로써 이 세상의 변함[變]을 부드럽고 상냥하게 들어줄 수 있다. 이들이 이렇게 그 순수함을 다 드러내서 변화의 일어남을 받아들이니, 이 세상에서 서로 뒤섞이고 서로 억누르는 것들이 생겨난다.

만약에 이렇지 않고서도 이미 뒤섞이고 이미 누르고 있다면, 세상 사람들에게는 또한 날마다 이 뒤섞임·억누름이 근심거리가 되리니, 돌이킴에 힘쓰는 건괘䷀·곤괘䷁의 순수함이 어찌 다시 이들과 얽혀 서로 뒤섞이고 서로 억누를 수 있겠는가? 그러므로 문이 세워져야 열렸다 닫혔다 하며 쓸 수가 있는 것이다. 창문에 음이 없다면 열리고서는 닫힐 수 없을 것이고, 담장에 양이 없다면 딱 닫힌 채 열릴 수 없을 것이다. 덕이 갖추어지지 않아서 하는 일[撰]도 서로 통할 수가 없는 것이다.

繇此觀之, 陰陽各六, 而數位必十有二, 失半而无以成『易』. 故因其撰, 求其通; 窺其體, 備其德; 而『易』可知已. 於'乾'知六陰, 於'坤'知六陽也, 其雜勝也, 能雜於六, 而有能越於十二者哉?

역문 이상을 근거로 보건대, 음·양은 각각 6인데, 수(數)와 위(位)는 반드시 12여야 하며, 만약에 이 중에 절반을 잃어버린다면 『주역』이 이루어질 수가 없다. 그러므로 이들 각각이 하는 일[撰]을 근거로 하여 그 통함을 찾고, 그 몸[體]을 엿보고서 그 덕을 갖춘다. 이렇게 해야 『주역』을 알 수 있을 따름이다. 건괘䷀에서도 6음을 알고, 곤괘䷁에서도 6양을 아는데, 그 뒤섞임·억누름을 보더라도 6으로도 뒤섞일 수 있거늘, 12의 밖으로 넘어갈 수 있겠는가.

何以明其然也? 『易』以稱天地之量, 而不能爲之增減. 增者外附, 而
量不容; 減者內餒, 而量不充. '乾'无六陰, 陰從何來? 而'坤'爲增矣.
'坤'无六陽, 陽從何來? 而'乾'爲增矣. 相勝者, '夬'·'姤'一陰, 而五陰
何往? '復'·'剝'一陽, 而五陽何歸? 相雜者, 陰陽之或少或多, 已見者
在, 而未見者何亡? 以爲本无, 則'乾'坤'加於數外矣. 以爲本有, 則餘
卦縮於象中矣. 以爲一有而一无, 一多而一寡, 則无本之藏, 離合起
滅於兩間, 亦妖眚之不數見, 而痃瘧之時去來矣.

역문 이러하다는 것을 어떻게 밝힐 수 있는가. 『주역』은 하늘·땅과 양(量)이
딱 들어맞으니, 보탤 수도 없고 덜어 낼 수도 없다. 보탠다는 것은 밖에다
붙이는 것이니, 그렇다면 양(量)이 이를 수용하지 못할 것이다. 또 줄인다
는 것은 안에서 결핍한다는 것이니, 그렇다면 양(量)이 채워지지 않을 것이
다. 건괘䷀에는 6음이 없는데, 이 음들은 어디에서 올까. 바로 곤괘䷁가
보태 주는 것이다. 또 곤괘䷁에는 6양이 없는데, 이 양들은 어디에서 올
까. 바로 건괘䷀가 보태 주는 것이다. 서로 억누름을 보면, 쾌괘䷪·구괘
䷫에서는 음이 하나인데, 나머지 5음은 어디로 갔을까. 복괘䷗·박괘䷖에
서는 양이 하나인데, 나머지 5양은 어디로 돌아갔을까. 또 서로 뒤섞임을
보면, 음·양 가운데 어느 것이 적거나 어느 것이 많거나 한데, 이미 드러
나고 있는 것들은 존재하고 아직 드러나지 않는 것들은 어째서 없을까. 만
약에 본래 이것들은 없었다고 할 것 같으면 건괘䷀·곤괘䷁는 수(數)의 밖
에서 더해지는 것이리라. 이에 비해 이것들이 본래 있었다고 여긴다면, 나
머지 괘들에서는 상(象) 속에 오그라들어 있을 것이다. 하나는 있고 하나

는 없으며, 하나는 많고 하나는 적다고 여긴다면, 본래 없는 것들이 저장되어 있다가 하늘과 땅 사이에서 떨어졌다 붙었다, 일어났다 없어졌다 할 것이니, 또한 재이(災異)가 자주 드러나지 않고 학질이 발발하는 때도 갔다가 올 것이다.

夫由'乾'而知道之必有六陽也, 由'坤'而知道之必有六陰也, '乾''坤'必有而知數位之十二皆備, 居者德而見者撰也. 是故有往來而无死生. 往者屈也, 來者伸也, 則有屈伸而无增減. 屈者固有其屈以求伸, 豈消減而必无之謂哉?

역문 건괘䷀로 말미암아서 도에는 반드시 6양이 있다는 것을 알고, 곤괘䷁로 말미암아서 도에는 반드시 6음이 있다는 것을 안다. 건괘䷀・곤괘䷁가 반드시 있어서 수(數)・위(位)에는 12개가 모두 갖추어져 있는데, 이 가운데 가만히 자리 잡고 있는 것은 덕이고, 드러나는 것은 일[撰]이라는 것을 안다. 그러므로 『주역』과 이 세상에는 왔다[來] 갔다[往] 함은 있어도, 죽음과 생함은 없다. 가는 것은 오그라듦이고, 오는 것은 폄이다. 그래서 오그라들었다 펼쳤다 함은 있어도 보탰다 덜어 냈다 함은 없다. 오그라드는 것에게는 본디 그 오그라듦이 있어서 폄을 구하니, 어찌 소멸했다고 해서 꼭 '없어졌다'라고 말하리오.

陰陽各六以爲體, 十二相通以合德, 而可見者六以爲撰. 既各備其六以待變化, 故不必其均而雜勝起. 要非可盡之於可見, 而謂爻外无位, 位外无數乎? 爻外有陰陽, 雜者豈憂其越哉? 由可以來, 知其未來者之必有數以儲待; 由可以往, 知既往者之必有位以居停; 由相勝相雜而不越於'乾'"坤', 知未見之數位與已見者而相均. 爻外有陰陽, 而六外有位, 審矣.

역문 『주역』의 음·양에는 각각 6위(位)가 있어서 몸[體]을 이루고, 합해서는 이들 12위(位)에서 서로 통하여 덕을 합하는데, 이 중에서 볼 수 있는 6위(位)가 일[撰]을 하는 것이 된다. 그리하여 이미 각각 그 6위(位)를 갖추고서 변함[變]과 화함[化]을 기다리고 있다. 그러므로 꼭 이들이 균등하였다가 뒤섞임·억누름이 일어나는 것이 아니다. 요컨대 보이는 것들에서 다 없어질 수 있는 것이 아니니, "효의 밖에는 위(位)가 없고, 위(位)의 밖에는 수가 없다."라고 말하겠는가? 효의 밖에도 음과 양이 있으니, 보이는 효들에서 음·양이 뒤섞였다고 해서 어찌 그 수(數)·위(位)를 초과하지나 않을까 하고 우려하리오.

올 수 있기에, 아직 오지 않은 것들도 반드시 와서 구체적인 것이 되면 수(數)를 통해서 헤아릴 수 있는 것으로 저장되어 있다. 그리하여 아직 그 때를 기다리고 있음을 안다. 또 갈 수 있기에 이미 간 것들에게도 반드시 위(位)가 있어서 거기에 자리 잡은 채 머물고 있다는 것을 안다. 서로 억누르고 서로 뒤섞이지만 건괘☰·곤괘☷의 합을 넘어서지 않는다는 것을 근거로, 아직 드러나지 않는 수(數)·위(位)와 이미 드러나고 있는 것들이 서로 균등하다는 것을 안다. 이렇게 보면, 효의 밖에도 음·양이 있고, 6위(位)의 밖에도 위(位)가 있다는 것이 분명할 것이다.

然可見者, 所撰者也. 有撰者可體, 故未有撰者可通. 聖人依人以爲則, 準見以爲道, 故曰, "過此以往, 未之或知也." 未過此者可知以所見, 形色之所以爲天性, 而道之所以不遠人與!

역문 그러나 드러나서 볼 수 있는 것들은 일[撰]을 하는 것들이다. 일[撰]을 하는 것들은 체현할 수 있으므로, 아직 일[撰]을 하지 않는 것들은 통할 수가 있다. 성인들은 사람에 의거하여 법칙을 만들고, 본 것을 준거로 삼아서 도(道)라고 여긴다. 그러므로 "이 이상 더 나아가는 것은 사람으로서 알 수 없지만 더러는 알기도 한다."[1471]라고 하는데, 이 이상 더 나아가지 않은 것들은 본 것을 바탕으로 해서 알아내고, 형체와 용모는 천성(天性)이 되며,[1472] 이러하기에 도는 사람으로부터 멀지 않은 것이로다!

今夫門有開闔, 則近而比鄰, 遠而胡‧越, 皆可用吾往來也. 今有人焉, 行不自門, 馳魄飛形而以往以來, 爲怪而已矣. 故用而可見者以爲之門, '乾'"坤'各見其六以待變化之起, 則亦民行濟而得失明矣. 若其實有夫十二者, 則固不可昧也. 故學『易』者設十二位於嚮背之間, 立十二數於隱見之異, 以微顯闡幽, 則思過半矣.

역문 문에 열림과 닫힘이 있으니, 가까이는 이웃에, 멀리는 호족(胡族)들이 사는 땅과 월나라에까지 모두 이 문을 사용하며 왔다 갔다 할 수 있다. 그런데 지금 어떤 사람이 길에 나서는 데서 이 문을 통하지 않고 넋을 치달리고 형체를 날려서 왔다 갔다 한다고 하면, 이는 괴이할 따름이다. 그러므로 사용하며 볼 수 있는 것은 문이 되니,[1473] 『주역』의 문인 건괘▤‧곤괘

1471 『계사하전』 제5장에 나오는 말이다.
1472 맹자가 한 말이다. 그는 형체와 용모는 천성인데, 오직 성인이라야 이것들을 제대로 실천할 수 있다고 하였다.(『孟子』, 「盡心 下」: 形色, 天性也, 惟聖人然後可以踐形.) 그 뜻은, 성인이라야 우리 몸의 욕구와 본능에 휘둘리지 않고, 천리(天理)에 맞게 이들을 부리며 인류의 생존과 존속을 기할 수 있다는 것이다.
1473 이는 이 『계사하전』 제6장에 나오는 "건괘▤‧곤괘▦는 『주역』의 문이로다!"라는 구절을 풀이하는 대목이다.

☰에서는 각각 그 6위(位)를 보여 주면서 변함[變]과 화함[化]이 일어나기를 기다린다. 그래서 또한 백성들의 행함이 고르며 얻음[得]·잃음[失]이 분명한 것이다.

만약에 실제로 12위(位)가 있다고 한다면, 진실로 『주역』을 아는 데서 어둡지 않을 것이다. 그러므로 『주역』을 공부하는 사람들은 보이는 앞쪽[嚮]과 안 보이는 뒤쪽[背]에다가 12위(位)를 펼쳐 놓고, 숨음[隱]과 드러남[見]으로 다름에다가 12수(數)를 세워서, 현저한 것을 은미하게 하고 그윽한 것을 드러낸다. 이것이 바로 '생각하면 벌써 절반을 넘어선다[思過半]'고 함이다.

계사하전 제7장
繫辭下傳第七章

時有常變, 數有吉凶. 因常而常, 因變而變, 宅憂患者每以因時爲道,
曰, "此『易』之與時盈虛而行權"者也. 夫因常而常, 氣盈而放逸; 因
變而變, 情虛而詭隨; 則常必召變, 而變无以復常. 今夫月之有盈虛
也, 明之時爲生死, 而魄自貞其常度也. 借明死而遂失其十有三度
之節, 則終古虛而不足以盈矣. 而何云 "因變而變"邪? 故聖人於常
治變, 於變有常, 夫乃與時偕行, 以待憂患. 而其大用, 則莫若以禮.

역문 때[時]에는 상(常; 한결같음)·변(變; 變異)이 있고, 운수(運數)에는 길·흉
이 있다. 상(常)을 유지해야 할 때는 상(常)으로 하고, 변(變)해야 할 때는
변하며, 우환 속에서 살아가는 사람들은 늘 때[時]에 맞추어 살아감을 도
(道)로 여긴다. 그러면서 "이것은 『주역』이 때[時]와 함께 찼다 비웠다 하며
권도(權道)를 행함이다."라고 한다. 상(常)을 유지해야 해서 상(常)대로 하
는 경우에는 기(氣)가 가득 차서 제멋대로이고, 변해야 해서 변한 경우에
는 아무 정조(情操)가 없어서 시비곡직을 가리지 않고 그저 남의 의견을 따
른다. 이렇게 되면 상은 반드시 변을 불러들이고, 변으로서는 상을 회복하
지 못한다.

이를 저 달이 찼다 기울었다 함을 들어서 설명해 보겠다. 때[時]에 따라서 달의 밝기가 달라짐에 의해 달은 생겨났다가 사라졌다가 하지만, 이와는 관계없이 월백(月魄)은 스스로 그 상도(常度)를 올곧게 지킨다.[1474] 만약에 달의 밝음이 사라졌다고 해서 마침내 13°의 절도[1475]마저 잃어버린다면, 달은 아득한 옛날에 이미 기운 뒤 다시는 차오르지 못했을 것이다. 그런데도 어찌 "변해야 해서 변했다."라고 하겠는가? 그러므로 성인은 상(常)에서 변(變)을 다스리고, 변(變)에서 상(常)을 지키는데, 이렇게 하면서 때[時]와 함께 가며 우환을 기다린다. 그런데 『주역』을 위대하게 활용한 것으로는 예(禮)가 가장 뛰어나다.

禮之興也於中古, 『易』之興也亦於中古. 『易』與禮相得以章, 而因
『易』以生禮. 故周以禮立國, 而道肇於『易』. 韓宣子觀『易』象與『春
秋』, 而曰, "周禮盡在魯矣", 殆有以見其然也.

역문 예(禮)가 일어난 것은 중고(中古) 시대인데, 『주역』이 일어난 것도 중고 시대다. 『주역』과 예는 서로 힘입어서 훤히 드러났는데, 『주역』으로 말미암아 예가 생겨났다. 그러므로 주나라는 예로써 나라를 세웠지만, 그 도는 『주역』에서 비롯되었다. 한선자(韓宣子)[1476]는 『역상(易象)』과 『춘추』를 보

1474 왕부지는 월백(月魄)이 달의 몸[體]이라 여긴다.(『思問錄』, 「外篇」: 蓋月之受輝於日, 猶中宵之鏡受明於鐙也. 今以鐙臨鏡而人從側視之, 鐙與鏡不正相值, 則鏡光以發; 鐙正臨鏡, 則兩明相衝, 鏡面之色微赤而濁, 猶月食之色也. 介立其中者, 不能取照於鏡矣. 日在下, 月在上, 相値相臨, 日光逼衝乎月魄, 入居其中, 不見返映之輝, 而但見紅昏之色, 又何疑哉!)

1475 달이 지구 주위를 공전하는 동안 지구도 조금씩 같은 방향으로 태양 주위를 공전하기 때문에, 지구에서는 하늘의 같은 지점을 기준으로 해서 달이 매일 13도씩 동쪽으로 이동하는 것처럼 보인다. 달리 말하면, 달이 지구 주위를 27.3일 동안에 한 바퀴 도는데, 360÷27.3일 하면 하루에 13.1868⋯만큼씩 돈다는 계산이 된다. 왕부지는 이것을 달의 상도(常度)라 하고 있다.

고서 "주나라의 예는 모두 노나라에 있구나."라고 했는데,[1477] 아마 그는 이를 정확히 꿰뚫어 본 것 같다.

『易』全用而无擇, 禮愼用而有則. 禮合天經地緯, 以備人事之吉凶, 而於『易』則不敢泰然盡用之, 於是而九卦之德著焉. 『易』兼常變, 禮惟貞常. 『易』道大而无懟, 禮數約而守正. 故『易』極變而禮惟居常.

역문 『주역』은 전체를 사용하면서 선택함이 없고, 예는 신중하게 사용하면서 법칙이 있다. 예는 하늘·땅의 너무나 당연하여 나무랄 데가 없는 이치에 합치하며, 사람 일의 길·흉을 갖추고 있다. 그러나 『주역』에서는 감히 태연하게 다 사용하지를 못한다. 이러한 점에서 이 『계사하전』제7장

1476 한기(?~B.C.514)를 지칭한다. 그는 이름이 기(起)이고 시호는 '선(宣)'이다. 그래서 역사에서는 그를 '한선자(韓宣子)'라고 부른다. 춘추시대 진(晉)나라 한헌자(韓獻子; ?~B.C.566)의 서자였는데, 그의 적형(嫡兄) 한무기(韓無忌)가 불치의 병이 있어서 형을 대신해 아버지의 지위를 이어받았다. 나중에는 상군좌(上軍佐), 정경(正卿) 및 중군장(中軍將)까지 겸임하였다. B.C.514년 죽을 때까지 52년 동안 재임하였다.

1477 『춘추좌씨전』에 이 기록이 있다. 노(魯)나라 소공(昭公) 2년에 소공이 진(晉)나라의 제후 한선자(韓宣子)를 초빙하였다. 자신이 새로 정사를 맡게 되었노라고 알리는 일환이니, 한선자로서는 예방하는 것이 예(禮)에 맞는다고 보고 왔다. 온 김에 한선자는 노나라의 태사(太史)에게서 노나라에 보관 중인 여러 문헌을 빌려 보았다. 그중에 「역상(易象)」과 「춘추(春秋)」를 보고서는 "주(周)나라의 예가 노나라에 다 있구나. 나는 이제야 주공의 덕과 주나라가 왜 천자의 나라가 되었는지를 알겠노라."(『춘추좌씨전』, 소공 2년 조: 二年春, 晉侯使韓宣子來聘, 且告爲政, 而來見, 禮也. 觀書於大史氏, 見「易象」與魯「春秋」, 曰, "周禮盡在魯矣, 吾乃今知周公之德與周之所以王也.")라고 말했다. 노나라가 주공의 봉지(封地)이기 때문에 한선자가 이렇게 주공을 적시한 것으로 보인다.

이곳 「역상」에 대해서는 학자들의 설이 분분하다. 『주역』을 가리키는 것이라는 설도 있고, 오늘날의 『주역』이 만들어지기 이전의 자료라는 설도 있다. 또 '역(易)'과 '상(象)'을 하나로 보아야 하는지 따로 보아야 하는지에 대해서도 통일된 견해가 없다. 그러나 이것을 가름하는 것이 여기서는 근본 문제가 아니므로, 그냥 『주역』과 관련된 옛 문헌 중의 하나로 처리하고 넘어가기로 한다. 다만 중요한 것은, 이 「역상」이 시초점과 관련된 하나의 전적(典籍)이고, 이를 보고서 한선자가 주나라의 예(禮)가 노나라에 다 있다고 한 점이다.

에서 거듭 밝히고 있는 아홉 괘의 덕이 현저한 것이다. 『주역』은 상(常)과 변(變)을 겸하고, 예는 오로지 상(常)만을 올곧게 유지한다. 『주역』의 도는 커서 부끄러워해야 할 것이 없고, 예의 수는 간약하지만 올바름을 지키고 있다. 그러므로 『주역』은 극도로 변하지만 예는 오직 상(常)만을 유지한다.

其以中古之天下已變矣, 變不可與變, 則莫若以常. 是故謹於衣裳 袺襘, 慎於男女飲食而定其志, 則取諸'履'; 裒其多以爲節, 益其寡以 爲文, 執平施之柄, 則取諸'謙'; 別嫌明微, 克己而辨於其細, 則取諸 '復'; 失位而必應, 涉於雜亂而酌情理以不拂於人心, 則取諸'恒'; 柔 以懲忿, 剛以窒欲, 三自反以待橫逆, 則取諸'損'; 因時制宜, 如風雷 之捷用而條理不窮, 則取諸'益'; 君子爲小人所擒, 守禮自盡, 不競而 辨, 則取諸'困'; 挹之於此, 注之於彼, 施敬於人而不孤恃其潔淸, 則 取諸'井'; 情之難格, 行之以順, 理之已正, 出之以讓, 權度情理, 以 入乎險阻, 則取諸'巽'.

역문 중고 시대의 세상은 이미 변하였으므로, 변한 것을 또 변하게 할 수는 없으니, 이 경우에는 상(常)으로 하는 것이 가장 좋다. 그러므로 의상을 입 고 옷섶을 여미며 띠의 매듭을 매는 데서 정성을 기울여야 하며, 음식·남 녀에서도 함부로 하지 않고[1478] 뜻함을 정해야 하니, 이는 리괘☲에서 취한

[1478] 음식·남녀는 식·색욕을 지칭한다. 이는 『예기』에 출전이 있다. 이들 욕구는 인류의 생 존에 필수 불가결한 체제다. 이들이 없으면 생명체로서 인류는 존속할 수 없기 때문이다. 식욕은 당사자의 생존을 위해 필수 불가결하고, 색욕은 종족의 이어짐을 위해 필수 불가결 하다. 다만 이들은 욕구이기 때문에 스스로 절제하는 장치가 없고 한없이 빨려들게 하는 문제가 있다. 그래서 『예기』에서는 '예(禮)'에 의해서 이를 조절해야 한다고 하고 있다.(『禮 記』, 「禮運」: 飲食男女, 人之大欲存焉. 死亡貧苦, 人之大惡存焉. 故欲惡者, 心之大端也. 人藏其心, 不可測度也, 美惡皆在其心不見其色也, 欲一以窮之, 舍禮何以哉?)

것이다. 많은 데서 덜어 냄을 절제로 여기고, 적은 것에 보태 줌을 사람 세상의 아름다움으로 여기며, 고르게 베푸는 주도권을 잡고 있어야 함은, 겸괘▦에서 취한 것이다. 혐의가 있는 것을 구별해 내고, 은미한 것을 밝히며, 자신을 이기고 세소(細小)한 것까지 변별해야 함은, 복괘▦에서 취한 것이다. 지위를 잃어버렸더라도 반드시 응하고, 난맥상으로 얽힌 어지러움에 연루되었더라도 인정과 도리를 참작하여 사람들 마음에 어긋나지 않게 함은, 항괘▦에서 취한 것이다. 부드러움으로써 성냄을 가라앉히고 굳셈으로써 욕구를 틀어막으며, 세 번에 걸쳐 자신을 돌아봄[1479]으로써 상대방이 자신에게 무도(無道)·무례(無禮)하게 대함에 대처함은, 손괘(損卦)▦에서 취한 것이다. 시대에 맞추어 마땅히 해야 할 일을 제정하고, 바람과 번개처럼 민첩하게 사용하면서도 조리가 막히지 않음은, 익괘▦에서 취한 것이다. 군자가 소인들에게 가로막혀 아무것도 할 수 없는 상황에서도 예를 지키며 자신으로서 할 일을 다할 뿐, 그들과 다투며 자기변호를 하지 않는 것은, 곤괘(困卦)▦에서 취한 것이다. 여기에서 물을 퍼다 저기에 부어 주고, 사람들에게 공경함을 베풀면서 자신이 고결하고 깨끗하다는 것

[1479] 맹자가 한 말이다. 맹자는 사람이 짐승과 다른 점은 사람의 마음을 보존하는 것이라 하며, 구체적으로는 어짊[仁]과 예(禮)로써 마음을 보존하는 것이라 한다. 그래서 어진 사람은 남을 사랑하기에 남들도 항상 그를 사랑으로 대하며, 예를 지키는 사람은 남을 공경하기에 남들도 항상 그를 공경한다고 한다. 그러므로 누군가 자신에게 무례한 행동으로 대할 때, 군자는 먼저 자신을 돌아본다는 것이다. 혹시 내가 그에게 어질지 않게 대하지는 않았는지[不仁], 무례하게 대하지는 않았는지[無禮], 진심으로 대하지 않은 것은 아닌지[不忠] 스스로 점검해 본다는 것이다. 이를 왕부지는 여기에서 '세 번에 걸쳐 자신을 돌아봄[三反]'이라 하고 있다.(『孟子』,「離婁 下」: 孟子曰, "君子所以異於人者, 以其存心也. 君子以仁存心, 以禮存心. 仁者愛人, 有禮者敬人. 愛人者, 人恒愛之; 敬人者, 人恒敬之. 有人於此, 其待我以橫逆, 則君子必自反也, 我必不仁也, 必無禮也, 此物奚宜至哉? 其自反而仁矣, 自反而有禮矣, 其橫逆由是也, 君子必自反也, 我必不忠. 自反而忠矣, 其橫逆由是也. 君子曰, '此亦妄人也已矣. 如此, 則與禽獸奚擇哉? 於禽獸又何難焉?' 是故君子有終身之憂, 無一朝之患也.")

만을 외롭게 자부하지 않는 것은, 정괘(井卦)☶에서 취한 것이다. 정(情)으로는 다가가기 어려운 상황에서, 순종의 미덕으로써 행동하고 올바름으로써 자신을 다스리며, 외출하여서는 겸양으로 대하고, 험난하고 꽉 틀어막힌 상황 속에서 인정과 도리에 맞게 행동하는 것은, 손괘(巽卦)☴에서 취한 것이다.

夫九卦者, 聖人以之實其情, 酌其理, 束其筋骸以強固, 通其志氣以淸明, 巖巖乎其正也, 折折乎其安也, 若不知有憂患之故, 而卒以之涉憂患, 而道莫尙焉. 蓋聖人反變以盡常, 常立而變不出其範圍, 豈必驚心耀魄於憂患之至, 以與爲波靡也哉?

역문 성인들께서는 이들 아홉 괘를 활용하여 마음 씀씀이[情]를 충실히 하고, 이치를 헤아리며, 힘줄과 뼈를 묶어서 튼튼·견고히 하고[몸을 튼튼히 하고], 뜻과 기(氣)를 통하게 하여 맑고 환하게 하였다. 또한 성인들은 이들 아홉 괘를 활용하여 올바름으로써 높고 크게 우뚝 드러나며, 마음이 편안하고 안정되게 하였다. 만약에 우환을 일으킬 꼬투리가 있다는 것조차 모르다가, 끝내는 이렇게 해서 우환에 빠져든다면, 그 도는 숭상할 것이 없으리라. 그런데 성인들은 변(變)의 상황을 돌이켜서 상(常)이 제대로 다 실현되게 하고, 상(常)의 체계를 확립해서는 변(變)이 그 범위를 벗어나지 않게 한다. 그러니 우환이 이른다고 하여 성인들이 어찌 꼭 마음으로 놀라고 넋이 현혹되며, 그것에 휩쓸려 전도(顚倒)하겠는가?

故得輿如'剝', 中行如'夬', 在苦而甘如'節', 有積而必散如'渙', 乃至飛於天而如'乾', 行於地而如'坤', 非无以大治其變者而有所不敢用, 則

以智勇加物而己未敦, 道義匡物而情未協, 固不如禮之盡諸己而達
於情, 爲能約陰陽之雜而使之整也. 故晏子曰, "惟禮可以已亂"劉康
公曰, "威儀所以定命." 安危之理, 生死之數, 於此焉定矣.

역문 그러므로 박괘▦에서처럼 탈것을 얻고,[1480] 쾌괘▦에서처럼 가운데서 가
고,[1481] 절괘▦에서처럼 쓰디쓴 고통 속에서도 이를 달갑게 받아들이고,[1482]
환괘▦에서처럼 쌓인 것이 있다지만 반드시 흩트려 버린다고 한다.[1483] 나
아가 건괘▦에서처럼 하늘을 날고,[1484] 곤괘▦에서처럼 땅에서 거침없이
감에까지 이른다.[1485] 그리하여 그 변(變)의 상황들을 크게 다스림이 없지

[1480] 박괘▦ 상구효사에 나오는 말이다. 효자 전체는 "큰 과일이 먹히지 않음이니, 군자는 탈것
을 얻지만 소인은 거처를 박탈당한다.(碩果不食, 君子得輿, 小人剝廬.)"로 되어 있다.

[1481] 쾌괘▦ 육사효사에 나오는 말이다. 효자 전체는 "가운데서 가며 홀로 돌아온다.(中行獨
復.)"로 되어 있다.

[1482] 절괘▦의 괘사는 "형통하다. 절제에 고통스러워하니 올곧을 수 없다.(亨, 苦節不可貞.)"로
되어 있다. 그래서 이 괘 전체적으로는 고통스러운 상황 속에 있다고 할 수 있다. 상육효도
"절제에 고통스러워함이다. 올곧지만 흉하다. 후회함은 없다.(苦節, 貞凶, 悔亡.)"라고 하
니, 이러한 상황 속에 있음을 방증한다. 그런데 이 절괘의 구오효는 "절제를 달갑게 여김이
다. 길하다. 가서는 숭상받는다.(甘節, 吉, 往有尚.)"로 되어 있다. 쓰디쓴 고통스러움 속에
서 절제해야 하지만 이를 달갑게 받아들인다는 말이다. 왕부지가 여기에서 적시하는 것은
바로 이 구오효다.

[1483] 왕부지는 이 환괘▦ 자체가 물이 흩어짐을 의미한다고 본다. 이는 쌓여서 꽉 틀어막히게
하고 있는 것들을 흩트린다는 의미다. 그래서 왕부지는 이 괘사의 풀이에서도 "'渙(환)'은
물이 흩어지는 모습이다. 물 위로 바람이 불어 물결이 일고, 물 위에 나무가 떠다니는 것이
모두 이 환괘(渙卦)▦의 상이다. 이 환괘▦는 비괘(否卦)▦에서 변한 것이다. 그래서 '渙
(환)'자는 그 '꽉 틀어막혀 있음'을 흩트려 버린다는 의미를 지니고 있다.(『주역내전』, 환괘
▦: '渙', 水散貌. 風動水飄, 水浮木泛, 皆 '渙'象也. 卦自'否'變者, 渙散其否也.)"라 하
고 있다.

[1484] 건괘▦ 구오효사에 나오는 말이다. 효사 전체는 "나는 용이 하늘에 있다. 대인을 만남이 이
롭다.(飛龍在天, 利見大人.)"로 되어 있다.

[1485] 곤괘 『단전』에 나오는 말이다. 거기에서는 이 곤괘가 암말을 상징한다고 보며, "암말은 땅
의 부류이니 땅을 거침없이 주행하며, 부드럽고 순종하여 올곧음에 이롭다.(牝馬地類, 行
地无疆, 柔順利貞.)"라 하고 있다.

않다.

그러나 감히 쓰이지 않음이 있으면, 지혜로움과 용감함을 타자(他者)들에게는 발휘하면서도 자신에게는 이들을 돈독히 쓰지 않고, 도의로써 타자들을 바루면서도 자신의 마음 씀씀이[情]에서는 협화(協和)하지 않는다. 이에 예(禮)를 사용하면, 자기 자신에게도 다할 뿐만 아니라, 마음 씀씀이[情]에서도 잘 이루며, 음・양이 뒤섞여 있음을 간추려서 정돈되게 할 수 있으니, 예를 사용하는 것이 더 낫다. 그러므로 안자(晏子)[1486]는 "오직 예(禮)만이 혼란함을 그치게 할 수 있다."[1487]라 하였고, 유(劉)나라 강공(康公; ?~B.C.544)[1488]은 "위의(威儀)가 명(命)을 정한다."라고 하였다.[1489] 나라의 안정이나 위태로움을 낳는 이치, 살고 죽는 운수는 바로 여기에서 결정된다.

夫禮, 極情守經以用其盛, 非與憂患謀, 而若與患憂反. 故世俗之言曰, "救焚拯溺而用鄕飮酒之禮", 誚其不相謀而相反也. 而非然也.

1486 안영(晏嬰)을 가리킨다. 그 인물됨에 대해서는 앞 주194)와 1038)을 참고하라.
1487 『춘추좌씨전』, 「소공(昭公)」 26년 조에 나오는 말로서 안자가 제나라 경공(景公)에게 하는 말이다.(公曰, "善哉! 是可若何?" 對曰, "惟禮可以已之. 在禮, 家施不及國, 民不遷, 農不移, 工賈不變, 士不濫, 官不滔, 大夫不收公利.")
1488 유강공은 춘추시대 유(劉)나라의 개국 군주다. 주경왕(周頃王; ?~B.C.614)의 작은아들인데, 유(劉) 땅에 채읍을 받았고, 주정왕(周定王) 8년(B.C.599)에 유나라를 세웠다.
1489 『춘추좌씨전』「성공(成公)」 13년 조에 나오는 말이다. 왕부지는 여기에서 유나라 강공의 말을 축약해서 적시하고 있다. 원문을 보면, "내 듣건대, 백성들은 하늘・땅의 가운데서 생겨나는데 이를 '명(命)'이라 한다. 그리하여 동작・예의(禮義)・위의(威儀)의 법칙이 있어서 명(命)을 정한다. 이를 잘하면 길러 내서 복을 받고, 잘하지 못하면 패하여 화를 부른다. 그러므로 군자는 예(禮)에 정성을 들이고, 소인은 몸으로 힘을 쓰는 데 최선을 다한다. 예에 정성을 들임에서는 경건함을 이루는 것보다 나은 것이 없고, 몸으로 힘을 쓰는 데 최선을 다함에서는 돈독히 하는 것보다 나은 것이 없다.(劉子曰, "吾聞之, 民受天地之中以生, 所謂命也. 是以有動作・禮義・威儀之則, 以定命也. 能者養以之福, 不能者敗以取禍. 是故君子勤禮, 小人盡力. 勤禮莫如致敬, 盡力莫如敦篤.")라 하고 있다.

苟鄉飲酒之禮行焉, 君子以敍, 小人以睦, 閭井相親, 患難相恤, 於
以救焚拯溺也, 固優爲之, 豈必求焦頭從井之功於飲博椎埋之攘臂
者乎? 變者其時, 常者其德. 涉其迹者疑其迂, 體其實者知其大. 而
奈何曰, "因變而變, 而奚禮爲"也?

역문 예(禮)는 사람의 정서를 극진히 하고 사람 세상의 상도(常道)를 지키면서
그 성대함을 사용하는 것이다. 예는 우환을 극복하기 위해 함께 도모하는
것이 아니며, 오히려 우환 극복을 도모함과는 상반되는 것처럼 보이기도
한다. 그래서 세속에서는 "붙는 불을 끄고 물에 빠진 사람을 건지며 향음
주례(鄕飲酒禮)를 쓰랴!"[1490]라고 하며, 예는 우환을 극복하기 위해 서로 함
께 도모하지 않고 오히려 이와는 서로 반대됨을 비꼬기도 한다.

　그러나 그렇지 않다. 진실로 향음주례의 예가 행해지면, 군자는 느긋해
지고, 소인들은 화목해진다. 또 마을 사람들은 서로 친해지고, 환난에는
서로 돕는다. 그래서 막상 불을 끄고 물에 빠진 사람을 구해야 하는 상황
이 닥치면 진실로 여유롭게 해낼 수 있는 것이다. 그런데 어찌 꼭 술 마시
고, 도박하고, 사람 죽여서 매장하느라고 팔뚝을 걷어붙인 사람들에게서
머리를 불에 그슬리며 우물에서 물을 길어다 불을 끄는 것을 구하려는

1490 『회남자』, 「제속훈(齊俗訓)」에 나오는 말을 인용하는 것이다. 거기에서는 "헤엄치고 있는
　　사람은 물에 빠진 사람을 구할 수가 없다, 왜냐하면 제 손발 놀리기도 급하니까. 화상 입은
　　사람은 붙는 불을 끌 수가 없다, 왜냐하면 자기가 입은 상처의 고통이 너무나 심해서. 이로
　　미루어 보건대, 백성들에게는 의식(衣食)에 여유가 있어야 서로에게 겸양을 베풀고, 부족
　　하면 서로 다툰다. 서로 겸양하는 데서는 예의(禮義)가 생기지만, 서로 다투는 데서는 폭력
　　과 혼란이 인다.(遊者不能拯溺, 手足有所急也; 灼者不能救火, 身體有所痛也. 夫民有餘即
　　讓, 不足則爭; 讓則禮義生, 爭則暴亂起.)"라 하고 있다. 예의는 입고 먹는 데 여유가 있어야
　　실행할 수 있는 것이지, 당장 자신이 급하거나 고통을 당하고 있는 상황에서는 행할 수 없
　　다는 것이다.

가?[1491] 변(變)은 때[時]에 따라서 현실적으로 일어나는 것이고, 상(常)은 이러한 상황에 대처하는 덕이다. 그 자취를 겪은 사람들은 예(禮)가 너무 에둘러 가는 것으로 의심하지만, 예의 실질을 체득한 사람은 그것이 크다는 것을 안다. 그러니 어찌 "변(變)에 따라서 변하면 되는 것이지, 무엇 때문에 예를 행한단 말인가!"라고 하겠는가?

老子曰, "禮者忠信之薄而亂之首也." 因之以剖斗折衡, 而駔儈亂於市; 因之以甘食美居, 而嗜欲亂於堂. 詐偽方興, 而愚天下以乘其變, 而天下亦起而愚之矣. 文王因之, 則无以事播惡之主; 周公因之, 則无以革淫酗之俗; 孔子因之, 則无以懼亂賊之黨. 故三聖人者, 本『易』以制禮, 本禮以作『春秋』, 所謂以禮存心而不憂橫逆之至者也.

역문 노자는, "예(禮)는 마음의 진실함과 믿음이 엷은 것이고 혼란을 일으키는 우두머리다."[1492]라고 말한다. 그래서 장자는 이를 받아들여 곡식의 양을 되는 말을 부숴 버리고 무게를 재는 저울을 부러뜨려 버리라고 하니[1493] 중도위가 저자에서 혼란을 일으키고, 또한 이를 받아들여 맛있는 음식·호화로운 주택에 빠져서 기호와 욕구가 집에서 어지럽힌다. 이렇게 하여 사기와 허위가 일어나 세상 사람들을 어리석게 하여서 그 변(變)이 만연하니, 세상 사람들도 일어나서 어리석게 한다.

문왕이 이러한 현상, 즉 예가 무너진 사회의 현상을 그대로 따랐다면,

1491 예가 무너진 사회에서는 평소에 사람들이 음주, 도박, 살인 등을 하느라 여념이 없으므로, 막상 불을 끄고 물에 빠진 사람을 구해야 하는 급한 상황이 되면, 이것이 불가능하다는 의미다.

1492 『노자』, 제38장에 나오는 말이다.

1493 『장자』, 「거협(胠篋)」: 掊斗折衡, 而民不爭.

악을 퍼뜨리는 군주를 섬기지 않았을 것이다. 또 주공이 이러한 현상을 그대로 따랐다면, 술독에 빠져 정신을 못 차리는 풍속[1494]을 폐지하지 않을 것이다. 공자가 이를 그대로 따랐다면, 난신적자(亂臣賊子)들을 두려움에 떨게 하는 『춘추』를 짓지도 않았을 것이다. 그러므로 이들 세 분의 성인은 『주역』에 근본을 두고서 예(禮)를 제정하였고, 예에 근본을 두고서 『춘추』를 지었으니, 이분들은 예로써 마음을 보존하고 횡역(橫逆)을 근심하지 않은 최고의 인물들이라 할 것이다.

且夫聖人之於禮, 未嘗不因變矣. 數盈則憂患不生, 乃盈則必溢, 而變在常之中; 數虛則憂患斯起, 乃虛可以受, 而常亦在變之中. 故天地必有紀, 陰陽必有序. 數雖至變, 无有天下地上・夏寒冬暑之日也. 聖人敦其至常而不憂, 則忠信无往而不存, 斯以厚其藏而物咸受治, 亦因乎理之有定者焉尔.

역문 성인들께서 예를 제정함에서 변(變)을 바탕으로 하지 않는 것도 아니다. 하늘・땅의 도수(度數)는 찬다[盈]고 해서 우환이 생기지는 않는다. 그러나 가득 차면 반드시 넘치니, 변은 상(常) 속에 있다. 이에 비해 그 도수가 비게 되면[虛] 우환은 바로 이러한 속에서 일어난다. 그러나 이렇게 비면 받아들일 수 있으니, 상도 변 속에 존재한다. 그러므로 하늘・땅에는 반드시 벼리가 있고, 음・양에는 반드시 순서가 있다. 도수(度數)는 비록 변화무쌍한 것이기는 하지만, 그렇다고 하늘이 아래에 있고 땅이 위에 있다거나,

---

[1494] 이는 무왕이 은나라 주왕(紂王)의 악행을 지적하는 것 가운데 하나다.(『書經』, 「泰誓 中」: 今商王受力行無度, 播棄犂老, 昵比罪人, 淫酗肆虐, 臣下化之, 朋家作仇, 脅權相滅, 無辜籲天, 穢德彰聞.)

여름이 춥고 겨울이 더운 날은 없다.

성인들은 이렇게 지극한 상(常)을 돈독히 체현하여 근심하지 않으니, 어디에 가서든 마음의 진실함과 믿음성을 보존하지 않음이 없다. 이렇게 하여 그 됨됨이를 두터이 하니, 물(物)들은 모두 그 다스림을 받아들이는데, 또한 이치의 정해짐에 따라서 할 따름이다.

彼馳騁天下而喪其天則者: 一爲聃·周之徒, 游萬物而自匿, 則以禮爲薄; 一爲權謀之士, 隨萬物而鬪智, 則以禮爲迂. 此李斯之所以亡秦, 而王衍諸人之所以禍晉也. 而末世之憂患不瘳矣.

역문 저들은 이 세상을 쏘다니며 하늘의 법칙을 잃은 것들이 있다. 하나는 노담과 장주의 무리가 되어 만물 속에 노닐면서 스스로 숨은 것인데, 이들은 예를 보잘것없는 것으로 여겼다. 또 하나는 권모술수를 쓰는 재사(才士)가 되어 만물을 추구하고 지혜를 다투면서, 예는 세상일을 처리하는 데서 우원(迂遠)한 것이라 여긴 것이다. 이렇게 하였기에 이사(李斯)[1495]는 진(秦)나

[1495] 이사는 진(秦)나라의 유명한 정치가, 문학가, 서예가였다. 진나라에서 좌승상(左丞相)의 일을 역임하였다. 원래 초나라 상채(上蔡) 출신으로서 그곳에서 작은 벼슬을 하다가 한비자(韓非子; B.C.281~B.C.233)와 함께 순자(荀子)에게서 배웠다. 그리하여 이후 학문적으로 법가를 대표하는 인물이 되었다. 학문을 이룬 뒤 이사는 진나라로 가, 당시 진나라의 재상 여불위(呂不韋; B.C.292~B.C.235)의 문객으로 들어갔다. 여불위는 이사의 됨됨이를 매우 높이 평가하여 그에게 벼슬을 주었다. 이사는 이를 통해 진시황에게 접근할 기회를 얻게 되었다. 이사는 진시황에게, 바야흐로 진나라가 동쪽의 여섯 나라를 섬멸하고 중원을 통일할 세(勢)를 타고 있으니, 시기를 보아서 이를 실행에 옮길 것을 진언하였다. 진시황은 그를 장사(長史)에 임명하였다. 진시황은 이사의 계책을 받아들여 여섯 나라의 이간계를 실행에 옮겼다. 이후 진나라가 중원을 통일하는 데서 이사는 매우 큰 공헌을 하였다.

진나라의 통일 이후에도 이사는 진시황의 존호를 '황제(皇帝)'로 할 것을 건의하여 성사시켰고, 분봉(分封)제를 반대하며 군현제(郡縣制)를 주장하였다. 아울러 진시황이 분서갱유(焚書坑儒)를 하도록 하는 데서도 결정적인 역할을 하였다. 이 밖에도 이사는 진나라의 여러 제도를 시행하는 데서 큰 공을 세워 그가 후세에 미친 영향은 자못 크다고 할 수 있다.

라를 멸망으로 이끌었고, 왕연(王衍; 256~311)[1496]의 무리는 진(晉)나라에 화를 초래했던 것이다. 이들처럼 해서는 결코 말세의 우환이 제거되지 않는다.

───

진시황이 죽은 뒤에 이사는 자신의 보신을 위해 환관 조고(趙高; B.C.258~B.C.207)와 모의하여 진시황의 큰아들 부소(扶蘇; B.C.242~B.C.210)를 모함해서 죽이고, 어린 호해(胡亥; B.C.230~B.C.207, 재위 B.C.210~B.C.207)를 2세 황제로 옹립하였다. 그러나 이후에 이사는 조고에 의해 자신은 물론 3족이 멸족당하고 말았다.(이상, 『사기』, 「이사열전」 참고.)

1496 왕연은 서진(西晉)에서 벼슬이 사도(司徒)에까지 오른 인물이다. 그러나 그는 청담(清淡)을 즐기고 현실 정치에 참여하는 것을 좋아하지 않았으며, 아울러 경물중생(輕物重生)을 추구하였다. 서진 말년에 팔왕의 난(291~306)을 겪은 뒤 네 번에 걸쳐서 민란이 일어났고, 더욱이 흉노인 유연(劉淵; ?~310, 재위 304~310)이 한(漢)나라를 세워서 서진에 대항했지만, 삼공(三公)의 하나였던 왕연은 나라 구하는 것을 전혀 자신의 임무로 여기지 않았다. 마침내 왕연은 석륵(石勒; 274~333, 재위 319~333)에게 포로로 잡혔다가 살해되었다. 이 석륵은 나중에 후조(後趙)를 세우고 황제가 되었다. 후세에서는 왕연의 '청담이 나라를 그르쳤다[清談誤國]'라고 하며, 서진 멸망의 책임 일부를 그에게 지우고 있다.(『晉書』, 「王衍傳」 참고.)

계사하전 제8장
繫辭下傳第八章

經文"其出入以度外內"句·"使知懼"句, 詳見『稗疏』. 俗以"其出入以度"斷句者不通 [1497]

今且設神物於前而不能自運也, 登爻象於書而不能自詔也, 立位於
六而不能使數之卽位也, 該數於奇偶而不能使位之受數也, 然則與
神物·合爻象·奠數於位·通位於數以用『易』者, 豈非人哉? 故曰,
"苟非其人, 道不虛行."

[1497] 저자 자주: 『주역』의 경문은 '其出入以度外內'에서 끊고, '使知懼'에서 끊어야 한다. 자세한
것은 『주역패소(周易稗疏)』를 참고하라. 속설에서는 '其出入以度'에서 끊는데, 이렇게 끊
으면 말이 통하지 않는다. /역자 주: 『주역패소』의 관련 구절에서 왕부지는 다음과 논하고
있다.

　　옛날에는 '其出入以度' 다섯 글자를 한 구(句)로 하고, '外內使知懼'를 또 한 구로 하였는
데, 이렇게 끊어서는 문장이 되지를 않자 "여기에는 무엇인가 빠진 것이 있다."라고 하였
다.(역자 주: 주희가 『주역본의』에서 "이 구에 대해서는 자세히 알지 못하겠다. 아마도 오
탈자가 있는 것 같다."라 하고 있다.) 그러나 나의 견해는 다음과 같다.

　　'度'라는 것은 '상도(常道)'를 의미한다. 그런데 『주역』의 왔다 갔다 하며[往來] 변함[變]
에는 애당초 이 '상도'라는 것이 없다. 그래서 『주역』에서는 "(음·양 효들이) 비어 있는
여섯 위(位)에 두루 유행한다"·"일정불변한 틀을 만들어 다른 것들에도 개괄적으로 적용
해서는 안 된다."라 하고 있다. 이 괘가 변해서 저 괘가 되는 것에는 순서 정연함이 없다.
예컨대 건괘䷀·곤괘䷁ 다음에 준괘䷂·몽괘䷃가 오고, 준괘䷂·몽괘䷃ 다음에 수괘䷄·
송괘䷅가 오는 등 그 변함[變]에는 실마리도 없고 예측할 수도 없다. 그래서 이 순서에 대
해서는 사람들이 제멋대로 헤아릴 수 없도록 하고 있고, 또 기지(機智)를 발휘해 방비하여
두려움에서 벗어나지 못하도록 하고 있다. 그뿐만 아니라, 때[時]·명(命)의 사그라졌다 커
졌다 함[消長]의 자체 체제에 내맡긴 채 그 두려움을 잊어버릴 수도 없도록 하고 있다.

역문 지금 신령스러운 것을 백성들이 사용하기 이전에 만들어 내기는 했지만 스스로 운용할 수는 없고, 효상을 서류에다 등재하기는 했지만 스스로 밝힐 수는 없고, 여섯 위(位)를 세우기는 하였으나 수(數)가 바로 그 위(位)에

또한 경방(京房)이 건괘䷀는 반드시 구괘䷫를 낳고, 구괘䷫는 반드시 둔괘䷠를 낳는 식으로 갔다가 대유괘䷍에서 돌아온다고 하는 것과도 같지 않다. 그리고 소자(邵子)가 주장하는 것처럼, 건괘䷀1 · 태괘䷹2 … 식으로 질서정연하게 팔궁(八宮)에 순차적으로 포진하여 방도(方圖)를 이루거나 원도(圓圖)를 이루어, 마치 옷을 짓는 사람이 척(尺)과 촌(寸) 단위로 재단하는 것에 정해진 법이 있는 것과도 같지 않다. 가령 반드시 상도(常度)가 있어서 들고난다면 '저절로 그러함[自然]'에 근거하여 일에 앞서서 그 일정한 길 · 흉을 예측해 낼 수 있을 터이니, 이렇게 되면 화주림에서 보통 사람들의 의문(疑問)에 답하여 그 우환과 두려워함을 해소해 주는 것과도 같을 것이다. 어찌 성인 · 태사(太師) · 태보(太保) · 부모로서의 밝은 위엄이 이러하겠는가!

'度'은 음이 마땅히 '탁'이어야 한다. 그래서 '外內'까지 일곱 글자를 연달아서 하나의 구(句)로 해야 한다. '出入'은 굳셈[剛] · 부드러움[柔]이 왔다[來] 갔다[往] 함이고, '外內'는 내괘와 외괘의 정해진 위(位)를 의미한다. 그래서 이 일곱 글자 한 구(句)의 의미는, 사람으로서 헤아릴 수 없는 음 · 양의 왔다 갔다 함에서 그 위(位)의 소재가 승(承)인지 승(乘)인지, 당(當)인지 부당(不當)인지, 응(應)인지 불응(不應)인지를 정확하게 알아내도록[揆度]하고, 사(事)와 변함[變]이 딱 정해지지 않아서 경솔하게 망령된 행동을 해서는 안 된다는 것, 그래서 화(禍) · 복(福)이 스스로 이름을 받아들일 줄 알도록 한 것이다. 나아가 사람의 일을 통해 대응함에서는 감히 전전긍긍하지 않을 수 없도록 하고, 생각하여 허물을 면하도록 한 것이다. 그러므로 『주역』에서는 점(占)을 통해서 사람들에게 경계하고 있는 것이니, '화주림'이나 선천수(先天數)를 주장하는 이들이 이미 딱 틀이 짜여 정해진 사법(死法)을 가지고 망령되이 필연의 길함[休] · 흉함[咎]을 말해서 망령된 사람들의 의문과 염려를 위로하는 것과는 비교할 수조차 없는 것이로다!(舊以'其出入以度'五字爲句, '外內使知懼'爲句, 不成文, 則云"有闕". 今按: '度'云者, 有常度也. 乃『易』往來之變, 初無常度, 故曰"周流六虛" · "不可爲典要". 此卦變彼卦, 不相因以爲次序. '乾'坤'次'以'屯'蒙', '屯'蒙次以'需'訟', 其變無端, 不可預測, 使人不得以私意擬之, 以機智防之, 而免於懼, 抑不得委於時命消長之固然, 而忘其懼. 非若京房之'乾'必生'姤', '姤'必生'遯', 以來回而反於'大有'; 亦非若邵子之'乾'一'夬'二, 截然順布八宮, 或方或圓, 如製衣者之尺寸有成法也. 使必有度以出入, 則因任自然, 可先事而料其一定之吉凶, 如'火珠林'之以答匹夫匹婦之疑問而釋其憂懼, 豈聖人師保父母之明威哉! '度'當音'鐸', 連外內七字爲句. '出入', 剛柔之往來, '外內', 內卦外卦之定位也. 言使人於不測之往來, 揆度其位之所在, 或承或乘, 或當或不當, 或應或不應, 使知事變之無方, 不可率意妄行, 聽禍福之自至, 而於人事之酬酢莫敢不戰戰栗栗, 以思免咎矣. 故『易』者因占以致戒者也, 豈'火珠林' · '先天數'以尺度之死法, 妄言必然之休咎, 慰妄人之疑慮者所可擬哉!)

올라갈 수가 없고, 홀·짝을 통해 수를 갖추기는 했다지만 위(位)들이 수를 받아들이게 할 수는 없다. 이러한 까닭에 신령스러운 것을 일으킴·효상과 합치함·위(位)에다 수를 정함·위(位)를 수에 통하게 함으로써 『주역』을 사용하는 이가 어찌 사람이 아니겠는가? 그러므로 "진실로 거기에 해당하는 사람이 아니면 『주역』의 도(道)는 결코 헛되이 행해지지 않는다."1498라고 하는 것이다.

是故六位无常, 剛柔相易, 其變亦大矣. 天地固有其至變, 而存之於人以爲常. 盡天地之大變, 要於所謀之一疑; 因所謀之一疑, 通天地之大變. 變者非所謀, 謀者不知所變. 變在天地而常在人.

역문 그러므로 『주역』의 여섯 위(位)에는 상도(常度)가 없고, 굳셈[剛]과 부드러움[柔]은 서로 바뀌며, 그 변함[變] 또한 큰 것이다. 하늘·땅에는 본디 지극한 변함이 있으나, 그것이 사람에게서 보존되어서는 한결같음[常]이 된다. 변함은 하늘·땅에 있고 한결같음[常]은 사람에게 있는 것이다.

四營十八變之无心, 人自循其常耳, 非隨疑以求稱所謀而酌用其多寡也. 執常以迎變, 要變以知常. 故天地有『易』而人用之, 用之則麗於人, 而无不即人心之憂. 故曰, 變在天地, 而常在人.

역문 4영(營)·18변(變)을 하는 동안 아무런 사심이 없음은, 사람이 스스로 그 한결같음[常]을 따를 따름이다. 결코 제 맘대로 자신이 원하는 괘·효에 딱 맞는 과설지책(過揲之策)이나 괘륵지책(掛扐之策)을 얻고자 시책을 많고 적

1498 이 『계사하전』 제8장에 나오는 말이다.

게 헤아려서 사용하는 것이 아니다. 한결같음[常]을 유지한 채 변함[變]을 맞이하는 것이고, 변함[變]을 요약하여 한결같음[常]을 아는 것이다. 그러므로 하늘·땅에 『주역』이 있고 사람이 그것을 사용하는데, 그것을 사용하면 사람에게 붙어서 바로 사람 마음의 우환이 되지 않음이 없다. 나아가 변함[變]은 하늘·땅에 있고, 한결같음[常]은 사람에게 있다고 하는 것이다.

若夫世之言『易』者, 居而不遷: 居之以律, 居之以氣, 居之以方, 居之以時, 則是『易』有常而人用之以變也. 於變以得常, 則人凝性正命, 以定陰陽之則; 取常以推變, 則人因仍苟且, 以幸吉凶之移. 故彼言『易』者, 有吉凶而无憂患, 歷憂患而不知其故. 蓋外內有定形, 不從其出入以致吾度, 數伸而理屈, 囿於其故而莫知所懼, 而可以云 "潔靜精微, 『易』之教也"哉?

역문 예컨대 세상에서 『주역』을 말하는 사람들은 살아가며 옮기지를 않는다. 즉 규칙으로써 살아가며, 기(氣)로써 살아가며, 살 곳을 정한 채 살아가며, 자기 때[時]에 맞게 살아간다. 이것이 바로 『주역』에는 한결같음[常]이 있고, 사람은 그것을 변함[變]으로써 사용한다고 함이다. 그런데 변함[變]에서 한결같음[常]을 얻어 내면, 사람이 사람다움으로서의 성(性)을 단단히 하고 명(命)에 맞게 살아감으로써, 음·양의 법칙을 자기 것으로 정한다. 이에 비해 한결같음[常]을 변함[變]에까지 미루어 가면, 사람이 늘 그대로 구차하게 살아가면서 길·흉의 추이에서 요행을 바라기나 한다. 그러므로 저 사람들이 『주역』을 말하는 것에는 길·흉은 있으나 우환은 없고, 우환을 겪으면서도 그 까닭에 대해서는 모른다.

생각건대, 『주역』의 괘들은 외괘·내괘로 정해진 형태가 있는데, 그 들

고남을 무시한 채 자신이 헤아린 대로만 하면 수는 펼쳐지더라도 이치는
오그라드느니, 그 까닭에 대해서는 무지한 채 두려워해야 할 바를 모른다.
그러고서도 "깨끗하고 고요한 채 은미함을 골똘히 살핌[潔靜精微]이 『주역』
의 가르침이다."[1499]라고 할 수 있겠는가?

夫立法以制之從, 師保之職也; 從无造有以成其性命, 父母之道也.
父母无心以授之生, 而必與以成; 師保立法以導之從, 而不保其往;
故師保不足以配父母之大. 『易』以无心之變爲其生生, 授人以變, 而
人得凝以爲常, 明其故以處憂患, 而非但示以吉凶. 則如所性之受
於父母, 而盡之在我, 不僅趨其所趨, 避其所避, 規規然奉師保之詔
以爲從違, 而冀以去禍而就福. 故『易』者, 正誼明道之教, 而非謀利
計功之術也. 神道以教, 而用終在人. 典常在率辭之後, 而无有典要
立於象數之先. 然則邵子且未之逮也, 而況京房·管輅之徒乎!

역문 본보기를 세워서 따르도록 하는 것은 태사·태보의 직책이고, 없는 데
서 있는 것을 만들어서 그 성(性)·명(命)을 이루어 주는 것은 부모의 도리
다. 부모는 무심히 자식들에게 생명을 주는데, 반드시 함께 이룬다. 이에
비해 태사·태보는 본보기를 세워서 따르도록 이끌지만, 가 버린 것까지
보조해 주지는 않는다. 그러므로 태사·태보는 부모의 위대함에 필적할
수 없다.

　　『주역』 또한 무심한 변함[變]을 통해 만물을 만들고 또 만들어 내고, 사

1499　『예기』에 나오는 말이다. 『예기』에서는 공자의 입을 빌려 오경(五經)의 교육 효과를 비교
하며 설명하는 가운데, 『주역』을 읽으면 사람됨이 이렇게 된다고 하고 있다.(『禮記』, 「五
經解」: 孔子曰, "入其國, 其教可知也. 其爲人也. 溫柔敦厚, 『詩』教也; 疏通知遠, 『書』教也;
廣博易良, 『樂』教也; 潔靜精微, 『易』教也; 恭儉莊敬, 『禮』教也; 屬辭比事, 『春秋』教也.")

람들에게 이 변함[變]으로써 준다. 그래서 사람은 이를 잘 엉기게 하여서 한결같음[常]으로 삼으며, 그 까닭을 밝혀서 우환에 대처하는데, 『주역』은 꼭 길·흉으로써만 보여 주는 것이 아니다. 예컨대 부모로부터 성(性)을 받기는 하였지만 이를 다 이루어 내는 것은 자신에게 달려 있으니, 급히 달려가서 분투해야 할 곳에는 급히 달려가고, 피해야 할 것은 피한다. 또 자잘한 것까지도 태사·태보의 가르침을 받들어서 따르기도 하고 거스르기도 할 뿐만 아니라, 또한 화(禍)를 제거하고 복(福)으로 나아갈 것을 바라기도 한다. 그러므로 『주역』이라는 것은, 의의를 따져 바로잡고 도를 밝히는 가르침을 주는 것이지, 결코 이익을 도모하거나 어떻게 하면 공(功)을 얻을까를 계획하게 해 주는 술수가 아니다.

『주역』은 이렇게 도를 신명하게 하여서 가르침을 주지만, 이를 쓰는 것은 결국 사람에게 달려 있다. 일반적인 규칙·규범이란 괘·효사의 의미를 터득하여 따른 뒤에 있는 것이지, 결코 『주역』의 상(象)과 수(數)보다 앞서서 일정불변한 틀을 세우는 것이 아니다. 그러므로 소자(邵子)의 수준으로도 이 『주역』에는 미칠 수 없거늘, 하물며 경방(京房)·관로(管輅; 209~256)[1500]의 무리 따위야!

1500 관로는 삼국시대 위(魏)나라에서 활약인 인물이다. 정시(正始) 9년(248), 그의 나이 40세 되던 해에 수재(秀才)로 천거되어 복서(卜筮)로써 이름을 날렸다. 그는 후세 관상가와 사주(四柱) 보는 사람들의 추앙을 받아서 '관선사(管先師)', 또는 '관상진군(觀相眞君)'이라 불린다. 그리고 관로는 또 하나의 저명한 운명 감정가인 주건평(朱建平; ?~220)과 함께 '주관(朱管)'으로도 병칭된다. 아울러 관상과 사주 등을 업으로 하는 사람들치고 귀곡자(鬼谷子)와 관로를 모시지 않는 사람이 없다고 한다.(史量才,『稱謂雜記』참고.)

진수(陳壽; 233~297)가 쓴 『삼국지』에서는 그에 관해서 기술하고 있는데, 거기에서 이 관로를 묘사한 것을 보면, "관로의 용모는 볼품이 없었고, 예의 규범 따위는 개의치 않은 채 거침없이 행동했으며, 술을 좋아했다. 마시고, 먹고, 말하고, 남 희롱하는 것을 즐겼는데, 신분의 고하(高下)나 부류를 가리지 않았다. 그래서 사람들은 그를 대단히 좋아했으나 존경심을 갖고 대하지는 않았다.(容貌粗醜, 無威儀而嗜酒, 飮食言戲, 不擇非類, 故人多愛

之而不敬也.)"라고 기록하고 있다.

　이「관로전」에서는 관로가 미래를 정확하게 예측하고 비밀을 간파해 낸 사건들을 많이 기록하고 있다. 이 가운데는 여러 고관대작의 점을 봐 준 것들이 있는데, 특히 당시 이부상서이던 하안(何晏; 196~249)의 점을 봐 준 기록도 있다. 이러한 기록들로부터 우리는 그가 당시에 대단히 높은 명성을 얻고 있었음에 틀림없다는 짐작을 할 수 있다. 그래서『삼국지』에서는 "화타(華佗; 145~208)의 의학 진단·두기(杜夔; ?~?)의 성악(聲樂)·주건평의 관상술·주선(周宣; ?~230)의 점몽(占夢)·관로의 점복(占卜) 등은 진실로 모두 현묘하고 특출난 기교일 뿐만 아니라, 보통 사람들로서는 넘볼 수 없는 절기(絶技)다."라고 평하고 있다.(『삼국지』,「魏志」권29, 華佗·杜夔·朱建平·周宣·管輅傳: 評曰, "華佗之醫診·杜夔之聲樂·朱建平之相術·周宣之相夢·管輅之術筮, 誠皆玄妙之殊巧·非常之絶技矣.")

계사하전 제9장

繫辭下傳第九章

夫象者材也, 爻者效也. 效者, 材之所效也. 一木之生, 枝·莖·葉·
花合而成體者, 互相滋也; 一車之成, 輻·轂·衡·軸分而效用者,
功相倚也. 其生也, 不相滋則破而无體; 其成也, 不相倚則缺而廢用.
故爻倚象以利用, 抑資於象以生而成體. 吉·凶·悔·吝之效, 未有
離象以別有指歸者也. 故曰, "觀其象辭, 則思過半矣."

역문 『주역』에서 괘는 재질을 이루고 있는 것[材]이고, 효는 괘의 공효를 드러
내는 것이다. 공효는 재질이 드러내는 것이다. 한 그루의 나무가 생겨남에
서는 가지·줄기·잎·꽃 등 합해서 그 몸[體]을 이루는 것들이 서로 자양
을 제공한다. 그리고 한 대의 마차가 이루어짐에서는 바큇살·바퀴통·가
로대·굴대 등 나뉘어서 수레의 쓰임새를 이루는 것들이 공을 이루며 서
로 의존하고 있다. 나무가 생겨남에서는 서로 자양을 제공하지 않으면 쪼
개질 뿐 몸[體]을 이루지 못한다. 수레가 이루어짐에서는 이것들이 서로 의
존하지 않으면 결손이 생겨서 수레의 쓰임이 폐기된다. 그러므로 효들은
괘에 의지하여 이롭게 쓰이고, 괘에 바탕을 두고 생겨나 몸[體]을 이룬다.
길·흉과 후회함[悔]·아쉬워함[吝]이 드러내는 공효는 괘를 벗어나서 따로

주지(主旨)를 갖는 것이 아니다. 그러므로 "그 괘사를 살핀다면, 괘에 대해서는 이미 절반 이상을 터득할 것이다."[1501]라고 말하는 것이다.

有如曰, "『易』者意也. 意者, 乘人心之偶動而无定則者也." 无定則以求吉凶之故, 抑將索之位與應而止. ‘比’之初亦‘坤’之初矣, ‘履’之五亦‘乾’之五矣. 位齊應均, 而情殊道異, 則位豈有定, 而應豈有準哉!

역문 누군가는 "『주역』이란 사람의 의사(意思)다. 의사란 사람 마음이 우연스레 움직임을 타며 정해진 규칙이 없다."라고 말할 것이다. 정해진 규칙이 없이 길·흉의 까닭을 구하거나 위(位)와 그 응함[應]의 관계에 있는 것을 가지고 찾을 뿐이라는 의미다. 비괘(比卦)䷇의 초효는 또한 곤괘䷁의 초효이기도 하고, 리괘(履卦)䷉의 5효는 또한 건괘䷀의 5효이기도 하다. 이들은 위(位)가 같고 응함[應]도 같다. 그러나 이들이 각 괘에서 처한 실정은 다르고 작용[道]도 다르다. 그러니 어찌 위(位)에 정해짐이 있고, 응함[應]에 딱 기준으로 삼는 것[準]이 있겠는가!

夫筮以得象, 則自初至上而積爲本末. 『易』之有卦, 則六位皆備, 而一成始終. 積以相滋, 而合之爲體, 是故象靜而爻動, 動者動於所靜, 靜者固存也. 僅乘其感, 以據所處之位而爲得失, 感之者无本, 據之者滯, 將任天下之意知, 詭天則以爲善敗, 惡能原始要終, 以爲通變之質乎? 是君子以人合天, 而不強天以從人, 則奈何舍所效之材, 以惟意是徇耶?

1501 이 『계사하전』 제9장에 나오는 말이다.

역문 시초점을 쳐서 상(象)을 얻으면, 초효부터 상효까지 누적해 나아가 본말을 이룬다. 『주역』의 괘들은 여섯 위(位)가 모두 갖추어져서 한꺼번에 시작과 끝을 이룬다. 이들은 누적하여 서로 자양을 주고 합하여 몸[體]을 이룬다. 이러한 까닭에 괘는 고요하고 효는 움직인다. 움직이는 것은 고요함에서 움직이고, 고요한 것은 본래 그대로 존속한다.

가까스로 그 감응1502을 타서 처한 위(位)에 의거하여, 얻음[得]이 되기도 하고 잃음[失]이 되기도 한다. 그런데 감응한 것에 근본이 없고 의거한 것은 정체(停滯)해 있는 채, 장차 세상 사람들의 의사와 앎[知]에 내맡기고 하늘의 법칙을 어기며 성패(成敗)로 삼는다면, 어찌 시원을 근원까지 살피고 종말을 요약하여 변함[變]에 통하는 바탕으로 삼음이 가능하겠는가? 이러한 까닭에 군자는 사람을 하늘에 합치시키지, 하늘을 억지로 사람에게 맞추지 않는다. 그러니 어찌하여 공효를 드러내고 있는 재질[材; 卦]을 무시하고 오직 사람의 의사만을 따르랴?

夫『易』, 廣矣, 大矣. 學『易』者或有所擇矣, 然亦擇材而非擇效. 擇材則專, 擇效則固也. 故顏子用'復', 曾子用'泰', 以擇德也. 文王·箕子同事暗主則皆用'明夷', '旣濟'·'未濟'共臨坎險則胥伐鬼方, 以擇用也. 擇德者從其性之所近, 擇用者從其心之所安, 咸必其材之具

1502 여기에서 말하는 '감응'이란 『계사상전』 제10장에서 말하는 "『주역』은 생각하는 것이 없고, 행함이 없다. 고요히 움직이지 않다가 감응하여서는 이 세상의 모든 까닭에 통한다. 이 세상의 지극한 신묘함이 아니고서 그 어떤 것이 이것에 함께할 수 있으리오!(『易』, 无思也, 无爲也, 寂然不動, 感而遂通天下之故. 非天下之至神, 其孰能與於此!)"라고 함에서의 '감응'이다. 이 '감응'은 사람의 지혜로는 풀기 어려운 문제가 있어서 시초점을 칠 경우, 이 시초점을 통해 얻은 괘·효가 '하늘이 감응한' 결과라는 것이다. 즉 점치는 사람에게 하늘이 느껴서 응한 것이라는 의미다.

成, 而後始成乎其章. 故利用者, 亦以靜爲主, 而動於其靜. 故動亦
大矣, 非乘於一效之偶著, 而舍所主以從之, 爲能應天下之賾也. 蓋
靜者所生, 動者其生. 生於所生, 則效固因材而起矣.

『주역』은 넓고도 크다. 그래서 『주역』을 공부하는 이들 가운데 어떤 이
들은 이 넓고 큰 것 중에서 선택함이 있는 것이다. 그러나 재질을 이루고
있는 괘를 선택하지, 공효를 드러내고 있는 효를 선택하지는 않는다. 재질
을 선택하면 전일(專一)해지고, 공효를 선택하면 견고해진다. 그러므로 안
자(顏子)는 복괘䷗를 선택했던 것이고,[1503] 증자(曾子)는 태괘(泰卦)䷊를 썼던
것인데, 이들은 덕[卦]을 택한 것이다. 이에 비해 문왕과 기자는 함께 암주
(暗主; 紂王)를 섬겼는데, 모두 명이괘䷣를 썼고,[1504] 기제괘䷾·미제괘䷿는

[1503] 공자께서는 "안씨의 아들[顏回]은 거의 가까운지고! 자신에게 지나침이 있거들랑 일찌감치
알아차리지 못함이 없었고, 알게 되어서는 다시는 그 행위를 되풀이하지 않았다. 그래서
『주역』에서는 '머지않아 곧 되돌아옴이니, 후회함에 이르지 않는다. 크게 길하다.'라고 한
다."라고 하였다.(『계사하전』제5장: 子曰: 顏氏之子, 其殆庶幾乎! 有不善未嘗不知, 知之未
嘗復行也. 『易』曰, "不遠復, 无祗悔, 元吉.") 이는 복괘䷗ 초구효사와 관련한 것이다.

[1504] 왕부지는 명이괘䷣의 육이효(六二, 明夷, 夷于左股, 用拯馬壯, 吉.)가 문왕의 일을 다루고
있다고 본다. "이 효는 문왕의 일을 그리고 있다. 왼쪽 넓적다리에 상처를 입었으니 정상적
인 걸음걸이를 할 수가 없다. 그런데 '왼쪽 넓적다리'라 한 것은 손·발의 경우 오른쪽을 높
이 보는데 왼쪽에 부상을 당한 것이니 아직 큰 부상이라 할 수는 없다는 의미다. 이는 문왕
이 유리(羑里) 감옥에 갇혔다가 풀려날 수 있음을 은유한 것이다.(『주역내전』, 명이괘: 此
象文王之事也. 傷于左股, 不能大行也. 言左股者, 手足尙右, 傷其左, 尙未大傷, 象羑里之得
釋.)"라는 것이다.
　이 명이괘의 육오효사에는 직접 기자(箕子)를 거론하고 있다. "육오: 기자의 밝음이 상처
를 입음이다. 이롭고 올곧다.(六五: 箕子之明夷, 利貞. 六五, 箕子之明夷, 利貞.)"라고 함이
이것이다. 이에 대해 왕부지는 "상육효가 세상을 암울하게 하는 포악한 임금인데, 육오효
는 그 가까이에 있으면서 똑같이 혼란한 조정에서 함께 어울리고 있으니, 그 밝음이 드러
나지 않고 스스로 어두워지고 만다. 그러므로 이것이 기자의 모습이다. 그러나 반드시 기
자와 같은 올곧음이어야만 의로움에 합치한다. 그렇지 않으면 비렴(飛廉)·악래(惡來)와
거의 다를 바 없을 것이다.(『주역내전』, 명이괘: 上爲暗主, 而五近之, 相比於同昏之廷, 不
顯其明以自晦, 故爲箕子之象. 然必如箕子之貞而後合於義. 不然, 則其去飛廉·惡來也無幾

함께 험난함에 임하여 모두 귀방(鬼方)을 정벌함으로써[1505] 쓰임[爻]을 택하고 있다. 덕을 택한 사람들은 성(性)이 서로 가까움을 따른 것이고, 쓰임을 택한 사람들은 마음이 편안함을 택한 것인데, 모두 반드시 그 재질[材]이 갖추어지고 이루어진 뒤에 비로소 그 체재[章]가 이루어진 것이다.

그러므로 이롭게 쓰는 사람들은 역시 고요함[靜]을 위주로 하고, 그 고요함에서 움직인다[動]. 이러한 까닭에 움직임[動]도 위대한 것이니, 하나의 공효에서 우연히 드러남에 편승하는 것이 아니라, 주인으로 모시고 따르던 것을 버리고서 이 세상 잡다한 것들에 응할 수 있는 것이다. 생각건대 고요함[靜]은 생겨난 것이고 움직임[動]은 그 생함이다. 생겨난 것에서 생하니, 공효는 본디 재질[材]로 말미암아서 일어나는 것이다.

'乾'惟利貞, 是以上過貞而龍亢. '坤'唯先迷, 是以初在迷而履霜. '師'利丈人, 是以三稚而輿尸. '履'陽不疚, 是以陰孤而虎咥. '復'期七日, 是以上失期而君凶. '剝'戒攸往, 是以五承寵而得利. '遯'小利貞, 是以二能執革. '壯'宜大正, 是以五必喪羊. '夬'无卽戎之功, 是以前趾而不勝. '姤'非取女之道, 是以无魚而起凶. '萃'亨於大人之見, 是以三·上過小而咨嗟. '升'志在南征之行, 是以上六北轅而不富. '兌'道在貞而乖於苟說, 故三凶於上. '巽'命必申而利於攸往, 故四吉於初.

矣.)"라 풀이하고 있다.

1505 기제괘☶☵의 구삼효(九三: 高宗伐鬼方, 三年克之, 小人勿用.)와 미제괘☲☵의 구사효(九四: 貞吉悔亡. 震用伐鬼方, 三年有賞於大國.)에 모두 '귀방을 정벌하다[伐鬼方]'라는 구절이 나온다. 기제괘의 구삼효는 외괘[悔卦]인 감괘☵를 마주하고 있고, 미제괘의 구사효는 내괘[貞卦]인 감괘☵를 마주하고 있다. 이 감괘는 취의(取義)가 '험난함'이다. 그래서 이렇게 말하는 것이다.

역문 건괘☰는 오로지 올곧음에 이롭다. 이러한 까닭에 상효는 지나치게 올 곧아서 용이 너무 높이 올라간 것이다.[1506] 곤괘☷는 오직 먼저 미혹된다. 이러한 까닭에 그 초육효는 미혹됨에 있다가 서리를 밟는다.[1507] 사괘䷆는 장인(丈人)에게 이롭다.[1508] 이러한 까닭에 그 육삼효는 어리고 수레 가득 시체를 싣고 온다.[1509] 리괘(履卦)䷉의 양(陽)들은 마음속으로 부끄러워하거 나 고통스러워할 잘못을 저지르지 않는다. 이러한 리괘에 단 하나 있는 음 (--)은 고립되어서 호랑이가 물어 버린다.[1510] 복괘䷗에서는 주기가 7일이 다.[1511] 이러한 까닭에 상육효는 실기(失期)하여서 임금이 흉하다.[1512] 박괘 ䷖에서는 어디 가는 것을 경계하고 있다. 이러한 까닭에 육오효가 임금에 게 받는 총애를 통솔하여 이로움을 얻고 있다.[1513] 둔괘(遯卦)䷠에서는 작은 것이 올곧음에 이롭다.[1514] 이러한 까닭에 육이효가 가죽으로 만든 끈을 붙 들어 매고 있을 수가 있다.[1515] 대장괘䷡에서는 거대한 것이 올바름을 마땅

[1506] 건괘☰의 상구효사는 "너무 높이 올라간 용이니 후회함이 있다.(亢龍有悔.)"로 되어 있다.

[1507] '먼저 미혹됨[先迷]'은 이 곤괘☷의 괘사[元亨, 利牝馬之貞. 君子有攸往, 先迷後得主, 利. 西 南得朋, 東北喪朋. 安貞吉.]에 나오는 말이고, '서리를 밟음[履霜]'은 그 초육효사[履霜堅冰 至.]에 나오는 말이다.

[1508] 이는 이 사괘䷆의 괘사[貞, 丈人吉, 无咎.]이다. 왕부지는 여기에서의 '장인'에 대해, 이 사괘 ䷆ 구이효의 군셈으로서 득중한 덕이 웅대한 군사 지략을 내는 원로를 상징한다고 본다. (『주역내전』, 사괘䷆: '丈人'謂二剛中之德爲壯猷之元老, 以之臨戎, 戰則必勝, 故吉也.)

[1509] 이는 이 사괘䷆의 육삼효사[師或輿尸, 凶.]를 인용하는 말이다.

[1510] 이는 이 리괘䷉의 육삼효사[眇能視, 跛能履. 履虎尾, 咥人凶. 武人爲于大君.]를 인용하는 말이다.

[1511] 이는 이 복괘䷗의 괘사[復, 亨. 出入无疾, 朋來无咎, 反復其道, 七日來復. 利有攸往.]에 나오 는 말을 근거로 한 것이다.

[1512] 이는 이 복괘䷗의 상육효사[上六: 迷復, 凶, 有災眚. 用行師, 終有大敗, 以其國君凶, 至于十 年不克征.]를 근거로 해서 하는 말이다.

[1513] 이는 이 박괘䷖의 육오효사[六五: 貫魚, 以宮人寵, 无不利.]를 근거로 하는 말이다.

[1514] 이는 이 둔괘䷠의 괘사[遯, 亨, 小利貞.]를 근거로 하는 말이다.

[1515] 이는 이 둔괘䷠의 육이효사[六二: 執之用黃牛之革, 莫之勝說.]를 근거로 하는 말이다.

하게 여긴다.¹⁵¹⁶ 이러한 까닭에 육오효는 반드시 양(羊)을 잃어버린다.¹⁵¹⁷ 쾌괘䷪에서는 곧바로 무력에 의존하는 공(功)이 없다.¹⁵¹⁸ 이러한 까닭에 앞 발가락이 씩씩하여 나아가고자 하지만 이기지를 못한다.¹⁵¹⁹ 구괘(姤卦)䷫는 여자를 취할 원리가 아니다.¹⁵²⁰ 이러한 까닭에 고기는 없고 흉함이 일어난다.¹⁵²¹ 췌괘(萃卦)䷬는 대인을 만남에 이롭다.¹⁵²² 이러한 까닭에 육삼·상육효에서는 지나치게 작아서 탄식하게 된다.¹⁵²³ 승괘(升卦)䷭는 남쪽으로 원정하러 감에 뜻을 두고 있다.¹⁵²⁴ 이러한 까닭에 이 승괘의 상육 효사는 북쪽으로 마차를 몰아서 부유하지 않다.¹⁵²⁵ 태괘(兌卦)䷹에서는 그 원리가 올곧음에 있기에¹⁵²⁶ 구차하게 기뻐함과는 어그러진다.¹⁵²⁷ 그러므

1516 이는 이 대장괘䷡의 『단전』에서 괘사의 일부['大壯, 利貞', 大者正也. 正大而天地之情可見矣.]를 풀이하면서 한 말이다.

1517 이 대장괘䷡의 육오효사는 "변경의 국경 지대에서 양을 잃어버렸으나 후회함이 없다.(喪羊于易, 无悔.)"로 되어 있다.

1518 이는 이 쾌괘䷪ 괘사[夬. 揚于王庭, 孚號有厲. 告自邑, 不利卽戎, 利有攸往.] 가운데 '이롭지 않으면 곧바로 무력에 의존한다[不利卽戎]'를 근거로 하는 말이다.

1519 이는 이 쾌괘䷪의 초구효사 "앞 발가락이 씩씩하여 나아가고자 함이 왕성하지만 가더라도 이기지 못하고 허물이 된다.[壯于前趾, 往不勝爲咎.]"를 근거로 하는 말이다.

1520 이는 이 구괘䷫의 괘사 "여자가 드셀 정도로 왕성하니, 자신의 여자로 취하지 말라![女壯, 勿用取女.]"를 근거로 하는 말이다.

1521 이는 이 구괘䷫의 구사효사[九四, 包无魚, 起凶.]를 근거로 하는 말이다.

1522 이는 이 췌괘䷬의 괘사[亨. 王假有廟, 利見大人, 亨利貞. 用大牲吉, 利有攸往.] 가운데 일부를 근거로 하는 말이다.

1523 이는 이 췌괘의 육삼효사[萃如嗟如, 无攸利. 往无咎, 小吝.]와 상육효사[齎咨涕洟, 无咎.]를 근거로 하는 말이다.

1524 이는 이 승괘䷭의 괘사[元亨. 用見大人勿恤, 南征吉.]를 근거로 하는 말이다.

1525 이는 이 승괘䷭의 상육효사 "아득하게 올라감이다. 쉼이 없는 올곧음에 이롭다.[冥升, 利于不息之貞.]"에 대해, 그 『상전』에서 "아득하게 올라가서 위에 있으니, 사라져서 부유하지 않다.[冥升在上, 消不富也.]"라고 풀이함을 근거로 하는 말이다. 그런데 이 효사에서 '아득하게 올라감[冥升]'이라 한 것을, 왕부지는 여기에서 '북쪽으로 마차를 몰고 감[北輴]'이라 풀이하여, 이것이 괘사에 나오는 '남쪽으로 원정하러 감[南征]'과 어긋나기에 부유하지 않다는 의미로 해석하고 있다.

1526 이는 이 태괘䷹의 괘사[亨, 利, 貞.]를 근거로 한 것이다.

로 이 태괘☱의 두 음효 가운데 육삼효가 상육효보다 더 흉하다.[1528] 손괘 ☴는 명(命)을 내리면 반드시 실현해 냄이 있고,[1529] 어디를 감에 이롭다.[1530] 그러므로 이 괘의 두 음효 가운데 육사효가 초육효보다 더 길하다.[1531]

凡此者, 或象方致譽, 而爻以凶; 或象非有功, 而爻无懼. 然且即象 以推, 存亡具在, 況其相因以起義, 象爻道合, 如无首之後夫, 女貞 之中饋者哉! 然則象外无爻, 而效必因材也, 不亦審與!

역문 이상의 것들을 보면, 괘는 한창 영예를 이루는데 효는 흉하기도 하고, 괘에는 공(功)이 없는데 효에는 두려움이 없기도 하다. 그러나 또한 괘에 근거해서 미루어 보더라도, 존(存)·망(亡)이 함께 존재하거늘, 하물며 이 것들이 서로 말미암아서 뜻을 일으키고 괘·효의 도가 합하면, 머리가 없 는 나중에 온 사나이[1532]나 여자가 올곧아서 방 가운데서 제사를 지냄[1533]과

1527 이는 이 태괘☱ 『단전』의 "태괘는 기뻐함을 드러내고 있다. 굳셈은 득중하고 부드러움은 밖에 드러나고 있으니 기뻐하며 이롭고 올곧다.[兌, 說也, 剛中而柔外, 說以利貞.]"는 말을 근거로 한 것이다.

1528 이 태괘☱의 상육효사에는 '흉하다[凶]'라고 함이 없지만[上六: 引兌.] 육삼효사에는 있다. [六三: 來兌, 凶.]

1529 이는 이 손괘☴ 『단전』의 "거듭 공손하게 명(命)을 내려서 실현해 냄이다.[重巽以申命.]"라 고 함을 근거로 하는 말이다.

1530 이는 이 손괘☴ 괘사[小亨, 利有攸往, 利見大人.]를 근거로 하는 말이다.

1531 이 손괘☴의 초육효사는 "나아가기도 하고 물러나기도 함이 무인(武人)의 올곧음에 이롭 다.[進退利武人之貞.]"라 하고 있음에 비해, 육사효사는 "후회함이 없다. 사냥을 나가서 3 종류의 물품을 얻는다.[悔亡, 田獲三品.]"라 하고 있다.

1532 왕부지는 이를 비괘(比卦)☵의 상육효로 보고 있다. 그래서 그는, "뭇 음들이 양과 함께 어 울리는 세상에서 상육효만이 홀로 '머리가 없는' 채 '뒤늦게 온 사나이'가 되어 있다. 이러한 사람은 사람의 일반적인 정서에도 맞지 않고 도리에도 맞지 않는다.(『주역내전』, 비괘☵: 當羣陰比陽之世, 而上六獨爲'无首'之後夫', 非人情, 非人理矣.)"라고 하고 있다. 이 비괘 상 육효사는 "저희끼리 함께 어울림에 앞장서서 이끄는 머리가 없으니, 흉하다.(比之无首, 凶.)"로 되어 있다. 또 이 비괘의 괘사는 "길하다. 본래 건원(乾元)의 영원하고 올곧음을 택

같기도 하리로다! 그렇다면 괘의 밖에는 효가 없고, 효는 반드시 재질[材]로 말미암는다고 함이 또한 『주역』의 이치를 정확하게 꿰뚫어 보았다고 할 수 있지 않으랴!

唯析象爻以殊物, 則抑謂三聖之異宗. 多歧旣以亡羊, 後來彌多標指, 故且曰, "有文王後天之『易』, 有庖羲先天之『易』". [天] 且剖先後以異道, 而況於聖人! 則羲‧文自爲門戶, 周‧孔各爲朋黨, 亦奚恤哉!

역문 오직 괘와 효를 쪼개서 각기 다른 것들로 여긴다면, "세 성인들께서 마루[宗]를 달리한다."라고도 말할 수 있을 것이다.[1534] 갈림길이 많아서 양(羊)을 잃어버렸다면, 나중에 오기 위해 더욱 많은 표지를 해야 할 것이다. 그러므로 또한 "문왕께서 만든 후천(後天)의 『역』이 있고, 복희씨가 만든 선천(先天)의 『역』이 있다."라고 말하게도 될 것이다. 하늘도 이렇게 선‧후로 쪼개면 도가 각각 달라지거늘, 하물며 성인들에게서야! 이렇게 된다

하였으니 허물이 없다. 안정되지 아니한 지방에서 오는데, 뒤늦게 오는 사나이는 흉하다. (吉. 原筮元永貞, 无咎. 不寧方來, 後夫凶.)"로 되어 있다. 이렇게 보면, 괘‧효가 서로 말미암아서 의미를 일으키고, 괘‧효의 도가 합해서 의미를 결정한다는 왕부지의 이곳 주장을 이해할 수 있을 것 같다.

1533 가인괘☲ 육이효사에 나오는 말이다. 효사 전체는 "제 뜻과 욕구를 채우지 않고 방 가운데서 제사 음식을 올림이니, 올곧고 길하다.(无攸遂, 在中饋, 貞吉.)"로 되어 있다. 그리고 이 가인괘의 괘사는 "여자가 올곧음에 이롭다.(家人, 利女貞.)"로 되어 있다. 그래서 왕부지는 이 가인괘의 괘와 효의 도가 합해서 이러한 의미를 갖는다고 보는 것이다.

1534 이를 이해하려면 왕부지의 '사성동규(四聖同揆; 四聖一揆)'론을 먼저 알아야 할 필요가 있다. 왕부지는 팔괘를 그린 복희씨, 이를 64괘로 연역한 문왕, 거기에 괘‧효사를 붙인 주공, '십익(十翼)'을 지어서 『주역』에 대한 이해를 도운 공자 등 네 성인이 모두 '같은 원리‧법칙(同揆‧一揆)'을 따라서 각자의 작업을 했다고 본다. 이것이 '사성동규[사성일규]'론이다. 그러므로 이에 근거해서 보면, 괘와 효, '십익'으로서의 『역전』이 다른 원리‧법칙을 가진 것일 수 없고, 이들은 하나로 환원된다고 할 수 있다.

면 복희씨와 문왕이 각자 문호를 열 것이고, 주공과 공자도 각기 붕당을 만들 것이니, 또한 이를 어쩐단 말인가!

彼將曰, "『易』者意也, 聖人各以其意遇之也." 聖人有其意, 則後之爲術數異端者亦可有其意矣. 私意行則小智登, 小智登則小言起. 故或以律爲『易』, 或以兵爲『易』, 或以節候爲『易』, 或以納甲爲『易』, 或以星度爲『易』, 既偶測其偏, 而納全體於一隅; 由是而王輔嗣以重玄爲『易』, 魏伯陽以爐火爲『易』, 李通玄以十玄六相爲『易』, 則濫淫於妄, 而誣至道以邪辭, 亦曰, "意至則『易』存, 意不禁則『易』无方". 故『易』訟於庭而道喪於室, 非一晨一夕之故矣.

역문 저들은 어쩌면 "『주역』은 의사(意思)로 이루어진 것이니, 성인들 각각은 자신들의 의사로써 『주역』을 접한 것이다."라고 말할지도 모른다. 이렇게 그 성인들에게 각각이 의사가 있었다면, 나중의 술수가나 이단들에게도 이 의사는 있을 수가 있다. 그리하여 사사로운 의사로써 행하면, 작은 지혜의 성취가 있을 것이고, 그래서 작은 지혜의 성취가 있으면 그에 따라서 작은 말들이 일어날 것이다. 그러므로 어떤 사람은 율(律)로써 『주역』을 말하기도 하고, 어떤 병법으로써 『주역』을 말하기도 하고, 어떤 사람은 절후(節候)로써 『주역』을 말하기도 하고, 어떤 사람은 납갑으로써 『주역』을 말하기도 하고, 어떤 사람은 성도(星度)로써 『주역』을 말하기도 하는 등, 우연히 그 한구석을 헤아려 냈으니, 『주역』 전체를 이 한구석에 집어넣는다.

그 결과 왕필은 '중현(重玄)'으로써 『주역』을 풀이했고,[1535] 위백양(魏伯

1535 여기에서 말하는 '중현(重玄)'은 『노자』 제1장에 나오는 '현묘하고도 또한 현묘하다'라는 의미에서의 '玄之又玄'을 지칭하는 것이다. 이는, 왕필이 『노자』를 비조(鼻祖)로 한 도가

陽)은 노화(爐火)로써 『주역』을 풀이했으며,[1536] 이통현(李通玄)[1537]은 10현(玄)·6상(相)으로써 『주역』을 풀이하였다.[1538] 이렇게 『주역』이 망령된 쪽으로 흘러넘치며 사악한 말들로써 그 지극한 도를 속였다. 그런데 또한 "의사(意思)가 지극하면 『주역』이 존재하고, 의사를 금하지 않으면 『주역』은 어느 방향으로든 나아간다."라고 한다. 그러므로 『주역』이 뜨락에서는 쟁송(爭訟)하고 방에서는 도를 잃어버림이 하루 새벽·하룻저녁에 이루어진 일이 아니다.

且夫象之效而爲爻, 猶爻之效而爲變也. 極四千九十六於三百八十四之中而无異占, 極三百八十四於六十四之中而豈有殊旨哉! 焦延壽嘗屑屑以分矣, 卒无別研之幾, 故但有吉凶而无憂患之故, 則亦惡用此紛紛射覆者爲也!

역문 괘의 공효가 효(爻)가 되는데, 이는 마치 효의 공효가 변함[變]이 되는 것

(道家)의 관점에서 『주역』을 풀이했다는 점을 지적하는 것이다.

1536 이에 대해서는 앞 주261), 262), 1201)을 참고하라.

1537 이통현(635~730)은 당나라 때의 화엄경 학자다. 그는 유교와 불교의 경전들에 두루 정통하였다. 그의 나이 85세 되던 현종의 개원(開元) 7년(719)부터 태원부(太原府) 수양방산(壽陽方山)의 토감(土龕) 속에 은거하며 『화엄경』을 연구하였다. 그런데 매일 밥 대신 대추와 잣나무 이파리를 가루 내어 떡으로 만들어 먹었으므로 '조백대사(棗柏大士)'라고 불렸다. 이렇게 11년을 지내다 개원(開元) 18년 세상을 떠났다. 거의 100세에 가까운 장수를 누렸다. 나중에 송나라의 휘종(徽宗)은 그에게 '현교묘엄장자(顯教妙嚴長者)'라는 호를 내렸다. 저서로 『화엄경론(華嚴經論)』, 『화엄경회석론(華嚴經會釋論)』, 『약석신화엄경수행차제결의론(略釋新華嚴經修行次第決疑論)』 등이 있다.

1538 이통현은 『신화엄경론(新華嚴經論)』에서 『주역』을 가지고 『화엄경』을 풀이하였다. 예컨대 8괘의 방위로써 보살을 배당하는 것이 그 한 예다. 여기에서 말하는 '10현'은 『화엄경』에서 말하는 '십현문(十玄門)'을 가리키는 것이고, '6상'은 역시 『화엄경』에서 말하는 총상(總相)·별상(別相)·성상(成相)·괴상(壞相)·동상(同相)·이상(異相) 등을 가리킨다. 이통현은 또 『육상십현(六相十玄)』을 지어서 '10현'과 '6상'을 병칭하고 있다.

과 같다. 384효 속에서 4,096개[1539]라는 극에 이르더라도 다른 점(占)은 없으니, 64괘 중에서 384효라는 극에 이른다고 하여 어찌 다른 뜻이 있겠는가! 초연수(焦延壽; ?~?)[1540]는 일찍이 애써서 이렇게 나누었지만,[1541] 거기에 끝내 별다르게 낌새[幾]를 연구한 것은 없었다. 그러므로 초연수의 『역림』에는 단지 길·흉만 있고, 우환으로 여길 까닭은 없다. 그래서 또한 이것을 악용하여 요리조리 손놀림을 번잡하게 해 가며 갈피를 잡을 수 없게 하는 야바위꾼들이 하는 것이로다!

故君子之於『易』也博, 用其簡; 細人之於『易』也錮, 用其繁. 用其簡, 則六十四象之中以備雜物撰德而不遺; 用其繁, 則極延壽之四千九十六占, 以迄於邵子萬萬有奇之策, 以測其始終本末而不能該. 故

1539 괘변설(卦變說)에 의하면 64괘 낱낱의 괘가 효(爻)들이 바뀜에 따라 다른 63괘로 바뀔 수 있다. 그래서 변배 전체는 64괘×64괘로서 4,096괘가 된다. 『역학계몽』 뒤에는 이 「괘변도」가 부록으로 실려 있다. 참고하기 바란다.

1540 초연수는 자(字)가 공(贛)이다. 일설에는 공(贛)이 이름이고 연수(延壽)가 자(字)라 하기도 한다. 그는 서한(西漢) 시기의 저명한 주역학자다. 어려서는 매우 빈천하였으나 학문을 열심히 한 나머지 양왕(梁王)의 인정을 받았다. 학문의 공을 이룬 뒤 소황현령(小黃縣令)이 되어 자못 치적을 남기기도 하였다. 그래서 그의 선치(善治)에 감동한 그 고을 백성들이 그의 전근에 즈음하여 유임시켜 줄 것을 상소하기도 하였다.

　초연수는 맹희(孟喜)에게서 『주역』을 배워 경방(京房)에게 전해 준 것으로 알려져 있다. 그러나 맹희의 적전(嫡傳) 제자인 적목(翟牧)과 백생(白生) 등은 이를 부인한다. 유향(劉向)도 교서(校書) 작업을 통해 서한의 역학이 모두 전하(田何)로부터 나왔지만, 초연수의 문인인 경방(京房)의 역학만은 그 흐름을 달리한다고 여겼다.

　초연수는 은사들의 설을 많이 습득하여 그것을 맹희에게 가탁한 것으로 보인다. 그의 역학은 재이(災異)를 말하는 데 밝다는 특징을 지니고 있다. 그래서 64괘를 가지고 일상생활 전반에 대해 점치고, 기후의 변화 등도 그 속에 포괄하였다고 한다. 『역림(易林)』(16권)과 『역림변점(易林變占)』(16권)을 저술하였다. 후자는 오늘날 전해지지 않는다.

1541 초공의 『역림(易林)』을 말한다. 『역림』에서는 『주역』의 64괘가 다시 64괘로 변하는 것으로 하여 모두 4,096괘를 말한다. 그리고 이들 모두 해당하는 점사(占辭)를 붙여 놓고 있는데, 이것이 네 글자로 된 운문(韻文)이다.

曰, "觀其象辭, 則思過半矣", "易簡而天下之理得", "日新", "富有", 豈他求之哉!

역문 그러므로 군자는 『주역』에 대해 해박하지만, 간약한 것을 쓴다. 이에 비해 소인들은 『주역』에 대해 꽉 막혀 있으면서도 번잡한 것을 쓴다. 64괘들에서는 잡다하게 뒤섞인 것들이 한 괘 전체의 덕을 조성하고 있으며 빠트리는 것이 없다. 그런데 번잡한 것을 쓴 것은 초연수가 4,096 경우로 점을 친 것이며, 이것이 소자(邵子)의 1억(1만×1만) 하고도 남는 시책에까지 이르는데, 이렇게 해서 그 시작과 끝남, 본(本)과 말(末)을 가늠해 보고자 해도 다 갖출 수가 없다. 그러므로 "그 괘사를 살핀다면, 괘에 대해서는 이미 절반 이상을 터득할 것이다."[1542] · "쉽고 간단하게 천하의 이치대로 한다."[1543] · "날로 새롭게 하다." · "풍부하게 있게 하다."[1544]라고 하니, 어찌 다른 것에서 구하리오!

或曰, "元亨利貞, 象與「文言」殊矣, 則文王 · 孔子非異意與?" 曰: 四德者, 合體用而言之也. 體一成, 而用有先有後, 有生有成. 仁生禮, 義成信, 故'元亨', 以元故亨, '利貞', 貞而得利. 二篇之辭, 終无曰, '元利'而'貞亨'者, 體用相因之序也. 『文言』四德之目, 又豈邵子四塊八方 · 瓜分瓦合之說邪? 而又何疑焉!

1542 이 『계사하전』 제9장에 나오는 말이다.
1543 「계사상전」 제1장에 나오는 말이다.
1544 『계사상전』 제5장의 "풍부하게 있게 함을 위대한 사업이라 하고, 날로 새롭게 함을 융성한 덕이라 한다.(富有之謂大業, 日新之謂盛德.)"라는 말에 출전이 있다.

역문 누군가는 "원형이정(元亨利貞)이 건괘▆의 괘사와 『문언전』에서 다르니, 문왕과 공자가 다른 뜻을 갖고 있었던 것 아닌가?"라고 문제를 제기한다.[1545] 이에 대한 내 의견은 이러하다. 네 덕[四德]은 본체[體]와 작용[用]을 합해서 말한 것이다. 본체[體]는 한꺼번에 이루어지지만, 작용[用]에는 선(先)도 있고 후(後)도 있으며, 생(生)도 있고 성(成)도 있다. 어짊[仁]은 예(禮)를 생하고, 의로움[義]은 신(信)을 이룬다. 그러므로 '원형(元亨)'은 으뜸[元]이기 때문에 형통하고[亨], '이정(利貞)'은 올곧아서[貞] 이로움[利]을 얻는 것이다. 『주역』의 상·하 두 편에서 끝까지 '원리(元利)'여서 '정형(貞亨)'이라 함이 없는 것은, 본체[體]와 작용[用]은 서로 말미암는 순서이기 때문이다. 『문언전』에서 거론하는 네 덕[四德]의 목록이 또한 어찌 소자(邵子)의 사괴(四塊)·팔방(八方)과 과분(瓜分)·와합(瓦合)의 설이겠는가? 또 이에 대해 어찌 의심하는가!

[1545] 주희가 이러한 주장을 하고 있다. 주희는 네 성인의 『주역』이 다 다르다고 하며, 『주역』은 본래 점을 치기 위해서 만들어진 것인데, 『주역』에서 의리(義理)를 부각한 것은 공자가 『역전』을 쓰면서부터라 하고 있다.(『주자어류』 권66, 「卜筮」: 八卦之畫, 本爲占筮. 方伏羲畫卦時, 止有奇偶之畫, 何嘗有許多說話! 文王重卦作繇辭, 周公作爻辭, 亦只是爲占筮設. 到孔子, 方始說從義理去. 如"乾, 元亨利貞; 坤, 元亨, 利牝馬之貞", 與後面"元亨利貞"只一般. 元亨, 謂大亨也; 利貞, 謂利於正也. 占得此卦者, 則大亨而利於正耳. 至孔子乃將'乾''坤'分作四德說, 此亦自是孔子意思. 伊川云, "元·亨·利·貞, 在'乾''坤'爲四德, 在他卦只作兩事." 不知別有何證據. 故學『易』者須將『易』各自看, 伏羲『易』, 自作伏羲『易』看, 是時未有一辭也; 文王『易』, 自作文王『易』; 周公『易』, 自作周公『易』; 孔子『易』, 自作孔子『易』看. 必欲牽合作一意看, 不得.)

계사하전 제10장

繫辭下傳第十章

'悉備'者, 大全統乎一端, 而一端領乎大全也. 『易』之六位, 有天道焉, 有地道焉, 有人道焉, 爲『易』所備, 而非奉以爲典要也.

역문 '다 갖추어져 있음'이란 『주역』의 '크게 온전함[大全]'이 '한 끄트머리[一端]'들까지 통괄한다는 것이고, 이 '한 끄트머리'는 『주역』의 '크게 온전함'에 통솔된다는 것이다. 『주역』 괘들의 여섯 위(位)에는 천도(天道)도 있고, 지도(地道)도 있고, 인도(人道)도 있어서 『주역』에 갖추어져 있지만, 그렇다고 해서 이것들을 떠받들어서 '일정불변한 틀[典要]'로 여길 필요는 없다.

道一成而三才備, 卦一成而六位備. 六位備而卦成, 三才備而道成. 天地有與來, 而人有與往. 都往來之通, 凝天地之交, 存乎其中, 人乃以肯道而主天地. 凝而存之, 成位乎中, 故於德有中焉, 於位有中焉. 德有中, 貞之以二爲中也; 位有中, 悔之以五爲中也. 然德位有定矣, 神而明之, 通人於天地, 非有定也. 時在退, 初·四但爲藏密之人事; 時在進, 三·上俱爲尚往之人謀. 故曰, 三才之道, 『易』所悉備, 而非有典要之可奉也.

도는 한꺼번에 이루어져서 천·지·인 삼재가 갖추어지고, 괘는 한꺼번에 이루어져서 여섯 위(位)가 갖추어진다. 여섯 위가 갖추어져서 괘가 이루어지며, 삼재가 갖추어져서 도가 이루어진다. 하늘·땅에는 더불어서 옴이 있고, 사람에게는 더불어서 감이 있다. 왔다[來] 갔다[往] 함이 통하는 곳에 모이고, 하늘·땅이 교접함에 엉기며, 그 속에 존재하는데, 사람은 도를 닮아서 하늘·땅을 주관한다. 사람은 이렇게 엉겨서 존재하고 하늘·땅의 가운데서 위치를 이룬다. 그러므로 사람의 덕에는 '중(中)'이 있고, 위(位)에도 '중'이 있다. 사람의 덕에 '중'이 있기에, 정괘(貞卦; 內卦)의 2효를 '중'으로 삼고, 위(位)에 '중'이 있기에 회괘(悔卦; 外卦)의 5효를 '중'으로 삼는다.

그러나 덕과 위(位)에 정해짐이 있다는 것이지, 신묘하여 밝히고 하늘·땅에 사람을 통하게 함에는 정해진 것이 있지 않다. 또한 사람의 때[時]에는 물러남이 있으니, 초·4효는 단지 은밀하게 숨어 있는 사람 일[人事]을 상징한다. 또한 사람의 때[時]에는 나아감이 있으니, 3·상효는 함께 가는 것을 높이 치는 인모(人謀)가 된다. 그러므로 천·지·인 삼재의 도를 『주역』에서는 다 갖추고 있지만, 일정 불변의 원리[典要]로서 받들 수 있는 것은 있지 않다.

且夫天地之際, 間不容髮, 人與萬物, 皆天地所淪肌浹髓以相涵者也. 道所必動, 生生者資二氣以蕃變之. 乃物之生也, 因地而形, 因天而象, 賅存乎天地, 不能自有其道而位亦虛. 人之有道也, 成性存存, 凝繼善以妙陰陽之會, 故其於天地也, 數有盈虛, 而自成乎其道.

有其道者有其位, 无異本者无異居. 故可別可同, 而與天地相往來
焉. 喜德者, 陽之生; 怒刑者, 陰之發. 情以盛之, 性以主之. 於天地
之外而有道, 亦入天地之中而備其道, 故人可乘六位以御天而行地.
故天地之際甚密, 而人道參焉. 相容相受, 而人終不自失. 別而有其
三, 同而統乎人. 『易』之所以悉備乎廣大也.

역문 하늘·땅이 맞닿음에서는 털끝 하나 들어갈 틈이 없다. 사람과 만물은
모두 하늘·땅에 살과 골수가 스며들어서 서로 함유하고 있다. 도에는 반
드시 움직임[動]이 있기에, 생하고 생함이 음기·양기 두 기(氣)에 힘입어
서 번성하고 변화한다. 그래서 물(物)들이 생겨남을 보면, 땅으로 말미암
아서 형체가 이루어지고, 하늘로 말미암아서 상(象)이 이루어진다. 이들은
모두 하늘·땅에 갖추어져 존재하는데, 이들에게는 저절로 그 도가 있을
수 없고 그 위(位)도 비어 있다.

　사람됨[性]을 이루어 이미 존재하는 것을 보존하며, 한 번은 음이 되었다
한 번은 양이 되었다 함을 잇는 선(善)을 엉기게 하여 음·양의 모임을 오
묘하게 한다.[1546] 그러므로 이러함이 하늘·땅에서는 수(數)에 찼다[盈] 비
었다[虛] 함이 있어서 스스로 그 도를 이룬다. 그 도가 있는 이에게는 그 위
(位)가 있고, 근본에 다름이 없는 이에게는 다른 거처가 없다. 그러므로 구
별될 수도 있고 같을 수도 있으면서 사람은 하늘·땅과 서로 왔다[來] 갔다
[往] 하는 것이다. 기뻐서 덕을 내는 것은 양의 생함이고, 노여워서 형(刑)
을 내는 것은 음의 발현이다. 사람에게서는 정(情)이 융성하게 하고, 성(性)

[1546] 이는 『계사상전』 제5장의 "한 번은 음이 되었다 한 번은 양이 되었다 함을 '도'라 한다. 이
　를 이어지게 하는 것은 '선'이고 이룬 것은 '성'이다.(一陰一陽之謂道, 繼之者善也, 成之者
　性也.)"라고 함을 인용한 것이다.

은 주재한다. 하늘·땅 밖에 도가 있고, 또한 하늘·땅속에 들어와서 그 도를 갖춘다.

그러므로 사람은 여섯 위(位)를 타고서 하늘을 통어(統御)하며 땅으로 다닌다. 또한 하늘·땅이 맞닿음은 매우 밀접한데, 인도(人道)가 여기에 참여한다. 서로 포용하고 서로 받아들이며 사람은 끝내 자신을 잃어버리지 않는다. 그리하여 구별해서는 이들이 천·지·인 셋이지만, 같게 하여서는 사람에게 통괄된다. 그래서 『주역』은 넓고 크게 다 갖추고 있는 것이다.

今夫凡言位者, 必有中焉, 而『易』无中, 三之上·四之下无位也; 凡言中者, 必一中焉, 而『易』兩中, 貞之二, 悔之五皆中也. 无中者散以无紀, 而『易』有紀; 兩中者歧而不純, 而『易』固純.

역문 무릇 위(位)라 하는 것들에는 반드시 중(中)이 있는데, 『주역』에는 이 중이 없고, 3효의 위·4효의 아래에는 위(位)가 없다. 무릇 '중'이라 하는 것에는 반드시 하나의 중이 있지만, 『주역』에는 두 개의 중이 있으니, 정괘(貞卦; 내괘)의 2효와 회괘(悔卦; 외괘)의 5효가 모두 그 중이다. 중이 없는 것은 흩어져서 벼리가 없지만, 『주역』에는 벼리가 있다. 두 개의 중은 갈라져서 불순하지만, 『주역』은 본디 순수하다.

何以明其然也? 有中者奇, 无中者偶, 奇生偶成. 聚而奇以生, 散皆一也; 分而偶以成, 一皆散也. 故曰, "喜怒哀樂之未發謂之中." 未發者, 四情合一, 將盈天下皆一, 无非中矣; 已發者, 各形爲理, 將盈天下皆道, 不見中矣. 樸滿一實, 終始內外, 渾成一中, 而无有主輔之別, 當位皆實, 中不可得而建焉. 故『易』立於偶以顯无中之妙, 以著一實之理, 而踐其皆備者也. 一中者不易, 兩中者易. 變而不失其常之謂常, 變而失其常, 非常矣. 故曰, "執中无權, 猶執一也."

역문 그 까닭을 어떻게 밝힐 수 있을까. 중(中)이 있는 것은 홀[奇]이고, 중이 없는 것은 짝[偶]인데, 홀은 생하고 짝은 이룬다. 응취하여서는 홀로서 생하는데, 흩어져서는 모두 하나다. 나뉘어서는 짝으로서 이루는데, 하나가 모두 흩어진 것이다.

그러므로 "희·로·애·락이 아직 발하지 아니한 것을 '중'이라 한다."라고 한다. '아직 발하지 아니함'에서는 이들 네 정(情)이 합일하여 장차 이 세상을 채우는 것이 모두 하나일 것이며, 중이 아님이 없다. '이미 발함'에서는 리(理)대로 각각의 형(形)을 이루고 장차 이 세상을 가득 채우는 것이 모두가 도일 것이며, 여기에서 중은 보이지 않는다.

소박함이 하나의 실함을 가득 채우고, 시작과 끝·안과 밖이 구별되지 않은 채 하나로 뒤섞여 하나의 중을 이루니, 여기에는 주(主)와 보(輔)의 구별됨이 없고, 당위(當位)가 모두 실하여 중은 건립할 수가 없다. 그러므로 『주역』은 짝에서 세워져서 중이 없는 오묘함을 드러내고 있는데, 이렇게 함으로써 하나로 실함의 이치를 드러내며, 그 모두 갖추고 있는 것들을 실천한다.

하나의 중은 바뀌지 않고, 두 개의 중은 바뀐다. 변하여 그 한결같음[常]을 잃어버리지 않는 것을 '한결같음[常]'이라 하며, 변하여 그 한결같음[常]을 잃어버려서는 한결같음[常]이 아니다. 그러므로 "중(中)만 쥐고서 권도(權道)가 없으면 하나만 쥐고 있는 것과 같다."[1547]라고 말한다.

1547 『맹자』, 「진심(盡心) 상」에 나오는 말이다.

中立於兩, 一无可執, 於彼於此, 道義之門. 三年之哭无絕聲, 哀亦
一中矣; 燕射之禮无算爵, 樂亦一中矣. 春補秋助而國不貧, 恩亦一
中矣; 豐社挈戮而民不叛, 威亦一中矣. 父師奴, 少師死, 俱爲仁人;
伯夷餓, 太公封, 俱爲大老. 同其時而異其用, 生死進退而各一中矣.
則各致其一而皆中也.

역문 중(中)은 둘 사이에 서고, 하나는 잡을 수가 없으니, 저쪽에도 이쪽에도
도(道)와 의로움[義]의 문이다. 3년상을 치르면서 곡하는 소리가 끊이지 않
음은, 슬퍼함도 하나요 중이기 때문이다. 연사(燕射)[1548]의 예를 치르면서
마시는 잔 수를 헤아리지 않음은, 즐거움도 하나요 중이기 때문이다. 봄에
농사 시작할 때 도와주고 가을에 추수할 때 도와주어서 백성들이 가난하
지 않게 하는 것은, 은혜도 하나요 중이기 때문이다. 희생을 잡아서 사신
(社神)에게 제사 지내고 본인은 물론 자식들까지 주살하더라도 백성들이
반란을 일으키지 않음은, 위엄도 하나요 중이기 때문이다. 태사(太師)는 노
예가 되고 소사(少師)는 죽임을 당하더라도 둘 다 어진 사람이 되고, 백이
는 굶어 죽고 강태공은 제후에 봉해졌더라도 둘 다 대로(大老)가 되었다.
시대는 같았으나 쓰임은 다르면서, 하나는 죽고 하나는 살며, 하나는 물러
나 은거하고 하나는 나아가 벼슬하였다. 각각이 하나요 중이기 때문이다.
그래서 각각 그 하나를 이루면서도 모두가 중인 것이다.

其不然者, 移哀之半, 節樂之全, 損恩之多, 補威之少, 置身於可生

1548 '연사'는 중국 고대에 시행하던 사례(射禮)의 하나다. 연회를 베풀어 술을 마시면서 활을
쏘는 의식이다. 왕과 제후, 신하들이 주로 참여하는 인사들이다.

可死之中, 應世以若進若退之道, 乃華士所以逃譏; 而見一无兩, 可
其可而不可其不可, 畸所重而忘其交重, 則硜硜之小人所以自棘其
心也.

역문 그러나 그렇지 않은 이들은 자신의 슬픔 절반을 옮기고, 향락을 전부 즐
기는 것은 절제하며, 은혜의 많음을 덜어 내고, 위엄의 적음을 보완한다.
죽을 수도 있고 살 수도 있는 상황에 자신을 몰아넣고, 나아가는 것도 같
고 물러나는 것도 같은 방식으로 세상에 응한다. 화사(華士)는 이러한 방식
으로 비웃음으로부터 도망쳤다.[1549] 이들은 하나만 보지 둘은 없으며, 가한

1549 화사(華士)는 광귤(狂矞)과 형제다. 이들은 함께, "우리는 천자의 신하가 되지 말고, 제후
와도 친하게 지내지 말며, 우리 스스로 농사지어서 먹을 것을 해결하고, 손수 우물을 파서
마실 것을 해결하자. 결코 남에게 도움 따위는 구하지 말고 살자. 최고의 명예나 임금이 주
는 봉록을 추구하지 말고, 벼슬살이에 힘쓰지 않으며 우리 스스로 힘쓰면서 살자." 이렇게
모의했다가 태공망으로부터 죽임을 당했다. 주공이 이런 현자들을 죽이면 어떻게 하느냐
고 책망하자, 태공망은, 이러한 사람들은 사람 세상을 살맛 나게 꾸려 나아가는 데서 전혀
도움이 되지 않고 오히려 원활한 운용을 저해하므로 죽이는 것이 마땅하다고 대답했다. 아
무리 좋은 말(馬)이라도 모는 사람의 말[言]을 듣지 않으면 필요 없으니, 죽이는 것이 낫다
는 예를 들면서.(『한비자』, 「外儲說右上」: 太公望東封於齊, 齊東海上有居士曰狂矞・華士
昆弟二人者立議曰, "吾不臣天子, 不友諸侯, 耕作而食之, 掘井而飲之, 吾無求於人也. 無上
之名, 無君之祿, 不事仕而事力." 太公望至於營丘, 使執而殺之以爲首誅. 周公旦在魯聞之,
發急傳而問之曰, "夫二子, 賢者也. 今日饗國而殺賢者, 何也?" 太公望曰, "是昆弟二人立議
曰, '吾不臣天子, 不友諸侯, 耕作而食之, 掘井而飲之, 吾無求於人也. 無上之名, 無君之祿,
不事仕而事力.' 彼不臣天子者, 是望不得而臣也; 不友諸侯者, 是望不得而使也; 耕作而食之,
掘井而飲之, 無求於人者, 是望不得以賞罰勸禁也. 且無上名, 雖知, 不爲望用; 不仰君祿, 雖
賢, 不爲望功. 不仕, 則不治; 不任, 則不忠. 且先王之所以使其臣民者, 非爵祿則刑罰也. 今
四者不足以使之, 則望當誰爲君乎? 不服兵革而顯, 不親耕耨而名, 又所以教於國也. 今有馬
於此, 如驥之狀者, 天下之至良也. 然而驅之不前, 卻之不止, 左之不左, 右之不右, 則臧獲雖
賤, 不託其足. 臧獲之所願託其足於驥者, 以驥之可以追利辟害也. 今不爲人用, 臧獲雖賤, 不
託其足焉. 已自謂以爲世之賢士而不爲主用, 行極賢而不用於君, 此非明主之所臣也, 亦驥之
不可左右矣, 是以誅之.") 한비자는 이 편을 설정한 취지에 대해, 상을 주어도 명예를 주어
도 응하지 않고, 벌을 주어도 비방을 해도 두려워하지 않는, 이들 네 부류는 변하지 않으니
없애야 한다고 설명하고 있다.(賞之譽之不勸, 罰之毀之不畏. 四者加焉不變則其除之.)

것만을 가하다고 하고 불가한 것은 불가하다고 하며, 소중한 것을 기이하게 여기고 중요한 것과 교접하는 것을 잊어버린다. 비루하고 완고한 소인들은 그래서 스스로 그 마음에 가시밭길을 만든다.

一事之極致, 一物之情狀, 固有兩塗以合中, 迹有異而功无殊. 兩中者, 盡事物而貞其至變者也. 故合體天地之撰而用其盈, 則中之位不立, 辨悉'乾''坤'之德而各極其致, 則中之位可竝設而惟所擇. 故曰, 三才之道, 大全統乎一端, 而一端領乎大全也. 非達乎天人之際者, 无以喻其深矣.

역문 한 일[事]의 극치, 한 물(物)의 정황에는, 본디 두 갈래 길이다가 중(中)으로 합치됨이 있고, 비록 이르는 행적은 다를지라도 이룬 공(功)에는 다름이 없다. 두 갈래에서 중을 이루는 사람은 모든 일[事]·물(物)에서 아무리 변한다고 할지라도 그 올곧음을 지키는 사람이다. 그러므로 하늘·땅이 하는 작용[撰]을 합해서 일체(一體)로 하되 그 가득 참을 쓰면, 중의 위(位)는 세워지지 않는다. 또 건괘☰·곤괘☷의 특성[德]을 식별하여 각각에서 그 극치를 이룬다면, 중의 위(位)를 아울러 세워서 오직 선택할 수가 있다. 그러므로 천·지·인 삼재의 도는 거대한 전체가 실마리 하나 하나에서 통괄되고, 실마리 하나 하나는 거대한 전체에 통괄된다. 그러나 하늘과 사람의 맞닿음에 통달한 사람이 아니고서는 이에 대해 깊이 있게 깨닫지를 못한다.

若陋者之說『易』曰, "初爲士, 二爲大夫, 三卿, 四公, 五天子, 上宗廟." 或曰, "三爲臣, 五爲君, 上爲師." 以人之位, 限天之理; 以物之滯, 錮道之靈. 技術之鄙, 訓詁之愚, 學『易』者斥而絕之久矣.

역문 그런데 보잘것없는 이들은 『주역』에 대해 말하면서, "초효는 사(士), 2효는 대부, 3효는 경(卿), 4효는 공(公), 5효는 천자, 상효는 종묘(宗廟)가 된다."[1550]라고 말한다. 또 어떤 사람은 "3효는 신하, 5효는 임금, 상효는 사부(師傅)가 된다."[1551]라고 말한다. 그러나 이러한 것들은 사람의 지위로써 하늘의 이치를 한정한 것이며, 물(物)들의 고착됨으로써 도의 영묘(靈妙)함을 딱 가두어 버린 것이다. 『주역』을 기술로 팔아먹는 것들, 우매하게 훈고하는 것들, 『주역』을 공부하는 사람들이 이들을 배척하고 끊어 버린 지 오래다.

[1550] 이 비슷한 말이 『역위건착도(易緯乾鑿度)』에 보인다.(『易緯乾鑿度』上: 天地之氣, 必有終始, 六位之設, 皆由上下. 故『易』始於一, 分於二, 通於三, □於四, 盛於五, 終於上. 初爲元士, 二爲大夫, 三爲三公, 四爲諸侯, 五爲天子, 上爲宗廟. 凡此六者, 陰陽所以進退, 君臣所以升降, 萬人所以爲象則也.) 『역위건착도』에서는 '□於四'라 한 것을 혜사기(惠士奇; 1671~1741)의 『혜씨역설(惠氏易說)』에서는 '革於四'로 보완하고 있다.(『惠氏易說』 권1: 天地之氣, 必有終始, 六位之設, 皆由上下. 故『易』始於一, 分於二, 通於三, 革於四, 盛於五, 終於上. 所謂'大明終始'者, 指六位, 明矣.)

[1551] 딱 이렇게 말한 학자는 없다. 다만 왕부지 이전 『주역』 학자들의 3효, 5효, 상효에 대한 풀이들에서 단편적으로 이렇게 말한 것들은 있다. 특히 정이(程頤)가 그의 『역전』에서 이괘 ䷓ 상구효사[上九: 由頤, 厲吉, 利涉大川.]를 풀이하면서 5효를 임금, 상효를 사부(師傅)라 한 것이 두드러진다.(上九, 以剛陽之德, 居師傅之任. 六五之君, 柔順而從於己. 賴己之養, 是當天下之任, 天下由之以養也. 以人臣而當是任, 必常懷危, 厲則吉也.) 그런데 청대(淸代)의 정정조(程廷祚; 1691~1767)는 정이의 이 풀이를 소개하면서, 이러한 풀이는 잘못된 것이라 비판하고 있다.(程廷祚, 『大易擇言』 권15: 伊川程子曰, "上九, 以剛陽之德, 居師傅之任. 六五之君, 柔順而從於己. 賴己之養, 是當天下之任, 天下由之以養也. 以人臣而當是任, 必常懷危, 厲則吉也." … 案案: 六五'拂經'·上九'由頤', 皆以其道言之耳. 故六五之順以從上, 見陰柔之不可自用, 上九之利涉大川, 亦不過見陽剛之大可爲. 若必以五爲君, 上爲師傅, 以應聖人養賢之義, 其說泥矣. 且五之陰柔, 豈足以當聖人乎!)

계사하전 제11장

繫辭下傳第十一章

夫以易心而行危道者, 湯‧武是已. 其行危, 其時盛, 故處危而不疑.
處危不疑, 道一而已矣. 順百姓之心, 而无慙於後世; 承非常之慶,
而不背於先猷. 以德以福, 一而已矣, 故道不疑而心恒易. 其心易者
其辭易, 故『書』簡而直,『詩』至而和.

역문 평이한 마음으로써 위험한 도를 행한 사람은 탕왕‧무왕일 따름이다.
이들의 행함은 위태로웠고 이들이 이끌던 시대는 융성했으므로, 이들은
위태로움에 처해 있으면서도 그 행함의 결과에 대해 의심하지 않았다. 위
태로움에 처해 있으면서도 그 행함의 결과에 대해 의심하지 않았으니, 도
가 한결같았을 따름이다. 이들은 백성들의 마음에 순응하고 후세에 부끄
러움이 없으며, 결코 늘 있지는 않을 특별한 경사를 받들면서도 선왕들이
이룩하고자 하였던 것에 어긋나지 않았다. 이들은 덕으로써도 복으로써도
한결같을 따름이었으니, 도에 대해서 의심하지 않았고, 마음은 늘 평이하
였다. 마음이 평이한 사람들은 구사하는 말도 평이하다. 그러므로『서경』
의 말들은 간결하면서도 직절(直截)하며,『시경』의 말들은 지극하면서도
조화롭다.

若夫以危心而行危道者, 其惟文王乎? 其君明夷也, 其世密雲也, 決于飛而非其小心, 安於潛而无其餘位, 進則革命於崇朝, 退則不保其囚戮. 季歷之事, 勢不能爲; 武王之擧, 心不忍發; 遲回鄭重, 終守侯服. 非僅末世難濟之可憂, 抑亦盛德難終之足恤矣. 盛德欲終, 懼以終始, 則心不敢易而疑生焉. 心不易者詞不易, 故岐土无詩, 崇征无誓, 簡直和至之言沮, 而潔靜精微之義著也. 嗚呼! 此文王之所以爲盛德也.

역문 위태로운 마음으로써 위태로운 도를 행한 사람은 오직 문왕일러라! 당시의 군주인 주왕(紂王)은 혼군(昏君)이어서 문왕은 위태로운 상황에서 뜻함을 제대로 실현할 수 없었으니, 그 세상은 비유하자면 두껍게 낀 구름이었다. 당시 문왕으로서는 날기로 결단하자면 이는 조심하는 것이 아니었고, 가만히 숨어 있음에 편안해하고자 하더라도 남는 지위가 없는 상황이었다. 나아가면 하루아침에 천명을 바꿀 것이지만, 물러나면 감옥에 갇히고 죽임을 당하는 것조차 보장하지 못하는 지경이었다. 계력(季歷; ?~?, 약 B.C.12세기)[1552]이 퇴각한 일은 세력으로 볼 때 어쩔 수 없는 것이었고, 무왕

[1552] 계력은 주태왕(周太王; ?~?), 즉 고공단보(古公亶父)의 셋째 아들이다. 그래서 '계력(季歷)'이라 한다. 고공단보는 주나라 창업의 기틀을 닦은 사람으로 평가받는다. 그래서 '태왕(太王)'이라 불린다. 그런데 이 셋째 아들 계력이 태임(太妊)을 아내로 맞이하여 아들 창(昌)을 낳았는데, 그 출생에 즈음하여 상서로운 조짐이 많이 출현하였다. 이에 고공단보는 이 손주 창이 자신이 이룬 대업을 매우 융성케 할 것이라 여겼다. 그래서 자신의 지위를 셋째인 이 계력에게 물려주려 하였다. 큰아들 태백(太伯)과 둘째 아들 우중(虞仲)은 이 낌새를 알아채고 남쪽 형만(荊蠻) 지역으로 내려가 문신과 단발을 한 채 살았으며, 거기에 오(吳)나라를 세웠다. 이렇게 해서 왕위를 양보받은 계력은 고공단보가 죽자 그 적통을 이었고, 그래서 '주계왕(周季王)', 또는 '공계(公季)'라 불린다. 이 공계는 아버지 고공단보가 가던 길을 잘 닦아 나아갔고, 의로움을 돈독히 실행함으로써 제후들이 그를 따랐다고 한다. 이 공계가 죽자 그 아들 창(昌)이 즉위하였는데, 이 사람이 바로 서백(西伯), 즉 문왕이다. (이상

이 거사를 한 것은 불인지심(不忍之心)이 발로한 것이다. 그리고 문왕이 머뭇거리며 진중한 태도를 보인 것은 끝내 후복(侯服)[1553]을 지킨 것이다.

이때는 말세로서 세상을 구제하기 어려움이 걱정거리가 될 만한 것이었을 뿐만 아니라, 융성한 덕을 끝내기 어려운 것도 충분히 근심거리가 될 만하였다. 융성한 덕을 끝내려 하면 두려움이 시종일관하니, 마음을 감히 쉽게 가질 수 없으며, 그리하여 의심이 생긴다. 마음이 평이하지 않은 사람은 하는 말도 쉽지 않다. 그래서 주나라가 기산(岐山) 서쪽에 자리 잡고 있을 적에는 시(詩)가 없었고, 문왕이 숭(崇)나라[1554] 정벌에 나서면서도 맹서(盟誓)가 없었다. 간결하면서도 직절(直截)한 말·지극하면서도 조화로운 말들은 가로막혔고, 청정하고도 정심(精深)하며 미묘한 뜻은 현저해졌다. 오호라! 바로 이렇게 해서 문왕은 융성한 덕을 이루었도다.

靈承者天, 周知者人, 昭對者心. 以俯以仰, 以外以內, 以出以入, 而皆有參差兩不相成之數, 則疑天疑人, 而還自疑其心. 於是精白齊拔, 疑其所疑, 舍天人之信, 而迻用其疑. 是故『易』者, 謀天下之疑也. 謀天下之疑, 道恒不一. 不一, 故大. 大, 故百物備焉. 陰陽之險阻, 祥變之消長, 悔吝之往來, 可生可死, 可危可安, 可難可易, 一皆象數之固然, 爲百物之自有. 閱百物而莫不自有其道, 故進不必爲

『사기』, 「주본기(周本紀)」제4 참고.)

1553 후복(侯服)은 왕성(王城)으로부터 일정 거리를 떨어진 구역을 말한다. 하나라 때는 왕성으로부터 5백 리 밖에서 1천 리까지 떨어진 지역까지를 가리켰다.(『書經』, 「夏書, 禹貢」: 五百里甸服, 百里賦納總, 二百里納銍, 三百里納秸服, 四百里粟, 五百里米; 五百里侯服, 百里采, 二百里男邦, 三百里諸侯, 五百里綏服.)

1554 숭나라는 옛 나라인데, 은나라와 동맹국이었다. 문왕에 의해 멸망하였다. 오늘날의 서안(西安) 서쪽 지역에 있었다고 한다.

武王, 退不必爲季曆, 以退讓事天, 以憂閔恤人, 以戰栗存心, 无所
從違而道乃定. 故備百物以安於數, 要危懼以養其德. 安數者樂天,
養德者敦仁, 盡仁知於震動之介, 而德終以不衰.

역문 잘 순응하며 받들어야 할 것은 하늘이고, 두루 알아야 할 것은 사람이
며, 환하게 마주해야 할 것은 마음이다. 우러러봐서 보이는 것들이나 내려
다봐서 보이는 것들, 밖에 있는 것들이나 안에 있는 것들, 나가기도 하고
들어오기도 하는 것들 모두에 쪽 고르지 아니하여 둘이 서로 이루어 주지
못하는 등차[數]가 있다. 그래서 하늘을 의심하고 사람을 의심하며, 돌이켜
스스로 그 마음을 의심한다. 이에 티끌 하나 없는 흰쌀처럼 죽 고르게 골
라내어, 의심스러운 것에 의심을 두고 하늘과 사람의 믿음을 제쳐 둔 채,
그 의심을 사용하기에 이른 것이다.

그러므로 『주역』이란 이 세상의 의심스러운 것에 대한 답을 얻으려 도
모하는 것이다. 이 세상의 의심스러운 것들을 풀어 버리려 도모함에서는,
원리가 늘 한 가지만은 아니다. 한 가지만은 아니기에 방대하며, 방대하기
에 모든 물(物)을 여기에 갖추고 있다. 음·양의 험난함과 가로막힘, 상서
로움과 재변이 사그라졌다[消] 자라났다[長] 함, 후회함[悔]·아쉬워함[吝]이
왔다[來] 갔다[往] 함, 생겨날 수 있음과 죽을 수도 있음, 위태로울 수 있음
과 평안할 수 있음, 어려울 수 있음과 쉬울 수 있음 등, 이 모든 것들이 하
나같이 모두 상(象)과 수(數)에 본래 있는 것들로서 온갖 것들 스스로가 갖
추고 있는 것이 된다.

이 온갖 것들을 둘러보면 스스로 그 도를 갖지 않은 것이 없으니, 진격
하는 이가 꼭 무왕이 아니어도 되고, 퇴각한 것이 꼭 계력(季曆)이 아니어
도 된다. 물러나 겸양으로써 하늘을 섬기고, 우려하고 불쌍히 여기는 마음

으로써 백성들을 돌보며, 전율(戰慄)로써 마음을 보존하여서, 무조건 따르거나 위배함이 없어야만 도는 비로소 정해진다.

그러므로『주역』은 온갖 것들을 갖추어서 제 운수에서 평안해하도록 하고, 위태로움이 있음을 직시하며 두려워하도록 하여 그 덕을 함양하게 한다. 제 운수에 평안해하는 사람은 지금 자신에게 닥친 상황을 즐겁게 받아들이며, 덕을 함양한 사람은 어짊[仁]을 두텁게 베푼다. 이렇게 하며 진동이 막 개입하는 순간에도 어짊[仁]·지혜로움을 다 발휘하니, 덕은 끝내 쇠하지 않는 것이다.

是故以德, 則文王陽也, 紂陰也; 以位, 則殷陽也, 周陰也. 有德不恃, 故陽亢而戒其災, 陰中而幸其有慶; 守位不革, 故陽失當而代爲之憂, 陰乘時而不欲其長. 命與義爭而命勝者, 天也; 理與命爭而理勝者, 文王也. 爭則危, 危則疑. 疑以敎天下之疑, 而民用之, 吉凶悔吝, 咸得用其疑以存憂患而審幾微. 抑將曰天下之大疑, 有甚於文王與紂之事者乎? 而文王猶然其无咎矣, 則危何不可使易? 傾何不可使平? 硏幾於百物不廢之中, 而載懼以終始, 則亦何咎之有哉! 故文王以西伯終,『周易』以'未濟'終, 懼以終也.

역문 그러므로 덕의 관점에서 보면, 문왕은 양에 속하고 주왕(紂王)은 음에 속한다. 또 위치로써 보면, 은나라는 양에 속하고 주나라는 음에 속한다. 덕이 있다고 믿고서 으스대서는 안 되니, 양이 목을 뻣뻣이 내민 채 젠체하면 그 재앙이 있을 것임을 경계하는 것이고, 음도 중을 유지하면 행운을 얻어서 경사가 있게 된다. 은나라는 위치를 고수한 채 혁신하지 않았기에 그 양이 마땅함을 잃어버려서 대신 우려로 바뀌었고, 음으로서의 주나라는 때[時]를 탔더라도 키우려 하지 않은 것이다.

명(命)과 의로움[義]이 다투어 명이 이기는 것은 하늘이고, 이치와 명이 다투어서 이치가 이긴 것은 문왕이다. 다투면 위태롭고, 위태로우면 의심이 인다. 의심을 내서 세상 사람들의 의심에 가르침을 주고 백성들이 이를 썼으니, 길·흉, 후회함[悔]·아쉬워함[吝] 등을 모두 그 의심을 써서 우환을 가슴에 안은 채 낌새[幾]에서 살필 수 있다. 아니면 또한 이 세상의 큰 의심으로서, 문왕과 주왕 사이의 일보다 더 심한 것이 있다고 하겠는가?

문왕은 당시 그러한 상황에 부닥쳐 있으면서도 오히려 허물이 없다[无 咎]고 여겼으니, 위태로움이라 하여 어찌 쉽게 할 수 없으며, 기울어지는 상황이라 하여 어찌 평평하게 할 수 없겠는가? 온갖 것들이 폐기되지 않은 속에서 막 싹트는 낌새[幾]를 연찬하여 두려움을 간직한 채 시종일관한다면, 또한 무슨 허물이 있겠는가! 그러므로 문왕은 서백으로서 삶을 마쳤고 『주역』은 미제괘☲☵로 마치니, 이는 두려움으로써 마침이라.

自公羊高謂文王受命稱王, 而異說滋. 董仲舒·何休·蔡邕附會而
爲之徵, 而聖人之道隱. 夫文王受理而不受命. 假使受命而不必受
理, 則道一而无疑, 事不危而辭易, 陳『詩』以歌先公之德, 稱「誓」以
暴獨夫之罪, 當不俟武王而早爲之矣. 乃斤斤然僅託危辭於『易』象
乎?

역문 공양고(公羊高; ?~?)[1555]가 문왕이 하늘로부터 명(命)을 받아서 '왕'이라 칭

[1555] 공양고는 성이 '공양(公羊)'으로서 복성이고 이름이 '고(高)'다. 전국시대 제나라 사람이다. 전해지기로는 이 공양고가 공자의 제자인 자하(子夏)의 문인이라고 한다. 자하가 구술해 주는 『춘추』를 듣고 공양고는 이에 대해 11권에 이르는 풀이 글을 썼는데, 이것이 『춘추공양전(春秋公羊傳)』이다. 이 『춘추공양전』은 『춘추좌씨전』, 『춘추곡량전(春秋穀梁傳)』과

했다고 한 뒤로 이설이 분분하였다. 동중서·하휴(何休; 129~182)¹⁵⁵⁶·채옹

(蔡邕; 133~192)¹⁵⁵⁷ 등은 공양고의 설에다 이것저것 갖다 붙여서 그에 대한

증거랍시고 제시하기도 했다.¹⁵⁵⁸ 그러나 이렇게 하여서 성인의 도는 숨어

함께 '춘추(春秋) 3전(傳)'으로 불린다.

1556 하휴는 동한 시대의 인물이다. 그는 말을 어눌하게 하여 말보다는 마음에 있는 것을 글로 쓰는 것을 좋아했다. 그의 학문은 섭렵 범위가 매우 넓었다. 그래서 그때 사람들은 그에 대해, "육경을 정통으로 연구하였는데, 세상 유학자들 가운데는 필적할 사람이 없다."라고 높이 평가하였다. 하휴는 음서(蔭序)에 의해 낭중(郞中)의 벼슬을 받았으나 병을 핑계로 거절하였다. 나중에 태부(太傅) 진번(陳蕃; ?~168)의 초빙에 응하여 정치에 참여했다가 진번이 패하는 바람에 하휴는 당고(黨錮)의 화를 당하고 말았다. 금고(禁錮)를 당한 하휴는 어쩔 수 없이 고향으로 돌아와 공자의 경서에 대한 주해(注解)를 본격적으로 시작했다. 오늘날 우리가 접할 수 있는 그의 유일한 저작 『춘추공양해고(春秋公羊解詁)』는 이렇게 해서 이루어졌다. 이는 그가 무려 17년의 정성을 기울여 완성한 역작이다. 이 외에도 이 금고 시기에 『공양묵수(公羊墨守)』, 『곡량폐질(穀梁廢疾)』, 좌씨고맹(左氏膏肓)』 등을 지었는데, 당시 똑같이 금고(禁錮)를 당하고 있던 정현(鄭玄)으로부터 이들 저작에 대해 극렬한 비판을 받았다. 이들 저작은 오늘날 전해지지 않는다. 그러나 이들 저작의 이름들에서 우리가 유추할 수 있는 것은, 그가 『춘추공양전』에 심취했고, 다른 두 전(傳)은 비판적으로 보았다는 점이다. 하휴는 나중에 금고가 풀려 사도(司徒)로 초빙되었다. 그리고 하휴는 의랑(議郞) 벼슬을 받고 자주 충언을 개진했다. 다시 간의대부(諫議大夫)에까지 올랐다가 54세에 죽었다.[이상, 『후한서』 권79하, 「유림열전(儒林列傳) 제69하」, '하휴' 조 참고.]

1557 채옹은 진류어(陳留圉; 지금의 河南省 杞縣) 출신이다. 동한의 문학가, 서예가였다. 박학다재(博學多才)하여 육경(六經)과 역사에 밝았고, 천문, 음률, 사부(辭賦) 등에도 대단히 능했다. 영제(靈帝) 때 낭중(郞中)에 임명되었고, 나중에는 의랑(議郞)이 되었다. 희평(熹平) 4년(175)에는 육경의 문자를 바로잡고 확정할 것을 영제에게 주청(奏請)하여 허락받고 동관(東觀)에서 교감 작업을 벌였다. 동관은 반고(班固)가 『한기(漢記)』를 저술하던 곳이다. 낙양의 궁궐 안에 있었다. 여기에서 이루어 낸 『한기』를 『동관한기(東觀漢記)』라고 한다.

채옹은 당시 발호하던 환관들을 탄핵했다가 역풍을 맞아 유배당하기도 했다. 헌제(獻帝) 때에는 동탁의 강박(强迫)을 받아 시어사(侍禦史)가 되었고, 좌중랑장(左中郞將)이 되었다. 그리고는 동탁이 피살된 뒤에 왕윤(王允)에게 체포되어 옥중에서 죽었다. 그의 작품으로는 시(詩), 부(賦), 비(碑), 뇌(誄), 명(銘) 등에 걸쳐 모두 104편이 전한다.

1558 『春秋』, 隱公 元年 條: 元年春王正月. /『春秋公羊傳』: 元年者, 何? 君之始年也. 春者, 何? 歲之始也. 王者, 孰謂? 謂文王也. 曷爲先言'王'而後言'正月'? 王正月也. 何言乎王正月? 大一統也. /何休, 『春秋公羊解詁』: 謂文王也. 文王周始受命之王, 天之所命, 故上繫天端. 方陳受命制正月, 故假以爲王法. /董仲舒, 『春秋繁露』, 「郊祀」: 文王受天命而王天下, 先郊乃敢行事, 而興師伐崇. 其詩曰, "芃芃棫樸, 薪之槱之. 濟濟辟王, 左右趨之. 濟濟辟王, 左右奉璋. 奉璋峨峨, 髦士攸宜.", 此郊辭也. 其下曰, "淠彼涇舟, 烝徒楫之. 周王于邁, 六師及之.", 此伐

버렸다.

　문왕은 이치를 받은 것이지 명(命)을 받은 것이 아니다. 만약에 문왕이 명을 받았고 꼭 이치를 받지 않았다면, 도는 하나여서 의심 낼 것이 없었을 것이다. 그리고 문왕이 당시 한 일은 위태롭지 않고, 그가 하는 말도 평이했을 것이다. 그러면 문왕은 『시경』의 시들을 지어서 선공(先公)들의 덕을 노래 부르고, 「서(誓)」를 칭하여 독부(獨夫)[1559]의 죄를 폭로하며, 마땅히 무왕을 기다리지 않고 자신이 일찍이 이 일을 해냈을 것이다. 그러나 문왕은 이렇게 하지 않고, 그저 지나치게 조심하면서 겨우 『주역』의 상(象)에다 위태로운 말들을 의탁하는 정도에 그치지 않았던가?

六國亡, 秦欲亟自尊以爭衰周之統, 九鼎・三川未亡, 早計而捷得之, 故爲之說曰, "先受命而後伐商", 以自文其僭誕也. 漢儒因之, 不亦愚乎! 武王有『詩』・『書』, 文王有『易』, 聖人之情見乎辭矣.

역문 여섯 나라가 망하자, 진(秦)나라는 재빨리 자신을 높여서 쇠미해져 가는 주나라의 적통을 쟁탈하고자 했다. 그래서 구정(九鼎)[1560]과 삼천(三川)[1561]

辭也. 其下曰, "文王受命, 有此武功. 既伐于崇, 作邑于豐.", 以此辭者, 見文王受命則郊, 郊乃伐崇. 伐崇之時, 民何處央乎?

1559　독부는 잔악무도한 짓을 해서 백성들을 배반하고 친족들이 모두 떠나 버린 통치자를 의미하는데, 여기에서는 주왕(紂王)을 가리킨다.(『書經』, 「周書, 泰誓」: 獨夫受, 洪惟作威, 乃汝世讎.) 이에 대해 채침은 그의 『시경집전(詩經集傳)』에서, "천명이 이미 끊겼고, 사람들 마음도 이미 떠났으니, 비록 임금의 자리에 있다고 하더라도 단지 '하나의 외로운 사나이[獨夫]'일 따름이다.(言獨夫, 失君道也. 蔡沈集傳: 獨夫, 言天命已絶, 人心已去, 但一獨夫耳.)"라고 풀이하고 있다.

1560　구정은 하나라를 세운 우임금이 만든 9개의 솥인데, 중원을 구성하는 구주(九州) 각각을 상징한다고 한다. 하・상・주 삼대에는 새로운 왕들에게 국가의 정권을 대대로 전하는 보배로서 받들었다. 전국시대에 진(秦)・초(楚) 두 나라가 모두 군대를 일으켜서 주나라에게 구정을 요구한 일이 있다. 주현왕 때 이 구정은 사수(泗水)의 팽성(彭城) 밑으로 가라앉아

이 아직 망하지도 않았는데, 너무나 일찍이 계획을 세워서 재빠르게 손에 넣었다. 그러므로 말을 만들어서는, "먼저 천명을 받은 뒤에 상(商)을 정벌하였다."라고 함으로써, 분수에 넘치는 속임수를 스스로 꾸며 댔다. 그런데도 한나라 유학자[漢儒]들은 이를 그대로 인정하고 따랐으니, 또한 어리석지 않은가! 무왕에게는 『시경』·『서경』이 있고, 문왕에게는 『주역』이 있어서, 성인들의 정서가 이 경서들의 말에 그대로 드러나 있는 것이다.

버렸다고 한다. 나중에 진시황은 이 사수(泗水)에 빠진 구정을 찾으러 1,000명을 보낸 적이 있다. 자신은 목욕재계하고 기도를 올리는 치성을 드렸다. 그러나 강바닥까지 샅샅이 훑었지만, 끝내 이 구정을 찾지는 못했다고 한다.

1561 황하(黃河)·낙수(洛水)·이수(伊水) 등의 세 강을 가리킨다.

계사하전 제12장

繫辭下傳第十二章

陽健陰順, 積陽以純健而'乾'成, 積陰以純順而'坤'成. 積故能至, 純
故至, 而天下之至者莫至也. 至健而易, 至順而簡, 易簡而險阻知,
唯其純也.

역문 양은 씩씩하고 음은 순종하는데, 양을 누적하여 순수한 씩씩함으로써
건괘䷀가 이루어지고, 음이 누적하여 순수한 순종함으로써 곤괘䷁가 이루
어진다. 누적하기에 이를 수가 있고, 순수하기에 이르는 것이어서, 이 세
상에 이르는 것들치고 이르지 않는 것이란 없다. 지극히 씩씩하기에 쉽게
하고 지극히 순종적이기에 간단히 하니, 쉽고 간단하게 험난함[險]·막힘
[阻]을 아는 것은 오직 이들이 순수하기 때문이다.

若夫一變而六子, 再變而五十六卦, 陰陽多少之數畸而不積, 雜而不
純, 然且吉凶定而靈虆成, 以分功於'乾''坤', 則何也?

역문 그런데 이들 건괘䷀·곤괘䷁가 한 번 변하여 여섯 자식 괘[六子卦]가 되
고, 다시 변하여 56괘[1562]가 되어서는, 음과 양이 많기도 하고 적기도 하여

수(數)가 다 갖추어지지 않고 누적되지 않으며, 음과 양이 뒤섞여서 순수하지 않다. 그러나 길·흉이 정해지고, 끊이지 않는 꾸준함이 이루어짐으로써, '건'·'곤'에서 공(功)을 나누는 것은 무슨 까닭일까?

曰, 因此而知陰陽之數, 凡卦而皆六, 未有缺矣. 陰陽各六而十二, 其來也有位, 其往也必有居. 以其來知其往, 亦因而知嚮背之位, 凡卦皆十二位, 而未有缺矣.

역문 이에 대한 내 견해는 이러하다. 이를 근거로 해서, 음·양의 수는 무릇 괘들에서 모두 6으로서 결함이 없다는 것을 알게 된다는 것이다. 음·양이 각각 여섯이면 전체는 열둘이 되는데, 온 것들에게는 위(位)가 있고, 간 것들에게는 반드시 거처가 있다. 온 것들을 통해서 간 것들이 있음을 알며, 또한 이를 근거로 해서 『주역』의 괘들에는 보이는 앞쪽[嚮]과 안 보이는 뒤쪽[背]에 위(位)들이 있다는 것을 안다. 그래서 무릇 괘들은 모두 12위(位)로 이루어지니, 결함이 없는 것이다.

昨日謀之, 今日行之, 是行者來之位, 謀者往之位也. 今日行之, 他日改之, 是行者來之位, 改者往之位也. 不可見而有其理, 方可見而有其事. 理與事稱, 六位相準而必均. 然而盈虛多寡之不齊, 則謀與行牙錯於物變, 而行與改參差於事情也. 理與事稱, 吉凶非妄, 而事有理. 事與理稱, 吉凶不虛, 而理有事. 事有合離, 理有柔剛, 理事各半. 事在理之中, 而居理之半; 理在事之中, 而居事之半. 合離柔剛

1562 여기에서 '56괘'라 한 것은, 『주역』의 64괘에서 건괘䷀·곤괘䷁와 그 자식 괘들인 진괘䷲, 감괘䷜, 간괘䷳, 손괘䷸, 리괘䷝, 태괘䷹ㅤ등 6괘를 제외한 나머지 괘들을 말한다.

各分其所半, 互相乘以成乎半. 故陰陽之各六, 與十二位迭運於往
來而相若焉.

역문 어제는 도모하고 오늘은 행한다고 할 경우, 행하는 것은 온 것의 위(位)를 차지하고, 도모한 것은 간 것의 위(位)를 차지한다. 오늘 행하고 다른 날 고친다고 할 경우, 행한 것은 온 것의 위(位)를 차지하고, 고친 것은 간 것의 위(位)를 차지한다.

보이지는 않더라도 그 이치[理]는 있으니, 바야흐로 불 수 있어서 그 일[事]은 있게 된다. 이치와 일은 대칭을 이루고, 6위(位)에서 서로 비겨서 반드시 균형을 이룬다. 그러나 찼다[盈] 비었다[虛] 함은 많기도 하고 적기도 해서 쪽 고르지 않으니, 도모함[謀]과 행함[行]이 물(物)들의 변함[變]에서 어그러지고 어긋나며, 행함[行]과 변경함[改]이 일의 정황에서 들쭉날쭉하다. 일과 이치가 대칭을 이루면 길·흉은 망령되지 않고, 일에 이치가 있다. 일과 이치가 대칭을 이루면 길·흉이 허(虛)하지 않고 이치에 일이 있다.

일에는 합함과 떨어짐이 있고, 이치에는 부드러움[柔]과 군셈[剛]이 있으며, 이치와 일이 각각 절반이다. 일은 이치 속에 있고, 이치의 절반을 차지한다. 이치는 일 속에 있고, 일의 절반을 차지한다. 합함과 떨어짐, 부드러움과 군셈이 각각 그 절반씩을 나누고는, 서로 올라타서 절반에서 이룬다. 그러므로 음·양의 각6이 12위(位)와 더불어 왔다[來] 갔다[往] 함에서 갈마들며 운행하는데, 서로 비슷하다.

數與位之相若, 則與六位相若也, 與一位亦相若也. 故一往一來, 而
健順之至者, 恒一成具在而无不足. 往來相期, 存發相需, 多寡相倚,
理事相符. 有其至積, 成其或畸, 有其至純, 治其或雜. 六子·五十

六卦, 皆具六陰六陽於嚮背之六位, 无不具者无不至, 无不至者无不
知, 而又何疑焉?

역문 수(數)와 위(位)가 서로 비슷하니, 여섯 위(位)와 서로 비슷하고, 하나의
위(位)와도 서로 비슷하다. 그러므로 한 번은 왔다 한 번은 갔다 하는 데
서, 씩씩함[建]·순종함[順]의 지극함이 늘 한꺼번에 이루어 함께 존재하여
서 부족함이 없다.[1563] 감[往]과 옴[來]은 서로 기약하고, 보존[存]과 발현[發]
은 서로 필요로 한다. 또 많음과 적음은 서로 의존하고, 이치[理]와 일[事]은
서로 부합한다. 그래서 지극한 누적이 있더라도 이룬 것에는 어쩌다 기이
함이 있기도 하고, 지극한 순수함이 있더라도 다스림은 어쩌다 잡스럽기
도 한 것이다. 여섯 자식 괘[六子卦]·56괘는 모두 보이는 앞쪽[嚮]과 안 보
이는 뒤쪽[背]의 여섯 위(位)에 6음·6양을 갖추고 있다. 그래서 이렇게 갖
추지 않은 것이 없으니 이르지 않음이 없고, 이르지 않음이 없으니 알지
못함이 없다. 그런데 또한 어찌 이에 의심하리오?[1564]

1563 씩씩함[建]은 건괘☰의 덕이고, 순종함[順]은 곤괘☷의 덕이다. 왕부지는 '건곤병건(乾坤竝
建)'설을 주장한다. 이 설의 요지는, 『주역』의 모든 괘에는 보이는 앞쪽[嚮]과 안 보이는 뒤
쪽[背]에 각각 6위(位)씩, 합해서 12위(位)가 있는데, 이들 12위에 건괘☰·곤괘☷의 각 효
들이 어떤 배열로 자리 잡느냐에 따라 나머지 62괘가 된다는 것이다. 그리고 앞쪽의 위에
음(--)이 있다면 그 뒤쪽의 위에는 양(─)의 효가 자리 잡고 있다는 것이다. 즉 앞쪽과 뒤쪽
이 정확히 대칭을 이루고 있다는 것이다. 따라서 우리가 보는 앞쪽 6위에 음(--)·양(─)의
효들이 어떤 배열을 이루고 있든, 앞·뒤쪽 12위를 모두 고려하면 62괘도 결국은 건괘☰·
곤괘☷ 두 괘로 환원된다. 즉 나머지 62괘들은 이 건괘☰·곤괘☷ 두 괘의 변형이라는 것
이다. 왕부지는 그래서 건괘☰·곤괘☷를 두 괘를 체(體), 나머지 62괘를 용(用)이라고 규
정한다. 그런데 체(體)인 건괘☰·곤괘☷ 두 괘가 용(用)인 나머지 62괘로 되어 나아감에
서는, 이들 두 괘의 덕인 씩씩함[建]·순종함[順]의 지극함이 늘 한꺼번에 이루어 함께 존재
하여서 부족함이 없다는 것이다.
1564 여기에서 말하는 '누적[積]'은 한 괘 여섯 효 각각을 뽑아내는 데서 과설지책을 3번씩 누적
하고[三變], 전체적으로는 18번을 누적해서[18變] 여섯 효를 뽑아냄을 말하는 것이다. 그 결
과 보이는 앞쪽[嚮] 6위(位)에 드러나게 되는 음(--):양(─)의 비율은 0:6, 1:5, 2:4, 3:3, 4:2,

老陽之積, 老陰爲衝, 少陰爲委. 老陰之積, 老陽爲衝, 少陽爲委. 其衝也, 道以配而相制; 其委也, 道以漸而不窮. 故用九用六之餘於爻外, 輸其委也; 八錯·五十六綜, 反其衝也. 有所可輸, 有所必反. 是陰陽本至, 而一日·一事无或歉縮矣. 一日无縮, 一事无歉, 故可盡无窮於一象, 而皆其健順之至. 用其往者以待其來, 居其來者以聽其往, 故陰陽无極盛不復之理, 恒用其半以運於无窮. 而純以必雜, 雜而不失; 積以必畸, 畸而不亡. 數賅而存, 位畱而有待. 故‘乾’可以有‘坤’, ‘坤’可以有‘乾’, ‘乾’‘坤’可以有六十二卦, 六十二卦可以有‘乾’‘坤’. ‘乾’‘坤’恒有, 則健順恒至, 恒至而恒无不知, 則六十二卦之效法聽治於一存一發之‘乾’‘坤’, 而又何疑乎?

역문 노양이 누적하면, 노음은 충돌하고 소음은 내맡긴다. 반대로 노음이 누적하면 노양이 충돌하고 소양은 내맡긴다. 충돌함은 도가 짝지어서 서로 견제함이고, 내맡김은 도가 점진적으로 몰아가되 궁색하지 않게 함이다. 그러므로 9·6을 얻은 효들을 쓰고 남은 것들은 효의 밖으로 돌리는데,[1565] 이는 그 내맡긴 것들을 실어 내는 것이다. 8괘의 ‘착(錯)’의 관계만 이루는 괘들과 56개의 ‘종(綜)’의 관계에 있는 괘들은[1566] 그 충돌에 반하는 것이다. 이들 괘에는 실어 낼 수도 있는 것들도 있고, 반드시 반대되는 바의 것들

5:1, 6:0이 된다. 그래서 왕부지는 여기에서 “지극한 누적이 있더라도 이룬 것에는 어쩌다 기이함이 있기도 하고, 지극한 순수함이 있더라도 다스림은 어쩌다 잡스럽기도 한 것이다.”라 하는 것이다.

1565 『주역』으로 시초점을 치는 데서는 노양을 상징하는 수 9를 얻은 효(爻)와 노음을 상징하는 수 6을 얻은 효만 가지고 점을 친다. 소양을 상징하는 7이나 소음을 상징하는 8을 얻은 효는 치지도외(置之度外)하는 것이다.

1566 ‘착’과 ‘종’에 대해서는 앞에서 여러 차례 언급한 ‘착종’설, ‘건곤병건(乾坤竝建)’설을 참고하라.

도 있다.

이 의미를 더 설명해 보겠다. 음·양은 본래 지극하여 하루도, 한 가지 일[事]에서도 모자라거나 쪼그라듦이 없다. 이처럼 하루라도 쪼그라듦이 없고, 한 가지 일에서도 모자람이 없기에, 하나의 상(象)에서 궁색함이 없이 다할 수 있는데, 이는 모두 씩씩함[建]·순종함[順]의 지극함이다. 가는 것[往者]을 써서 그 옴[來]을 기다리며, 온 것[來者]에 자리 잡고서는 감[往]을 받아들인다. 그러므로 음·양에는 극성(極盛)과 돌아오지 않음[不服]의 이치가 없다. 늘 그 절반만을 쓰며 무궁함에서 운용한다. 순수함은 반드시 잡되고, 잡되더라도 순수함을 잃어버리지 않는다. 누적함을 통해서 반드시 기이함을 낳게 되지만, 기이하다고 해서 없어지지는 않는다. 수(數)가 갖추어져서 존재하는 것이고, 위(位)에 머물면서 가기를 기다리는 것이다.

그러므로 건괘䷀가 곤괘䷁를 가질 수도 있고 곤괘䷁가 건괘䷀를 가질 수도 있으며, 이들 건괘䷀·곤괘䷁가 나머지 62괘를 가질 수도 있고 62괘가 건괘䷀·곤괘䷁를 가질 수도 있다. 건괘䷀·곤괘䷁는 늘 있다. 그래서 씩씩함[建]·순종함[順]이 항상 지극하니, 항상 지극하여서 언제나 알지 못함이 없다. 그래서 62괘는, 한 번 존재하고 한 번 발현하는 건괘䷀·곤괘䷁에서 본받아 공효를 드러내고 그 다스림을 받아들인다는 것에 대해, 어찌 의심하리오?

且夫天下何以有險阻耶? 健者過剛以峻岌, 陰往遇之, 堅峭而不能入, 則阻生; 順者過柔以渙弱, 陽往洊之, 沈没而不能出, 則險生. 是險阻者, 陰陽德行之固有, 而相交不偶之必然也.

역문 또한 이 세상에 어찌하여 험난함·가로막힘이 있게 되는가. 씩씩함[建]

이 지나치게 굳세어서는 준엄하고 높으니, 음이 가다가 이를 만나면 너무나 단단하고 가팔라서 들어갈 수가 없다. 그래서 가로막힘이 생기는 것이다. 그런가 하면, 순종함[順]이 지나치게 부드러워서는 진창의 연약함이 되는데, 양이 가다가 여기에 임해서는 빠져서 나올 수가 없다. 그래서 험난함이 생기는 것이다. 이들 험난함과 가로막힘은 음·양의 덕과 행함에 고유한 것들이지만, 서로 교접하면서는 만나지 못함이 필연이다.

健以成阻, 順以成險. 當其至, 則本天親上, 本地親下, 相與應求, 而德位稱所馳騁, 故‘乾’易而未有險, ‘坤’簡而未有阻. 其偶有者, 亦初·上之即於衝委尔. 及其積者可畸而必畸, 純者可雜而必雜, 畸雜以交相遇涖, 陰行於陽而觸於峻岌, 陽行於陰而陷於淖弱. 險阻者, 六十二卦之固有也.

역문 씩씩함[健]은 가로막힘을 이루고, 순종함[順]은 험난함을 이룬다. 그러나 상황이 닥치면 하늘에 근본이 있는 것은 위와 친하고, 땅에 근본이 있는 것은 아래와 친해서 서로 응하고 구하는데, 덕(德)과 위(位)가 이리저리 치달리는 것과 딱 들어맞는다. 그러므로 건괘▆의 덕은 쉽게 하며 험난함이 있지 않고, 곤괘▆의 덕은 간단히 하며 가로막힘이 있지 않다.

그런데 이들 험난함·가로막힘이 우연히라도 있게 되는 까닭은, 역시 초효와 상효가 충돌함과 내맡김의 상황에 접하고 있기 때문이다. 그리하여 누적한 것이 기이할 수 있음에 이르러서는 반드시 기이하게 되고, 순순한 것이 잡될 수 있음에 이르러서는 반드시 잡되게 된다. 나아가 기이함·잡됨이 교접하며 서로 만나고 임하여서는, 음은 양들에게서 행하니 가파르고 위태로움에 저촉하게 되고, 양은 음들 속에서 행하니 진창의 연약함에 빠지게 된다. 이렇게 볼 때, 험난함·가로막힘은 62괘에 고유한 것들임을 알 수 있을 것이다.

因其畸雜而險阻生, 有其至足而險阻在. 相敵則疑, 偏孤則憂. 以至生不至, 則險阻起; 以至治不至, 則險阻消. 消之者, 即其起之者也. 健順本予天下以險阻, 按其懷來, 知其情僞, 達其性情, 辨其藥石. 使非至足者交乘乎嚮背以相往來, 亦孰從於其不足知其有餘, 於其有餘知其不足, 以備悉乎險阻之故, 而通其消息哉?

역문 기이함·잡됨으로 말미암아 험난함·가로막힘이 생기고, 지극한 풍족함이 있어서 험난함·가로막힘이 존재한다. 서로 대적하면 의심하고, 소외되고 외로우면 우려한다. 지극한 생함이 이르지 아니하면 험난함·가로막힘이 일어나고, 지극한 다스림이 이르지 아니하면 험난함·가로막힘이 사라진다. 여기에서 사라지게 하는 것은 바로 일어나는 것이다.

씩씩함[健]·순종함[順]은 본래 이 세상에 험난함·가로막힘을 주는데, 불러서 오게 한 것들을 어루만지고, 진정과 허위를 알며, 성(性)·정(情)을 통달하게 하고, 약제(藥劑)와 침석(鍼石)을 구별한다. 그리하여 지극한 풍족함이 아닌 것들이 보이는 앞쪽[嚮]과 안 보이는 뒤쪽[背]을 사귀며 타고서 서로 왔다[來] 갔다[往] 하도록 하니, 또한 뉘라서 그 부족함에서 남음이 있다는 것을 알고 남음에서 부족함이 있다는 것을 알아서, 험난함·가로막힘을 일으키는 원인에 대해 다 대비할 것인가. 나아가 그 사라졌다 자라났다 함에 통달하겠는가.

夫不至而險阻生, 至而易簡得. 不至者因於至, 故險阻亦至者之必有, 易簡亦不至者之賅存. 嚮背往來, 蒸變參差而无所少, 其數全也, 其位全也, 數全·位全, 而時亦全也. 故曰, 无有'乾'而无'坤'之一日, 无有'坤'而无'乾'之一日, 无陰陽多少不足於至健至順之一日. 要所用者恒以其數位之半, 相乘於錯綜而起化. 故氣數有衰王而无成毀, 蒸陶運動以莫與爲終始, 古今一至, 而孰有不至者哉?

역문 이르지 아니해서 험난함·가로막힘이 생기고, 이르러서 쉬움·간단함이 이루어진다. 이르지 않음[不至]은 이름[至] 때문에 생기니, 험난함·가로막힘도 이르는 것에는 반드시 있는 것이며, 쉬움·간단함도 이르지 아니한 것이 다 갖추고 있는 것들이다. 보이는 앞쪽[嚮]과 안 보이는 뒤쪽[背]을 왔다[來] 갔다[往] 하면서 무수하게 변함이 들쭉날쭉하여 쪽 고르지는 않으나 여기에 부족함은 없다. 그리하여 그 수(數)가 온전하고 그 위(位)가 온전하다. 수가 온전하고 위가 온전할 뿐만 아니라, 때[時]도 온전하다. 그러므로 "'건'만 있지 '곤'은 없는 날은 단 하루도 없고, '곤'만 있지 '건'은 없는 날도 단 하루도 없으며, 음·양이 많고 적다고 하여 지극히 씩씩함[至健]·지극히 순종함[至順]에 부족함이 있는 날 또한 단 하루도 없다."라고 한다. 요컨대 쓰이는 것들은 늘 그 수(數)·위(位) 가운데 절반이며, 이것들이 착(錯)·종(綜) 속에서 화함을 일으킨다. 그러므로 기수(氣數)에 쇠퇴함·왕성함이 있어도 이루어짐·허물어짐은 없고, 영향을 끼치는 운동은 이들과 함께 끝났다 시작했다 하지 않으며, 옛날과 지금이 한 번에 이르는데, 뉘라서 이르지 않은 이가 있겠는가?

邵子曰, "天開於子, 消於亥; 地辟於丑, 消於戌", 不知至健之淸以動者, 何容施消? 至順之濁以靜者, 何所以受其消也? 此殆陳搏狃侮陰陽之言, 非君子之言理氣之實也.

역문 소자(邵子)는 "하늘은 자(子)에서 열리고 해(亥)에서 사라지며, 땅은 축(丑)에서 열리고 술(戌)에서 사라진다."라고 하였다. 그러나 지극한 씩씩함[至健]의 맑음이 움직이는데 어찌 사라지게 하고, 지극한 순종함[至順]이 탁해서 고요한데 무슨 까닭에서 그 사라짐을 받아들인다는 것인지 모르겠다. 이는 아마 진단(陳摶?-989)[1567]이 음·양의 운행을 업신여기고 모욕하던 말로서, 군자가 리(理)·기(氣)의 실질을 말하는 것은 아닐 것이다.

[1567] 진단은 오대(五代)부터 송나라 초기에 걸쳐 산 인물로서 도사(道士)였다. 자는 도남(圖南)이었고, 호는 부요자(扶搖子)였다. '도남(圖南)'과 '부요(扶搖)'라는 말은 모두『장자(莊子)』에 출전이 있다. 후당(後唐)의 장흥(長興) 연간(930~934)에 진사에 응시하였으나 급제하지 못하자, 마침내 벼슬에 대한 뜻을 접고 무당산 구실암(九室巖)에 은거하며 도가 수련[辟穀·服氣]에 매진하였다. 나중에는 화산(華山)의 운대관(雲臺官)으로 거처를 옮겼다. 전해오는 말에 의하면, 잠이 들 때마다 100일 동안 일어나지 않았다고 한다. 후주(後周)의 세종(世宗)이 간의대부(諫議大夫)를 주며 불렀으나 고사(固辭)하였다. 송나라 태종의 태평흥국(太平興國) 연간(976-984)에 두 번 수도에 나왔는데, 황제가 그를 대단히 소중하게 여겨 '희이선생(希夷先生)'이라는 호를 내려 주었다. '희이(希夷)'는『노자』에 출전이 있는 말로서, 들어도 들리지 않고 보아도 보이지 않는다는 뜻을 담고 있다. 인간의 감각 너머에 있는 존재와 세계를 가리킨다고 말할 수 있다.
　　진단은『주역』을 즐겨 읽었으며, 「무극도(無極圖)」와 「선천도(先天圖)」를 그렸다. 이것들은 도가 수련을 도표화한 것이지만, 여기에는 만물을 일체(一體)로 여기면서도 모든 것을 초월한 것으로서의 무극(無極)·태극(太極)이 존재한다고 함이 전제되어 있다. 그의 이러한 학설은 주돈이(周敦頤)와 소옹(邵雍)을 거쳐 송대에 신유학으로 전개되었다. 진단은 이 외에도『지현편(指玄篇)』,『삼봉우언(三峰寓言)』,『고양집(高陽集)』,『조담집(釣潭集)』등의 저술을 남겼다.

설괘전

說卦傳

一

天下有截然分析而必相對待之物乎? 求之於天地, 无有此也; 求之
於萬物, 无有此也; 反而求之於心, 抑未諗必然也. 故以此深疑邵子
之言『易』也.

역문 이 세상에 칼로 자른 듯이 쪼개져서 반드시 서로 대대(對待)하는 것이 있
을까? 하늘·땅에서 찾아보더라도 이러한 것은 없고, 만물에서 찾아보더
라도 이러한 것은 없다. 돌이켜 우리 마음에서 찾아보더라도 꼭 그러함은
관찰되지 않는다. 그러므로 이러한 까닭에 소자(邵子)가 『주역』에 대한 말
한 것들을 깊이 의심하게 된다.

陰陽者二儀也, 剛柔者分用也. 八卦相錯, 五十六卦錯綜相值, 若是
者, 可謂之截然而分析矣乎? 天尊地卑, 義奠於位; 進退存亡, 義殊
乎時; 是非善惡, 義判於幾; 立綱陳常, 義辨於事; 若是者, 可謂之截
然而分析矣乎?

역문 음·양은 두 개의 양식(樣式)이고, 굳셈[剛]·부드러움[柔]은 나뉘어 작용함이다. 8괘는 서로 교착(交錯)하고,[1568] 56괘는 착(錯)으로 종(綜)으로 두 괘씩 서로 만나고 있다. 그렇다면 이러한 것들을 "칼로 자른 듯이 쪼개진 것들이다."라고 할 수 있을까?

하늘은 높고 땅은 낮다고 함은 위(位)에 의해서 의미를 정한 것이다. 나아감·물러남과 생존·멸망은 때[時]에 의해 의미가 달라지는 것들이다. 옳음·그름과 선·악은 낌새[幾]에서 의미를 판별한 것이다. 삼강·오상을 세우고 펼치는 것은 의미를 일에서 변별함이다. 그런데 이와 같은 것들을 "칼로 자른 듯이 쪼개진 것들이다."라고 할 수 있을까?

天尊於上, 而天入地中, 无深不察; 地卑於下, 而地升天際, 无高不
徹. 其界不可得而剖也. 進極於進, 退者以進; 退極於退, 進者以退.
存必於存, 邃古之存, 不嗇於今日; 亡必於亡, 今者所亡, 不絕於將
來. 其局不可得而定也. 天下有公是, 而執是則非; 天下有公非, 而
凡非可是. 善不可謂惡, 盜蹠亦竊仁義; 惡不可謂善, 君子不廢食色.
其別不可得而拘也. 君臣有義, 用愛則私, 而忠臣愛溢於羹牆; 父子
有恩, 用敬則疎, 而孝子禮嚴於配帝. 其道不可得而歧也.

역문 하늘은 위에 높이 있지만, 이 하늘이 땅속으로 들어가서는 아무리 깊다고 해도 살피지 못함이 없고, 땅은 아래에 낮게 있지만 이 땅이 올라가 하늘과 맞닿음에서는 아무리 높다고 해도 꿰뚫지 못함이 없다. 그러므로 이들의 경계는 칼로 자르듯이 자를 수가 없다. 나아감이 나아감에서 극에 이

1568 건괘▤와 곤괘▦, 감괘▦와 리괘▦, 이괘(頤卦)▦와 대과괘▦, 중부괘▦와 소과괘▦ 등 이웃하고 있는 두 괘 사이에 착(錯)의 관계만을 갖고 있는 괘들을 가리킨다.

르더라도 물러난 이가 나아간 것이고, 반대로 물러남이 물러남에서 극에 이르더라도 나아간 이가 물러난 것이다. 생존은 반드시 존속함에서 이루어지지만 아득한 옛날에 존재하던 것은 오늘에 남아 있지 않으며, 멸망은 반드시 망함에서 이루어지지만 오늘날 멸망한 것이 미래에 완전히 끊이지는 않는다. 이들의 국면은 획정할 수가 없다.

이 세상에 공인된 옳음[公是]이 있다고 하더라도 이를 집착하면 그른 것이고, 세상에 공인된 그름[公非]이 있다고 하더라도 대체로 보아 그른 것은 옳을 수가 있다. 선(善)은 악(惡)이라 할 수 없지만, 도척도 어짊[仁]·의로움[義]을 가장할 수가 있고, 악은 선이라 할 수 없지만 군자도 식욕·색욕은 폐기하지 않는다. 그렇다면 이들 사이의 구별에 구애받을 필요가 없을 것이다.

임금과 신하 사이에 있는 의로움[義]에서도 사랑을 쓰면 사사로워지니, 충신은 사랑이 마시는 국과 눈앞에 마주치는 담장[1569]에서 넘친다. 부모와 자식 사이에 은혜가 있지만 자식이 공경함을 쓰면 이들 사이는 멀어져서, 효자는 부모에 대한 예(禮)가 하느님을 배향하는 것보다 더 지엄(至嚴)하다. 그래서 임금과 신하 사이의 의로움, 부모와 자식 사이의 은혜를 실현하는 도는 딱 갈라질 수가 없는 것이다.

故麥秋於夏, 螢旦其昏, 一陰陽之无門也. 金煬則液, 水凍則堅, 一剛柔之无畛也. 齒髮不知其暗衰, 爪甲不知其漸長, 一老少之无時

[1569] 『후한서』, 「이고(李固)전」에 출전이 있는 말이다. 옛날에 요임금이 죽자 순임금은 3년 동안 그를 우러러 사모하였는데, 앉으면 마주 보고 있는 담장에 요임금의 얼굴이 어리고, 밥 먹을 때면 국에서 요임금의 얼굴이 보였다는 것이다.(昔堯殂之後, 舜仰慕三年, 坐則見堯於牆, 食則親堯於羹.)

也. 雲有時而不雨, 虹有時而不晴, 一往來之无法也. 截然分析而必
相對待者, 天地无有也, 萬物无有也, 人心无有也. 然而或見其然者,
據理以爲之銖兩已尔.

역문 그러므로 보리는 여름에 거두어들이고, 반딧불은 어둠이 내리면 우리의
아침처럼 활동을 시작한다. 이는 음·양에 정확히 가르는 문이 없음을 보
여 주는 예들이다. 쇠도 녹이면 액체가 되고, 물도 얼면 단단해진다. 이는
굳셈[剛]·부드러움[柔] 사이에 딱 부러진 경계가 없음을 보여 주는 예들이
다. 이빨과 백발은 우리가 모르는 사이에 빠지고 늘어나며, 손톱은 우리가
모르는 사이에 점점 자란다. 이들은 늙음과 젊음을 딱 가르는 때[時]가 없
음을 보여 주는 예들이다. 구름이 끼더라도 때로는 비가 내리지 않기도 하
고, 무지개가 때로는 아직 날이 개지도 않았는데 뜨기도 한다. 이들은 왔
다[來] 갔다[往] 함에 명확한 가름이 없음을 보여 주는 예들이다. 이처럼 칼
로 자른 듯이 쪼개져서 반드시 서로 대대하는 것들이란 하늘·땅에도 없
고, 만물에도 없으며, 사람의 마음에도 없다. 그런데도 어쩌다 이러함을
발견한 이들은 이치에 기대여 꾀죄죄한 근거 방증으로 삼을 따름이다.

今夫言道者而不窮以理, 非知道者矣; 言道者而困其耳目思慮以窮
理於所窮, 吾不敢以爲知道者也. 夫疏理其義而別之, 有截然者矣;
而未盡其性也, 故反而求之於吾心无有也; 而未至於命也, 故求之於
天地无有也, 求之於萬物无有也. 天地以和順而爲命, 萬物以和順
而爲性. 繼之者善, 和順故善也. 成之者性, 和順斯成矣.

역문 도를 말하는 사람이 이치로써 궁구하지 않으면 도를 아는 사람이라 할

수가 없다. 또 도를 말하는 사람이 자기 눈과 귀, 사려를 틀어막은 채 곤궁한 상태에서 이치를 궁구한다면, 나는 감히 그가 도를 아는 사람이라 여기지 않을 것이다. 의리를 천명하면서 구별하는 것에는 칼로 자르듯이 하는 이분법적인 어리석음이 있는 것이다. 사람됨으로서의 성(性)을 다 발휘한 것이 아니기에 돌이켜 제 마음에서 찾더라도 없는 것이고, 하늘의 명(命)에도 이르지 않았기에 하늘·땅에서 찾더라도 없는 것이며, 만물에서 찾더라도 없는 것이다. 하늘·땅은 어울리고 순종함을 명(命)으로 여기고, 만물은 어울리고 순종함을 성(性)을 여긴다. 한 번은 음이 되었다 한 번은 양이 되었다 하는 도를 잇는 것이 선(善)인데, 여기에서 어울리고 순종하기 때문에 선한 것이다. 나아가 이룬 것이 성(性)인데, 여기에서도 어울리고 순종해야 이루는 것이다.

夫陰陽者呼吸也, 剛柔者燥溼也. 呼之必有吸, 吸之必有呼, 統一氣而互爲息, 相因而非反也. 以燥合燥者, 裂而不得剛, 以溼合溼者, 流而不得柔, 統二用而聽乎調, 相承而无不可通也. 呼而不吸, 則不成乎呼; 吸而不呼, 則不成乎吸. 燥之而剛, 而非不可溼; 溼之而柔, 而非不可燥. 合呼吸於一息, 調燥溼於一宜, 則旣一也. 分呼分吸, 不分以氣, 分燥分溼, 不分以體, 亦未嘗不一也.

역문 음·양이란 날숨·들숨과 같고, 굳셈[剛]·부드러움[柔]은 마름·젖음과 같다. 숨을 내쉬게 되면 반드시 들이쉬어야 하고, 들이쉬었으면 반드시 내쉬어야 한다. 그래서 하나의 기(氣)로 통괄되어서 함께 숨쉬기를 이루니, 날숨·들숨은 서로 말미암으며 배반하지 않는다. 마른 것을 마른 것에 합하면 찢어져 버릴 뿐 굳셈[剛]이 될 수가 없다. 또 젖은 것을 젖은 것에 합해 보았자 흘러가 버릴 뿐 부드러움[柔]이 될 수가 없다. 이들 두 가지 작용을 통괄하여 조화로움에 순응해야 이들 두 작용은 서로 받들며 통할 수 있게 된다.

숨을 내쉬기만 하고 들이쉬지는 않으면 날숨조차 이루어지지 않고, 들이쉬기만 하고 내쉬지를 않으면 들숨조차 이루어지지 않는다. 말려서 군세게 하더라도 얼마든지 다시 젖게 할 수 있으며, 젖어서 부드럽게 했더라도 얼마든지 다시 말릴 수가 있다. 들숨·날숨을 하나의 숨쉬기로 합하고 마름·젖음을 하나의 마땅함에서 조화롭게 한다면, 이미 이들은 각기 하나인 것이다. 날숨으로 나뉘고 들숨으로 나뉜다고 해서 기(氣) 자체를 이렇게 나눌 수 있는 것이 아니다. 또 마름으로 나뉘고 젖음으로 나뉜다고 해서 대상[體] 자체를 각각 이렇게 나눌 수 있는 것이 아니다. 이들은 역시 일찍부터 하나가 아님이 없는 것이다.

是故『易』以陰陽爲卦之儀, 而觀變者周流而不可爲典要; 以剛柔爲爻之撰, 而發揮者相雜而於以成文; 皆和順之謂也. 和順者性命也, 性命者道德也. 以道德徙義, 而義非介然; 以道德體理, 而理非執一. 大哉和順之用乎!

역문 그러므로 『주역』에서는 음·양을 괘들의 의표(儀表)로 삼는데, 다만 변함[變]을 관찰한 것이 괘들의 비어 있는 여섯 위(位)에 두루두루 무작위로 차지하고 있어서, 모든 것들에 개괄적으로 적용할 수 있는 일정불변한 틀을 만들 수가 없을 뿐이다. 또 『주역』에서는 군셈[剛]·부드러움[柔]으로써 효(爻)들의 일[撰]을 표시하고 있는데, 이들이 발휘함이 서로 뒤섞여서 문채를 이룰 정도다. 이들은 모두 어울리며 순종함을 이르는 것이다. 어울리며 순종하는 것은 성(性)이고 명(命)이며, 이들 성과 명은 도(道)이고 덕(德)이다. 이 도와 덕으로써 의로움[義]에서 실현하니, 의로움은 옹고집을 부리는 것이 아니다. 또 이 도와 덕으로써 이치를 체현하니, 이치는 한 가지만을 고집하는 것이 아니다. 위대하도다, 어울리며 순종함이 일으키는 작용이여!

故位无定也: '坤'位西南而有東北之喪, '小畜'體'乾''巽'而象西郊之雲, '解'體'震''坎'而兆西南之利, '升'體'坤''巽'而得南征之吉; 行六十四象於八方之中, 无非其位矣. 序无定也: 繼'乾''坤'以'屯''蒙', 而消長无端, 繼'屯''蒙'以'需''訟', 而往來无迹; 運六十四數於萬變之內, 无非其序矣.

역문 그러므로 『주역』의 방위에는 정해진 것이 없다. 예컨대 곤괘☷·☷의 방위는 서남쪽이며[1570] 동북쪽에서는 벗을 잃음이 있다.[1571] 소축괘☴는 괘체가 건괘☰·손괘☴로 되어 있고, 상(象)은 서쪽 교외에 빽빽이 낀 구름을 상징한다.[1572] 해괘☳는 괘체가 진괘☳·감괘☵로 되어 있는데, 서남쪽에

1570 '문왕후천도(文王後天圖)'를 기준으로 하는 말이다.

1571 이는 곤괘☷의 괘사를 바탕으로 하는 말이다. 자기 방위인 서남쪽에서는 벗을 얻는 것으로 되어 있다. 전체 괘사는 "으뜸이 되고 형통하며, 암말의 올곧음에 이롭다. 군자에게 갈 일이 있는데 먼저는 미혹되었다가 뒤에 주인을 얻는다. 이롭다. 서남쪽에서는 벗을 얻을 것이요 동북쪽에서는 벗을 잃을 것이다. 편안히 올곧게 함이 길하다.(元亨, 利牝馬之貞. 君子有攸往, 先迷後得主, 利. 西南得朋, 東北喪朋. 安貞吉.)"로 되어 있다.

이로운 조짐을 갖고 있다.[1573] 승괘䷭는 괘체가 곤괘☷·손괘☴로 되어 있고, 남쪽으로 원정하러 가서 길함을 얻고 있다.[1574] 이렇듯 여덟 방위 속에서 64상(象)을 운행하고 있으며, 그 위(位)가 아닌 것이 없다.

순서에도 정해진 것이 없다. 예컨대 건괘䷀·곤괘䷁를 잇는 괘는 준괘䷂·몽괘䷃여서 사그라졌다[消] 자라났다[長] 함에 실마리가 없고, 이들 준괘䷂·몽괘䷃를 수괘(需卦)䷄·송괘䷅가 있으니 왔다[來] 갔다[往] 함에 자취가 없다고 할 것이다. 이처럼 64괘를 온갖 변함[變] 속에서 운행하고 있으니, 그 순서가 아니랄 것이 없다.

蓋陰陽者, 終不如斧之斯薪, 已分而不可復合; 溝之疏水, 已去而不可復廻; 爭豆區銖絫之盈虛, 辨方四圍三之圍徑, 以使萬物之性命分崩離析, 而終无和順之情. 然而義已於此著矣. 秩其秩, 敍其敍, 而不相凌越矣. 則窮理者窮之於此而已矣.

역문 음·양이라는 것은 아무래도 도끼로 땔나무를 쪼개어 이미 나뉜 것이 다시는 합할 수 없음과 같지 않다. 또 봇도랑에 탁 트여 흘러가는 물처럼 이미 가 버린 뒤에는 다시 돌아올 수 없음과도 같지 않다. 나아가 콩들을 조그맣게 구획 지어 모아 놓고 어느 것이 남고 부족한지를 따진다든지, 네

1572 이는 이 소축괘䷈의 괘사를 바탕으로 하는 말이다. 소축괘의 괘사는 "형통하다. 두껍게 낀 구름이 비로는 내리지 않으며 우리 서쪽 교외에서 밀려온다.(小畜, 亨, 密雲不雨, 自我西郊.)"로 되어 있다.

1573 역시 해괘䷧ 괘사를 바탕으로 하는 말이다. 해괘의 괘사는 "서남쪽에 이롭다. 갈 일이 없어 돌아오면 다시 길하다. 어딘가를 간다면 일찍 서두름이 길하다.(利西南, 无所往, 其來復吉. 有攸往夙吉.)"로 되어 있다.

1574 역시 승괘䷭의 괘사를 바탕으로 하는 말이다. 승괘의 괘사는 "으뜸이 되고 형통하다. 대인을 만날 것이며 이에 대해 근심하지 말지어다. 남쪽으로 원정하러 가서 길하다.(元亨. 用見大人勿恤, 南征吉.)"로 되어 있다.

모의 둘레 4·동그라미의 둘레 3의 길이를 변별하면서 만물의 성(性)과 명(命)을 나누어서 무너뜨리고 갈기갈기 찢어발겨서 끝내 어울리며 순종하는 정서가 없게 하는 것과도 다르다.

그러나 그 의미는 이미 이러함에서 드러났다. 차례를 차례대로 하고 순서를 순서대로 하며, 음·양은 서로 능멸하거나 영역을 침범하지는 않는다. 그러므로 이치를 궁구하는 이들은 바로 이러함에서 음·양을 궁구해야 할 따름이다.

今夫審聲者, 辨之於五音, 而還相爲宮, 不相奪矣. 成文者, 辨之於五色, 而相得益彰, 不相揜矣. 別味者, 辨之於五味, 而參調以和, 不相亂矣. 使必一宮一商, 一微一羽, 序而間之, 則音必瘖; 一赤一玄, 一青一白, 列而緯之, 則色必黯; 一苦一鹹, 一酸一辛, 等而均之, 則味必惡. 取人禽魚獸之身, 而判其血氣魂魄以各歸, 則其生必死; 取艸木果穀之材, 而齊其多少華實以均用, 則其效不成. 子曰, "使回多財, 吾爲尔宰", 假令邵子而爲天地宰也, 其成也毀, 其生也死, 又將奚賴哉?

역문 지금 5성(聲)을 변별하는 사람이 5음(音)을 변별하여서는 돌아가며 서로 궁이 되며, 서로를 침범하지 않는다.[1575] 무늬 만드는 사람이 5색을 변별하여서는 서로 더욱 잘 드러나게 하는데, 서로가 드러나지 못하도록 가리지를 않는다. 맛을 구별하는 사람이 5미(味)에 대해 변별하여서는 다섯 가지

1575 '돌아가며 서로 궁이 된다.[還相爲宮]'는 『예기』, 「예운」 편에 출전이 있는 말이다.(『禮記』, 「禮運」: 五行之動, 迭相竭也. 五行四時十二月, 還相爲本也; 五聲六律十二管, 還相爲宮也; 五味六和十二食, 還相爲質也; 五色六章十二衣, 還相爲質也.) 이에 대해서는 다음에 제시하는 '오성팔음도(五聲八音圖)'와 '육률육려도(六律六呂圖)'를 참고하기 바란다.

맛들이 서로 어울려서 훌륭한 맛을 낼 뿐 서로를 어지럽게 하지 않는다.

그런데 만약에 반드시 한 번 궁(宮)음을 울리면 한 번 상(商)음을 울리고, 한 번 징(徵)음을 울리면 한 번 우(羽)음을 울리도록 하며, 순서대로 사이를 두고 이러함이 계속 반복되게 한다면, 이 연주는 틀림없이 들어 줄 수 없

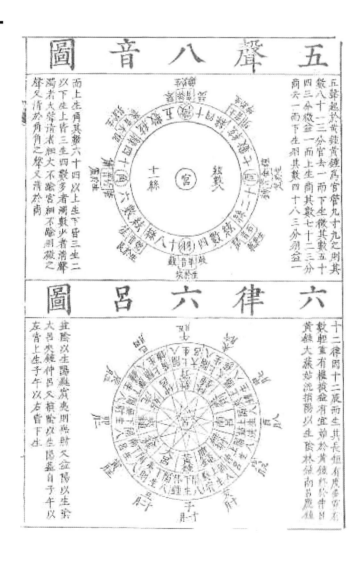

는 것이 되고 말 것이다. 또 하나의 붉은색에 하나의 검은색, 하나의 푸른
색에 하나의 흰색으로 열을 맞추어 천을 짜 나아간다면, 그 색깔은 반드시
봐 줄 수 없는 것이 되고 말 것이다. 또한 하나의 쓴맛에 하나의 짠맛, 하
나의 신맛에 하나의 매운맛을 섞되 등비(等比)를 맞추어 똑같이 첨가한다
면, 이 음식의 맛은 틀림없이 먹을 수 없는 것이 되고 말 것이다. 사람과
날짐승, 물고기와 들짐승의 몸을 취하여 그 혈과 기, 혼과 백을 딱 갈라서
각각의 곳곳으로 돌아가게 한다면, 그 생명체는 반드시 죽어 버리고 말 것
이다. 풀과 나무, 과일과 곡식 등의 재질을 취하여, 그 많기도 하고 적기도
한 꽃과 열매들을 쪽 고르게 하여 균등하게 사용한다면, 그 효능은 전혀
이루어지지 않을 것이다. 공자께서는 "만약에 안회에게 재물이 있다면 나
는 기꺼이 너희 집 가신(家臣)이 되겠노라."[1576]라고 하였는데, 가령 소자(邵
子)를 하늘·땅의 최고 보좌역이 되게 한다면 그 이룬 것들은 허물어져 버
릴 것이며, 살아 있는 것들은 죽어 버릴 것이다. 그러니 또한 장차 무슨 도
움이 되겠는가?

故參天兩地, 一義也; 兼三才而兩之, 一義也; 分以兩, 掛以奇, 變以
十八, 一義也; 天地山澤雷風水火之相錯, 一義也; 出乎'震', 成言乎
'艮', 一義也; 始以'乾''坤', 歷二十六卦而繼以'坎''離', 歷二十卦而繼
以'震''艮', 歷四卦而繼'巽''兌', 一義也. 皆命之所受, 性之所成, 和順
因其自然, 而不限以截然分析之位者也.

역문 그러므로 『주역』에서는 '하늘은 셋, 땅은 둘'을 하나의 의미로 하고 있

1576 『사기』, 「공자세가(孔子世家)」: 夫子謂顔回曰, "使爾多財, 吾爲爾宰."

다. '삼재를 아우르며 둘로 하고 있음'을 하나의 의미로 하고 있다. 둘로 나누고, 넷씩 헤아리고 남은 시책을 손가락 사이에 걸고, 변(變)을 열여덟으로 함을 하나의 의미로 하고 있다. 하늘·땅, 산·연못, 우레·바람, 물·불이 서로 엇갈리며 뒤섞임을 하나의 의미로 하고 있다. 진괘(震卦)☳에서 나오고, 간괘(艮卦)☶에서 말을 완성함을 하나의 의미로 하고 있다. 건괘☰·곤괘☷에서 시작하여 26개의 괘를 거쳐서 감괘☵·리괘☲로 이어받고, 또 20개의 괘를 거쳐서 진괘☳·간괘☶로 이어받으며, 다시 4개의 괘를 거쳐서 손괘☴·태괘☱로 이어받음을 하나의 의미로 하고 있다. 이들 모두는 명(命)을 받은 것이고, 성(性)이 이루어진 것이며, 어울리고 순종하며 '저절로 그러함[自然]'으로 말미암은 것이다. 결코 칼로 자른 듯이 쪼개진 위(位)들에 한정되지 않는 것이다.

理數既然, 則道德之藏, 從可知已. 誠斯幾, 幾斯神. 幾不可期, 神不可測, 故曰, "神无方而『易』无體". 故疑邵子者, 非徒疑之於性命也, 且疑邵子之於理也, 執所見以伸縮乎物, 方必矩而圓必規, 匠石之理而已矣. 京房分八宮爲對待, 不足於象, 而又設遊魂·歸魂以湊合之, 尤其不足言者也.

역문 이치와 수(數)가 이미 이러하기에, 우리는 도와 덕이 감추어진 곳을 좇아서 알 수 있을 따름이다. 성실하기에 낌새[幾]가 싹트며, 낌새이기에 신묘하다. 낌새는 기약할 수가 없고, 신묘함은 짐작할 수가 없다. 그러므로 "하늘의 신묘함에는 정해진 곳이 없고, 『주역』에는 정해진 몸이 없다."[1577]

1577 『계사상전』 제4장에 나오는 말이다.

다. '삼재를 아우르며 둘로 하고 있음'을 하나의 의미로 하고 있다. 둘로 나누고, 넷씩 헤아리고 남은 시책을 손가락 사이에 걸고, 변(變)을 열여덟으로 함을 하나의 의미로 하고 있다. 하늘·땅, 산·연못, 우레·바람, 물·불이 서로 엇갈리며 뒤섞임을 하나의 의미로 하고 있다. 진괘(震卦)☳에서 나오고, 간괘(艮卦)☶에서 말을 완성함을 하나의 의미로 하고 있다. 건괘☰·곤괘☷에서 시작하여 26개의 괘를 거쳐서 감괘☵·리괘☲로 이어받고, 또 20개의 괘를 거쳐서 진괘☳·간괘☶로 이어받으며, 다시 4개의 괘를 거쳐서 손괘☴·태괘☱로 이어받음을 하나의 의미로 하고 있다. 이들 모두는 명(命)을 받은 것이고, 성(性)이 이루어진 것이며, 어울리고 순종하며 '저절로 그러함[自然]'으로 말미암은 것이다. 결코 칼로 자른 듯이 쪼개진 위(位)들에 한정되지 않는 것이다.

理數既然, 則道德之藏, 從可知已. 誠斯幾, 幾斯神. 幾不可期, 神不可測, 故曰, "神无方而『易』无體". 故疑邵子者, 非徒疑之於性命也, 且疑邵子之於理也, 執所見以伸縮乎物, 方必矩而圓必規, 匠石之理而已矣. 京房分八宮爲對待, 不足於象, 而又設遊魂·歸魂以湊合之, 尤其不足言者也.

역문 이치와 수(數)가 이미 이러하기에, 우리는 도와 덕이 감추어진 곳을 좇아서 알 수 있을 따름이다. 성실하기에 낌새[幾]가 싹트며, 낌새이기에 신묘하다. 낌새는 기약할 수가 없고, 신묘함은 짐작할 수가 없다. 그러므로 "하늘의 신묘함에는 정해진 곳이 없고, 『주역』에는 정해진 몸이 없다."[1577]

1577 『계사상전』 제4장에 나오는 말이다.

說卦傳(설괘전)　185

라고 말하는 것이다.

그러므로 소자(邵子)를 의심하는 것은 꼭 성(性)·명(命)에 대해서만 의심하는 것이 아니라, 이치에 대한 소자의 견해에 대해서도 의심하는 것이다. 소자는 자신의 견해에 집착하여 물(物)들에서 늘이기도 줄이기도 하며, 네모는 반드시 곱자[矩]를 따라야 하고 동그라미는 반드시 그림쇠[規]를 따라야 한다고 하니, 이는 장인(匠人)들의 이치일 따름이다. 그런가 하면, 경방(京房)은 64괘를 팔궁으로 나누어서 대대(對待)를 시키다가, 상(象)에서 부족하면 또한 유혼(游魂)이니 귀혼(歸魂)이니 하는 설을 만들어서 억지로 갖다 붙인다. 이는 더욱 입에 담기조차 부족한 것이다.[1578]

1578 경방의 '팔궁괘(八宮卦)'설은 64괘를 기본 괘인 여덟 궁괘[八宮卦]로 구분하고 여기에 각각 8괘씩을 소속시킨 것이다. 팔궁괘는 건괘☰·진괘☳·감괘☵·간괘☶·곤괘☷·손괘☴·리괘☲·태괘☱ 등이다. 이 배열은 아버지·장남·중남(中男)·소남(少男)·어머니·장녀·중녀(中女)·소녀(少女)의 순이다. 그래서 앞의 4괘는 양에 속하고, 뒤의 4괘는 음에 속한다. 이들 팔궁 각 괘에는 다시 일곱 괘가 배당된다. 예컨대 건괘☰ 궁에서는 건괘가 본궁(本宮)이고, 그 초효가 변한 구괘(姤卦; 1世)☴→2효가 변한 둔괘(遯卦; 2世)☶→3효가 변한 비괘(否卦; 3世)☷→4효가 변한 관괘(觀卦; 4世)☶→5효가 변한 박괘(剝卦; 5世)☶, 이다음에는 상효가 변해야 하는데 이 '팔궁괘'설에서는 상효는 변할 수 없다고 한다. 그래서 5효가 모두 변한 뒤에는 변화의 진행 과정이 다시 머리를 돌려 제4효가 변하는 것으로 돌아간다. 그래서 박괘☶의 제4효가 변하여 근본으로 돌아가는 것[返本]인데, 이 건괘☰ 궁에서는 원래의 양효(一)를 회복함을 의미한다. 이것이 진괘(晉卦)다. 이 진괘가 6세(世)괘에 해당하는데, 이것을 '유혼(游魂)괘'라 부른다. 그리고 마지막으로는 정괘(貞卦; 下卦) 3획이 모두 근본으로 돌아간다는 것인데, 그 결과는 원래의 양효들(三)을 회복하는 것이다. 그 결과는 대유괘☲가 된다. 이를 '귀혼(歸魂)괘'라 부른다. 곤괘☷ 궁에서는 이와 반대의 경우가 된다. 이처럼 '팔궁괘'설에서는 초효부터 5효까지 순서대로 양(一)이 음(--)으로 변하거나, 음(--)이 양(一)으로 변한다는 원리를 채택하고 있다. 그리고 그다음은 '유혼(游魂)'·'귀혼(歸魂)'의 순으로 변한다는 것인데, 이 전체의 과정이 질서정연한 변화의 틀을 밟는 것으로 설정한다. 그런데 왕부지가 보기에, 이러한 원리와 변화의 틀을 밟고 있는 팔궁괘들은 전체적으로 칼로 자른 듯이 쪼개져서 반드시 서로 대대(對待)하는 양상을 드러낸다. 왕부지는 이러한 것은 이 세계의 변화와 『주역』의 원리에 없다는 것으로 보고 이렇게 비판하는 것이다.

故所惡於執中之无權者, 唯其分仁義剛柔爲二而均之也. 窮理而失
其和順, 則賊道而有餘. 古今爲異說不一家, 歸於此而已矣.

역문 그러므로 권도(權道) 없이 집중(執中)만을 취하는 이를 미워하는 까닭은,
이들이 어짊[仁]·의로움[義]과 굳셈[剛]·부드러움[柔]을 오직 딱 둘로 나누
어서 균형을 맞추기 때문이다. 이들은 이치를 궁구한다면서 '어울리며 순
종함'을 잃고 있으니, 도(道)를 해치고도 남음이 있다. 예나 지금이나 『주
역』에 관해서 이설을 주장하는 이들이 한두 가(家)가 아니나, 따지고 보면
이들의 모순점은 모두 이리로 귀결할 따름이다.

二

兩間之有, 孰知其所自昉乎? 无已, 則將自人而言之. 今我所以知兩
間之有者, 目之所遇, 心之所覺, 則固然廣大者先見之; 其次則其固
然可辨者也; 其次則時與相遇, 若異而實同者也; 其次則盈縮有時,
人可以與其事, 而乃得以親用之者也.

역문 하늘과 땅 사이 그 어디에서 시작된다는 것을 누가 알랴? 어쩔 수 없다
면 사람의 관점에서 말해 보리라. 오늘날 우리가 하늘과 땅 사이가 있다는
것을 아는 까닭은, 눈으로 보고 마음으로 느끼기 때문이니, 본디 그러한
넓고 큰 것을 먼저 보는 것이다. 그다음으로는 이 '본디 그러함[固然]'을 변
별할 수 있다는 것이다. 또 그다음은 때[時]와 함께 서로 만나는 것이 마치
다른 듯하지만 실은 같다는 것이다. 다시 그다음은 찼다 줄어들었다 함에

때가 있지만, 사람이 이러함과 함께 일을 벌일 수 있으며, 친히 이러함을
사용할 수 있다는 것이다.

是故寥然虛清, 確然凝立, 无所不在, 迎目而覺, 遊心而不能越, 是
天地也. 故曰, "天地定位", 謂人之始覺知有此而位定也, 非有所在
有所不在者也.

역문 이러한 까닭에 휑하고 텅 비었으며 맑기만 한 것이 확연하게 떡하니 수
립되어 있는데, 이것은 어디에고 존재하지 않는 곳이란 없다. 그래서 눈과
마주치면 곧 지각되고, 마음으로 아무리 이리저리 치달려 보아도 이를 벗
어날 수가 없다. 이것이 바로 하늘·땅이다. 그러므로 이 『설괘전』에서는
"하늘과 땅이 위치를 정한다."라고 말하는 것이다. 그러나 이는 사람이 비
로소 지각해야 이러한 것이 있다는 것을 알고 위치가 정해진다는 것이지,
존재함이 있지 않은 곳은 존재하지 않음이 있는 곳이다.

有所不在者, 平原斥磧之地, 或窮年而不見山, 或窮年而不見澤. 有
所在, 故舟居而漁者, 窮年見澤而不見山; 巖棲而鉏者, 窮年見山而
不見澤. 乃苟見之, 則一如天地之固然, 峙於前而不移也. 故曰, "山
澤通氣", 陟山而知地之固不絕於天·臨澤而知天之固不絕於地, 非
截然分疆而不相出入也, 固終古恒然, 无與爲期者也.

역문 존재하지 않음이 있는 곳이란 평원·개펄·모래사막 지대처럼 1년 내
내 산을 못 보거나 1년 내내 연못을 보지 못하는 곳이다. 존재함이 있는
곳은, 존재하므로 배를 정박했다가 어로(漁撈)를 하는 것이니, 1년 내내 연

못을 보지만 산은 보지 못하기도 하고, 바위 속에 살며 호미질해서 먹고사는 사람들은 1년 내내 산은 보지만 연못은 보지 못한다. 그러나 이들은 진실로 보는 것이 이러하니 한결같이 하늘·땅은 본디 이러하다고 여기고는, 앞에 두고 머물며 옮기지 않는다. 그러므로 이 『설괘전』에서는 "산과 연못이 기(氣)를 통한다."라고 한다. 첩첩산중에 살면서는 땅이 본디 하늘과 끊기지 않음을 알고, 연못가에 살면서는 하늘이 본디 땅과 끊기지 않은 것임을 아는 것이다. 그리고 하늘과 땅은 칼로 뚝 자른 듯이 강역이 나뉜 채 서로 출입을 하지 않는다거나, 이렇게 서로 나뉨이 본래 아득한 옛날부터 늘 그러하며 이들은 더불어 기약함이 없는 것이 아님을 안다.

抑有不可期而自有期者, 遇之而知其有, 未遇不知其何所藏也. 蓋陰陽者恒通, 而未必其相薄, 薄者其不常矣. 陽燄薄陰雨雷作, 陰燄薄陽而風動, 通之變也. 變則不數與之相遇, 歷時而知之, 始若可驚, 繼乃知其亦固然也. 故曰, "雷風相薄". 惟其不可期也, 而爲兩間之固有, 其盈也人不得而縮之, 其縮也人不得而盈之; 爲功於萬物, 而萬物不得執之以爲用. 若夫陽燧可致, 鑽木可取, 方諸可聚, 引渠可通, 煬之瀹之而盛, 撲之陻之而衰, 雖陰陽之固然, 而非但以目遇, 以心覺也, 於是而始知有水火, 故終之曰, "水火不相射", 合致其功於人, 而人以合陰陽之感者也.

역문 한편 기약할 수는 없으나 저절로 기약함이 있는 것들은, 서로 만나게 되어서는 상대가 있다는 것을 알지만, 서로 만나지 못하면 그것이 어디에 감추어져 있는지를 알지 못한다. 음·양이란 늘 통하지만 그렇다고, 꼭 서로 바싹 덤벼들어 몰아붙이는 것만이 아니다. 이들에게 서로 바싹 덤벼들어 몰아붙이는 것은 늘 있는 일이 아니다. 그런데 양이 갑자기 음에게 바싹 덤벼들며 몰아붙이면 비가 내리고 우레가 치며,[1579] 음이 갑자기 양에게 바싹 덤벼들며 몰아붙이면 바람이 인다.[1580] 이러함들은 음·양의 통함이 변한 것이다. 변함[變]이란 자주는 서로 만나지 않으나 때[時]를 거치며 알게 되는 것이고, 그래서 처음에는 놀랄 수도 있을 테지만 계속되면 이 또한 본디 그러하다는 것을 알게 된다. 그러므로 이 『설괘전』에서는 "우레와 바람은 서로 바싹 덤벼들어 몰아붙인다."라고 말하는 것이다.

이러함들은 오직 기약할 수 없는 것들이기는 하지만 하늘과 땅 사이에 본래 있는 것들이다. 그래서 이러함들이 가득 차더라도 사람으로서는 이를 줄일 수가 없고, 또 이러함들이 줄어든다고 해서 사람이 이것들을 가득 차게 할 수가 없다. 그리고 이러함들이 만물에 공(功)을 이루기는 하지만 만물들로서는 이들을 잡아서 자신의 작용으로 삼을 수가 없다.

예컨대 오목거울[陽燧]로도 불을 피울 수 있고, 나무에 구멍을 뚫고 비비 대서 불을 지필 수도 있다. 또 방제(方諸)로 물을 모을 수 있고, 도랑을 내서 물을 통하게 할 수도 있다.[1581] 이들 불과 물은 사르고 데쳐서는 성하고, 두드리고 틀어막아서는 쇠한다. 이러함들이 비록 음·양에 본디 있는 것들이기는 하지만, 이를 꼭 눈으로 보지 않더라도 마음으로 지각한다. 이에

1579 이는 하나의 양(一)이 두 음(==)들의 밑으로 치고 들어가 움직여서 진괘☳가 되었음을 의미한다.

1580 이는 하나의 음(--)이 두 양(=)들의 밑으로 치고 들어가서 손괘☴가 되었음을 의미한다.

1581 여기에서 말하는 '양수(陽燧)'와 '방제(方諸)'는 『회남자』에 나온다. 『회남자』, 「천문훈(天文訓)」에서는 "오목거울은 해를 보게 되면 불이 붙어서 불이 되게 하고, 방제는 달을 보게 되면 진액이 흘러서 물이 되게 한다.(陽燧見日則燃而爲火, 方諸見月則津而爲水.)"라 하고 있고, 「남명훈(覽冥訓)」에서는 "오목거울은 해에서 불을 취하고, 방제는 달에서 이슬을 취한다.(夫陽燧取火於日, 方諸取露於月.)"라 하고 있다. 그래서 '양수'는 오목거울을 의미하는 것 같고, '방제'는 이슬을 모아서 물을 받는 그릇을 의미하는 것 같다.

비로소 물과 불이 있다는 것을 알며, 그러므로 이 『설괘전』에서는 "물과 불은 서로 침범하지 않는다."라는 말로써 끝을 맺고 있다. 이들의 공은 사람에게서 합해 이루어지며, 사람은 음과 양의 느낌을 합하는 존재다.

可親者順之德, 有功者健之德. 道定而德著, 則曰, "山澤通氣, 雷風相薄, 水火不相射"; 德至而道凝, 則曰, "水火相逮, 雷風不相悖, 山澤通氣". 其理竝行而不相拂矣.

역문 친할 수 있음은 순종함의 덕이고, 공(功)이 있음은 씩씩함의 덕이다. 도가 정해지고 덕이 드러나게 되면 "산과 연못이 기(氣)를 통하고, 우레와 바람은 서로 바싹 덤벼들어 몰아붙이며, 물과 불은 서로 침범하지 않는다." 라고 말하는데, 이에 비해 덕이 이르고 도가 엉기면 "물과 불이 서로에게 미치고, 우레와 바람이 서로를 해치지 않으며, 산과 연못은 기를 통한다." 라고 한다. 이러한 이치들은 양립하며 서로 어긋나지 않는다.

夫動乎暄潤之幾, 成乎動撓之用, 底乎成以訢說乎有生, 此變化以成物有然者, 然而非己所固然而見其然矣. 无已, 則察乎他物以知之. 固然而有天地, 見其位定; 固然而有山澤, 見其氣通; 時而知有雷風, 見其相薄; 與其事而親之以有功, 則知有水火, 疑其相射而終不相射也. 此人之所目遇而心覺, 知其化有然者.

역문 말림·적심의 낌새[幾]에서 움직여서, 움직이고 휘는 작용을 이루었다가, 마침내 기뻐함 속에 생명이 있게 함을 이루는 것, 이것이 변하고 화하여 물(物)을 이룸에서 일어나는 현상이다. 그러나 자기의 '본디 그러함[固然]'이 아니지만 그러함을 드러내는 것이 있다.

이에 대해 꼭 알아야겠다면, 다른 것들을 살펴서 알아보자. 본디 그러하여서 하늘·땅이 있게 하기에, 이것들이 위치 정함[位定]을 드러낸다. 본디 그러하여서 산과 연못을 있게 하니, 기가 통함[氣通]을 드러낸다. 때에 따라서 우레와 바람이 있음을 아는데, 이들은 서로 바싹 덤벼들어 몰아붙임[相薄]을 드러낸다. 더불어 일을 벌이며 서로 친하여 공이 있게 하니, 물과 불이 있음을 아는데, 이들은 마치 서로 싫어하는 것 아닌가 하는 의심을 낳지만 끝내 서로 싫어하지는 않는다.[不相射.] 이것들이 바로 사람이 눈으로 보고 마음으로 느끼는 것인데, 화함을 보고서 이러함들이 있다는 것을 안다.

惟然, 故'先天·後天'之說不可立也. 以固然者爲先天, 則以次而有者其後矣. 以所從變化者爲先天, 則已成者爲後矣. 兩者皆不可據也. 以實言之, 徹乎古今, 通乎死生, 貫乎有无, 亦惡有所謂先後者哉! 无先後者, 天也, 先後者, 人之識力所據也. 在我爲先者, 在物爲後; 在今日爲後者, 在他日爲先. 不貳則无端委之殊, 不息則无作止之分, 不測則无漸次之差. 故曰, "神无方而『易』无體".

역문 오직 이러하므로 '선천'이니 '후천'이니 하는 설은 성립할 수가 없다. 본디 그러한 것을 선천이라 한다면, 이어서 있게 되는 것은 그 뒤가 될 것이다. 또 변하고 화함을 따르는 것을 선천이라 한다면, 이미 이루고 있는 것은 뒤가 될 것이다. 그리하여 '선천'이니 '후천'이니 하는 것들은 모두 의거할 만한 것이 못 된다. 실제로써 말하자면, 옛날이나 지금을 꿰뚫어 보고, 삶과 죽음을 통해서 보며, 있음[有]과 없음[無]을 관통해 보더라도, 또한 어찌 '선천'·'후천'이라 하는 것들이 있으리오!

선후가 없는 것이 하늘이며, 선·후라 하는 것은 사람의 인식능력에 따른 것이다. 나에게서 '앞'인 것은 다른 것들에게서는 '뒤'가 되며, 오늘이 '뒤'가 되면 다른 날들은 '앞'이 된다. 하늘은 둘이 아니기에 시작과 끝의 다름이 없고, 쉬지 않는 것이기에 작동했다 멈췄다 함으로 나뉘지 않으며, 사람으로서는 짐작조차 할 수 없기에 점진적으로 이루어짐의 차이가 없다. 그러므로 "신묘함에는 정해진 곳이 없고, 『주역』에는 정해진 몸이 없다."라고 하는 것이다.

東西南北者, 人識之以爲嚮背也. 今·昔·初·終者, 人循之以次見聞也. 物與目遇·目與心諭而固然者如斯, 舍所見以思所自而能然者如斯, 要非理氣之但此爲先, 但此爲後也.

역문 동·서·남·북이란 사람이 식별하여 향배(嚮背)를 정한 것이다. 지금과 옛날, 처음과 끝이란 사람이 차례로 따라가며 보고 들은 것을 의미한다. 외물과 우리의 눈이 만나고, 눈과 마음이 깨달아서, '본디 그러함[固然]'이 이와 같다는 것이며, 오관에 의한 지각을 제쳐 둔 채 어디에서 왔는가를 마음으로 생각하였을 때 이렇게 할 수 있음이 이와 같다는 것이다. 요컨대 리(理)와 기(氣)에서 다만 이것은 '앞'이고 다만 이것은 '뒤'라는 것이 아니다.

理之御氣, 渾淪乎无門, 即始即終, 即所生即所自生, 即所居即所行, 即分即合, 无所不肇, 无所不成. 徹首尾者誠也, 妙變化者幾也. 故天之授我以命, 今日始也; 物之受性於天, 今日始也; 成形成色, 成生成死, 今日始今日終也. 而君子以之爲體天之道: 不疑未有之先何以爲端, 不億旣有之後何以爲變, 不慮其且无之餘何以爲歸. 天壽不貳而死生貞, 學誨不倦而仁智定. 乃以肖天地之无先无後, 而純乎其天. 不得已而有言, 則溯而上之, 順而下之, 神明而隨遇之, 皆无不可. 而何執一必然之序, 驪括大化於區區之格局乎?

역문 리(理)가 기(氣)를 제어함에서는 둘이 구별되지 아니한 채 한데 뒤섞여 있어서 이들을 가르는 문이 없다. 시작이 곧 끝이고, 생겨남이 곧 스스로 생겨남이며, 자리 잡고 있음이 곧 행함이고, 나뉨이 곧 합함이다. 시작하지 아니하는 바도 없고, 이루어 내지 아니함도 없다. 처음부터 끝까지를 꿰뚫는 것은 성실[誠]이고, 변하고 화함을 신묘하게 하는 것은 낌새[幾]다. 그러므로 하늘이 나에게 명(命)을 주는 것은 오늘이 바로 시작이고, 물(物)들이 하늘로부터 성(性)을 받는 것도 오늘이 바로 시작이다. 형체를 이루고 색(色)을 이루는 것도 오늘이 시작이고 오늘이 끝남이다.

군자는 이러함으로써 하늘의 도를 체득하는데, 아직 있기 전이라 할지라도 어떻게 실마리를 이룰까를 의심하지 않고, 이미 있은 뒤에는 어떻게 하여 변할까를 미루어서 헤아리지 않으며, 없어진 뒤에는 어떻게 돌아갈까를 염려하지 않는다. 자신이 요절하든 장수하든 다르게 받아들이지 않고 삶과 죽음에도 올곧게 대하며, 배우고 가르침에 게을리하지 않고 어짊[仁]과 지혜로움을 확고히 한다. 나아가 하늘·땅에 선(先)도 없고 후(後)도 없음을 본받아서, 군자는 자신이 살아가고 있는 하늘을 순수하게 받아들인다. 꼭 말을 하지 아니하면 안 될 경우, 군자는 거슬러서 위로 올라가기도 하고 따라서 아래로 내려가기도 하며, 신명을 발휘하여 좇아가서 만나는 것 등, 그 어느 것도 불가능한 것이 없다. 그러니 군자가 어찌 하나의 필연적인 순서만을 집착하며, 하늘·땅의 거대한 화육[造化]을 자신의 조그마한 틀에 억지로 갖다 맞추려 하겠는가?

"天地定位"至"八卦相錯"爲一章, "數往者順"三句爲一章. 『本義』拘
邵子之說, 合爲一章. 其說牽強支離, 出於陳摶仙家者流, 本不足道,
而邵子曰此伏羲八卦之位. 伏羲至陳摶時, 將近萬年, 中間竝无授
受, 其誕可見. 蓋摶師呂嵓, 或託云"伏羲不死而授之嵓."也.

역문 이 『설괘전』에서는 "하늘과 땅이 위치를 정하고"부터 "팔괘가 이렇게
서로 엇갈리며 뒤섞인다."까지가 하나의 장(章)을 이루고, "지나간 것을 헤
아림은 순종함이고"를 포함한 3구절이 하나의 장(章)을 이룬다. 그런데
『주역본의』에서는 소자(邵子)의 설에 구애받아서 이들을 합해서 하나의
장으로 하고 있다.[1582]

이 설은 견강부회일 뿐만 아니라 논리적 일관성도 없는 것인데, 진단(陳
摶)이라는 선가(仙家)의 유파에서 나온 것으로서 본래 입에 올릴 수준조차
못 되는 것이다. 그런데도 소자는 이를 복희씨가 그린 팔괘의 방위라 하고
있다. 복희씨로부터 진단에 이르기까지는 흐른 시간만도 거의 1만 년인
데, 이들 사이에는 전혀 수수(授受) 관계도 없었다. 그러므로 이 설이 얼마
나 허황한 것인지는 잘 알 수 있을 것이다. 진단은 여암(呂嵓; 796~?)[1583]을

1582 그러나 이들을 합해서 하나의 장(章)으로 한 것은, 주희가 소자의 설을 받아들여서 이렇게
한 것이 아니라, 그 이전에 공영달이 『주역정의(周易正義)』를 편찬할 때 벌써 이렇게 하였
다. 다만 소자가 이 장(章)을 바탕으로 '선천'·'후천'의 설을 펼친 것을 주희가 그대로 따랐
음은 사실이다.

1583 여암은 자(字)가 동빈(洞賓), 도호(道號)는 순양자(純陽子)였다. 도교의 유명한 신선으로서
팔선의 하나로 꼽는다. 종리권과 함께 전진도(全眞道)의 조사로 일컬어지며 종려내단파
(鍾呂內丹派)를 대표하는 인물이다. 그리고 유·불·도 삼교를 합일하여 도교 사상을 짠
대표 인물이다.

『송사』, 「진단전(陳摶傳)」에서는 관서(關西) 지역의 일민(逸民)으로서, 당시 사람들로

스승으로 모셨는데, 혹자는 "복희씨가 죽지 않고 여암에게 전해 주었다."
라고 가탁해서 말하기까지 한다.

三

象自上昭, 數繇下積. 夫象數一成, 咸備於兩間, 上下无時也, 昭積
无漸也, 自然者无所謂順逆也. 而因已然以觀自然, 則存乎象; 期必
然以符自然, 則存乎數. 人之仰觀俯察而欲數之, 欲知之, 則有事矣.
有事則有時, 有時則有漸, 故曰, 象自上昭, 數繇下積.

역문 상(象)은 위로부터 내리비추고, 수(數)는 아래로부터 누적된다. 상과 수
는 한 번 이루어져서는 둘 다 하늘과 땅 사이에 갖추어지는데, 위·아래에
는 시간적인 순서도 없고, 내리비침·누적됨에는 점진적임도 없다. 저절
로 그러한 것이므로, '따라 내려감'이니 '거슬러 올라감'이니 하는 것도 없
다. 이미 그러함을 통해서 '저절로 그러함[自然]'을 봄은 상에 존재하고, 필
연을 밟아 가며 '저절로 그러함'에 부합함은 수에 존재한다. 사람으로서 이
러함을 올려다보고 내려다보며, 수를 헤아리려 하고 알려고 하는 것은, 일
[事]이다. 일을 벌이면 시간적인 순서가 있게 되고, 시간적인 순서가 있으

부터 신선이라 여겨지던 여동빈이, 진단이 수련하던 곳을 자주 찾아왔고, 사람들이 모두
이를 기이하게 여겼다는 기록이 있다. 여동빈은 검술에 뛰어났고, 당시 100세가 넘었음에
도 동안(童顔)이었으며, 발걸음이 가볍고 빨라서 순식간에 수백 리를 갔다고 한다. 그래서
사람들은 그를 신선으로 여겼다고 한다.(關西逸人呂洞賓, 有劍術, 百餘歲而童顔, 步履輕
疾, 頃刻數百里, 世以爲神仙, 皆數來搏齋中, 人咸異之.) 이 기록을 바탕으로 해서 우리는
진단의 단도(丹道)는 이 여동빈이 전수해 준 것이라고 유추해 볼 수 있다.

면 점진적임이 있다. 그러므로 "상은 위로부터 내리비추고, 수는 아래로부터 누적된다."라고 하는 것이다.

象有大小, 數有多寡. 大在而分之以知小, 寡立而合之以爲多. 象不待合小以知大, 數不待分多以知寡. 是猶掌與指也: 立全掌之象於此, 而拇·食·將·无名·季指之別, 粲乎分之而皆可知. 掌象不全, 立一指焉, 弗能知其爲何指也. 若以數計指也, 則先拇以爲一, 次食以爲二, 次將以爲三, 次无名以爲四, 次季以爲五, 而後五數登焉. 未有先五而後得四三二一者也.

역문 상(象)에는 크고 작음이 있고, 수(數)에는 많고 적음이 있다. 큰 것이 있더라도 나누어서 작은 것을 알며, 적은 것이 있더라도 합하여서는 많게 된다. 상은 굳이 작은 것들을 합하지 않더라도 크다는 것을 알며, 수는 굳이 많은 것을 나누지 않더라도 적다는 것을 안다. 이는 마치 손바닥과 손가락의 관계와도 같다. 예컨대 손바닥 전체의 상을 펼치고 있으면, 무지(拇指; 엄지손가락)·식지(食指; 검지손가락)·장지(將指; 셋째 손가락)·무명지(無名指; 넷째 손가락)·계지(季指; 새끼손가락) 등이 구별되며 환하게 나뉘어서 누구든지 이를 알 수가 있다. 그러나 손바닥 전체를 다 펼치지 않고 한 손가락만 세우고 있으면, 그것이 어느 손가락인지 알 수가 없다. 만약에 수로써 손가락을 헤아린다면, 먼저 엄지손가락이 1, 그다음 검지가 2, 그다음 셋째손가락이 3, 그다음 넷째손가락이 4, 그다음 새끼손가락이 5가 될 것이니, 이 뒤에 '5'라는 수가 등장할 것이다. 그러나 5가 꼭 먼저 있고 난 뒤에 4·3·2·1을 얻을 수 있는 것은 아니다.

故象合以聽分, 數分以聽合也. 合以聽分, 必先上而後下; 先下而後
上, 則上者且爲下所蔽矣. 分以聽合, 必先下而後上; 先上而後下,
則下者枵而上无所載矣. 象, 陽也; 數, 陰也. 日月之照, 雨露之垂,
自高而及下; 人物之長, 艸木之茂, 自卑以至高.

역문 그러므로 상은 합한 채로 나뉨을 받아들이고, 수는 나뉜 채로 합함을 받
아들인다. 합한 채로 나뉨을 받아들임에서는 반드시 먼저 위가 있고 난 뒤
에 아래가 있어야 한다. 그렇지 않고, 먼저 아래가 있고 나중에 위가 있다
면, 위에 있는 것은 아래 있는 것들에 가리게 된다. 이에 비해 나뉜 채로
합함을 받아들임에서는 반드시 먼저 아래가 있고 난 뒤에 위가 있어야 한
다. 그렇지 않고, 먼저 위가 있고 난 뒤에 아래가 있다면, 아래가 비어 있
으니 위의 것들은 실릴 수가 없을 것이다.

　　상은 양이고, 수는 음이다. 해와 달이 내리비치고 비와 이슬이 내림은
위로부터 아래로 미침이다. 이에 비해 사람과 물(物)들을 자라나고 풀과
나무가 무성해지는 것은 아래로부터 위로 이르는 것이다.

是故「疇」成象以起數者也, 『易』因數以得象者也, 「疇」人事也, 而
本乎天之自然; 『易』, 天道也, 而行乎人之不容已. 「疇」因'洛書', 起
九宮而用陽; 『易』因'河圖', 以十位合八卦而用陰. 「疇」以做, 『易』
以謀. 做務知往, 謀務知來. 「疇」徵而无兆, 『易』兆而无徵.

역문 그러므로 「홍범구주(洪範九疇)」는 상을 이루어서 수를 일으키는 것이고,
『주역』은 수를 바탕으로 해서 상을 얻는 것이다. 「홍범구주」는 사람의 일
에 관한 것으로서 하늘의 '저절로 그러함[自然]'에 근본을 둔 것이고, 『주역』

은 하늘의 도를 드러내는 것이며 사람으로서는 어떻게 할 수 없는 것을 행하는 것이다. 「홍범구주」는 '낙서(洛書)'에 바탕을 둔 것이고, 아홉 궁(宮)을 일으키는 것으로서, 양을 사용한다. 이에 비해 『주역』은 '하도(河圖)'를 바탕으로 한 것이고, 10위(位)를 8괘에 합치한 것으로서, 음을 사용한다. 「홍범구주」는 본받은 것이고, 『주역』은 도모하는 것이다. 본받은 것은 지나간 것을 아는 데 힘쓰고, 도모하는 것은 올 것을 아는 데 힘쓴다. 「홍범구주」는 밝히는 것으로서 조짐은 없으며, 『주역』은 조짐으로 이루어진 것이며 밝힘은 없다.

「疇」之始五行, 以中五始也. 「洛書」象見於龜, 龜背隆起, 中五在上. 次五事, 以戴九先也. 次八政五紀而後皇極, 履一在下也. 詳具『思問錄』,「外篇」, 蔡氏舊解非是. 五行, 天也, 天所垂也. 人法天. 天垂象, 人乃仰法之, 故「疇」先上而後下.

역문 「홍범구주」는 오행으로부터 시작하는데, 이는 중(中) 5를 시작으로 삼는 것이다.[1584] 그다음은 5사(事)를 말하고 있는데, 이는 거북이의 머리 위에 아홉 개의 문양이 새겨져 있고, 이것이 앞이기 때문이다. 그다음은 팔정(八政)·오기(五紀)를 말한 뒤에 황극(皇極)을 말하는데, 거북이의 꼬리 위에 한 개의 문양이 새겨져 있고, 이것이 아래에 해당하기 때문이다.[1585] 오행은 하늘을 밝히는 것이며, 하늘이 드리우고 있음을 드러내는 것이다. 사람은 이 하늘을 본받는다. 하늘이 상을 드리우고 있으니 사람이 이를 우

[1584] **저자 자주:** 「낙서」의 상은 거북이에게서 드러난 것인데, 거북이의 등은 가운데가 솟아올라 있으니, 중5가 높은 자리다.

[1585] **저자 자주:** 상세한 것은 『사문록』, 「외편」을 참고하라. 채씨[蔡元定; 1135~1198]의 옛 해설은 잘못된 것이다.

러러 본받는 것이다. 그러므로 「홍범구주」에서는 위를 먼저 말하고 아래를 뒤에 말하는 것이다.

若『易』之本於'河圖'也, 水一火二, 水下火上, 則先一而後二, 先少而後多矣. 先少而後多, 故卦首初, 次二, 次三, 次四, 次五, 以終於上. 十八變之策, 由少而多; 六爻之位, 由下而上. 下不先立, 則上浮寄而无所承. 『易』因數以得象, 自分以聽合, 積下以累上, 所由異於「疇」之因象以起數也.

역문 『주역』은 '하도'에 근본을 둔 것이다. '하도'[1586]에서는 수(水)가 1이고 화(火)는 2인데, 수는 아래에 있고 화는 위에 있다. 그래서 1이 앞이고 2가 뒤며, 적은 것을 앞세우고 많은 것을 뒤로 돌리고 있다. 적은 것을 앞세우고 많은 것을 뒤로 돌리므로, 『주역』의 모든 괘는 머리가 초효이고, 그다음이 2효이며, 그다음이 3효, 그다음이 4효, 그다음이 5효이고, 그리고 상효에서 끝난다. 이 여섯 효를 뽑아내는 18변(變)의 시책들은 적은 것으로부터 많은 것으로 나아가며, 6효의 위(位)에서는 아래로부터 위로 나아간다. 『주역』의 괘들은 아래가 먼저 세워지지 않으면 위의 것들은 들뜨며 받들어주는 것이 없다. 『주역』은 이렇게 수를 바탕으로 해서 상을 얻고, 나뉜 것들에서 합함을 받아들이며, 아래로부터 쌓아서 위로 누적한다. 이는 「홍

1586 '하도'와 '낙서'는 다음과 같다.

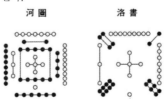

범구주」의 원리가 상(象)을 바탕으로 해서 수를 일으키는 것과 다르다.

夫上下定分也. 自上下者順・自下上者逆, 故曰, "『易』逆數"也. 夫數則豈有不逆者哉! 逆以積, 積以成, 人迓天而後天牖人. 其往也逆, 則其來也順. 非數有順者而『易』不用, 顧用其逆者以巧爲合也.

역문 위・아래로 나뉨이 정해져 있다. 위에서 아래로 내려오는 것은 '따라 내려옴[順]'이고, 아래에서 위로 올라가는 것은 '거슬러 올라감[逆]'이다. 그러므로 이 『설괘전』에서는 "『주역』은 수를 거스름이다."라고 말하는 것이다. 수라 할진대 어찌 거스르지 않음이 있겠는가! 거슬러서 누적하고, 누적하여 이루어지니,[1587] 사람이 하늘을 마주하여 나아간 뒤에 하늘이 사람을 깨우쳐 주는 것이다. 지나간 것이 거슬러 올라감[逆]이라면, 오는 것은 따라 내려옴[順]이다. 수에 따라 내려오는 것이 있는데도 『주역』에서 쓰지 않는 것이 아니라, 수의 거스름을 쓰는 것을 돌아보니 공교롭게 합치하는 것이다.

故'乾'一索而得'震', 再索而得'坎', 三索而得'艮'; '坤'一索而得'巽', 再索而得'離'; 三索而得'兌'; 无非逆也. 其曰'乾'一・'兌'二・'離'三・'震'四, 陰自上生, 以次而下, 乃生乎'巽'・'坎'・'艮'・'坤', 以底乎純陰而陽盡无餘, 吾未知天地之果有此象焉否也? 若夫數, 則必无此懸虛建始於上, 而後逮於下之理矣.

[1587] '1, 2, 3, 4, 5, 6 …'의 과정이 작은 것에서 큰 것으로 나아가니 거슬러 올라감이고, 누적이라는 것이다.

역문 그러므로 건괘☰의 덕을 한 번에 찾으면 진괘☳가 되고, 두 번째에 찾으면 감괘☵가 되며 세 번째에 찾으면 간괘☶가 된다. 곤괘☷의 덕을 한 번에 찾으면 손괘☴가 되고 두 번째에 찾으면 리괘☲가 되며, 세 번째에 찾으면 태괘☱가 된다. 이들 모두 거슬러 올라감[逆] 아닌 것이 없다. 그런데도 소자(邵子)는 건괘☰는 1, 태괘☱는 2, 리괘☲는 3, 진괘☳는 4라 하는데, 이는 음(--)이 위에서 생겨서 차례로 아래로 내려옴을 드러내는 것이고, 손괘☴→감괘☵→간괘☶→곤괘☷의 순서로 낮게 되어서는 순음(純陰)에 다다라서 양(—)은 남김없이 다하고 만다. 나는 하늘·땅에 과연 이러한 상이 있는지 없는지를 모르겠다. 그러나 수(數)의 경우라면, 이렇게 허공에 매달아서 위로부터 시작하고는 그 뒤에 아래로 내려오는 이치가 절대로 없다.

『易』之作也以蓍, 蓍之成象也以數, 故有數而後有象. 數自下積, 而後象自上昭. 自有『易』以來, 幽贊於神明, 而倚數者必无殊道. 伏羲氏邈矣, 見聞不逮, 授受无人矣. 以理度之, 亦惡能外此哉? 故言『易』者, 先數而後象, 先下而逆上, 萬世不易之道也.

역문 『주역』의 괘들은 시초(蓍草)를 통해서 만들어지고, 이 시초들은 수에 의거하여 상을 이루게 된다. 그러므로 『주역』에서라면 수가 있고 난 뒤에 상이 있다. 수가 아래로부터 쌓아 나아간 뒤에 상이 이루어져서 위로부터 내리비치는 것이다. 『주역』이 있은 뒤로 그윽이 천지신명을 도운 것인데, 수에 의거(依據)하는 이외에 특별히 다른 방법은 없다. 복희씨는 막연한 인물로서, 그에 대해서는 우리의 견문이 미치지 못하며, 그가 전하는 것을 물려받은 사람도 없다. 이치에 맞게 헤아려 보건대, 또한 어찌 이러한 점들을 우리가 도외시할 수 있겠는가? 그러므로 『주역』을 말하는 사람들에게서는, 수가 먼저이고 상은 나중에 이루어지며, 아래가 먼저 이루진 뒤에 위로 거슬러 올라감만이, 영원토록 바뀌지 않는 원리다.

四

著其往, 則人見其往, 莫知其歸矣; 飾其歸, 則人見其歸, 莫知其往矣. 故川流之速, 其逝者可見, 其返而生者不可見也. 百昌之榮, 其盛者可知, 其所從消者不可知也. 雖然, 耳目之限, 爲幽明之隔, 豈足以知大化之神乎? 大化之神, 不疾而速, 不行而至者也. 故曰, "闔戶謂之'坤', 闢戶謂之'乾', 一闔一闢謂之變, 往來不窮謂之通".

역문 이 세계의 변화에서 가는 것[往]을 현저하게 드러내면, 사람들은 그 가는 것을 보면서도 이것이 왔던 데로 돌아가는 것임은 알지 못한다. 또 그 돌아감[歸]을 꾸며 주면, 사람들은 그 돌아감을 보면서도 이것이 가는 것임을 알지 못한다. 그러므로 강물이 빠르게 흘러감에서 가는 것을 우리는 볼 수 있지만, 이것이 돌아와서 생하는 것은 볼 수가 없다. 온갖 생명체들이 피어남에서 우리는 이것들이 번성함을 알 수 있지만, 이것들이 소멸했던 것으로부터 온 것임은 알 수가 없다.

비록 이러하다고는 하지만 우리의 감각기관인 눈과 귀 등이 한계를 지니고 있어서 그윽함의 세계[幽]와 밝음의 세계[明] 사이에서 격절하니, 어찌 족히 거대한 화육[造化]의 신묘함을 알겠는가? 거대한 지어냄의 신묘함은 굳이 빠르게 하지 않아도 신속하고, 굳이 가지 않더라도 이르는 것이다. 그러므로 "문을 닫음을 '곤(坤)'이라 하고, 문을 엶을 '건(乾)'이라 한다. 한 번은 닫혔다 한 번은 열렸다 하며 이를 지속함을 '변함[變]'이라 한다. 왔다 갔다 하며 궁함이 없음을 '통함[通]'이라 한다."[1588]라고 말하는 것이다.

闔有闢, 闢有闔, 故往不窮來, 來不窮往. 往不窮來, 往乃不窮, 川流 之所以可屢遷而不停也; 來不窮往, 來乃不窮, 百昌之所以可日榮而 不匱也. 故闔闢者疑相敵也, 往來者疑相反也, 然而以闔故闢, 无闔 則何闢? 以闢故闔, 无闢則何闔? 則謂闔闢以異情而相敵, 往來以異 勢而相反, 其不足以與大化之神, 久矣.

역문 닫힘에는 열림이 있고, 열림에는 닫힘이 있다. 그러므로 갔다고 해서 옴이 궁하지 않고, 왔다고 해서 감이 궁하지 않다. 가더라도 옴이 궁하지 않으니 가더라도 궁하지 않아서, 강물의 흐름은 자주 변천하지만 그치지 않을 수 있는 것이다. 또 오더라도 감이 궁하지 않으니 오더라도 궁하지 않아서, 온갖 생명체들은 날마다 번성하며 다하지 않는 것이다.

　닫힘·열림은 서로 적대하는 것처럼 의심받고, 왔다[來] 갔다[往] 함은 서로 반대되는 것처럼 의심받는다. 그러나 닫히기에 열리니, 닫힘이 없으면 어찌 열리겠는가? 또 열리기에 닫히니, 열림이 없으면 어찌 닫히겠는가? 이러한 까닭에, 닫힘·열림은 각기 다른 작용[情]으로서 서로 적이라고 하고, 왔다[來] 갔다[往] 함은 각기 다른 추세로서 서로 반대된다고 하는 이들로서는, 거대한 화육[造化]의 신묘함에 벌써 오래전부터 함께하지 못하는 것이다.

[1588] 『계사상전』 제11장에 나오는 말이다.

是故動之使合, 散之使分也, 其勢殊矣; 潤之使柔, 暄之使勁也, 其質殊矣; 止之使息, 說之使作也, 其功殊矣; 君之使動, 藏之使靜也, 其德殊矣. 則宜乎陰陽有各致之能, 相與偶立而不相浹, 而非然也.

역문 그러므로 움직여서 합하게 하고 흩트러서 나뉘게 함은 그 추세가 다른 것이다. 적셔서 부드럽게 하고 말려서 뻣뻣하게 함은 그 질(質)이 다른 것이다. 멈추어 쉬게 하고 기뻐하여 일어나게 함은 그 공(功)이 다른 것이다. 주재(主宰)하여서 움직이게 하고 감추어서 고요하게 함은 그 덕이 다른 것이다. 그런데 이러하기만 하다면, 음·양에 각각 이루는 능함이 있고, 서로 간에는 마주 보고 서 있으면서 서로에게 사무쳐 들어가지 않기에나 알맞을 것이다. 그러나 사실은 그렇지 아니한 것이다.

統此大鈞之中, 雷淕風申, 晴薰雨蒸, 川融山結, 健行而順受, 充盈於一日, 淪浹於一物, 而莫之間矣. 抑就其分用者言之: 雷迅則風烈, 風和則雷起; 極暄而雨集, 至清而日霽; 山夾碉以成川, 川環邱而成嶂; 天包地外而行地中, 地處天中而合天氣. 故方君方藏, 其錯也如響之應聲; 方動方散, 方潤方暄, 方止方說, 如影之隨形. 爲耦合也, 爲比鄰也. 无有南北隔乎嚮背, 東西四隅間乎方所, 劃然成位, 而各止其所, 以不遷也.

역문 이 거대한 세계를 통틀어 볼 적에, 우레가 이르고 바람이 거듭 불며, 날씨가 개면 향내가 솔솔 나고, 비가 와서는 찌뿌둥하다. 강에는 물이 녹아서 흐르고, 산은 기운이 맺혀 있다. 씩씩하게 행하고 순종하여 받는다. 이러함이 하루에도 꽉 채우고 모든 물(物)마다 사무쳐 들어가서, 이들 사이에는 간격이 없다.

이제 관점을 바꾸어 이것들이 나뉘어 작용함에 나아가 말하자면, 우레가 신속하면 바람은 매섭고, 바람이 온화하면 우레가 막 일어난다. 극히 가물면 비가 거세게 내리다가 개게 되어서는 해가 나온다. 산골짜기의 개울이 강물을 이루고, 강물이 구릉을 휘돌아서는 산봉우리를 빙 돌려 천험(天險)을 이룬다. 하늘은 땅 밖을 휩싸면서도 땅속에서도 행하고, 땅은 하늘 가운데 있으면서 하늘의 기운과 합한다. 그러므로 주재함[君; 陽]과 감추어 줌[藏; 陰]이 교차하며 마치 메아리가 소리에 응하는 것 같고, 움직이게 함과 흩트림, 적심과 말림, 그침과 기쁘게 함 등이 마치 그림자가 형체를 따르는 것처럼 한다. 이들은 짝으로서 합하기도 하고, 나란히 이웃을 이루기도 한다.

그러나 이들 사이에는 남과 북이, 보이는 앞쪽[嚮]과 안 보이는 뒤쪽[背]처럼 딱 나뉘어서 격절함이 없다. 또 동·서·남·북 네 귀퉁이의 각자 방소(方所)에 국한되어 서로 사이를 이루며 명확하게 구별된 채, 각자 위(位)를 이루어서 자신의 방소에만 머물며, 옮겨 가지 않음도 없다.

位'乾'健於南, 而南氣何以柔和? 位'坤'順於北, 而北氣何以剛勁? 位'離'於東, 而春何以滋膏雨? 位'坎'於西, 而秋何以降水潦? 則'震'·'巽'·'艮'·'兌'之非定位於四隅, 抑又明矣. 顧不謂'乾'不可南, '坤'不可北, '離'不可東, '坎'不可西也. 錯綜乘乎化, 方所因乎時, 則周流八方, 唯其所適, 而特不可以偶然所値者爲之疆域尔.

역문 건괘☰의 씩씩함을 남쪽에 위치시키고 있는데,[1589] 남쪽의 기(氣)는 이 건괘☰가 상징하는 기(氣)와는 달리 어째서 부드럽고 온화한가? 곤괘☷의 순종함을 북쪽에 위치시키고 있는데, 북쪽의 기운은 곤괘☷가 상징하는 기와는 달리 어째서 굳세고 센가? 리괘☳는 동쪽에 위치시키는데, 불을 상징하는 리괘☲와는 달리 봄에 어찌하여 농작물에 도움을 주는 단비가 내리는가? 감괘☵는 서쪽에 위치시키는데, 가을에 어찌해서 홍수를 내리는가? 진괘☳·손괘☴·간괘☶·태괘☱를 네 귀퉁이에 위치시키지 않고 있는데, 이 또한 분명한 것이다. 그렇다고 해서 건괘☰가 남쪽에 올 수 없고, 곤괘☷가 북쪽에 올 수 없고, 리괘☲가 동쪽에 올 수 없고, 감괘☵가 서쪽에 올 수 없다는 말은 아니다. 착종(錯綜)이 화육(化育)을 타고 방소(方所)가 때[時]로 말미암는다면 여덟 방위에 두루 유행하는 것이니, 오직 이들이 가는 데서 특별히 우연히 자리 잡은 것만을 가지고 강역으로 삼아서는 안 된다는 것일 따름이다.

故動散合勢, 暄潤合質, 說止合功, 君藏合德; 一錯一綜而闔闢之道立, 一錯三綜而闔闢之道神, 八錯二十八綜而闔闢之道備. 故方言雷而即言風, 方言雨而即言日, 方言'艮'而即言'兌', 方言'乾'而即言'坤'. 鈞之所運, 軸之所轉, 疾以相報, 合以相成. 一氣之往來, 成乎二卦, 而剛柔之用全. 則散止以著動說之往, 君暄以餙藏潤之歸. 君子之於『易』, 无往而不得妙萬物之神, 曾何局於方, 畫於對, 剖於兩, 析於四, 殼於八之足云!

역문 그러므로 움직임과 흩트림은 세(勢)를 합하고, 적심과 말림은 질(質)을 합하며, 기쁘게 함과 그치게 함은 공(功)을 합하고, 주재함과 감추어 줌은

1589 이 이하는 소자(邵子)가 그린 '복희선천팔괘도(伏羲先天八卦圖)'를 빗대어 비판하는 구절이다.

덕을 합한다. 한 번은 착(錯)으로 한 번은 종(綜)으로 하며 닫힘과 열림의 도가 서고, 한 번 착(錯)에 세 번 종(綜)으로 하며 닫힘과 열림의 도는 신묘해진다.[1590] 그리고 8번 착(錯)에 28번 종(綜)으로 하며 닫힘과 열림의 도는 갖추어진다.[1591] 그러므로 '우레'를 말하자마자 곧 '바람'을 말하는 것이고, '비'를 말하자마자 곧 '해'를 말하는 것이며, 간괘☶를 말하자마자 곧 태괘☱를 말하는 것이며, 건괘☰를 말하자마자 곧 곤괘☷를 말하는 것이다.

대균(大鈞)으로 상징하는 이 거대한 세계에서 운행함과 축을 중심으로 돌아가는 바는, 재빨리 서로 교체하고, 합하여 서로 이루어 준다. 하나의 기(氣)가 왔다[來] 갔다[往] 하며 두 괘를 이루고, 이렇게 함에서 굳셈[剛]·부드러움[柔]의 쓰임은 온전해진다. 그리하여 흩트림·그치게 함은 움직이게 함·기쁘게 함이 가는 것을 훤히 드러나게 하고, 주재함·말림은 감추어 줌·윤택하게 함이 돌아가도록 신칙(申飭)한다. 군자는 『주역』에서 어디

<hr />

[1590] 이 구절에는 약간의 문제가 있는 것처럼 보인다. 팔괘에서 건괘☰ : 곤괘☷는 착(錯)의 관계를 이루고 있다. 그리고 이들은 여섯 자식괘[六子卦]의 부모괘로 여겨진다. 그러므로 이들 두 괘가 이루고 있는 착(錯)의 관계에 의해서 열림[闢]·닫힘[闔]의 도가 세워진다고 할 수 있다. 여섯 자식괘에서 감괘☵ : 리괘☲는 착(錯)의 관계를, 간괘☶ : 진괘☳, 손괘☴ : 태괘☱는 종(綜)의 관계를 이루고 있다. 따라서 이들은 하나의 착·두 개의 종을 이루고 있다고 할 수 있으며, 이들에 의해 건괘☰ : 곤괘☷에 의해 이루어진 열림[闢]·닫힘[闔]의 도가 신묘해진다고 할 수 있다. 이렇게 보면, 이 구절은 "하나의 착(錯)으로써 닫힘[闔]·열림[闢]의 도가 세워지고, 하나의 착(錯)·두 개의 종(綜)으로써 닫힘[闔]·열림[闢]의 도는 신묘해진다.(一錯而闔闢之道立, 一錯二綜而闔闢之道神.)"라고 해야 앞뒤가 맞을 것 같다.

[1591] 왕부지는 『주역』 64괘에서 건괘☰ : 곤괘☷, 감괘☵ : 리괘☲, 이괘☲ : 대과괘☴, 중부괘☴ : 소과괘☶ 등 8괘는 이웃하고 있는 괘들끼리 착(錯)의 관계를 이루고 있고, 나머지 56괘는 이웃하고 있는 괘들끼리 종(綜)의 관계를 이루고 있다고 본다. 물론 나머지 56괘에도 각각 착(錯)의 관계를 이루는 괘들이 있지만, 『주역』에서는 착이 아닌 종의 관계를 고려하여 배열하고 있다는 것이다. 그 까닭은 『주역』이 변함[變]을 다루고 있는데, 착과 종 가운데서는 종이 변함을 반영하고 있기 때문이라고 한다. 이 종의 관계를 이루고 있는 괘들은 상(象)으로 보면 하나다. 즉 종의 관계에 있는 두 괘가 하나의 상을 이루고 있다는 것이다. 그래서 56괘가 28상을 이루고 있다. 왕부지가 여기에서 "8번 착(錯)에 28번 종(綜)으로 하며 닫힘과 열림의 도는 갖추어진다."라고 한 구절에는 이러한 의미가 반영되어 있다.

를 가든 만물의 신묘함을 오묘하게 하지 못함이 없으니, 어찌 일찍이 하나의 방소의 국한되어 상대와 획을 긋고, 둘로 나누고 넷으로 쪼개며 여덟 개의 다리로 어지러이 뒤섞인다고 하리오!¹⁵⁹²

五

‘震’東・‘兌’西・‘離’南・‘坎’北, 因‘河圖’之象, 奠水・火・木・金之位, 則莫之與易矣. 若夫‘乾’‘坤’者, 經乎四維者也. ‘乾’非隅處於西北也, 位於西北而交於東南, 風者天之餘氣也, 風莫烈於西北, 而被乎東南. 故‘巽’爲‘乾’之餘, 而受位於‘乾’之所經. ‘坤’非隅處於西南也, 位於西南而交於東北; 山者地之委形也, 山莫高於西南, 而迤於東北, 故‘艮’爲‘坤’之委, 而受位於‘坤’之所經. ‘震’・‘兌’・‘坎’・‘離’之各有其位, 受職於天地, 居其所而不相越. 天地經水・火・金・木而運其化, 故絡貫乎其間, 而與‘巽’・‘艮’合其用. ‘乾’‘坤’非隅也, 行乎四維而各適有正也. ‘震’・‘兌’・‘坎’・‘離’非正也, 受‘乾’‘坤’之化而各司其 [一偏] 也. 謂之‘正’, 謂之‘隅’者, 人之辭也. 大圜普運, 无往而非正也. 此八方配卦之大綱也.

역문 진괘☳는 동쪽・태괘☱는 서쪽・리괘☲는 남쪽・감괘☵는 북쪽으로 함은 ‘하도(河圖)’의 상(象)을 근거로 하여 수(水)・화(火)・목(木)・금(金)의 위(位)를 정한 것이다. 그래서 이들은 바뀔 수가 없다. 건괘☰・곤괘☷는 사

1592 이는 소옹의 ‘국(局)・분(分)’설을 비판하는 것이다.

유(四維)를 경영하는 존재다. 건괘☰는 서북쪽 구석에 치우쳐 있는 것이 아니라,[1593] 서북쪽에 위치를 잡고서 동남쪽과 교제하고 있다. 그래서 바람[1594]은 하늘[1595]의 잔여 기(氣)다. 바람으로 말하자면, 중국을 기준으로 할 때, 서북쪽보다 더 매서운 곳이 없으며 동남쪽에까지 영향을 미친다. 그러므로 손괘☴는 건괘☰의 잔여이며, 건괘☰가 경영함에서 그 위(位)를 받고 있다. 곤괘☷도 서남쪽 구석에 치우쳐 있는 것이 아니라, 이 서남쪽에 위치를 정하고서 동북쪽과 교제하고 있다. 산은 땅에 붙어서 끄트머리를 형성하고 있는 것이다. 중국을 기준으로 할 때, 산은 서남쪽보다 더 높은 곳이 없고, 이것이 동북쪽으로까지 이어지고 있다. 그러므로 간괘☶는 곤괘☷의 끄트머리며, 곤괘☷의 경영함으로부터 위(位)를 부여받고 있다.

진괘☳·태괘☱·감괘☵·리괘☲에는 각기 그 위(位)가 있고, 하늘·땅으로부터 그 직(職)을 부여받고서 제 자리를 차지한 채 서로 간에 침범하지 않는다. 하늘·땅은 수(水)·화(火)·금(金)·목(木)을 경영하며 이들의 화함[化]을 운용한다. 그러므로 맥락이 이들 사이를 꿰뚫고 있으며, 손괘☴·간괘☶와는 그 작용을 합한다.

건괘☰·곤괘☷는 서북·서남쪽이라는 한정된 곳에 치우쳐 있는 것이 아니다. 이들은 사유(四維)를 운행하며 각각에 알맞아지도록 하여 올바르

1593 『설괘전』의 말을 근거로 소옹(邵雍)이 그렸다고 하는 '문왕후천팔괘도(文王後天八卦圖)'에 빗대서 하는 말이다.

1594 동남쪽에 자리 잡은 괘는 손괘☴며, 이 괘는 '바람'을 상징한다.
1595 서북쪽에 위치를 정한 건괘☰가 상징하는 것은 '하늘'이다.

게끔 하는 존재다. 진괘☳·태괘☱·감괘☵·리괘☲는 올바른 것이 아니라, 건괘☰·곤괘☷의 화함[化]을 받아서 각기 하나의 치우친 곳만을 맡고 있다. '올바름[正]'이라 하고, '치우침[隅]'이라 하는 것은 사람의 관점을 기준으로 해서 하는 말들이다. 우리가 살아가고 있는 이 거대한 조화체의 원[圜]의 보편적 운행에서는 어디를 가든 올바른 곳 아닌 곳이 없다. 이것이 여덟 방위에 각각 해당하는 괘들을 배당한 큰 원칙[大綱]이다.

夫八卦有位焉, 雖天地不能不與六子同乎其有位也, 昭著乎兩間者有然也. '乾"坤'有神焉, 則以六子效其神而不自爲功者也, 體兩間之撰則實然也. 位者其體也, 神者其用也. 體者所以用, 而必有其定體, 雖无用而自立乎其位; 用者用其體, 而既成乎用, 則无有定位而效其神. 神不測, 則六子之用, 相成相濟而无其序.

역문 팔괘에는 정해진 위(位)가 있다. 비록 하늘·땅이라 할지라도 여섯 자식과 함께 이 위(位)를 갖지 않을 수 없으니, 하늘과 땅 사이에 훤히 빛나는 것에 이러함이 있는 것이다. 건괘☰·곤괘☷에는 신묘함이 있으니 여섯 자식 괘[六子卦]가 그 신묘함을 드러내며, 자신들은 이를 공(功)으로 삼지 않는다. 하늘과 땅 사이에서 일어나는 일[撰]들을 체현하고 있음이 실제로 이러하다. 위(位)는 이들의 몸[體]이고, 신묘함은 이들의 작용[用]이다. 몸이 작용하기 위해서는 반드시 그것에 정해진 몸이 있어야 하니, 비록 작용이 없다고 할지라도 그 위(位)에 스스로 서 있어야 한다. 작용이란 그 몸을 써서 작용하는 것이니, 이미 작용을 이루었다면 정해진 위(位)가 없다고 하더라도 그 신묘함을 드러낸다. 이 신묘함은 가늠할 수가 없다. 그래서 여섯 자식괘의 작용은 서로 이루어 주고 서로 도와주면서도 순서가 없다.

乃麗乎萬物而致功, 則神且專有所主而爲之帝, 帝則周流於八方, 以有序而爲始終, 故『易』不可以一理求者也. 參觀之而各有其理, 故在帝言帝, 於是而萬物之生成有序, 亦因之以爲序焉. 故曰, "帝出乎'震'", 帝於'震'乎出, 非謂'震'方之德爲所出之帝也.

역문 만물에 붙어서 공(功)을 이루니, 신묘함이기는 해도 전적으로 주된 바가 있어서 상제(上帝)가 되며, 이 상제는 팔방에 두루 유행하면서 순서를 갖게 되고 시작과 끝을 이루게 된다. 그러므로 『주역』에는 하나의 이치만으로 구해서는 안 된다. 참여하여 관찰함에 각각에 그 이치가 있으므로 상제를 존재케 함에서 '제(帝)'라 하며, 이에 만물의 생함과 이룸에 순서가 있을 뿐만 아니라, 이로 말미암아서 순서를 이루게 된다. 그러므로 "상제(上帝)[1596]가 진괘(震卦)☳에서 나온다."[1597]라고 하는데, 이렇게 상제가 진괘☳의 위(位)에서 출현한다고 해서, 이 진괘☳의 방위가 가진 덕이 상제를 출현하도록 한다는 것은 아니다.

由是以行乎'巽'而'齊', 行乎'離'而'相見', 行乎'坤'而'致養'乎地, 行乎'兌'而'說', 行乎'乾'而爭功於天, 行乎'坎'而'歸', 行乎'艮'而一終以更始, 歷其地則致其功, 逮其期則見其效, 而果誰爲之帝乎?

1596 여기에서 '상제(上帝)'라 한 것은 이 세상의 주재자를 의미한다. '하느님'이라고도 번역할 수 있다. 그런데 이 '상제'에 대해 오늘날 학자들 가운데는 대자연의 생명력을 주재하는 원기(元氣)로 해석하기도 한다. 그래서 이 구절을 "대자연의 생명력을 주재하는 원기가 만물을 (동쪽과 춘분을 상징하는) 진괘☳에서 생겨 나오게 한다."로 번역하기도 한다.[黃壽祺・張善文 主編, 『周易譯註』, 上海, 上海古籍出版社: 主宰大自然生機的元氣使萬物出生於(象徵東方和春分的)震.]

1597 이 『설괘전』 제6장에 나오는 말이다.

역문 이러한 까닭에 손괘(巽卦)☴에서 행하여서 가지런히 하고, 리괘(離卦)☲에서 행하여 서로 드러나 보이고, 곤괘(坤卦)☷에서 행하여 땅에서 '양육함을 이루고', 태괘(兌卦)☱에서 행하여서는 기뻐하고, 건괘(乾卦)☰에서 행하여서는 하늘과 공(功)을 다투고, 감괘(坎卦)☵에서 행하여서는 돌아가고, 간괘(艮卦)☶에서 행하여서는 한 번 끝을 맺었다가 다시 시작하는데, 그 땅을 거치면 그 공(功)을 이루고, 그 시기에 미치면 그 효과를 드러내니, 과연 누가 상제가 되는가?

妙萬物而麗乎物者也, 或動或撓 · 或燥或說 · 或潤或止者也. 故六子之神, 周流乎八卦, 而天地則在位而爲午貫之經, 在神則爲統同之主. 妙矣哉! 渾淪經緯, 无所擬而不與道宜. 故'神无方'者不可爲之方, 『易』无體'者不可爲之體. 同別合離, 體用動靜, 罔不賅存於道, 而『易』妙之. 惟然, 則豈滯於方所者之所與知哉!

역문 상제는 만물을 신묘히 하면서도 물(物)들에게 걸려 있는 존재로서, 움직이게도 하고 휘어지게도 하며, 말리기[燥]도 하고 기쁘게[說]도 하며, 적셔주기도 하고 그치게 하는 존재이기도 하다. 그러므로 여섯 자식 괘[六子卦]의 신묘함이 팔괘에 두루두루 널리 행해지는데, 하늘 · 땅은 위(位)로는 '십(十)'자로 교차하고 관통하는 경(經)이 되며, 신묘함에서는 같은 것들을 통괄하는 주재자가 된다.

신묘하도다, 경(經)과 위(緯)를 구분하지 않은 채 하나로 하며 무엇에 견주더라도 도(道)의 적실함에 함께하지 않음이 없으니! 그러므로 "신묘함에는 정해진 곳이 없다."라는 것은 특정한 방소(方所)가 될 수 없다는 것을, "『주역』에는 정해진 몸이 없다."[1598]라고 하는 것은 특정한 몸이 될 수 없다고 함을 의미한다. 함께함과 구별됨, 합함과 분리함, 몸[體]과 작용[用], 움직임[動]과 고요함[靜] 등이 어느 것 하나라도 도에 갖추어져 존재하지 않는 것이란 없고, 『주역』은 이러함들을 신묘히 하고 있다. 오직 이러한 것이니, 어찌 특정 방소에 머무르고 있는 사람이 함께하며 알리오!

夫『易』於象有徵焉, 於數有實焉, 於化有權焉. 擬之以其物, 奠之以其位, 象之徵也. 上生者積以生變, 下生者節以成合, 逆而積之, 得乃知之, 數之實也. 徹乎數而與之爲損益, 行乎象而與之爲盈虛, 化之權也.

역문 『주역』은 상(象)에서 징험함이 있고, 수(數)에서는 실다움이 있으며, 화함[化]에서는 권도(權道)가 있다. 해당하는 물(物)로써 견주고 해당하는 위(位)에 자리를 정하는 것 등은 상의 징험함이다. 위로 생하는 것은 누적함으로써 변함[變]을 낳고, 아래로 생하는 것은 마디마디로써 합함을 이루니, 거스르며 누적함으로써 알게 되는 것은 수의 실다움이다. 수를 훤히 꿰뚫어 알고 더불어서 덜어 내기도 하고 보태기도 하며, 상에서 행하면서 더불어 찼다[盈] 비었다[虛] 하는 것은, 화함[化]의 권도다.

擬物者必當其物, 以'乾'爲金, 以'艮'爲土, 則非其物也. 奠位者必安其位, 位'乾'於南, 位'坤'於北, 則非其位也. 陽可變八, 而所下生者七, 陰可合七, 而所上生者八; '乾'生'兌', '坤'生'艮', 則非所生矣. 逆而積之而數非妄, 得乃知之而數无方, 而變從上起, 限以其序, 則无

實而不可與盡變矣. 徹乎數而皆在, 往來无時也, 而序之以天時人
事之一定, 則有不周矣. 行乎象而皆通, 帝之由出以成, 閱八位而皆
有功也, 而限之以對待倚伏之一局, 則不相通矣.

역문 물(物)들에 견줌에서는 반드시 해당하는 물(物)로써 해야 한다. 건괘☰를
금(金)이라 하거나 간괘☶를 토(土)라고 하는 따위는 그 물(物)에 해당하지
않는다. 위(位)를 정함에서도 반드시 그 위(位)에 편안해야 하니, 건괘☰를
남쪽에 위치시키고 곤괘☷를 북쪽에 위치시키는 것은,[1599] 올바른 위(位)가
아니다. 양(陽)은 8로 변할 수 있고 그래서 아래로 낳은 것이 7이며, 음(陰)
은 이 7과 합할 수 있어서 위로 낳은 것이 8이다. 건괘☰가 태괘☱를 낳고,
곤괘☷가 간괘☶를 낳는다고 하는 것 등은,[1600] 생함이 아닌 것을 생함이라
하는 것이다.

거슬러서 누적하면 수는 망령되지 않다. 그리하여 이를 알 수 있으나 수
에는 정해진 방소(方所)가 없고 그 변함[變]은 위로부터 일어나는데, 그 순
서로써 제한하면 다 실다워서 더불어 모든 변함[變]을 드러낼 수 있다. 수
를 훤히 꿰뚫어서 모든 것이 존재하고, 왔다[來] 갔다[往] 함에는 정해진 시

1599 이른바 '복희선천팔괘도'에서 이렇게 위(位)를 정하고 있다. 그런데 왕부지는 앞에서도 봤
다시피 이 '복희선천팔괘도'에 대해서 대단히 비판적이다. 우선 '복희(伏羲)'라는 고증이 되
지 않는 허구의 인물이라는 점에서, 또 '복희선천팔괘도'의 팔괘 배당이 이치에 부합하지
않는다는 점에서다. 그러나 이른바 '문왕후천팔괘도(文王後天八卦圖)'는 이 『설괘전』에 그
근거가 있기에, 왕부지는 이를 인정하고 있다.

1600 소옹과 주희, 채원정 등이 주장하는 설로서, '건괘☰→태괘☱→리괘☲→진괘☳→손괘☴→
감괘☵→간괘☶→곤괘☷'의 순으로 생겨난다고 함이 이것이다. '태극○→양의(兩儀; -- ·
一)→사상(四象; ☳ · ☱ · ☴ · ☷)→팔괘'의 순으로 생성된다고 하면, 팔괘에 가서는 '건괘
☰→태괘☱→리괘☲→진괘☳→손괘☴→감괘☵→간괘☶→곤괘☷'의 순으로 생성된다고 할
수 있다. 여기에 나름의 논리는 있다고 할 수 있지만, 왕부지는 이것이 우리가 살아가는 세
계와 이를 반영하고 있는 『주역』의 변화에 부합하지 않는다고 보아서 비판한다.

간이 없다. 그러나 천시(天時)·인사(人事) 가운데 어느 하나 정해진 것으로써 순서를 매기면 두루 아우르지 못함이 있다. 상에서 행하여 모든 것이 통하고 상제는 이를 근거로 하여 나와서 이루는데, 8방위를 돌아보아서 모두에게 공이 있지만, 대대(對待)·의복(倚伏)하는 것들의 어느 한 국면에만 한정하면 서로 통하지 않는다.

況夫位者, 資數以爲實, 資化以爲權, 而尤未可據者也. '大畜'之'天衢', 在'明夷'而爲'入地'; '小過'之'西郊', 在'既濟'而爲'東鄰'; '賁'无水而'濡如', '隨'无山而'用亨'; '睽'火亢之極而'遇雨', '巽'東南之卦而'先庚'. 然則數淆而起變, 化運而因時, 帝之所臨, 初无必然之衰王; 神之所集, 何有一定之險夷? 故冀·代之士馬, 或以强, 或以弱; 三塗·嶽鄙之形勝, 或以興, 或以亡. 天无拘方之生殺, 人无據位之安危, 其亦審矣.

역문 하물며 위(位)라는 것은 수(數)에 힘입어서 실다워지고 화함[化]에 힘입어서 권세(權勢)를 이루는 것이어서 더욱더 의거할 수 없는 것이다. 대축괘☷에서의 '하늘의 사통팔달함',[1601] 명이괘☷에서의 '땅속으로 들어감',[1602] 소

[1601] 대축괘☷의 상구효사에 나오는 말이다. 전체 효사는 "하늘의 사통팔달(四通八達)함을 짊어지고 있음이니, 형통하다.(何天之衢, 亨.)"로 되어 있다.

[1602] 명이괘☷의 『단전』과 『대상전』 및 상육효사에 나오는 말이다. 이 『단전』 전체는 "밝은 태양이 땅속으로 들어갔음이 명이괘다. 안으로는 알차게 사람됨을 갖추어 빛나면서도 밖으로는 부드럽고 순종함으로써 크나큰 환난(患難)을 당해 냄을 상징하고 있다. 바로 문왕이 이렇게 하였다.(明入地中, '明夷', 內文明而外柔順, 以蒙大難, 文王以之.)"로 되어 있다. 또 『대상전』에서는 "밝은 태양이 땅속에 들어간 것이 명이괘니, 군자는 이러함으로써 다중에게 임하며 어둠을 가지고서 밝힌다.(明入地中, '明夷', 君子以莅衆, 用晦而明.)"라 하고 있다. 아울러 이 명이괘의 상육효사에서는 "명철하지 않아 모든 사람이 그를 암울하다고 여기니, 처음에는 하늘로 올라가지만, 나중에는 땅속으로 들어간다.(不明晦, 初登于天, 後入

과괘䷛에서 말하는 '서쪽 교외',[1603] 기제괘䷾에서 '동쪽 이웃'이 됨,[1604] 비괘 (賁卦)䷕에는 물이 없지만 '젖기도 함'이라 한 것,[1605] 수괘(隨卦)䷐에는 산이 없지만 '큰제사를 지냄'이라 한 것,[1606] 규괘䷥는 화(火; ☲)가 목에 힘을 주고 젠체함이 극에 이르렀지만 '비를 만나다'라고 한 것,[1607] 손괘䷸는 동남쪽의 괘임에도 '경일(庚日)의 3일 전'[1608]이라 한 것 등을 보면 그러하다.

이러하다면 수가 뒤섞여서 변함[變]을 일으킨 것이며, 화함[化]이 운행하면서 때[時]에 따른 결과다. 그러므로 상제가 임한다고 해서 애당초 필연적으로 쇠퇴함[衰]이나 왕성함[王]을 초래함은 없을 것이며, 신묘함이 모였다

于地.)"라 하고 있다.

1603 소과괘䷽의 육오효사에 나오는 말이다. 효사 전체는 "두껍게 낀 구름이 비로는 내리지 않으며 우리 서쪽 교외에서 밀려온다. 삼공(三公)의 주살로 저 동굴 속에 있는 것을 취함이다.(密雲不雨, 自我西郊. 公弋取彼在穴.)"로 되어 있다.

1604 기제괘䷾의 구오효사에 나오는 말이다. 효사 전체는 "동쪽 이웃이 소를 잡아 제사를 지냄이 서쪽 이웃의 약제(禴祭)만 못하다. 실로 그 복을 받는다.(東鄰殺牛, 不如西鄰之禴祭, 實受其福.)"로 되어 있다.

1605 비괘䷕의 구삼효사에 나오는 말이다. 효사 전체는 "광채가 나기도 하고 젖기도 함이지만, 올곧음을 영원하게 하여 길하다.(賁如, 濡如, 永貞吉.)"로 되어 있다.

1606 수괘䷐의 상육효사에 나오는 말이다. 정확하게는 '서산에서 큰제사를 지냄'이다. 효사 전체는 "구속하여 얽어맴이니 이에 좇아가서 밧줄로 칭칭 그와 동여맨다. 왕이 서산에서 큰제사를 지낸다.(拘係之, 乃從維之, 王用亨于西山.)"로 되어 있다.

1607 규괘䷥의 상구효사에 나오는 말이다. 효사 전체는 "괴리된 채 고독함이요, 돼지가 등에 잔뜩 진흙을 묻히고 있음을 보고서 수레 한가득 귀신을 싣고 오는 것으로 여겨, 먼저는 활시위를 당겼다가 나중에는 당기던 활시위를 슬그머니 놓는다. 도적이 아니며 혼인을 청하러 온 사람이다. 가다가 비를 만나면 길하다.(睽孤, 見豕負塗, 載鬼一車, 先張之弧, 後說之弧. 匪寇, 婚媾, 往遇雨則吉.)"로 되어 있다.

1608 손괘䷸의 구오효사에 나오는 말이다. 효사 전체는 "올곧아서 길하고 후회함이 없다. 이롭지 않음이 없다. 처음 시작함은 분명치 않지만 성취하여 끝냄은 있다. 경일(庚日)의 3일 전에 명령을 내리고, 경일의 3일 뒤에 또 명령을 내림이다. 길하다.(貞吉悔亡, 无不利, 无初有終. 先庚三日, 後庚三日, 吉.)"로 되어 있다. 손괘☴가 동남쪽의 괘라는 것은 '문왕후천팔괘도'를 근거로 하는 말이다. 그리고 오행에서 '경(庚)'은 금(金)에 속하며, 방위로는 서쪽에 해당한다. 따라서 손괘䷸와 경일(庚日)은 자연스럽게 연결시킬 수 없다는 것이 이곳에서 왕부지의 뜻이다.

고 해서 어찌 일정한 험난함[險]이나 평이함[易]이 있겠는가? 그러므로 기
(冀)나라[1609] · 대(代)나라[1610]의 병마(兵馬)라 할지라도 강한 것도 있고 약한
것도 있다. 삼도(三塗)와 악비(嶽鄙)처럼 형세가 좋다고 해도 이들 지역 역
시 흥하기도 하고 망하기도 하였다.[1611] 이로써 보건대, 하늘에는 방위에
구애받아서 살리거나 죽임이 없고, 사람에게도 위(位)에 의거하여 편안하
다거나 위태롭다 함이 없으니, 또한 이를 살펴야만 할 것이다.

蓋‘乾”坤’之德具行於六子, 六子各稟‘乾”坤’之撰, 六子之用徧歷乎八
卦, ‘乾”坤’亦載六子之施: 『易』之所以妙萬物而无典要, 故六十四
象 · 三百八十四變之大用顯焉. 典之要之, 而『易』理限於所域, 此後
世術數之徒所以終迷於大化也.

역문 건괘 · 곤괘의 덕은 여섯 자식 괘[六子卦]에 갖추어져서 행해지고, 여섯
자식괘는 건괘 · 곤괘가 하는 일[撰]을 각각 선천적으로 가지고서 생겨나는
데, 이들 여섯 자식괘의 작용은 팔괘에 두루 거치고, 건괘 · 곤괘도 여섯

1609 상(商)나라 때 부열(傳說; ?~?)이 세운 나라로서 오늘날 산서성(山西省) 하진시(河津市) 부
　　근에 있었다. 전국시대에 진(晉)나라에 병합되었다.
1610 대나라는 춘추시대에 북방에 있던 제후국이다. 전국시대에는 조(趙)나라가 멸망한 뒤 공자
　　(公子) 가(嘉; B.C.약250~?)가 이곳으로 도망가서 세운 나라다. 나중에 진(秦)나라에 의해
　　멸망하였다. 기나라와 대나라는 북방의 유목민족들이 사는 지역에 있었으므로 일반적으로
　　그 병마가 강했다. 그러나 왕부지는 여기에서, 이들 나라의 말들이라고 하여 꼭 강하기만
　　한 것은 아니며, 약한 말들도 있다는 것을 근거로 하여, 방위에 따른 일정함과 필연은 없다
　　고 하고 있다.
1611 이들 지역은 주나라 무왕이 도읍을 정하면서 고려했다는 지역으로서, 천험(天險)의 형세를
　　지니고 있기에 외적의 침입으로부터 방어하기가 유리함을 내세우고 있다. 삼도(三塗)는
　　낙읍의 남쪽 지역에 있고, 악비(嶽鄙)는 북쪽 지역에 있다고 하고 있다.[『사기』, 「주본기
　　(周本紀)」, “我南望三涂, 北望嶽鄙, 顧詹有河, 粵詹雒 · 伊, 毋遠天室.” 營周居于雒邑而後
　　去.] 그러나 지형의 유리함에도 불구하고 이것이 꼭 안위(安危)를 보장하는 것은 아니어서,
　　이러한 지역에 세운 나라들도 흥하기도 하고 망하기도 한다는 것이 왕부지의 견해다.

자식괘의 시행을 갈무리한다. 『주역』은 만물을 신묘하게 하고 개괄적으로 적용할 일정불변한 틀이 없으므로, 64상·384변(變)을 통해서 거대한 작용이 드러나는 것이다. 그렇지 않고 일정불변한 틀을 만들어서 『주역』의 이치를 어떤 특수한 영역에 한정하는 것, 이것이 바로 후세 술수가들이 끝내 이 세계의 거대한 지어냄[造化]에 대해 정확하게 알지 못하고 헷갈리는 까닭이다.

不然, 天无乎不覆, 地无乎不載, 健順之德業无乎不行, 且无有於西北·西南之二隅, 又何'乾'南'坤'北之足言乎? 今夫天圜運於上, 浩乎其无定畛也; 人測之以十二次, 而天非有次也. 配之以十二辰者, 不得已而爲之驗也. 局之以分野者, 小道臆測之陋也. 黃道密移, 而皆其正, 昏旦日改, 而皆其中. 『易』與天合者, 可以悟矣.

역문 그렇지 않고, 하늘은 그 어떤 것이든 위에서 덮지 않는 것이 없고, 땅은 아래에서 실어 주지 않는 것이 없다. 그리고 '건'·'곤'의 씩씩함[建]·순종함[順]의 덕과 업(業)은 무엇이든 행하지 않는 것이 없다. 그래서 이들 두 괘는 서북쪽과 서남쪽 두 구석에 치우쳐서 있지 않거늘,[1612] 또한 어찌 건괘☰는 남쪽, 곤괘☷는 북쪽에 있다는 것을 입에 올릴 만하겠는가?[1613]

지금 보라. 저 하늘은 위에서 둥글게 운행하면서 어떤 특정한 지역에 한

1612 '문왕후천팔괘도'에서는 건괘☰가 서북쪽에, 곤괘☷가 서남쪽 방위에 배치되어 있다. 그러나 왕부지는 이들 두 괘가 이 특정 지역에 한정되어 작용하는 것이 아니라, 전체를 통괄하며 갈무리한다고 보는 것이다.

1613 이른바 '복희선천팔괘도'에서는 건괘☰가 남쪽에, 곤괘☷가 북쪽에 배치되어 있다. 왕부지는, '문왕후천팔괘도'는 『설괘전』에 나오는 말을 근거로 한 것이라고 보아서 인정하지만, 이 '복희선천팔괘도'에 대해서는 근본조차 인정하지 않는다. 그래서 여기에서 이렇게 표현하고 있는 것이다.

정됨이 없이 광대하게 작용하고 있다. 그런데 이를 사람의 관점에서 보아 12차(次)[1614]로 정하기는 하였지만, 하늘에는 원래 이러한 차(次)가 있는 것이 아니다. 이 12차를 12진(辰)으로 배당하기도 하나, 이는 어쩔 수 없이 인간의 경험에 맞추어 이렇게 한 것일 뿐이다. 그렇지 않고 하늘을 어떤 분야(分野)에 국한시키는 것은, 작은 지식에 빠져서 내는 억측한 비루함이다. 황도(黃道)[1615]는 지구가 은밀하게 이동하는 궤적을 드러내는 것인데, 이 궤적 하나하나는 모두 올바른 것들이다. 아침·저녁으로 날짜는 바뀌지만, 모두가 그 중(中)이다. 이렇게 보면, 『주역』이 하늘과 합치한다는 것을 깨달을 수 있을 것이다.

六

天地府大用而官之, ‘震’·‘巽’·‘坎’·‘離’·‘艮’·‘兌’受材於‘乾’‘坤’而思肖之, 各有其用. 故天地之間, 其富矣哉! 聖人受材以肖陰陽之德, 陰陽之富有, 皆其效法也. 將繁然而盡用之乎? 繁然盡用之, 則純者·駁者·正者·奇者弗擇而求肖之, 必將詭而趨於不經. 故有所

用, 有所不用; 有所用以興利而不以立教, 有所用以立教而不以興
利. 惟聖人爲能擇於陰陽之粹精, 故曰, "賾而不可惡, 動而不可亂."

역문 하늘·땅은 거대한 작용을 저장한 채 이들을 관할하고 있는데, 진괘
☳·손괘☴·감괘☵·리괘☲·간괘☶·태괘☱ 등은 건괘☰·곤괘☷로부
터 각각의 재질을 받고서는 이를 닮기를 바라면서, 왕성하고 다양하게 각
각 자신들의 작용을 일으키고 있다. 그러므로 하늘과 땅 사이는 그다지도
풍부한 것이로다!

성인들은 재질을 받고서 음·양의 덕을 닮았는데, 음·양의 풍부하게
있음을 모두 본받아서 드러내고 있다. 그렇다고 왕성하고 다양하게 죄다
사용할까? 왕성하고 다양하게 죄다 사용한다면, 순수한 것과 잡박한 것,
올바른 것과 기이한 것들을 가리지 않고 닮고자 할 테니, 이렇게 되면 필
연코 장차 어그러져서 상도(常道)에서 벗어난 쪽으로 달려가게 될 것이다.
그러므로 쓰이는 것도 있고 쓰이지 않는 것도 있으며, 쓰여서 이로움을 일
으키기는 하지만 가르침을 세우지는 못하는 것도 있고, 쓰여서 가르침을
세우기는 하지만 이로움을 일으키지는 못하는 것도 있다. 오직 성인이라
야 음·양이 하는 일에서 정수(精髓)를 골라낼 수가 있다. 그러므로 "(성인
들이 만든 『주역』의 괘·효사들이) 이 세상의 지극히 다양한 것들이지만 싫어
할 수가 없고, 이 세상의 지극한 움직임이지만 어지럽힐 수가 없다."[1616]라
고 말한다.

[1616] 『계사상전』 제8장에 나오는 말이다. 전체적으로는 "(성인들이 만든 『주역』의 괘·효사들
이) 이 세상의 지극히 다양한 것들을 말해 주고 있지만 싫어할 수가 없고, 이 세상의 지극
한 움직임을 말해 주고 있지만 어지럽힐 수가 없다.(言天下之至賾而不可惡也, 言天下之至
動而不可亂也.)"로 되어 있다.

是故'震'雷·'巽'風·'坎'水·'離'火·'艮'山·'兌'澤, 象之盛者也, 他有
象而不足以擬其盛也. 然而'大過'·'益'·'升'·'井'·'鼎'·'漸'·'渙'·
'中孚', 則退風之功而升木於用者, 乘木而觀往來之通塞, 賢於風之
拂散而无功也. 故君子擇於'巽'而利用木也.

역문 이러한 까닭에 진괘☳는 우레, 손괘☴는 바람, 감괘☵는 물, 리괘☲는
불, 간괘☶는 산, 태괘☱는 연못을 상징한다고 하는 것 등은 상(象) 중에서
도 성대한 것들이다. 저들에게도 상(象)이 있기는 하지만, 그 왕성함을 묘
사해 내기에는 부족하다. 그러나 대과괘☴ · 익괘☴ · 승괘☴ · 정괘(井卦)
☴ · 정괘(鼎卦)☴ · 점괘(漸卦)☴ · 환괘☴ · 중부괘☴ 등에서는 손괘☴의 작
용에서 바람의 공을 물리치고 나무를 올리고 있다.[1617] 이들 괘에서는, 나
무를 올라타고 앉아 왔다[來] 갔다[往] 함의 통함과 막힘을 관찰하는 것이,
바람이 떨쳐 버리고 흩트려 버려서 아무런 공도 세우지 못함보다 낫다고
여기기 때문이다. 그러므로 군자는 손괘☴에서 택하여 나무를 이롭게 쓰
는 것이다.

『傳』曰, "雨以潤之, 日以烜之." 舍水火而用雨日, 日不耦月而配雨,
擇之尤嚴者也. 雨性足於潤, 日性足於烜, 乃以潤以烜, 豈徒以其性
之足者哉! 徒以性, 則水豐於雨, 火烈於日矣. 以者, 有所施也; 潤之
烜之, 有所麗也. 施以爲恩, 麗以爲效, 則潤烜之德, 水火不及雨日

1617 이들 8괘는 정괘(貞卦; 下卦)에든 회괘(悔卦; 上卦)에든 모두 손괘☴를 가지고 있다. 그런
　　　데 이들 괘에서는 이 손괘☴의 상을 '바람'으로 취하지 않고, '나무'로 취하고 있다. 설사
　　　『대상전』에서는 '바람'을 취하고 있더라도, 『단전』에서는 '나무'를 취하고 있다.(익괘☴ ·
　　　중부괘☴의 경우) 왕부지가 여기에서 말하고자 하는 점이 바로 이것이다.

之用矣. 何也? 水火之德不勝刑, 雨日之刑不勝德. 雨儉於水, 故鮮
淪沒之害; 日和於火, 故无焚灼之災也.

역문 『계사상전』에서는 "비가 적셔 주고, 해가 말려 준다."라고 말하여, 수
(水)와 화(火)를 제쳐 둔 채 비와 해를 쓰고 있다.[1618] 해는 달과 짝이 되지
않아서 비와 짝을 맺고 있으니, 이는 선택함이 더욱 엄밀하다고 할 것이
다. 비의 본성은 적셔 줌에 충분하고, 해의 본성은 말려 주기에 충분하다.

그래서 적셔 주고 말려 준다고 하였지만, 어찌 한갓 이들 본성의 충분함
만으로 한 것이겠는가! 한갓 본성으로만 보자면, 수(水)가 비보다 풍부하
고, 화(火)가 해보다 맹렬하다. 그런데도 이렇게 한 까닭은 비와 해의 베풂
을 높이 산 것이다. 적셔 줌·말려 줌은 대상에 붙어 있는 것이기 때문이
다. 베풀어 줌은 은혜가 되고, 붙어 있음은 효과가 된다. 그래서 적셔 줌·
말려 줌의 덕에서는 수(水)·화(火)가 비·해의 작용에 미치지 못한다. 그
까닭은 무엇이겠는가? 수·화는 그 덕보다는 형(刑)이 더 세고, 비·해는
형보다 덕이 더 세기 때문이다. 비는 수(水)보다 넉넉하지 못하기에 수몰
(水沒)의 해로움이 적고, 해는 화(火)보다 온화하기에 모든 것을 태워 없애
버리는 화재를 발생하지 않는다.

天地之生化消息夫萬物者, 有以藏之, 有以散之, 有以止之, 可以弗
憂其盛而難繼矣. 而尤授水火以刑害之權, 則萬物其傷矣乎! 老氏
之言曰, "上善若水", 其有刑之心也夫! 故言刑名者 · 言兵者皆祖之.

1618 이는 감괘☵ · 리괘☲에 대한 것이다. 취상에서는 일반적으로 감괘☵는 수(水)를, 리괘☲는
화(火)를 상징하는 것으로 본다.

然後知天地之生, 聖人之德, 用雨日而非用水火也.

역문 하늘·땅이 만물을 낳고 화육하며, 소생하게 했다가 사라지게 했다가 한다. 그런데 여기에는 감추어 줌도 있고, 흩트려 버림도 있으며, 멈추게 함도 있다. 그리고 만물이 왕성했다가 어려움으로 이어지는 것을 전혀 근심하지 않을 수도 있다. 더욱이 수(水)·화(火)에게 형(刑)·해(害)의 권한을 주니, 만물은 이에 상처를 입게 되는 것이로다! 그런데도 노씨[老子]는 "최고의 선(善)은 물과 같다."[1619]라고 하니, 그에게는 형(刑)을 가하는 마음이 있는 것이로다! 그러므로 형명참동(刑名參同)을 말하는 사람[1620]이나 병가(兵家)에서 모두 그를 조사(祖師)로 모시는 것이다. 이러함을 알고 난 뒤에라야 하늘·땅의 생함, 성인들의 덕에서는 비와 해[日]를 쓰지 수(水)와 화(火)를 쓰지 않는다는 사실을 알게 된다.

乃若天地之最无以爲功於萬物者, 莫若月焉. 繼日以明, 而不能廢夜作之炬; 秉陰以淸, 而不能滅暑夕之炎; 照物若暴, 而不能熭濡溼之氣; 漾物若流, 而不能津旣暵之艸. 一盈一虛, 資日而自掩其魄, 類无本者. 疾行交午, 以爭道於陽, 類不正者. 特其炫潔涵空, 微茫晃爍, 以駘宕人之游情, 而容與適一覽之歡, 見爲可樂, 故釋氏樂得而似之. 非色非空, 无能无所, 僅有此空明夢幻之光影, 則以爲'法身', 則以爲'大自在', 則以爲'无住之住', 以天下爲游戲之資, 而納羣

1619 『노자』, 제8장에 나오는 말이다.
1620 한비자를 가리킨다. 한비자는 최고 통치자가 법·세(勢)·술(術) 모두를 장악하고 있어야 한다는 법가 사상을 펼쳤는데, 관리들이 맡고 있는 직분[名]과 그 일에서 이룬 업적·결과[刑]를 대조하고 평가하여서[參同] 상을 주거나 벌을 주어야 한다고 하였다. 왕부지는 이 중에서도 특히 한비자가 형(刑)을 강조한 것에 주목하여 이러한 말을 하고 있다.

有於生化兩无之際. 然則非游惰忘歸之夜人, 亦誰與奉月以爲性教
之藏也哉? 故其徒之覆舟・打地・燒庵・斬猫也, 皆月教也. 求其明
且潤者而不可得, 乃曰此亦一明也, 亦一潤也, 豈不悲乎!

역문 하늘・땅에서 만물에게 가장 공이 없는 것으로는 달보다 더한 것이 없
다. 달은 해를 이어서 세상을 밝히지만, 밤을 밝히기 위해 횃불을 만드는
것을 그만두게 할 수가 없고, 음(陰)을 발휘하여 청량하지만, 더운 여름날
저녁의 더위를 없앨 수도 없다. 또 물(物)들을 내리쬐어서 비추어 주지만
젖고 습한 기(氣)를 말리지는 못하고, 흐르는 물처럼 물(物)들을 출렁거리
게는 할 수 있지만 바짝 마른 풀조차 나루터까지 옮겨 놓지를 못한다. 달
은 한 번은 찼다가 한 번은 기울었다가 하지만, 해에 힘입어서 스스로 그
월백(月魄)을 가리는데, 이러한 부류는 근본이 없는 것이다. 또 재빨리 내
달리고 종횡으로 교차하면서 양(陽)과 도(道)를 다투는데, 이러한 부류는
올바르지 않은 것이다.

특히 달은 깨끗함을 환하게 내비치고 공(空)을 머금었을 뿐만 아니라,
은밀하고 아득하면서도 밝게 빛나서, 사람의 노닐고자 하는 정서를 거리
낌 없이 발하도록 한다. 그리하여 더불어서 함께 가며 한 번 죽 훑어보는
환희를 받아들이면서 즐길 수 있는 것임을 드러내고 있다. 그러므로 석씨
[釋迦牟尼]가 즐겁게 얻어 이와 비슷하였다. 색(色)도 아니고 공(空)도 아니며,
능(能)도 없고 소(所)도 없으며,[1621] 있는 것이라고는 겨우 이 공허한 밝음과

[1621] 여기에서 말하는 '능'과 '소'는 모두 불교 용어로서 인식의 주관과 그 대상으로서의 객체를
가리킨다. 그런데 불교에서는 이 둘은 모두 공무(空無)이니 이 둘 사이의 차별을 없애야 한
다고 한다.(『大般若經』卷568: 作是思惟, 所觀境界皆悉空無, 能觀之心亦復非有, 無能所觀
二種差別, 諸法一相, 所謂無相.)

몽환의 빛줄기일 뿐이니, 이를 '법신(法身)'이라 여기고, '대자재(大自在)'[1622]
라 여기며, '특별한 거처가 없이 모든 곳에 거주함'이라 여긴다. 그래서 우
리가 살아가는 세계를 유희(遊戲)의 바탕이라 여기고, 중생(衆生)을 생겨남
도 화함[化]도 없는 곳으로 몰아넣는다. 그렇다면 노느라 정신이 팔려 돌아
가야 한다는 사실조차 잊어버린 밤놀이꾼이 아니고서야 뉘라서 달을 받들
어 본성과 가르침이 저장된 것이라 여기겠는가?

이 무리가 '배를 뒤집어 버리다'·'땅을 때리다'·'암자를 불태우다'·'고
양이를 베어 버리다'[1623]라고 하는 것 등은 모두 달의 가르침이다. 이 달에
게서는 그 밝음과 적셔 줌을 찾아보려 해도 안 될 일이거늘, 그런데도 "이
것도 하나의 밝음이다", "이것도 하나의 적셔 줌이다."라고 뇌까리고 있으
니, 어찌 슬프지 않을쏘냐!

故聖人知月非天地之用, 而終不以月爲用. '中孚'之四, '小畜'之上,
陰中而'月望', '月望'而陽疑, 故'旣雨'不能免'小畜'之凶, '匹亡'而後謝
'中孚'之咎. 則斟酌其功過之實, 以爲扶抑, 其亦審矣.

역문 그러므로 성인께서는 달이 하늘·땅의 쓰임새가 아님을 알아서 끝내 달
을 쓰임새로 삼지 않았다. 중부괘☲의 육사효[1624]와 소축괘☰의 상구효[1625]

1622 '대자재'는 아무런 장애 없이 나아가기도 하고 물러나기도 하며, 마음에서 모든 번뇌를 여
    읜 부처님의 신통력을 일컫는 말이다. 『법화경(法華經)』에 나오는 말이다.(『法華經』, 「五
    百弟子受記品」: 復聞諸佛有大自在神通之力.)
1623 모두 중국 선불교의 선문답에 나오는 것들이다.
1624 중부괘☲의 육사효사는 "달이 거의 보름달이 다 되었다. 말이 짝을 잃어버리나 허물이 없
    다.(月幾望, 馬匹亡, 无咎.)"로 되어 있다.
1625 소축괘☰의 상구효사는 "이미 비가 내림이고 이미 처리함이며, 덕이 실려 있음을 숭상함이
    다. 부인(婦人)이 올곧고 서릿발처럼 위엄이 있으며, 달은 보름달에 거의 가깝다. 군자가
    원정에 나아가면 흉하다.(旣雨旣處, 尙德載, 婦貞厲, 月幾望, 君子征凶.)"로 되어 있다.

는 음(--)이 가득하여 '달이 보름달'이 되었는데, '달이 보름달'이어서 양(一)들이 의심을 일으킨다. 그러므로 '이미 비가 내려서' 소축괘☰가 드러내고 있는 흉함을 면할 수가 없고, '짝을 잃어버린' 뒤라서 중부괘☲가 드러내고 있는 허물을 면한다. 이러한 것들은 공(功) · 과(過)의 실질을 잘 헤아려서 부추기기도 하고 억누르기도 한 것이니, 이 또한 살펴야 할 것이다.

故天地之所可弗用者月也, 其次則風也. 佐陽以行令而不能順承以興利, 則可散而不可聚. 乃釋氏則又效之以爲敎矣, 其言曰, "願風持世界", 无實於己, 而但求動焉; 蘋末之起无端, 怒號之吹自己. 蓋將以散之者持之, 而破亡摧折之餘, 其得存於兩間者能幾也, 而曾足以持之不毁乎?

역문 그러므로 하늘 · 땅이 사용하지 않을 수 있는 것은 달이고, 그다음은 바람이다. 바람은 양(陽)을 도와서 영(令)을 행하지만, 순종하고 받들어서 이로움을 일으킬 수는 없다. 바람은 흩트릴 수는 있으나, 모을 수는 없다. 그런데도 석씨[釋迦牟尼]는 또한 이 바람을 본받아서 가르침으로 삼고 있다. 그는 "원력을 쌓아서 바람이 세계를 지탱한다."[1626]라고 하는데, 이는 자기에게서 실제로 징험한 것이 아니라 그저 바람에서 움직임을 구한 것이다. 개구리밥[浮萍草] 이파리 끝에서 아무런 까닭 없이 일어서는[1627] 거세게 몰

1626 화엄 사상에서 하나의 종지다. 보살행을 행하며 큰 원력(願力)을 닦으면 보응(報應)으로 풍륜(風輪)을 얻어서 화장세계(華藏世界)를 지탱한다는 것이다.(『新華嚴經論』권13: 行菩薩行, 修大願力, 報得風輪以持華藏世界.)

1627 중국 전국시대 초(楚)나라의 송옥(宋玉; 생몰년 미상. B.C.3세기)이 지은 '풍부(風賦)'에 나오는 구절이다. 초나라 양왕(襄王)이 난대(蘭臺)로 유람을 나왔을 때 송옥과 경차(景差; B.C.290~B.C.223)가 그를 모셨는데, 홀연히 바람이 일면서 양왕의 옷깃을 스쳐 지나갔다. 이에 기분이 좋아진 양왕이 "상쾌하도다, 이 바람은 과인과 서민들이 함께하는 것이로다!"

아붙이다가 스스로 그만두는 것이 바람이다. 석씨의 이 가름침은 흩트려 버리는 것을 가지고 지탱한다고 하는 것이니, 이 바람이 부서서 없애고 꺾어 버린 뒤에 하늘과 땅 사이에 보존할 수 있는 것이 얼마나 될 것이며, 이 것이 일찍이 충분히 지탱하여서 훼손되지 않는다는 것인가?

是故『易』之於水火也，不用以教而用以利，用以利而尤不盡用之. 斂其炎，取之於日；節其淫，取之於雨. 其於風也，不用以利而用以教，用以教而尤不盡用之. 或取之木，以使有實；或取之風，取其及遠而已矣. 其於月也，无所取之也. 故『詩』曰, "彼月而食, 則維其常", 天地之間, 即无月也, 而亦奚損? 而或以侵陽, 則害生焉. 是故

라고 하였다. 이에 송옥이 "이 바람은 오직 대왕을 위해서만 부는 바람일 따름입니다. 서민들이 어찌 함께할 수 있습니까?"라고 받았다. 그러자 양왕은 "바람은 하늘·땅의 기운으로서 널리 보편으로 불어오는 것이며, 신분의 귀·천과 높고 낮음을 가리지 않고 불어 대는 것이거늘, 지금 그대는 어찌 이 바람이 나 한 사람만을 위한 바람이라 하는가, 근거가 있는가?"라고 다그쳤다. 이에 송옥은 "제가 스승에게서 들은 것이온데, 탱자나무 가지 사이로는 새들이 와서 둥지를 틀고, 빈 구멍으로는 바람이 불어온다고 하였습니다. 의지하는 것이 각각 이러하니, 여기에서 바람의 기가 달라지는 것입니다."라고 대답하였다. 이에 머쓱해진 양왕이 화제를 돌려 "도대체 바람은 어디에서 처음 생겨날까?"라고 묻자, 송옥은 "바람은 땅에서 생기는데, 개구리밥[浮萍草] 이파리 끝에서 일어서는, 점점 산골짜기로 불어가며 커지고, 동굴의 입구를 만나면 왕성해져서 세찬 소리를 내고, 큰 산의 비탈을 지나면서는 소나무·잣나무 아래에서 춤을 춥니다. 회오리바람이 되어서는 홀연히 바다를 건너며 비를 뿌리는데, 사나운 태풍이 되어 불꽃을 일으키며 노호(怒號)합니다. … 이것이 이른바 '대왕의 웅장한 바람'입니다."라고 대꾸하였다.(楚襄王遊於蘭臺之宮, 宋玉景差侍. 有風颯然而至, 王乃披襟而當之. 曰, "快哉! 此風寡人所與庶人共者邪!" 宋玉對曰, "此獨大王之風耳, 庶人安得而共之?" 王曰, "夫風者, 天地之氣, 溥暢而至, 不擇貴賤高下而加焉, 今子獨以爲寡人之風, 豈有說乎?" 宋玉對曰, "臣聞於師. 枳句來巢, 空穴來風. 其所託者然, 則風氣殊焉." 王曰, "夫風始安生哉?" 宋玉對曰, "夫風生於地, 起於青蘋之末, 侵淫谿谷, 盛怒於土囊之口, 緣太山之阿, 舞於松柏之下, 飄忽泝涝, 激颺熛怒. … 此所謂大王之雄風也.") 그런데 이 '풍부'가 수록된『굴송고음의(屈宋古音義)』를 편찬한 진제(陳第; 1541~1617)는, 이 작품에 대해, "당시 양왕이 거만하고 사치를 부려서, 송옥은 이 부(賦)로써 이를 풍자하였다.(時襄王驕奢, 故玉作此賦以諷之.)"라는 해설을 붙이고 있다.

伐鼓責陰, 而端冕請陽, 貴日而賤月, 則利存而敎正. 君子擇陰陽之
德而愼用之, 豈徒然哉! 彼納甲之例, 以月爲卦體, 蓋陋而不足錄矣.

역문 이러한 까닭에 『주역』은 수(水)·화(火)에 대해서는 가르침으로서 쓰지
않고 이로움으로 쓰며, 이로움으로 쓰면서도 더욱이 다 써 버리지는 않는
다. 『주역』은 더위를 거두어들임은 해에서 취하고, 음울(陰鬱)함을 조절함
은 비에서 취한다. 『주역』은 바람에 대해서 이로움으로 쓰지 않고 가르침
으로 쓰는데, 가르침으로 쓰면서도 다 써 버리지를 않는다. 경우에 따라서
는 나무에서 취하여서 곧 그 열매가 있게 하기도 하고, 또 어떤 경우에는
바람에서 취하는데, 이는 바람이 멀리까지 미침을 취하는 것일 따름이다.

그런데 『주역』은 달에서는 아무것도 취하지 않는다. 그래서 『시경』에
서는 "저 달이 먹힘은 오직 상도(常道)다."[1628]라고 하니, 하늘·땅 사이에
달이 없더라도 또한 무슨 손해가 있겠는가? 이 달이 어쩌다 양(陽)을 침범
하면 해로움이 생긴다. 그러므로 북을 두드리면서까지 음을 책망하지만,
임금이 의복과 면류관을 갖추어서 양(陽)을 청하는 것이다.

이렇듯 해를 귀하게 여기고 달을 천하게 여기면, 이로움이 보존되고 가
르침이 올발라진다. 군자가 음과 양의 덕을 가려서 신중하게 사용함이, 어
찌 한갓 아무런 까닭 없이 그러하겠는가! 그런데 납갑(納甲)을 주장하는 이
들은 달을 괘들의 몸[體]으로 여기니,[1629] 더욱 비루하여서 차마 여기에 기
록할 만한 것도 못 된다.

[1628] 『시경』, 「소아(小雅), 절남산지십(節南山之什)」의 '시월의 초하루[十月之交]'라는 시에 나
오는 한 구절이다.
[1629] 이것을 도해(圖解)한 '월체납갑도(月體納甲圖)'는 다음과 같다.

陰陽不孤行於天地之間. 其孤行者, 歊危幻忽而无體, 則災眚是已.
行不孤, 則必麗物以爲質. 質有融結而有才, 才有衰王而有時. 爲之
質者常也; 分以爲才, 乘之爲時者變也. 常一而變萬, 其一者善也,
其萬者善不善俱焉者也. 才純則善, 雜則善不善俱; 時當其才則善,
不當其才則善不善俱. 才與時乘者萬, 其始之因陰陽之翕闢者一,
善不善萬, 其始之繼善以成者一. 故常一而變萬, 變萬而常未改一.
是故'乾''坤'六子, 取諸父母男女, 取諸百十有二之象, 无不備焉.

역문 음・양은 하늘・땅 사이에서 홀로 외롭게 행하지 않는다. 홀로 외롭게
행하는 이라면 기울어져 위태롭고 어렴풋하여 실체가 없으리니, 재앙일
따름이다. 행함이 외롭지 않으면 반드시 물(物)들에 붙어서 그 질(質)을 이
룰 것이고, 이 질에는 녹고 엉김이 있어서 재질을 갖게 될 것이다. 이 재질
에는 쇠퇴함・왕성함이 있어서 각각에 해당하는 때[時]가 있다.

질(質)이 되는 것은 상(常)이고, 나뉘어 재질이 되어서 때[時]를 타는 것은
변(變)이다. 상은 하나지만 변은 수만인데, 하나인 것은 선(善)이지만 수만
인 것에는 선한 것과 불선한 것이 갖추어져 있다. 재질이 순수하면 선하

고, 잡박하면 선함과 불선이 함께 있으며, 때[時]가 그 재질에 알맞으면 선이고, 그 재질에 맞지 않으면 선함과 불선이 함께 있다. 재질과 때를 탄 것은 수만이고, 시초에 음·양의 거두어들임과 열어젖힘으로 말미암는 것은 하나이다. 그리고 선함과 불선은 수만이며, 시초의 이어받아서 선함을 이루고 있는 것은 하나다. 그러므로 상(常)은 하나요, 변(變)은 수만이며, 변이 수만일지라도 상은 그 하나임을 바꾸지 않는다. 이러한 까닭에 건괘☰·곤괘☷와 여섯 자식 괘[六子卦]는 부·모와 남·녀에서 취하고, 112상(象)에서 취하여서, 갖추지 않은 것이라고는 없다.

嗚呼! 象之受成於陰陽, 豈但此哉: 而略括其徵, 則有如此者. 大爲天地而无慚, 小爲蟹蚌葦蓏而无損; 貴爲君父而非僭, 賤爲盜妾而非抑; 美爲文高而不誇, 惡爲臭靑毀折而不貶; 利爲衆長而非有缺, 害爲寡髮耳痛而弗能瘳; 皆陰陽之實有而无所疑也.

역문 오호라! 음·양에서 받아서 이루고 있는 상(象)이 어찌 다만 이것이겠는가. 우리의 감각기관에 드러난 것들을 대략 개괄한 것에 이러한 것들이 있는 것이다. 크게는 하늘·땅이 되어서도 부끄러움이 없고, 작게는 게·조개·갈대·열매 등이 되더라도 손해랄 것이 없다. 귀하게는 임금·부모가 되더라도 참람(僭濫)하지 않고, 천하게는 도적·첩이 되더라도 억누르지 않는다. 아름다워서 빛나고 높은 존재가 되더라도 과시하지 않고, 추악하여 입에서 냄새가 나고 눈에 백태가 끼며 허물어지고 부러지더라도 깎아내리지 않는다. 이로워서 무리가 늘어나더라도 모자라지 않고, 해가 되어 머리숱이 적고 귀가 아프더라도 나을 수가 없다. 이 모두는 음·양에 실제로 있는 것들이며 의심의 여지가 없는 것들이다.

實有无疑, 而昧者不測其所自始, 而驚其變. 以爲物始於善, 則善不善之雜進, 何以積也? 必疑此不善之所從來矣. 以爲始一而後不容有萬, 則且疑變於萬者之始必非一也; 故荀悅'三品'之說以立. 其不然者, 以不善之无所從來, 抑且疑善所從來之无實, 故釋氏之言曰, "三界唯心, 萬法唯識", 如束蘆之相交, 如蕉心之无實, 觸目皆非, 游心无據, 乃始別求心識消亡之地, 億爲净境, 而斥山林瓦礫之鄉以爲濁士. 則甚矣, 愚於疑者之狂惑以喙鳴也!

역문 실로 의심할 여지가 없는 것임에도 불구하고, 세상을 볼 줄 모르는 사람들은 어떻게 해서 물(物)들이 비롯되는지를 가늠하지 못할 뿐만 아니라, 그 변(變)에 놀라워한다. 그리고는 물(物)들이 처음에는 선함에서 비롯되었다면 선함과 불선이 뒤섞여 나아감은 어떻게 해서 쌓여 갈까 하고 의아하게 여긴다. 이들은 여기에서 불선이 어디에서 왔는가[所從來]를 반드시 의심하게 된다. 그리하여 비롯할 적에 하나였고 뒤에 만 가지가 됨을 허용하지 않는다고 여기니, 만 가지로 변한 것들이 비롯될 적에도 틀림없이 하나가 아니었으리라고 의심한다. 그러므로 순열(荀悅; 148~209)[1630]의 '성삼

[1630] 순열은 동한 말의 역사학자요, 유학자이며, 정치가다. 그는 순자의 13세손이다. 순열은 12살에 아버지를 여의고 집안이 가난하여 책이 없었다. 그런데 그는 머리가 영리하고 배움을 좋아해서 많은 것을 듣고, 들은 것은 곧 기억하였으며, 눈으로 본 것은 바로 암송할 정도였다. 순열은 후한 영제(靈帝; 156~189, 재위 168~289) 때 발생한 십상시의 난을 목도하고서 병을 핑계로 벼슬에 나아가지 않으며 은거했다. 건안(建安) 원년(196), 조조가 순욱(荀彧; 163~212)의 건의를 받아들여 헌제(獻帝; 181~234, 재위 189~220)를 허창(許昌)으로 맞아들일 준비를 할 적에, 순열은 순욱의 천거를 받아 조조의 휘하에서 벼슬길에 올랐다. 그리하여 황문시랑(黃門侍郎), 비서감(秘書監), 급사중(給事中) 등의 벼슬을 역임하였고, 헌제에게 시강(侍講)을 하며 헌제로부터 깊은 신임을 받았다. 당시 조조가 전권을 휘두르는 상황에서 헌제가 꼭두각시에 불과한 것을 보고, 순열은 대단히 개탄하였다. 그리고는 자신의 포부와 모략을 담은 저술에 힘을 쏟았다. 헌제가 반고의 『한서(漢書)』를 번잡하게 여기는

품(性三品)'설이 대두하게 되었다.[1631]

또 그렇지 않은 이들은 불선이 소종래(所從來)가 없다는 것을 이유로 들어 선(善)의 소종래도 실질이 없다고 의심한다. 그러므로 석씨[釋迦牟尼]는 말하기를, "삼계(三界)[1632]는 오직 마음이 지어낸 것이고, 만법(萬法)은 식(識)이 지어낸 것이다."라고 한다. 묶어 놓은 갈대들이 서로 의지하며 사귀는 것처럼, 그리고 파초의 마음에 실질이 없는 것처럼, 눈에 닿는 것마다 아니고, 마음으로 노니는 것마다 근거가 없다고 여긴다. 그리하여 비롯함에서 마음과 식이 사라져 버리고 없는 경지를 따로 찾아서 깨끗한 경지라고 추측하고는, 산림과 황폐하고 퇴락한 고을을 더러운 땅이라 여겨 배척해 버린다. 심하도다, 의심하는 이들보다 더 어리석은 이들이 광기와 미혹됨으로써 부리를 함부로 놀림이여![1633]

夫天下之善, 因於所繼者勿論已. 其不善者則飮食男女以爲之端, 名利以爲之緣. 非獨人有之, 氣機之吐茹匹合, 萬物之同異攻取皆是也. 名虛而陽, 利實而陰; 飮資陽, 食資陰; 男體陽, 女體陰. 无利不養, 无名不教; 无飮食不生, 无男女不化; 若此者豈有不善者乎? 才成於摶聚之无心, 故融結偶偏而器駁; 時行於推移之无憂, 故衰王偶爭而度舛. 乃其承一善以爲實, 中未亡而復不遠, 是以聖人得以其

것을 보고서 순열은 이를 30편으로 줄인 『한기(漢紀)』를 편찬하였다. 이 밖에도 순열은 『신감(申鑒)』, 『숭덕(崇德)』, 『정론(正論)』 등의 저술을 남겼다. 209년 62세를 일기로 순열은 병사하였다.

1631 '성삼품'설은 순열과 한유(韓愈)가 주장했다. 이에 대한 자세한 것은 앞 주848)을 참고하라.
1632 '삼계'는 욕계(慾界)·색계(色界)·무색계(無色界)를 가리킨다.
1633 '부리를 놀리다[喙鳴]'는 『장자』, 「천지」에 출전이 있다.(『莊子』, 「天地」: 性修反德, 德至同於初. 同乃虛, 虛乃大. 合喙鳴; 喙鳴合, 與天地爲合.)

有心有憂者裁成而輔相之.

역문 이 세상의 선(善)이 한 번은 음이 되었다 한 번은 양이 되었다 하는 도(道)를 이어받는 데서 기인한다는 것, 이에 대해서는 논의의 여지가 없다. 그리고 불선은 음식·남녀가 실마리가 되고, 명예·이욕이 연결고리가 된다. 그런데 이러한 것들은 꼭 사람만이 가진 것은 아니다. 기(氣)의 체제를 가진 존재들이 내뱉고 삼키는 것이 짝을 이루고, 만물이 자기와 같고 자기와 다른 것 사이에 공격해서 취하는 것들이 모두 이것이다. 명예는 속 빈 것이지만 양(陽)이고, 이욕은 실하지만 음(陰)이다. 마시는 것은 양을 바탕으로 하고, 먹는 것은 음을 바탕으로 한다. 남성은 양을 체득하고 여성은 음을 체득하고 있다. 이욕이 없으면 몸이 길러지지 않고, 명예가 없으면 가르침을 펼 수가 없다. 마시고 먹는 것이 없으면 생명을 유지하지 못하고, 남성·여성이 없으면 화(化)하지를 않는다. 이와 같은 것에 어찌 불선함이 있겠는가?

재질은 아무런 사심 없이 뭉쳐서 빚어냄에서 이루어진다. 그러므로 융합해서 응취하는 과정에서 우연히 치우치게 되어서는 기질(器質)이 잡박해진다. 또 때[時]는 전체적으로 하늘의 아무런 근심 없는 추이(推移) 속에서 행해진다. 그러므로 쇠미해짐과 왕성해짐이 우연히 다투다가 도수(度數)가 어그러지는 것이다. 이에 하나의 선(善)을 받들어서 실질로 삼고 중(中)이 아직 없어지지 않았을 적에 머지않아 회복하니, 이러한 까닭에 성인들은 마음을 쓰고 우려하며 마름질해서 이루어 내 하늘의 일을 돕는 것이다.

故瞽者非无目也, 塞者非无足也, 盜之憎主非无辭也, 子之諱母非无名也; 梟逆而可羹, 菫毒而可藥; 雖凶桀之子, 不能白晝无詞而刃不

相知之人於都市. 有所必借於善, 則必有所緣起於善矣. 故曰常一
而變萬, 變萬而未改其一也.

역문 그러므로 시각장애인이라 해서 눈이 없는 것이 아니고, 보행 장애인이
라 해서 다리가 없는 것이 아니다. 또 도적이 주인을 미워함에서라고 하여
할 말이 없는 것이 아니고,[1634] 자식이 어머니를 꾸짖는다고 하여 명예가
없는 것이 아니다. 맹금인 올빼미는 거꾸로 잡아서 탕을 끓일 수 있고, 천
오(川烏)는 독이 있지만 약으로 쓸 수 있다. 비록 흉악한 걸왕의 아들이라
할지라도, 밝은 대낮에 아무런 이유 없이 도시 한복판에서 모르는 사람으
로부터 칼에 맞을 수는 없다. 기필코 선(善)에서 빌림이 있다면, 반드시 선
함을 인연으로 하여 일어남이 있어야 하는 것이다. 그러므로 "상(常)은 하
나지만 변(變)은 만 가지이고, 변이 만 가지라고 하여서 그 하나[事]를 개변
(改變)하지는 못한다."라고 하는 것이다.

是以君子於一得善焉, 於萬得善不善之俱焉, 而皆信以爲陰陽之必
有. 信而不疑, 則卽有不善者塵起泡生於不相謀之地, 坦然不驚其
所從來, 而因用之以盡物理. 奚况山林瓦礫, 一資生之利用, 而忍斥
之爲濁乎!

1634 도적이 도둑질하려는데 주인이 너무 방비를 잘해 놓아서 도둑질할 수 없음에 도적이 오히
려 주인을 미워한다는 것이다. 『춘추좌씨전』에 그 출전이 있다. 춘추시대 진(晉)나라에서
'삼극(三郤)', 즉 극기(郤錡; ?~B.C.574)·극지(郤至; ?~B.C.574)·극주(郤犫; ?~B.C.574)
등이 조정을 장악하고 정권을 농락하고 있었다. 이때 손백종(孫伯宗)이 매일 조정에 나아
갈 적마다 그의 아내가 "도둑은 주인을 미워하고, 백성들은 윗사람을 미워하는데, 당신은
직언하기를 좋아하니, 이렇게 하다 보면 우리에게 필연코 환난(患難)이 닥칠 것입니다."라
고 하며 주의를 환기하였던 데서 유래한 말이다.(『春秋左氏傳』, 「成公」5년 조: 初伯宗每
朝, 其妻必戒之曰, "盜憎主人, 民惡其上, 子好直言, 必及於難.")

역문 그래서 군자는 하나에서 선(善)을 얻더라도 만 가지에서는 선·불선이 갖추어진 것을 얻으며, 그런데도 이들이 음·양에 반드시 있는 것들이라고 믿는다. 군자는 이처럼 믿으며 의심하지 않는다. 이러하기에 군자는 곧 불선한 것이 서로 모의하지 않은 상황에서 먼지가 일고 물거품이 생기듯 하더라도, 이들이 어떻게 해서 생겨났는지에 대해 평정심을 유지한 채 놀라지 않는다. 오히려 이들을 사용하여 물(物)들의 이치를 다하기까지 한다. 하물며 산림과 깨어진 기왓장·벽돌 조각이라 할지라도 똑같이 살아가는 데 도움이 되는 것으로서 이용하거늘, 차마 이들을 혼탁한 것이라 하여 배척하랴!

是故聖人之教, 有常有變. 禮樂, 道其常也, 有善而无惡, 矩度中和而侧成不易, 而一準之於『書』;『書』者, 禮樂之宗也.『詩』·『春秋』兼其變者,『詩』之正變,『春秋』之是非, 善不善俱存, 而一準之於『易』;『易』者, 正變·是非之宗也.

역문 그러므로 성인의 가르침에는 상(常)도 있고 변(變)도 있다. 예·악은 상(常)만을 기준으로 하며 선(善)은 있지만 악(惡)은 없고, 중화(中和)를 법도로 하여 바뀔 수 없는 것을 이루고 있는데, 하나같이『서경』을 준거로 삼는다. 그래서『서경』은 예·악의 마루[宗]다.『시경』과『춘추』는 변(變)을 겸한 것들이다. 그리고『시경』에서 드러내고 있는 올바름과 그 변(變),『춘추』에서 드러내고 있는 옳고 그름에는 선·불선이 함께 존재하는데, 하나같이『주역』을 준거로 삼고 있다. 그래서『주역』은 올바름과 그 변(變), 옳고 그름을 가르는 마루다.

'鶉之奔奔'‧'桑中'諸篇, 且有疑其錄於'國風'者矣. 況如唐太子弘者,
廢讀於商臣之弒, 其能免於前讒而後賊也哉? 天下之情, 萬變而无
非實者, 『詩』‧『春秋』志之. 天下之理, 萬變而无非實者, 『易』志之.
故曰, 『易』言其理, 『春秋』見諸行事. 是以君子格物而通變, 而後可
以擇善而執中. 貞夫一者, 所以異於執一也.

역문 '메추리는 서로 정답게 날고[鶉之奔奔]'[1635]‧'뽕밭 속의 밀회[桑中]'[1636] 등
의 편은 '국풍(國風)'에다 수록해야 할 것이 아닌가 의심하기도 한다.[1637] 하
물며 당나라 태자 이홍(李弘; 652~675)은 상신(商臣)이 그의 아버지 성왕(成
王; ?~B.C.626, 재위 B.C.671~B.C.626)을 시해하는 편[1638]을 보며 차마 이를 읽
지 못하겠다고 하며 폐기한 일이 있었거늘,[1639] 이러한 편들이 앞서는 참람

1635 이 시는 위(衛)나라 사람들이 선강(宣姜; ?~?)과 공자 완(頑)이 알맞은 짝이 아님에도 서로
좋아하며 붙어 다님을 풍자하는 것이다.

1636 이 시는 위나라 공실(公室)이 음란하여 뽕밭에서 음탕한 정을 나누는 것을 다루고 있다. 여
기에서 '상중지희(桑中之喜)'라는 말이 나왔다.

1637 지금 『시경』에서는 이 시들이 '용풍(鄘風)'편에 수록되어 있다.

1638 『春秋』,「文公」'元年'조: 冬十月丁未, 楚世子商臣, 弒其君頵. /『춘추좌씨전』,「문공」'원
년'조: 初, 楚子將以商臣爲大子, 訪諸令尹子上. 子上曰, "君之齒未也. 而又多愛, 黜乃亂也.
楚國之擧, 恒在少者. 且是人也, 蜂目而豺聲, 忍人也, 不可立也." 弗聽. 旣, 又欲立王子職,
而黜大子商臣. 商臣聞之而未察, 告其師潘崇曰, "若之何而察之?" 潘崇曰, "享江芈而勿敬
也." 從之. 江芈怒曰, "呼! 役夫! 宜君王之欲殺女而立職也." 告潘崇曰, "信矣." 潘崇曰, "能事
諸乎?" 曰, "不能." "能行乎?" 曰, "不能. 能行大事乎?" 曰, "能." 冬十月, 以宮甲圍成王. 王請
食熊蹯而死. 弗聽. 丁未, 王縊. 謚之曰'靈', 不瞑; 曰'成', 乃瞑. 穆王立, 以其爲大子之室與潘
崇, 使爲大師, 且掌環列之尹.

1639 이홍은 당나라 고종(高宗; 628~683, 재위 649~683)과 측천무후(則天武后; 624~705, 재위
690~705) 사이에 태어난 고종의 다섯째 아들이다. 현경(顯慶) 원년(656), 원래 태자이던
이충(李忠; 643~665)을 폐위하고 이 이홍을 황태자로 삼았다. 이충은 고종이 일찍이 태자
이던 시절 그와 후궁 사이의 소생으로서 맏아들이었기에 일찍이 태자에 봉해졌다. 그러나
이후에 고종이 측천무후와의 사랑이 깊어지자 그를 폐위하고 대신 이 이홍을 태자로 삼은
것이다. 그러나 이 이홍도 24세 때인 675년 갑작스럽게 사망함으로써 황위에 오르지는 못
했다.

(僭濫)하고 뒤에는 도적이 됨으로부터 면할 수 있겠는가.

　세상 사람들의 정서는 만 가지 변(變)에서도 실답지 않은 것이 없다. 『시경』과 『춘추』는 이러함을 기록하고 있다. 또 이 세상의 이치도 만 가지 변에서 실답지 않은 것이 없다. 『주역』이 이를 기록하고 있다. 그러므로 "『주역』은 그 이치를 말하고, 『춘추』는 행한 일에서 드러내고 있다."라고 한다. 이러한 까닭에 군자는 물(物)들에 나아가 탐구하여 변(變)들에 통하고, 그러한 뒤에 선(善)을 가려서 중(中)을 지킨다. 이러하기에 하나를 올곧게 지킴은 한 가지만을 고집하는 것과는 다르다.

　이 이홍이 태자일 적에 솔경령(率更令) 곽유(郭瑜)에게서 『춘추좌씨전』을 배우고 있었다. 그러다 초나라 세자 상신(商臣)이 그 아버지 성왕(成王)을 죽이는 대목에 이르자 차마 읽지를 못하고 책을 덮으면서, "성인께서 후대에 교훈을 주고 계시는 것에, 어찌 이러한 일을 기록할 수 있단 말인가!"라고 탄식하였다. 이에 곽유는 "공자께서 이 『춘추』를 지으신 뜻은 선과 악을 반드시 기록하여, 선한 일은 기리며 권장하고 악한 일은 낮추어서 경계하고자 하신 것입니다. 이러한 까닭에 상신이 이런 죄악을 저지른 지 천년이나 흘렀으나 아직도 그 사실이 지워지지 않고 있는 것입니다."라고 대답하였다. 그러나 이홍은 차마 이 책은 더 읽지 못하겠다며 다른 책으로 바꾸어 달라고 했다. 그러자 곽유는 『예』로 바꾸어서 가르침으로써 이 청을 들어주었다고 한다.(『舊唐書』 및 『新唐書』, 「李弘傳」 참고.)

서괘전

序卦傳

『序卦』非聖人之書也.

역문 이『서괘전』은 성인[孔子]이 쓴 책이 아니다.

‘乾’‘坤’竝建而捷立, 『周易』以始, 蓋陰陽之往來无淹待而嚮背无吝
留矣. 故道生於有, 備於大, 繁有皆實, 而速行不息, 太極之函乎五
行二殊, 固然如斯也.

역문 건괘☰·곤괘☷는『주역』의 괘들을 함께 세우면서도 일거에 세운다.
『주역』은 이들에 의해서 비롯되니, 음·양이 왔다[來] 갔다[往] 함에서는 오
래도록 기다림이 없고, 보이는 앞쪽[嚮]과 안 보이는 뒤쪽[背]의 어느 쪽이
든 머묾에 주저함이 없다. 그러므로 도는 있음[有]에서 생기고, 광대하게
갖추고 있다. 번잡하리만큼 있는 것들이 모두 실하며, 쉼 없이 신속하게
행한다. 태극이 오행과 음·양을 함유하고 있음이 본디 이와 같은 것이다.

有所待非道也; 續有時則斷有際, 續其斷者必他有主, 陰陽之外无主

也. 有所留非道也; 存諸无用則出之不力, 出其存者必別有情, 往來
之外无情也. 是故六陰六陽, 十二皆備, 統天行地, 極盛而不缺, 至
純而奠位, 以之爲始, 則萬物之生, 萬物之化, 質必達情, 情必成理,
相與參差, 相與夾輔, 相與補過, 相與進善, 其情其才, 其器其道, 於
'乾'坤'而皆備. 抑无不生, 无不有, 而後可以爲'乾'坤', 天地不先, 萬
物不後. 而『序傳』曰, "有天地, 然後萬物生焉", 則未有萬物之前, 先
有天地, 以留而以待也. 是以知『序卦』非聖人之書也. 河內女子獻
於購書之時, 傳於專家之學, 守文而困於理, 昧大始而破大成, 故曰
非聖人之書也.

역문 무엇엔가 의지함이 있다면 도(道)가 아니다. 즉 시간적으로 이어짐이 있
다면, 이들 시간 사이에는 끊어짐이 있다는 것이고, 이 끊어짐을 잇기 위
해서는 반드시 다른 것의 주재함이 있어야 한다. 그러나 이 세상에는 음·
양 이외에 주재하는 것이 없다. 그리고 머무름이 있다면 또한 도가 아니
다. 머무는 동안 쓰이지 않은 채 존재하고 있다면 나오려고 해도 힘을 내
지 못할 것이니, 이렇게 머무르며 존재하는 상태에 있는 것을 나오게 하려
면 반드시 다른 사정이 있어야 한다. 그런데 이 세계에는 왔다[來] 갔다[往]
함 이외에 다른 사정이 없다.

이러한 까닭에 6음·6양으로서 12개가 모두 갖추어지며, 이들이 하
늘·땅을 통괄하고 행하는데, 이들은 극히 성대하여 모자라는 것이 없고,
지극히 순수하게 위(位)를 정하고 있다. 이렇게 하여서 이 세계의 비롯함
이 되니, 만물의 생함·만물의 화함에서 질(質)은 반드시 정(情)을 달성하
고, 정은 반드시 이치를 이루어 준다. 이들은 서로 똑같지 않고 들쭉날쭉
다른데, 서로 돕고 서로 상대의 잘못을 보완해 주며, 서로 좋은 쪽으로 나

아가도록 한다. 이들의 정(情)과 이들의 재질, 이들의 기(器)와 이들의 도(道)는, '건'·'곤'에 다 갖추어져 있다. 무엇이든 생하지 않는 것이란 없고, 무엇이든 있게 하지 않음이란 없다. 이러한 뒤에라야 '건'·'곤'이 될 수가 있다. 그러므로 하늘·땅이라 하여 앞서는 것이 아니고, 만물이라 하여 뒤서는 것이 아니다. 그런데도 이 『서괘전』에서는 "하늘·땅이 있고, 그 뒤에야 만물이 생겨난다."라고 하니, 아직 만물이 있기 전에 먼저 하늘·땅이 있다면, 만물은 머무르면서 기다려야 할 것이다.

　이러한 것들을 근거로 해서, 나는 이 『서괘전』이 성인[孔子]의 글이 아님을 알게 되었다. 서한(西漢)의 선제(宣帝; B.C.91~B.C.48, 재위 B.C.74~B.C.48)가 널리 책을 구할 때 하내(河內)의 여자가 이 『주역』 책을 바쳤다고 하는 설이 자기들 학설만을 묵수(墨守)하는 학파에서 전해지고는 있다.[1640] 이 『서괘전』은 문장의 글귀에 얽매이느라 이치를 전달함에서는 곤란을 겪고 있고, 이 세계의 위대한 시작을 못 보고 위대한 성취를 파괴하고 있다. 그래서 나는 "성인이 쓴 책이 아니다."라고 말하는 것이다.

其爲說也, 有相因者, 有相成者, 有相反者. 相因者, "物生必蒙"之類也; 相成者, "物稺不可不養"之類也; 相反者, "物不可以苟合"之類也. 因之義窮而託之成, 成之義窮而託之反, 唯其意之所擬, 說之可

1640 왕충이 지은 『논형』의 「사단(謝短)」 편에서 이렇게 기술하고 있고(先問『易』家, "『易』本何所起? 造作之者爲誰?" 彼將應曰, "伏羲作八卦, 文王演爲六十四, 孔子作『象』·『象』·『繫辭』. 三聖重業, 『易』乃其足." 問之曰, "『易』有三家, 一曰『連山』, 二曰『歸藏』, 三曰『周易』. 伏羲所作, 文王所造, 『連山』乎? 『歸藏』·『周易』也? 秦燔五經, 『易』何以得脫? 漢興幾年而復立? 宣帝之時, 河內女子壞老屋, 得『易』一篇, 名爲何『易』? 此時『易』其足末?"), 또 「정설(正說)」 편에서도 유사하게 기술하고 있다.(至孝宣皇帝之時, 河內女子發老屋, 得逸『易』·『禮』·『尚書』各一篇, 奏之. 宣帝下示博士, 然后『易』·『禮』·『尚書』各益一篇, 而『尚書』二十九篇始定矣.)

立, 而序生焉, 未有以見其信然也.

이 『서괘전』에서 말하는 것을 보면, '서로 말미암음[相因]'이 있고, '서로 이루어 줌[相成]'이 있고, '서로 반대됨[相反]'이 있다. '서로 말미암음'은 "물(物)들은 생겨나서는 반드시 어리다."라고 하는 따위다. '서로 이루어 줌'은 "물(物)이 어리면 길러 주지 않을 수 없다."라고 하는 따위다. '서로 반대됨'은 "물(物)들은 구차하게 합할 수 없다."라고 하는 따위다. 그런데 이 『서괘전』에서는 '말미암음'의 의미가 궁하면 '이루어 줌'에 의탁하고, '이루어 줌'의 의미가 궁하면 '반대됨'에 의탁한다. 『서괘전』이 이렇게 하는 데서 오로지 중요하게 여기는 것은, 자기의 생각에 들어맞고, 말이 성립하며, 순서가 생기는가 하는 것이다. 그러나 진실로 이러한 것인지에 대해서는 알지 못하고 있다.

天地之間, 皆因於道. 一陰一陽者, 群所大因也. 時勢之所趨, 而漸以相因, 遂私受之, 以爲因亦无恒, 而統紀亂矣. 且因者之理, 具於所因之卦, 則'屯'有'蒙', '師'有'比', '同人'有'大有', 而後卦爲贅餘矣. 況如'隨'之與'蠱', '漸'之與'歸妹', 錯卦也, 相反之卦也, 本非相同, 何以曰, "以喜隨人者必有事", "進必有所歸"耶? 如是者, 因義不立.

하늘과 땅 사이에 있는 모든 것들은 도(道)에 기인한다. '한 번은 음이 되었다 한 번은 양이 되었다 함[一陰一陽]'은 군생(群生)들이 크게 말미암는 것이다. 시대의 추세가 달려감에 점차 서로 말미암으며 사사로움을 이루고 이를 받아들이면서, 말미암음에도 한결같음이 없다고 여긴다면, 이 세계의 근본 법칙은 혼란해진다. 하물며 수괘(隨卦)☷는 고괘(蠱卦)☶에 대해서,

또 점괘(漸卦)☴는 귀매괘☳에 대해서 착(錯)의 관계에 있고, 서로 반대되는 괘들이다. 그리하여 이들은 본래가 서로 말미암는 관계가 아닌데, 어찌 "남을 기뻐하며 따르는 이들에게는 반드시 할 일이 있다."라고 하며, "나아가면 반드시 돌아가는 곳이 있다."라고 한단 말인가?[1641] 이와 같은 괘들의 경우에는 '말미암음'의 의미가 성립하지 않는다.

受成者器, 所可成器者材, 材先而器後. 器已成乎象, 无待材矣. 前卦之體象已成, 豈需待後卦乎? 假无後卦, 而前卦業已成矣, 何以云 "履而泰然後安", "革物者莫若鼎"耶? 若'无妄'之承'復', '萃'之承'姤', 陰陽速反而相報, 非相成明矣. 而曰, "復則不妄", "相遇而後聚". 如是者, 成義不立.

역문 받아들여서 이루는 것은 기(器)이고, 이러한 기를 이룰 수 있게 하는 것은 재질이니, 재질이 먼저이고 기는 나중이다. 그런데 기가 이미 상(象)을 이루고 있다면, 더는 재질에 의거하지 않는다. 앞 괘의 체(體)와 상(象)이 이미 이루어졌다면, 어찌 뒤의 괘에 의지할 필요가 있겠는가? 가령 뒤의 괘가 없다고 하더라도 앞의 괘의 업(業)은 이미 이루어진 것이니, 도대체 무슨 까닭에 "실천하면서 태평한 뒤에야 편안하다", "물(物)들을 변혁하는

[1641] 『주역』에서는 수괘☱ 다음에 고괘☶가 오고, 점괘☴ 다음에 귀매괘☳가 온다. 그런데 수괘☱와 고괘☶, 점괘☴와 귀매괘☳ 사이에는 종(綜)의 관계도 성립하지만 착(錯)의 관계도 성립하고 있다. 다만 『주역』에서는 종(綜)의 관계를 중시하기 때문에 이 괘들을 이렇게 짝짓고 순서를 배정했다는 것이 왕부지의 '착종'설에 담긴 견해다. 그런데 왕부지는 이 괘들이 착(錯)의 관계도 이룬다면 서로 반대되는 괘들인데, 이 『서괘전』에서는 도대체 무슨 근거로 이들 관계를 '서로 말미암는[相因]'의 관계로 규정하여, "남을 기뻐하며 따르는 이들에게는 반드시 할 일이 있다.", "나아가면 반드시 돌아가는 곳이 있다."라고 하느냐는 것이다. 이는 『서괘전』이 이론적으로나 논리적으로 철저하지 못함을 오히려 반증하는 면이라는 것이, 이곳 왕부지의 주장이다.

것으로는 솥보다 나은 것이 없다."라 한단 말인가?[1642]

예컨대 무망괘(䷘)는 복괘(䷗)를 계승하고, 췌괘(䷬)는 구괘(䷫)를 계승하니, 음·양은 속히 돌이키며 서로 교체하는 것이지 서로 이루어 주지 않는다고 함이 분명한 것이다. 그런데도 이『서괘전』에서는 "되돌아오면 망령되지 않다", "서로 만나고 난 뒤에 모인다."라고 한다. 이와 같은 것들을 보면, '서로 말미암음[相囚]'의 의미가 성립되지 않는다.

陰陽各六, 具足於'乾''坤', 而往來以盡變. 變之必盡, 往來无期. 无期者, 惟其无心也. 天地之既无心矣, 淫凷孤虛, 行乎衝委, 而不辭其過. 故六十四象有險有駁而不廢, 一隆世之有頑讒, 豐年之有萵稗也. 險而險用以見功, 駁而駁用以見德, 胥此二氣之亭毒. 險易純駁, 於彼於此, 不待相救而過自寡. 謂寡過者必待後起之救也, 吾未見貴立而噬嗑之合遂不苟, '遘'來而恒可舍其所而弗久居也. 以此卦之長, 補彼卦之短, 因前卦之屈, 激後卦之伸, 然則南粵之暄, 致北胡之凍, 詰旦之風, 解今日之暍乎? 是以極重相爭者與艱難之際, 抑亦亂必安之土而強施檠括於陰陽矣. 如是者, 反義不立.

역문 음(--)·양(—)에는 각각 여섯이 있으니, 건괘(䷀)·곤괘(䷁)에 다 갖추어져

1642 "실천하면서 태평한 뒤에야 편안하다."라고 함에서 '실천함'을 상징하는 괘는 리괘(履卦)(䷊)이고, '태평함'을 상징하는 괘는 태괘(泰卦)(䷊)다.『주역』에서는 리괘 뒤에 태괘가 오는 것으로 되어 있다. 또 "물(物)들을 변혁하는 것으로는 솥보다 나은 것이 없다."에서 '변혁함'을 상징하는 괘는 혁괘(䷰)이고, 솥을 상징하는 괘는 정괘(鼎卦)(䷱)다.『주역』에서는 혁괘 다음에 정괘가 오는 것으로 되어 있다. 그런데 왕부지는 앞선 괘들은 그 자체로 이미 체(體)·상(象)·업(業)이 이루어진 것이어서, 이들과 관련해서는 굳이 뒤의 괘들에 의존할 필요가 없다는 것이다. 그런데도『서괘전』의 이들 구절에서는 뒤의 괘들이 앞선 괘들에 대한 조건과 최상의 예로 제시하고 있다. 그래서 왕부지는 이『서괘전』이 조악한 것이라 보며, 성인[공자]의 저작이 아니라 보는 것이다.

있으며, 이들 음·양은 왔다[來] 갔다[往] 하면서 모든 변함[變]들을 다 드러낸다. 이렇게 함에서 변함[變]들은 반드시 다 드러나며, 왔다 갔다 함에는 기약이 없다. 기약이 없다는 것은, 오직 아무런 사심이 없기 때문이다. 하늘·땅은 이미 아무런 사심이 없기에, 가뭄과 장마, 고(孤)와 허(虛)[1643] 등이 상충(相沖)·방치함 속에서 운행하며, 이러는 가운데 지나침이 있게 된다고 하더라도 사양하지 않는다.

그러므로 『주역』의 64상(象)에도 험난함·잡박함이 있으며, 이들을 폐기하지 않는다. 또 융흥(隆興)하는 시대에도 완악(完惡)함이 있고, 풍년에도 돌피[莠]·피[稗][1644] 등이 있다. 험난하더라도 이 험난함이 작용하는 속에서 공(功)을 드러내는 것이고, 잡박하더라도 이 잡박함이 작용하는 속에서 덕을 드러내는 것이다. 이것들 모두는 음기·양기 두 기(氣)가 화육(化育)하는 것이다.

험난함과 평이함·순수함과 잡박함, 저 괘와 이 괘들은, 굳이 서로 구제

[1643] 고(孤)·허(虛)는, 맹자가 "하늘의 때[時]는 지세(地勢)가 주는 이로움만 못하고, 지세가 주는 이로움은 사람들끼리의 화목만 못하다.(『孟子』,「公孫丑 下」: 天時不如地利, 地利不如人和.)"라고 한 것에 대해, 주희가 '하늘의 때[時]'에 대해 주해하는 데서 나오는 말이다.(天時, 謂時日·支干·孤虛·王相之屬也; 地利, 險阻·城池之固也; 人和, 得民心之和也.) 고·허는 고대 동아시아의 술수가들에 의해 활용되던 것으로서, 일시(日時)를 계산할 적에 천간(天干) 10개를 순서대로 벌여서 지지(地支) 12개와 맞추어 가면 지지 가운데 두 개가 남는다. 이 남는 지지 둘을 '고(孤)'라고 하며, 이 '고'와 상대되는 지지를 '허(虛)'라고 한다. 예컨대 갑자(甲子)로 시작하는 순(旬)에서는 술(戌)·해(亥)가 남아서 해당하는 천간이 없으므로 이들이 '고'가 되고, 이들 술·해와 상대가 되는 진(辰)·사(巳)는 '허'가 된다. 또 갑술(甲戌)로 시작하는 순(旬)에서는 신(申)·유(酉)가 남으므로 이들이 '고'가 되고, 이들과 상대가 되는 인(寅)·묘(卯)가 '허'가 된다. 일반적으로 이들 '고'·'허'에 해당하는 날은 좋지 않은 것으로 본다. 왕부지는 여기에서, 하늘의 운행이 사람들에게 좋고 나쁨을 전혀 개념치 않고 아무런 사심 없이 자체의 법칙대로 돌아간다는 점을 강조하기 위해, 이를 거론하는 것으로 보인다.

[1644] 이것들은 벼와 함께 자라면서 벼에게로 갈 영양을 빼앗아 먹는다. 이것들이 우거지면 그 논의 농사는 망친다.

함에 기대지 않더라도 과오는 저절로 적어진다. 그런데도 "과오가 적어지려면 반드시 뒤에 일어나는 것의 구제를 기다려야 한다."라고 하니, 나는 비괘(賁卦)䷕가 세워지고 나서야 서합괘䷔의 합함이 마침내 구차하지 않고, 둔괘䷠가 오고 나서야 항괘䷟가 자신의 거소를 버리고서 오래도록 거주하지 않을 수 있다고 함을 보지 못했다.[1645]

만약에 이『서괘전』에서 강조하는 것처럼 어떤 괘의 장점을 가지고 다른 괘의 단점을 보완하고, 앞 괘의 굽힘[屈]으로 말미암아 뒤 괘의 펼침[伸]을 분발하게 할 수 있다고 한다면, 남쪽 월(粵) 땅의 더위로 북쪽 유목민들이 사는 지역의 얼음을 녹일 수 있고, 새벽의 맑은 바람으로 그날의 더위를 식힐 수도 있다는 것이리라, 그런가? 이러한 까닭에 극히 심하게 서로 다투는 이들은 매우 어려움을 겪는 즈음에 또한 반드시 안정을 이루어야 할 땅을 어지럽히며, 음·양에 대해서 교정하는 것을 억지로 제한할 것이다. 이와 같은 것들을 보면, 서로 반대됨[相反]의 의미가 성립하지 못한다.

三義不立, 而舞文以相附合, 故曰非聖人之書也.

역문 '서로 말미암음[相因]'·'서로 이루어 줌[相成]'·'서로 반대됨[相反]' 등 세 가지 의미가 성립하지 못하는데도, 이『서괘전』에서는 문자를 갖고 놀며 서로 부합시키고 있다. 그래서 나는 "성인의 글이 아니다."라고 하는 것이다.

[1645] 『주역』에서는 서합괘䷔䷕ 바로 다음에 비괘(賁卦)䷕가 오고, 항괘䷟䷠ 바로 다음에 둔괘䷠가 온다. 그래서『서괘전』에서는 서합괘와 항괘䷟의 문제점들이 각각 비괘(賁卦)䷕와 둔괘䷠에 의해서 보완될 수 있는 것처럼 말한다. 그러나 실제 세계에서는 이러한 일들은 일어나지 않으므로『서괘전』의 이러한 견해는 잘못되었다는 것이다.

然則『周易』何以爲序耶? 曰,『周易』者, 順太極之渾淪, 而擬其動靜
之條理者也. 故‘乾’‘坤’竝建而捷立, 以爲大始, 以爲成物. 資於天者,
皆其所統; 資於地者, 皆其所行. 有時陽成基以致陰, 有時陰成基以
致陽. 材效其情而情无期, 情因於材而材有節. 有節則化不溢於範
圍, 无期則心不私於感應.

역문 그렇다면『주역』은 도대체 어떤 원칙에 의해서 순서를 정한 것일까? 내
가 보기에『주역』은 태극의 구별되지 아니한 채 모든 것이 뒤섞여 있는 전
체[渾淪]의 원리를 따르고 있고, 움직임[動]·고요함[靜]의 조리(條理)를 드러
내고 있다. 그러므로 ‘건괘▤·곤괘▤가 괘들을 함께 세우면서도 일거에
세움'을 그 위대한 시작으로 삼고, 또 이러함으로써 물(物)들을 이루어 주
고 있다. 하늘에 바탕을 둔 것들이 모두 이러한 원칙에 의해 통괄되고, 땅
에 바탕을 둔 것들이 모두 이러한 원칙에 의해서 행하고 있다. 때로는 양
들이 터전을 이루어서 음들을 이루어 주고, 때로는 반대로 음들이 터전을
이루어서 양들을 이루어 준다. 재질은 정(情)의 공효를 드러내지만, 정으
로서는 이를 기필(期必)함이 없다. 또 정은 재질에 의하지만, 재질에는 절
도가 있다. 절도가 있으니 화함[化]이 범위에서 벗어나지 않고, 기필함이
없으니 마음이 감응함에서 사사롭지 않다.

藉其不然, 无期而復无節, 下流且不足於往來; 有節而復有期, 一定
之樞, 一型之墊, 將一終而天地之化竭矣. 此京房八卦世應之術·邵
子八八相乘之數所以執一以賊道, 而『周易』之妙則固不然也.

역문 만약에 이렇지 아니하다면, 기한이 없어서 돌아옴에 절도가 없고, 아래

로 흘러간 것들은 왔다[來] 갔다[往] 하기에 부족할 것이다. 절도가 있어서 돌아옴에 기한이 있다고 하더라도, 한 번 정해진 중추와 한 번 틀이 지어진 모범이 장차 한 번 끝나서는 하늘·땅의 지어냄[造化]이 고갈할 것이다. 이것은 바로 경방(京房)이 내세운 팔괘 세응(世應)[1646]이라는 술수와 소자(邵子)가 8×8의 수(數)[1647] 등은 딱 한 가지만을 고집하며 도를 해친 것인데,

---

[1646] 경방(京房)이 주창한 팔궁괘설(八宮卦說)을 말한다. 이는 64괘 배열의 순서와 관련되어 있다. '팔궁(八宮)'괘는 여덟 경괘(經卦), 즉 건괘☰·곤괘☷·진괘☳·감괘☵·간괘☶·손괘☴·리괘☲·태괘☱의 중괘(重卦)인 건괘䷀·곤괘䷁·진괘䷲·감괘䷜·간괘䷳·손괘䷸·리괘䷝·태괘䷹를 가리킨다. 이들을 또 '팔순괘(八純卦)', '상세괘(上世卦)'라고도 한다. 경방은 「설괘전」에서 제시하고 있는 배열 순서에 따라, 건괘䷀·곤괘䷁가 부모괘로서 육자괘(六子卦) 가운데 각각 3괘씩을 통솔한다고 하였다. 이 가운데 건괘䷀와 그것이 통솔하는 진괘䷲·감괘䷜·간괘䷳는 양괘(陽卦)에 속하고, 곤괘䷁와 이것이 통솔하는 손괘䷸·리괘䷝·태괘䷹는 음괘(陰卦)에 속한다. 그런데 이들 팔궁괘는 다시 7개의 괘를 거느린다고 한다. 즉 1세(世), 2세, 3세, 4세, 5세, 유혼(游魂), 귀혼(歸魂) 등이 그것이다. 따라서 낱낱의 궁(宮)마다 8괘가 있고, 전체로는 64괘가 된다.

8궁괘에서 1세괘는 그 궁괘(宮卦)의 초효가 변한 것이고, 2세괘는 초·2효가 변한 것이며, 3세괘는 초·2·3효가 변한 것이다. 4세괘는 초·2·3·4효가 변한 것이고, 5세괘는 초·2·3·4·5효가 모두 변한 것이다. 그리고 유혼괘는 5세괘에서 다시 4효가 변한 것이고, 귀혼괘는 유혼괘에서 아래[貞卦], 즉 초·2·3효가 모두 변한 것이다. 그리고 초효를 원사(元士), 2효를 대부(大夫), 3효를 삼공(三公), 4효를 제후(諸侯), 5효를 천자(天子), 상효를 종묘라 칭한다.

경방은 이를 바탕으로 하여 한 괘의 길·흉은 그중의 한 효에 의해 결정된다고 여기며, 낱낱의 괘들에는 모두 주(主)가 되는 하나의 효가 있다고 보았다. 그리고 각 세(世)에는 해당 인물의 효가 주가 된다고 하였다. 그래서 초효 원사가 세상의 주(主)일 적에는 4효 제후와 서로 응하고, 2효 대부가 주(主)일 적에는 5효 천자와 서로 응하며, 3효 삼공이 주(主)일 적에는 상효 종묘와 서로 응한다고 하였다. 거꾸로 5효 천자가 주(主)일 적에는 2효 대부와 서로 응한다고 하였다. 나머지도 마찬가지다. 이것이 바로 세응(世應)설이다.

[1647] 소옹에게서 '8×8의 수(數)'는 『주역』의 괘가 64괘임에 대한 논거를 제시하는 것이다. 그리고 이것에는 땅과 네모[方]의 원리가 반영된 것이라 보고 있다.(『皇極經世書』, 「觀物外篇 上」: 圓者, 六變, 六六而進之, 故六十變而三百六十矣; 方者, 八變, 故八八而成六十四矣. 陽主進, 是以進之爲六十也. /六變而成三十六矣, 八變而成六十四矣, 十二變而成三百六十四矣, 六六而變之, 八八六十四變而成三百八十四矣. 八八而變之, 七七四十九變而成三百八十四矣. /蓍德, 圓以況天之數故七, 七四十九也. 五十者, 存一而言之也; 卦德, 方以況地之數, 故八八六十四也. 六十者, 去四而言之也. 蓍者用數也, 卦者體數也. 用以體爲基, 故存一也;

『주역』의 신묘함은 본디 이렇지 않다.

故陽節以六, 陰節以六, 十二爲陰陽之大節而數皆備; 見者半, 不見
者半, 十二位隱見俱存, 而用其見之六位, 彼六位之隱者亦猶是也.
故‘乾”坤’有嚮背, 六十二卦有錯綜, 衆變而不舍‘乾”坤’之大宗. 闔於
此闔, 闢於此闢, 節旣不過, 情不必復爲之期. 消長无漸, 故不以无
心待天祐之自至; 往來无據, 故不可以私意邀物理之必然. 豈必‘乾’
左生‘夬’, 下生姤, ‘坤’左生‘剝’·下生‘復’之區區也耶?

역문 그러므로 양의 마디는 여섯이고 음의 마디 또한 여섯인데, 이들 12마디
가 음·양의 큰 마디이며, 이 12에 수(數)는 모두 갖추어져 있다. 이 가운
데 보이는 것이 절반이고 보이지 않는 것이 절반으로서, 이 12위(位)에 숨
음[隱]과 드러남[見]이 함께 존재한다. 이 중에서 드러나는 6위(位)를 쓰는
데, 저 6위(位)의 숨어 있는 것들도 이들과 같다. 그러므로 건괘☰·곤괘☷
에는 각각 보이는 앞쪽[嚮]과 안 보이는 뒤쪽[背]이 있고, 62괘에는 착(錯)·
종(綜)이 있으며, 뭇 변하는 것들은 건괘☰·곤괘☷라는 대종(大宗)을 떠나
지 않는다. 닫히는 것은 이들에서 닫히고 열리는 것들은 이들에서 열리는
데, 마디들이 지나치지 않으니 정(情)도 꼭 다시 기필할 필요가 없다. 사그
라졌다[消] 자라났다[長] 함에는 ‘점(漸)’의 원리가 없기에, 아무런 사심이 없

體以用爲本, 故去四也. 圓者本一, 方者本四, 故著存一, 而卦去四也.) 왕부지와 비슷한 시
기, 즉 명말청초(明末淸初)를 살다 간 또 하나의 명조(明朝) 유신(遺臣) 육세의(陸世儀;
1611~1672)도 소옹의 8×8의 수(數)는 64괘에 응하는 것이라 보며, 천지지수(天地之數)는
이 8×8의 수(數)에서 다하는 것으로 보고 있다.(陸世儀, 『思辨錄輯要』 권24, 「天道類」: 邵
子經世·天地始終之數, 只是將元會運世·歲月日辰·八八相乘以應六十四卦, 所謂‘天地之
數’, 窮于八八也.)

이 하늘의 도움이 저절로 이르기를 기다리지 않는다. 왔다[來] 갔다[往] 함
은 그 어떤 것에도 의거함이 없기에 물(物)들이 따르고 있는 필연적 이치
에서 사사로운 의도로써 요행을 바랄 수가 없다. 그러니 어찌 꼭 건괘≡가
왼쪽으로 쾌괘≡를 낳고 아래로는 구괘≡를 낳으며, 곤괘≡≡가 왼쪽으로
박괘≡≡를 낳고 아래로 복괘≡≡를 낳는[1648] 구구함이 있겠는가!

1648 이는 '복희선천64괘방위도[圓圖]'를 근거로 하는 말이다. '복희선천64괘방위도'는 다음과
같다.

伏羲六十四卦 方位之圖

　　이 '복희선천64괘방위도[圓圖]'에서 보다시피, 건괘≡는 왼쪽으로 쾌괘≡를, 오른쪽으로
는 구괘≡를 낳는 것으로 되어 있는데, 왕부지는 오른쪽으로 낳는 것을 '아래로 낳는다'라
고 하고 있다. 그리고 곤괘≡≡는 왼쪽으로 박괘≡≡를, 오른쪽으로 복괘≡≡를 낳는 것으로 되
어 있는데, 역시 왕부지는 오른쪽으로 낳는 것에 대해서는 '아래로 낳는다'라고 하고 있다.
그 까닭은, 구괘≡는 건괘≡가 주재하는 양(─)의 권역에 있는 것이 아니라 곤괘≡≡가 주재
하는 음(--)의 권역에 있기 때문이고, 복괘≡≡는 이와 반대, 즉 곤괘≡≡가 주재하는 음(--)의
권역에 있는 것이 아니라 건괘≡가 주재하는 양(─)의 권역에 있기 때문으로 보인다.

雖然, 博觀之化機, 通參之變合, 則抑非无條理之可紀者也. 故六十
四卦之相次, 其條理也, 非其序也. 夫一闔一闢而情動, 則皆道之不
容已. 故其動也極而正, 不極而亦正. 因材以起萬變, 則无有不正者
矣. '乾''坤'極而正者也. 六十二卦不極而亦正者也. 何也? 皆以其全
用而无留无待者竝建而捷立者也.

비록 그렇다고는 하지만, 광범위하게 관찰한 변화의 체제·통하며 참여
하는 변함[變]과 합함에는 벼리를 세울 수 있는 조리(條理)가 없는 것이 아
니다. 그러므로 현재 『주역』의 64괘들이 드러내고 있는 차례는 조리를 드
러내는 것이지 순서가 아니다. 한 번은 닫혔다 한 번은 열렸다 하며 정(情)
이 움직이니, 이러함은 모두 도(道)의 그만두지 못함에 기인한 것이다. 그
러므로 이러한 움직임은 극도로 올바르며, 극도로는 아니라 하더라도 올
바르다.

각각의 괘들은 재질에 기반하여 온갖 변함[變]을 일으키는데, 이들 가운
데 올바르지 아니한 것이란 없다. 건괘☰·곤괘☷는 극도로 올바른 것들
이고, 62괘는 극도로는 아니라 하더라도 올바른 것들이다. 왜 그러겠는
가? 이들 모두는 그 온전함을 쓰면서도 보류함도 없고 다른 존재에 의존함
도 없이 함께 세우면서도 날래게 세운 것들이기 때문이다.

'坎''離'·'小過''中孚'合其錯, 而陰陽各六, 視'乾''坤'矣. 六十四卦嚮
背顛倒, 而象皆合錯. 象三十六, 其不可綜者八. 凡綜之象二十八,
其可綜者固可錯也. 合四卦而一純, 則六陰六陽之全再備矣. 錯者
捷錯, 綜者捷綜, 兩卦合用, 四卦合體, 體有各見而用必同軸. 故
'屯'·'蒙'之不可離析, 猶'乾''坤'也; '頤'·'大過'之无所需待, 猶'乾''坤'

也. 非始生必'蒙', 不養則不可動也. 化不停, 智之所以周流; 復不遠,
仁之所以安土也. '乾''坤'竝建以捷立, 自然者各足矣.

역문 감괘(坎卦)䷜와 리괘(離卦)䷝, 소과괘䷽와 중부괘䷼는, 이들이 이루고 있
는 착(錯)의 관계를 합해서 보면 음(--)·양(—)이 각각 6개씩으로서 건괘
䷀·곤괘䷁를 드러낸다. 『주역』의 64괘들을 보이는 앞쪽[嚮]과 안 보이는
뒤쪽[背]을 뒤집어 보면 상(象)들은 모두 착(錯)의 관계에 합치한다. 그러면
『주역』의 64괘가 이루고 있는 상(象)은 모두 36개인데, 이들 가운데 종(綜)
의 관계가 성립하지 않는 괘들은 여덟이다.[1649] 무릇 종의 관계를 이루고
있는 괘들의 상은 28개이며,[1650] 이렇게 종의 관계가 성립하는 괘들 사이는
착의 관계도 성립할 수 있다. 이들 네 괘를 합하면 하나의 순수함이 이루
어지니, 6음·6양의 온전함이 재차 갖추어진다.[1651] 착의 관계를 이루는 것
들은 일거에 착의 관계를 이루고, 종의 관계를 이루는 것들은 일거에 종의
관계를 이루니, 양 괘가 작용을 합하고, 네 괘가 괘체를 합하면, 괘체에는
각각 드러남이 있으나 작용은 반드시 축(軸)을 함께한다. 그래서 준괘䷂·

[1649] 건괘䷀·곤괘䷁·이괘䷝·대과괘䷛·감괘䷜·리괘䷝·중부괘䷼·소과괘䷽ 등이 그러
하다.

[1650] 종(綜)의 관계를 고려하는 것은, 착(錯)의 관계만 성립하고 종의 관계는 성립하지 않는 건
괘䷀·곤괘䷁·이괘䷝·대과괘䷛·감괘䷜·리괘䷝·중부괘䷼·소과괘䷽ 등 여덟 괘를
제외한 56괘에서 이루어진다. 그리고 종의 관계를 이루고 있는 이 괘들은 도치(倒置)하면
동일한 상을 이루고 있으므로[예컨대 준괘䷂와 몽괘䷃를 보면 알 수 있다.] 두 괘가 하나의
상으로 엮인다. 그래서 이들 56괘는 28상이 된다. 그리고 여기에 착의 관계만을 이루어서
각기 하나의 상을 이루고 있는 위의 여덟 괘의 여덟 상을 합하면, 『주역』 64괘의 상은 모두
36상이라 함이 왕부지의 견해다.

[1651] 예컨대 준괘䷂와 몽괘䷃ 사이에는 종(綜)의 관계가 성립하고, 준괘䷂와 정괘䷭, 몽괘䷃와
혁괘䷰ 사이에는 각각 착(錯)의 관계가 이루어진다. 그러므로 이들 네 괘를 함께 고려하면,
착의 관계도 이루고 종의 관계도 이룰 수 있는 것이다. 그래서 이들 네 괘를 합하면 2개의
건괘䷀·곤괘䷁라는 순수함의 괘들로 환원된다.

몽괘䷂는 분리될 수도 쪼개질 수도 없으니 건괘䷀·곤괘䷁와도 같고, 이괘䷝·대과괘䷛는 필요로 하는 것도 제3의 존재에 의존함도 없으니 건괘䷀·곤괘䷁와도 같다. 그러므로 이『서괘전』에서 말하는 것처럼, 처음 생겨났다고 하여 반드시 어린 것은[1652] 아니고, 양육하지 아니하면 움직일 수가 없는[1653] 것도 아니다.

하늘·땅의 지어냄[造化]은 절대로 멈추지를 않으니, 그래서 지혜로움은 널리 행한다. 또 설사 잘못을 저질렀다 해도 머잖아 돌이키니, 그래서 어짊[仁]은 발붙이고 사는 땅을 평안하게 한다. 건괘䷀·곤괘䷁는 함께 세우면서도 일거에 세우니, 이러함 속에서 저절로 그러한 다른 괘들이 각기 족한 것이다.

天地自然, 而人之用天地者; 隨其隱見以爲之量. 天地所以資人用之量者, 廣矣, 大矣. 伸於彼者詘於此, 乃以无私; 節其過者防其不及, 乃以不測. 故有長有消, 有來有往, 以運行於隱見之殊, 而人覺其嚮背.『易』以前民用, 皆言其所嚮者也, 則六位著而消長往來, 无私而不測者行焉. 消長有幾, 往來有迹, 而條理亦可得而紀矣.

역문 하늘·땅은 저절로 그러한데[自然], 사람이 하늘·땅을 쓰는 것이 바로 이 저절로 그러함이다. 사람이 그 숨음[隱]과 드러남[見]을 따라가는 것이 자신의 양(量)이다. 이러한 까닭에 하늘·땅이 사람의 쓰임에 바탕이 되는 양은 넓고도 크다. 저기에서 펼쳐지는 것은 여기에서는 굽힌 것인데, 하늘·땅은 아무런 사심이 없이 이렇게 한다. 또 하늘·땅은 지나친 것을 절

1652 『서괘전』에서는 준괘䷂와 몽괘䷃ㅤ사이를 이렇게 서술하고 있다.
1653 『서괘전』에서는 이괘䷝와 대과괘䷛ㅤ사이를 이렇게 서술하고 있다.

제하여 미치지 못함이 있음을 방비하는데, 인간의 인식능력으로서는 이를
가늠하지조차 못한다. 그러므로 커지게 함[長]도 있고 사그라들게 함[消]도
있으며, 오는 것도 있고 가는 것도 있다. 이러한 방식으로써 하늘·땅은
숨음[隱]과 드러남[見]의 다름에서 운행하는데, 사람은 이러함에서 보이는
앞쪽[嚮]과 안 보이는 뒤쪽[背]이 있음을 깨닫는다.

　『주역』은 백성들이 사용하기 이전에 갖추어진 것으로서, 모두 보이는
쪽만을 말하고 있다. 그래서 6위(位)로써 드러내는데, 하늘·땅은 이들에
서 자라났다[長] 사그라졌다[消] 하고, 왔다[來] 갔다[往] 한다. 하늘·땅이 이
렇게 함에서 사심이란 전혀 없으며, 인간의 인식능력으로서는 가늠조차
할 수 없음으로써 행한다. 사그라졌다[消] 자라났다[長] 함에는 낌새[幾]가
있고, 왔다[來] 갔다[往] 함에는 자취가 있는데, 조리(條里)는 또한 이렇게 함
에서 벼리가 될 수 있다.

‘乾’‘坤’定位, 而隱見輪周, 其正相嚮者, 値其純陽, 旋報以純陰, 則爲
‘乾’‘坤’; 欹而側也, 則或隱而消, 或見而長, 爲‘泰’·‘否’·‘臨’·‘觀’·
‘剝’·‘復’·‘遯’·‘大壯’·‘夬’·‘姤’. 故消長之幾爲變化之所自出, 則
之十二卦者以爲之經.

역문 건괘☰·곤괘☷가 위(位)를 정하고서 숨음[隱]과 드러남[見]이 수레바퀴
처럼 두루 돌아가는데, 이렇게 올바르게 서로 바라보고 있는 것들에서 순
양(純陽)에 해당하는 것이 돌이켜 순음(純陰)과 부합하게 되면, 건괘☰·곤
괘☷가 된다. 그런데 이것들이 기울어서 한쪽으로 쏠리면, 숨어 있어서[隱]
사그라들기도[消] 하고, 드러나서[見] 커지기도[長] 한다. 그리하여 태괘(泰
卦)☷ ·비괘(否卦)☰ ·림괘☷ ·관괘☷ ·박괘☷ ·복괘☷ ·둔괘☰ ·대장괘

䷖ · 구괘䷫ · 췌괘䷬가 된다. 그러므로 사그라졌다[消] 자라났다[長] 함의
체제[機]에서 변함[變] · 화함[化]이 저절로 나오니, 이들 12괘는 경상(經常)의
괘들이다.

‘乾"坤’合用, 而乘乎不測, 以迭相屈伸於彼此, 其全用而成廣大之生
者, 則爲‘乾"坤’; ‘乾’不孤施, 陰不獨與, 則來以相感, 往以相受, 分應
於隱見之間, 而爲‘坎’ · ‘離’ · ‘震’ · ‘艮’ · ‘巽’ · ‘兌’. 故往來之迹, 爲錯
綜之所自妙, 則之八卦者以爲之經. 此二經者, 竝行而不悖者也.

역문 건괘䷀ · 곤괘䷁의 덕은 함께 작용하며 인간의 인식능력으로는 가늠할
수 없는 차원에서 이곳저곳에서 서로 번갈아 가며 굽혔다 폈다 한다. 이렇
게 온전하게 작용하면서 널리 또 거대하게 생함을 이루어 내니, 이것이 바
로 건괘䷀ · 곤괘䷁다. 그리고 건괘䷀의 덕은 외로이 베풀지 아니하고 음
(陰)은 홀로 참여하지 않으니, 와서는 서로 느끼고 가서는 서로 받아들인
다. 이러한 가운데 숨음[隱]과 드러남[見] 사이에서 나뉘어 응하여 감괘䷜ ·
리괘䷝ · 진괘䷲ · 간괘䷳ · 손괘䷸ · 태괘䷹가 된다. 그러므로 왔다[來] 갔
다[往] 함의 자취는 착(錯)으로 종(綜)으로 작용하는 자체의 오묘함이며, 이
들 여덟 괘는 경상(經常)의 괘들이 된다. 이들 두 가지 경상의 괘들은 아울
러 행하면서 서로 충돌하지 않는다.

自兩卦而言之, 錯者捷錯, 綜者捷綜, ‘乾"坤’通理皆在, 而未嘗有所
缺於陰陽健順之全. 自八卦之所統 · 十二卦之所絡而言之, 往來不
以均, 消長不以漸. 交无適交, 變无定變, 故化不滯, 進退乘時之權
也. 盛不益盛, 衰不浸衰, 故道不窮, 陰陽彌綸之妙也. 自六十四

卦·三十六象兼二經而竝行者言之, 於消長有往來焉, 於往來有消
長焉. 消長不同時, 往來不同域, 則流形无畛, 而各成其訢合.

역문 건괘☰·곤괘☷ 두 괘에 대해서 말하자면, 착(錯)의 관계를 이루어야 할
경우에는 일거에 착으로 작용하고 종(綜)의 관계를 이루어야 할 경우에는
일거에 종으로 작용한다. 그래서 건괘☰·곤괘☷에는 통하는 이치가 모두
존재하며, 애당초 음·양의 덕인 씩씩함[建]·순종함[順]의 온전함에 전혀
결함이 없다.

여덟 경상의 괘들이 계통을 이루고 12경상의 괘들이 맥락을 이룸에 대
해서 말하자면, 이들은 왔다[來] 갔다[往] 함에서 균형을 이루지도 않고, 사
그라졌다[消] 자라났다[長] 함이 점진적이지도 않는다. 그래서 이들은 교접
함에서도 알맞게 교접함이 없고, 변함[變]에서도 일정하게 변함이 없다. 이
러한 까닭에 이들은 화함[化]에서 정체하지 않고, 나아가고 물러남에서도
그때그때 적당한 때[時]를 탄다. 이들은 왕성한 것이 더욱 왕성해지지도 않
고 쇠미한 것이 더욱 쇠미해지지도 않는다. 그러므로 도는 궁하지 않다.
이것이 바로 음·양이 보편으로 휩싸는 오묘함이다.

64괘·36상(象)·두 가지 경상 괘들이 아울러 행함에 대해서 말하자면,
사그라졌다[消] 자라났다[長] 함에 왔다[來] 갔다[往] 함이 있고, 역으로 왔다
갔다 함에 사그라졌다 커졌다 함이 있다. 이들에게서 사그라졌다 커졌다
함은 동시에 일어나지 않고, 왔다 갔다 함은 같은 곳에서 일어나지 않는
다. 그리하여 널리 퍼져 나아가는 형체들에 정해진 경계가 없으며, 각각
기쁘게 화합하는 것을 이루어 낸다.

蓋以化爲微著, 以象爲虛盈, 以數爲升降, 太極之動靜, 固然如此以

成其條理. 條理成, 則天下之理自此而出. 人以天之理爲理, 而天非
以人之理爲理者也. 故曰相因, 曰相成, 曰相反, 皆人之理也. 『易』
本天以治人, 而不強天以從人. 觀於六十二卦之相次, 可以亡疑已.
其圖如左:

역문 화합[化]으로써 은미하게 드러나고, 상(象)으로써 비웠다 채웠다 하며,
수(數)로써 올라갔다 내려갔다 한다. 태극의 움직임[動]·고요함[靜]은 본래
이처럼 그 조리(條理)를 이룬다. 조리가 이루어지면, 이 세상의 이치들은
이것으로부터 나온다. 그런데 사람은 하늘의 이치를 자신들의 이치로 삼
지만, 하늘은 사람들의 이치를 그 이치로 삼지 않는다. 그러므로 '서로 말
미암음'·'서로 이루어 줌'·'서로 반대됨' 등은 모두 사람의 이치다. 『주
역』은 하늘에 근본을 두고 사람을 다스리는 것이며, 결코 하늘에게 강요
하여 사람을 따르게 하지 않는다.

　지금의 『주역』에서 건괘▆·곤괘▆ 두 괘를 제외한 나머지 62괘들이
이루고 있는 차례를 보면, 전혀 의심을 낼 수 없을 따름이다. 이를 분류하
면 다음과 같다.

1. 因三畫八卦而重之, 往來交感, 爲天地·水火·雷山·風澤之定體, 其卦
八, 其象六.

1.[1654] 3획의 팔괘를 중첩한 괘들로서, 이들은 왔다[來] 갔다[往] 하는 가운데
　교감하며 하늘·땅, 물·불, 우레·산, 바람·연못이라는 정해진 몸[體]

을 이룬다. 이들 괘는 8개인데, 그 상은 6개다.

'건(乾)' '곤(坤)' 감(坎) 리(離) 진(震) 손(巽)

☰ ☷ ☵ ☲ ☳ ☴

간(艮) 태(兌)

'乾"坤'首建, 位極於定, 道極於純, 十二位陰陽具足, 爲六子・五十六卦闔闢顯微之宗. '乾'見則'坤'隱. '坤'見則'乾'隱. 隱者非无也, 時之所乘, 數之所用, 其道在彼不在此也. 以其隱而未著, 疑乎其无, 故方建'乾'而卽建'坤', 以見陰陽之均備. 故『周易』首'乾"坤', 而非首'乾'也.

역문 건괘☰ · 곤괘☷ 두 괘를 『주역』의 머리에다 세움으로써, 위(位)가 지극하게 정해지고, 도(道)는 지극히 순수해지며, 이들의 12위(位)에서 음 · 양은 다 갖추어진다. 나아가 여섯 자식 괘[六子卦] 및 56괘[1655]가 닫혔다 열렸다 하고 현저해졌다 은미해졌다 함의 마루[宗]가 된다. 건괘☰가 드러나면[見], 곤괘☷는 숨는다[隱]. 반대로 곤괘☷가 드러나면[見], 건괘☰는 숨는다[隱]. 그러나 숨는다고 해서 없는 것은 아니고, 때[時]를 타느냐 · 수(數)가 쓰이느냐에 따라서 그 도는 저기에 있기도 하고 여기에 있기도 하는 것이다. 그런데도 숨어서 드러나지 않는다고 해서 그것이 없다고 의심하기 때문에, 『주역』에서는 건괘☰를 세우자마자 곧 곤괘☷를 세워서 음 · 양이 고루 갖추어져 있음을 드러내고 있다. 그러므로 『주역』에서는 건괘☰ · 곤괘☷ 두 괘를 머리로 하지, 건괘☰를 머리로 하는 것이 아니다.

[1655] 여기에서 '56괘'라 한 것은, 64괘에서 건괘☰ · 곤괘☷와 그 자식 괘들인 진괘☳, 감괘☵, 간괘☶, 손괘☴, 리괘☲, 태괘☱ 등 6괘를 제외한 나머지 괘들을 말한다.

其次爲‘坎’‘離’. 卦以中位爲正, ‘坎’得‘乾’之中, ‘離’得‘坤’之中也. ‘乾’
‘坤’·‘坎’‘離’有錯而无綜. 天雖周行而運行乎上, 地雖四游而運行乎
下, 而卑高不移, 虛實不改. 水火不變, 不從不革, 不曲不直, 其性不
易, 其質不遷.

역문 그다음은 감괘☵와 리괘☲에 관해서다. 이들 두 괘는 중위(中位)를 정위
(正位)로 삼고 있다. 그래서 감괘☵는 건괘☰의 중위를 얻고, 리괘☲는 곤
괘☷의 중위를 얻고 있다. 건괘☰와 곤괘☷, 감괘☵와 리괘☲ 사이에는 착
의 관계만 성립하지 종의 관계는 성립하지 않는다. 하늘은 비록 두루 행한
다지만 위에서 운행하고, 땅은 비록 1년 4계절 동안 동→남→서→북쪽으
로 이동한다지만 아래에서 운행한다. 그래서 이들은 낮음과 높음 사이로
는 이동하지 않고, 허함과 실함을 바꾸지도 않는다. 수(水)·화(火)는 변하
지 않는다. 이들은 다른 것을 좇지도 않고 변혁하지도 않으며, 굽지도 않
고 곧지도 않는다. 이렇듯 이들은 그 성(性; 됨됨이)을 바꾸지 않고 그 질
(質)을 변경하지 않는다.

四卦爲往來之定經, 而‘震’‘艮’·‘巽’‘兌’以交爲往來, 一經一緯之道
也. 陰陽之動, 一上一下, 變之復也; 陽先陰後, 理之順也; 故‘震’‘艮’
先而‘巽’‘兌’後. ‘震’‘艮’·‘巽’‘兌’有錯有綜, ‘震’錯‘巽’, ‘艮’錯‘兌’; 用綜
而不用錯, 陰陽不宅其中, 則以捷往捷來見運行之神. ‘乾’‘坤’·‘坎’
‘離’既已著陰陽 十二之全有矣, 於此而著氣機流行之妙, 經以設而
靜, 緯以積而動也. 凡綜卦合四卦而見陰陽之本數, 非‘震’‘艮’之有八
陰, ‘巽’‘兌’之有八陽也.

역문 건괘☰ · 곤괘☷ · 감괘☵ · 리괘☲ 네 괘는 왔다[來] 갔다[往] 함의 경(經)을 정하고, 진괘☳와 간괘☶, 손괘☴와 태괘☱는 교접함으로써 왔다 갔다 한다. 이것이 한 번은 경(經), 한 번은 위(緯)를 이루는 원리다. 음 · 양의 움직임에서 한 번은 위로, 한 번은 아래로 움직이는 것은 변함의 왕복이다. 또 양이 앞서고 음이 뒤서는 것은 이치의 순조로움이다. 그러므로 진괘☳ · 간괘☶가 앞서고 손괘☴ · 태괘☱는 뒤선다.[1656]

진괘☳와 간괘☶, 손괘☴와 태괘☱ 사이에는 착(錯)의 관계도 성립하고 종(綜)의 관계도 성립하며, 진괘☳와 손괘☴, 간괘☶와 태괘☱ 사이에는 착(錯)의 관계도 성립한다. 그런데 이들의 관계 맺음에서는 종의 관계를 쓰지 착의 관계를 쓰지 않으며, 음(--) · 양(—)은 이들 괘에서 가운데 자리를 차지하고 있지 않다. 이는 왕래함이 일거에 이루어진다는 것을 가지고 운행의 신묘함을 드러내는 것이다.

건괘☰ · 곤괘☷, 감괘☵ · 리괘☲ 등의 괘는 이미 음(--) · 양(—) 열둘이 온전히 있음을 드러내고 있다. 여기에서 기(氣)의 체제가 널리 행하는 신묘함을 드러내며, 경(經)은 펼쳐져서 고요하고[靜], 위(緯)는 누적하여 움직인다[動]. 무릇 종의 관계에 있는 괘들은 네 괘가 합해서 음 · 양의 근본 수를 드러내는데, 진괘☳와 간괘☶에 8개의 음(--)이 있고, 손괘☴와 태괘☱에 8개의 양(—)이 있는 것이 아니다.

2. 因六爻而消長之, '乾''坤' · '泰''否' · '臨''觀' · '剝''復' · '遯''大壯' · '夬''姤'陰

[1656] 이 괘들의 3획괘로서 진괘☳ · 간괘☶는 양(—)1 · 음(--)2로 이루어져 있다. 그래서 이들은 양(陽)의 괘들이다. 한 괘의 음 · 양을 결정하는 것은 음효(--) · 양효(—) 가운데 적은 쪽이기 때문이다. 손괘☴ · 태괘☱는 양(—)2 · 음(--)1로 이루어져 있다. 그러므로 이들은 음(陰)의 괘들이다.

陽屈伸之數, 其卦十二, 其象七:

2. 여섯 효(爻)들로써 사그라졌다[消] 자라났다[長] 하는 부류다. 건괘☰·곤
괘☷, 태괘(泰卦)☷·비괘(否卦)☰, 임괘☷·관괘☰, 박괘☶·복괘, 둔괘
☰·대장괘☳, 쾌괘☱·구괘☰ 등의 음(--)·양(—)이 굽혔다[屈] 폈다[伸]
하는 수(數)로서, 이들에는 12괘가 있으며 그 상은 7개다.

'건(乾)' '곤(坤)' 태(泰) 임(臨) 박(剝) 둔(遯) 쾌(夬)

☰　　☷　　☷　　☷　　☶　　☰　　☱

(곤)비　(복)관　눈(대장)　(구)쾌(건)구

'乾'坤'首建, 極陰陽之至盛, 以爲變化之由, 故曰, "'乾'坤'其『易』之
門邪!"消長之數, 皆因此而生. 惟極盛也, 而後可以消, 可以長, 可以
長而有其消, 可以消而復能長. 若謂自'復'而上, 歷'臨'·'泰'·'大
壯'·'夬'而至'乾'; 自'姤'而上, 歷'遯'·'否'·'觀'·'剝'而至'坤'; 則是本
无天地, 因漸而成矣. 无其理, 无其實, 无其象, 无其數, 徒爲戲論而
已. 此京房候氣之鄙說也.

역문 『주역』에서는 건괘☰·곤괘☷를 머리에 세우고 있는데, 이들 두 괘는
음·양을 극진히 하여 융성함에 이르렀으니, 『주역』의 모든 변화는 이들
로부터 말미암는다. 그러므로 "건괘☰·곤괘☷는 『주역』의 문이로다!"[1657]
라고 말하는 것이다. 사그라졌다[消] 자라났다[長] 함의 수는 모두 이들로부
터 말미암아서 생긴다. 오직 극도로 융성한 뒤에라야 사그라들 수 있고 자
라날 수 있는데, 자라날 수 있어서 사그라짐이 있고, 사그라들 수 있어서

[1657] 『계사하전』 제6장에 나오는 말이다.

다시 자라날 수 있다.

그런데 지금 이 부류에 속하는 괘들을 두고, 만약에 "복괘▦로부터 위로 올라가며 임괘▦·태괘(泰卦)▦·대장괘▦·쾌괘▦를 거쳐 건괘▦에 이르고, 구괘▦로부터 위로 올라가며 둔괘▦·비괘(否卦)▦·관괘▦·박괘▦를 거쳐서 곤괘▦에 이른다."라고 한다면, 이러함은 본래 하늘·땅에는 없는 것이다. 단지 '점진(漸進)'의 원리에 의해 이루어진 것일 따름이다. 이 세상에는 이러한 이치도 없고, 실제도 없으며, 해당하는 상(象)도 수(數)도 없다. 그러므로 이런 말들은 단지 근거 여부는 전혀 염두에 두지 않고 그저 늘어놓은 말장난에 지나지 않을 따름이다. 경방(京房)의 '후기(候氣)'설과 같은 비루한 설이 바로 이러하다.

'乾'坤'立而必交, 其交有多寡, 多因謂之長, 寡因謂之消, 非消遽无而長忽有. 其交之數, 參伍不容均齊, 陰陽之妙也. 繼'乾'坤'以'泰''否', 不以'復''姤', 則非漸長; 不以'夬''剝', 則非漸消. 繼之以'泰'否'者, '乾'坤'極盛, '泰'否'次盛. 其位實, 其德均, 其變純. 六陰六陽隱見於嚮背, 則爲'乾'坤'. 凡二卦而陰陽全, 錯綜於嚮背, 六陰六陽, 其位固純, 則爲泰否. 即一卦而陰陽全具, 則'泰''否'亦立 於極盛以起變者也.

역문 건괘▦·곤괘▦는 이루어지면 반드시 교접하는데, 이 교접함에는 많고 적음이 있다. 많음을 일으키는 원인을 '자라남[長]'이라 하고, 적음을 일으키는 원인을 '사그라짐[消]'이라 한다. 그런데 사그라들어서 갑작스레 없어졌다가, 자라나서 홀연히 있는 것이 아니다. 이들이 교접하는 수는 참(參)으로 오(伍)로 균등하고 똑같음을 허용하지 않는다. 이는 음·양의 오묘함이다.[1658]

이 부류의 괘들에서 건괘▤▤·곤괘▤▤를 태괘(泰卦)▤▤·비괘(否卦)▤▤가 계
승하지 복괘▤▤·구괘▤▤가 계승하지 않는 까닭은, 이들 부류의 괘들에서
작동하는 원리가 '점진적으로 자라남'이 아니기 때문이다. 그리고 건괘
▤▤·곤괘▤▤를 쾌괘▤▤·박괘▤▤로써 계승하지 않는 까닭은, '점진적으로 사
그라짐'을 원리로 하고 있지 않기 때문이다.

태괘(泰卦)▤▤·비괘(否卦)▤▤가 계승하는 까닭은, 건괘▤▤·곤괘▤▤가 극히
융성하고, 태괘▤▤·비괘▤▤가 그다음으로 융성하기 때문이다. 이들 두 괘
는 그 위(位)가 실하고, 그 덕이 고르며, 그 변함[變]이 순수하다. 이들 두 괘
의 6음·6양이 보이는 앞쪽[嚮]과 안 보이는 뒤쪽[背]에서 숨고[隱] 드러나면
[見], 건괘▤▤·곤괘▤▤가 된다. 무릇 이들 두 괘에서는 음·양이 온전한데,
보이는 앞쪽·안 보이는 뒤쪽에서 이들이 착으로 종으로 관계를 이루고,
·6음·6양은 그 위(位)가 순수하다. 그래서 태괘▤▤·비괘▤▤가 되는 것이다.
하나의 괘에서도 바로 음·양이 온전하게 갖추어져 있으니, 태괘▤▤·비괘
▤▤도 극히 융성하여 변화를 일으키는 쪽에 서 있는 것이다.

又次而'臨''觀', 又次而'剝''復'. 消長之機, 陽先倡之, 長則必有消, 用
之廣則必反之約, 故次以二陽之卦二, 次以一陽之卦二也. 陽變則
陰必合, 故次以二陰之卦'遯'·'大壯', 次以一陰之卦'夬'·'姤'也. '臨'
陽長也而先'觀', '復'陽生也而次'剝'; '遯'陰長也而先'大壯', '姤'陰生
也而次'夬', 陰陽迭爲主, 一翕一闢, 而先後因之也.

1658 왕부지의 『주역』 풀이에서, '참(參)'은 음효(--)들 속에 양효(一)가 끼어들거나 양효(一)들
속에 음효(--)가 끼어듦을 의미하고, '오(伍)'는 음효(--)에 음효(--)가 가거나 양효(一)에
양효(一)가 가서 나란히 대오를 이루는 것을 말한다. '균등하고 똑같음을 허용하지 않음'이
란 참·오에 음효(--)·양효(一)가 비대칭적으로 어울림을 의미한다.

역문 또 그다음으로는 임괘☷☱·관괘☴☷가 뒤를 잇고, 또 그다음으로는 박괘
☶☷·복괘☷☳가 뒤를 잇는다. 사그라졌다[消] 자라났다[長] 함의 체제에서는
양(陽)이 앞장서며 창도(唱導)하고, 자라나면 반드시 사그라들며, 작용이
광범위하면 반드시 돌이키며 줄인다. 그러므로 그다음으로는 2 양(⚌)의
괘들 둘[임괘☷☱·관괘☴☷]이 뒤를 잇고, 그다음으로는 1양(⚊)의 괘 둘[박괘
☶☷·복괘☷☳]이 뒤를 잇는 것이다. 양이 변하면 음은 반드시 합한다. 그러므
로 그다음으로는 2음(⚏)의 괘들인 둔괘☰☶·대장괘☳☰가 뒤를 잇고, 그다음
으로는 1음(⚋)의 괘들인 쾌괘☱☰·구괘☰☴가 뒤를 잇는다.

임괘☷☱는 양(⚊)이 자라나는 괘이기에 관괘☴☷에 앞서고, 복괘☷☳는 이제
막 양(⚊)이 생긴 괘이기에 박괘☶☷의 다음에 온다. 또 둔괘☰☶는 음(⚋)이 자
라나는 괘이기에 대장괘☳☰에 앞서고, 구괘☰☴는 이제 막 음(⚋)이 생긴 괘이
기에 쾌괘☱☰의 다음에 온다. 이처럼 음·양이 번갈아 가며 주재하고 한 번
은 닫혔다 한 번은 열렸다 하는데, 앞·뒤는 위와 같은 것들로 말미암아서
정해진다.

由'乾''坤'而生'泰''否'以下之十卦, 十卦皆'乾'坤'所有之通變也. 由
'乾''坤''泰''否'而及'臨''觀'以下之八卦, 八卦皆天地相交之變通也. 以
次而變合, 不以次而消長, 天地渾淪无畛之幾固然也.

역문 건괘☰☰·곤괘☷☷로 말미암아서 태괘☷☰·비괘☰☷ 이하의 10괘를 낳는데,
이들 10괘는 모두 건괘☰☰·곤괘☷☷에 있는 통함과 변함을 드러내는 괘들이
다. 또 건괘☰☰·곤괘☷☷·태괘☷☰·비괘☰☷ 등에 기인하여 임괘☷☱·관괘☴☷
이하의 8괘에 미치는데, 이들 8괘는 모두 하늘·땅이 서로 교접하는 통함
과 변함을 드러내는 괘들이다. 그러므로 이들 괘는 변함과 합함을 차례로

하지, 사그라졌다[消] 자라났다[長] 함을 차례로 하지 않는다. 이러함은 하늘·땅의 구별되지 아니한 채 모든 것이 뒤섞여 있고 어떤 경계도 없음에서 드러나는 낌새[幾]들의 '본디 그러함[固然]'이다.

3-1. '乾'·'坤'定位以交感而成六子, 六子立而與'乾'·'坤'分功, 則'乾'·'坤'亦自有其化矣. 凡'乾'·'坤'之屬, 其卦二十六, 其象十四:

3-1. 건괘䷀·곤괘䷁가 위(位)를 정하고서 교감하며 여섯 자식 괘[六子卦]를 이루자, 여섯 자식 괘가 각기 제 자리를 잡은 채 건괘䷀·곤괘䷁와 함께 공(功)을 나누어서 이루니, 건괘䷀·곤괘䷁에도 스스로 화함[化]이 있다. 무릇 이들 건괘䷀·곤괘䷁의 붙이에는 26괘가 있는데, 그 상(象)은 14개로서 다음과 같다.

준(屯)	수(需)	사(師)	소축(小畜)	태(泰)	동인(同人)	겸(謙)	수(隨)	임(臨)	서합(噬嗑)	박(剝)	무망(无妄)

이(頤)	대과(大過)

3-2. '坎'·'離'之屬, 其卦二十, 其象十:

3-2. 감괘䷜·리괘䷝의 붙이에는 20개의 괘들이 있는데, 그 상(象)은 10개다.

함(咸)	둔(遯)	진(晉)	가인(家人)	건(蹇)	손(損)	쾌(夬)	췌(萃)	곤(困)	혁(革)

3-3. ‘震”艮’之屬, 其卦四, 其象二:

3-3. 진괘䷲·간괘䷳의 붙이에는 4개의 괘들이 있는데, 그 상(象)은 2개다.

점(漸)   풍(豐)

╪╪   ╪╪

艮(漸䷴)   ㅂ(豐䷶)

3-4. ‘巽”兌’之屬, 其卦六, 其象四:

3-4. 손괘䷸·태괘䷹의 붙이에는 6개의 괘들이 있는데, 그 상(象)은 4개다.

환(渙)   중부(中孚) 소과(小過) 기제(旣濟)

╪╪   ╪╪   ╪╪   ╪╪

艮(渙)   ㅂ(旣濟䷾)

‘乾”坤’之德純, 其數九十而得中, ‘乾”坤’之數, 老陽則五十四, 老陰則三十六; 少陽則四十二, 少陰則四十八, 皆合爲九十. 故其卦多. ‘坎”離’之位正, 其數九十, 與‘乾”坤’均. ‘坎’之數, 老陽則十八, 老陰則二十四, 爲四十二; ‘離’之數, 老陽則三十六, 老陰則十二, 爲四十八, 合爲九十. ‘坎’之數, 少陽則十四, 少陰則三十二, 爲四十六; ‘離’之數, 少陽則二十八, 少陰則十六, 爲四十四, 亦合爲九十. 陰陽合德, 水火相入, 熱入湯中, 油升餤內, 渾合无間. 故其卦次多. ‘震”艮’毗陽, ‘巽”兌’毗陰, 德既不合, 用亦相違, 其數非過則不及, ‘震”艮’老陽皆十八, 老陰皆二十四, 爲四十二, 合八十四. 少陽皆十四, 少陰皆三十二, 爲四十六, 合九十二. ‘巽”兌’老陽皆三十六, 老陰皆十二, 爲四十八, 合九十六. 少陽皆二十八, 少陰皆十六, 爲四十四, 合八十八. 故其卦少. ‘巽”兌’之屬雖六卦, 而‘既濟”未濟’與‘乾”坤’相爲終始. ‘乾”坤’, 純之至者也; ‘既濟”未濟’, 雜之尤者也. 一致而百慮, 故始乎純, 終乎雜. 則‘既濟”未濟’不繫乎‘巽”兌’而自爲體, 是‘巽”兌’之屬四, 與‘震”艮’均也. ‘頤’·‘大過’, ‘乾”坤’之用終;

'中孚'·'小過', 六子之用終. '頤'·'大過'·'中孚'·'小過', 四隅之經,
與'乾''坤''坎''離'相爲維絡者也. 故'既濟''未濟'紹合天地之初終, 而錯
綜同象, 爲卦變之盡神者, 以成乎渾淪變合之全體焉.

역문 건괘☰·곤괘☷의 덕은 순수하며 그 수는 '90'으로서 득중(得中)하고 있
다.[1659] 그러므로 이들 두 괘에는 속한 괘들이 많다. 감괘☵·리괘☲의 위
(位)가 올바름에서도 그 수가 '90'으로서 건괘☰·곤괘☷의 수와 같다.[1660]
이들 두 괘에서는 음·양이 덕을 합하고 수(水)·화(火)가 서로에게 들어간
다.[1661] 그러므로 이들 두 괘에 속한 괘들이 건괘☰·곤괘☷에 속한 괘들
다음으로 많다. 진괘☳·간괘☶는 양을 돕고, 손괘☴·태괘☱는 음을 도
우니, 이들은 이미 덕이 서로 합치하지 않을 뿐만 아니라, 작용도 서로 어

[1659] **저자 자주**: 건괘☰·곤괘☷의 수는, 건괘☰의 여섯 효가 모두 노양이면 54·노음이면 36이
고, 소양이면 42·소음이면 48이다. 그래서 어떤 경우든 각각의 합은 각각 모두 '90'이 된
다. /**역자 주**: 노양의 수가 54라는 것은, 건괘☰의 여섯 효가 모두 노양인데, 이 노양의 수는
'9'이므로 괘 전체의 수는 9×6으로서 54라는 것이다. 또 노음의 수가 36인 것은, 곤괘☷의
여섯 효가 모두 노음인데, 이 노음의 수는 '6'이므로 괘 전체의 수는 6×6으로서 36이라는
것이다. 그리고 소양의 수가 42인 것은, 건괘☰의 여섯 효가 모두 소양인데, 이 소양의 수
는 '7'이므로 괘 전체의 수는 7×6으로서 42라는 것이다. 또 소음의 수가 48인 것은, 곤괘☷
의 여섯 효가 모두 소음인데, 이 소음의 수는 '8'이므로 괘 전체로는 6×8으로서 48이라는
의미다. 여기에는, 노양은 9, 소음은 8, 소양은 7, 노음은 6이라 보는 왕부지의 견해가 자리
잡고 있다.
[1660] **저자 자주**: 감괘☵의 수는 이 괘의 양효 둘이 모두 노양이면 18(9×2)이고, 음효 넷이 노음이
면 24(6×4)로서 이 둘의 합은 42가 된다. 리괘☲의 수는 이 괘의 양효 넷이 모두 노양이면
36(9×4)이고, 음효 둘이 노음이면 12(6×2)로서 이 둘의 합은 48이 된다. 그러므로 이들 두
괘의 수를 합한 것은 역시 '90'이 된다. 또 감괘☵에서 이 괘의 양효 둘이 모두 소양이면
14(7×2)이고, 음효 넷이 소음이면 32(8×4)로서 이 둘의 합은 46이 된다. 또 리괘☲에서 이
괘의 양효 넷이 모두 소양이면 28(7×4)이고, 음효 둘이 소음이면 16(8×2)로서 이 둘의 합
은 44가 된다. 그래서 이들의 합도 역시 '90'이 된다.
[1661] **저자 자주**: 열[火]이 끓는 물 속[水]으로 들어가고, 유연(油然)한 것들[水]이 불꽃[火] 속에서
올라가니, 이들[水·火] 사이에는 가로막는 것이 없으며 구별되지 않은 채 하나로 합한다.

굿난다. 그 수는 지나치게 많거나 모자란다.[1662] 그러므로 이들에 속한 괘
는 적다.

손괘☴ · 태괘☱의 붙이에는 비록 6개의 괘들이 있지만 기제괘䷾ · 미제
괘䷿와 건괘☰ · 곤괘☷가 서로 처음과 끝을 이루고 있다. 건괘☰ · 곤괘☷
는 순수함이 지극한 것들이고, 기제괘䷾ · 미제괘䷿는 뒤섞임이 더욱 심한
것들이다. 한곳으로 이르면서도 갖가지로 다르게 고려하기에 순수함에서
시작하여 뒤섞임에서 끝나는 것이다. 그렇다면 기제괘䷾ · 미제괘䷿는 손
괘☴ · 태괘☱에 얽매이지 않고 스스로 몸[體]이 된다. 이렇게 보면 손괘
☴ · 태괘☱의 붙이도 4개이니, 진괘☳ · 간괘☶와 같다. 이괘☲ · 대과괘䷛
는 '건' · '곤'의 작용이 끝나는 것이고, 중부괘䷼ · 소과괘䷽는 여섯 자식 괘
[六子卦]의 작용이 끝나는 것이다. 이괘☲ · 대과괘䷛ · 중부괘䷼ · 소과괘䷽
는 네 구석의 경상(經常)이어서 건괘☰ · 곤괘☷ · 감괘☵ · 리괘☲와 서로
얽히는 것들이다.

그러므로 기제괘䷾ · 미제괘䷿는 우리가 살아가고 있는 세계의 처음과
끝을 잇고 합하는데, 이들 두 괘는 착(錯)으로도 종(綜)으로도 그 상(象)이

[1662] **저자 자주**: 진괘☳ · 간괘☶에서 각 괘의 양효 둘이 노양이라면, 그 수는 두 괘 모두 똑같이
18(9×2)이고, 노음이라면 모두 똑같이 24(6×4)다. 그래서 이들 각 괘의 수의 합은 42이고,
이들 두 괘의 수의 합은 84가 된다. 이들 두 괘의 양효 둘이 모두 소양이라면 각 괘에서 그
수는 똑같이 14(7×2)이고, 소음이라면 각 괘에서 그 수는 똑같이 32(8×4)다. 그래서 이들
각 괘의 수의 합은 46이고, 이들 두 괘의 수의 합은 92가 된다.
　손괘☴ · 태괘☱의 양효들이 모두 노양이라면 각 괘에서 그 수는 똑같이 36(9×4)이고, 음
효들이 노음이라면 이들 각 괘에서 그 수는 똑같이 12(6×2)다. 그래서 이들 각 괘의 수는
48이 되고, 두 괘의 수의 합은 96이 된다. 이들 두 괘의 양효들이 모두 소양이라면 각 괘에
서 그 수는 똑같이 28(7×4)이고, 음효들이 모두 소음이라면 이들 각 괘에서 그 수는 똑같이
16(8×2)이다. 그래서 이들 각 괘의 수는 44이고, 두 괘의 수의 합은 88이다. **/역자 주**: 그래
서 건괘☰ · 곤괘☷의 수 '90'에 비교할 적에, 이들 네 괘의 수는 너무 많거나 미치지 못한다
는 것이다.

같으며, 괘변의 신묘함을 끝판을 보여 준다. 그래서 이들 두 괘는 모든 것이 구별되지 아니한 채 뒤섞여 있는 속[渾淪]에서 변하고 합함의 전체를 이루고 있다.

天地之交感以陽始, 故一索得‘震’, 再索得‘坎’, 而爲‘屯’; 再索得‘坎’, 三索得‘艮’, 而爲‘蒙’. 陽倡其先, 陰定其體, 故爲物始生而蒙昧之象焉, 此以繼天地之生者也. 自此而天以其神生水者爲‘需’·‘訟’, 地以其化成水者爲‘師’·‘比’, 而皆以受天地之中者成天地之化矣. 天乃以其全體生‘巽’生‘兌’, 而下交乎陰, 爲‘小畜’·‘履’. 天旣施陰, 則合乎地而爲‘泰’·‘否’, 天於是乎成火而爲‘同人’·‘大有’. 地受天施而效其化, 亦以其全體應乎陽, 生‘艮’生‘震’, 而爲‘謙’·‘豫’. 天地屢交以施生, 則其化且錯, 故‘隨’·‘蠱’陰陽交雜而自相錯. ‘隨’·‘蠱’者雜之始, 少長相耦而不倫, 而天地之純將變矣. 地於是乎生‘巽’·‘兌’而爲‘臨’·‘觀’, 以效天化之‘履’·‘小畜’也. 而又雜變乎‘噬嗑’·‘賁’, ‘震’雜‘離’, ‘離’雜‘艮’, 亦陰陽之不相倫而尤雜者也. 凡相雜者, 以未定者爲未離乎純; 已定其倫, 則成乎雜矣. 故‘隨’·‘蠱’·‘噬嗑’·‘賁’未成乎雜, 而地之生‘剝’生‘復’猶純也. 乃孤陽之僅存, 而地之用亦訖矣. 地之生也, 極乎‘震’·‘艮’; 天之生也亦因之, 故‘无妄’·‘大畜’爲天化之終也. ‘震’‘艮’者, 帝之終始, 故合而爲‘頤’, 而天地之終始備; 其雜爲‘大過’, 則澤風以備地化而應乎 [頤] 者也. ‘頤’之有位者純乎‘坤’, ‘大過’之有位者純乎‘乾’, 蓋亦‘乾’‘坤’之變, 而反常之象有如此者, 而‘頤’象‘離’, ‘大過’象‘坎’, 則又以起‘坎’‘離’焉, 此二卦者, 天地水火之樞也.

역문 하늘·땅이 교감함에서는 양(陽)으로써 시작한다. 그러므로 한 번 찾아서 진괘☳를 얻고 재차 찾아서 감괘☵를 얻는데, 이 둘이 이루는 괘가 준 괘䷂다. 나아가 재차 찾아서 감괘☵를 얻고 세 번 찾아서 간괘☶를 얻는데 이 둘이 이루는 괘가 몽괘䷃다.[1663] 양이 앞장서서 창도하고 음은 따라오며 그 몸[體]을 확정한다. 그러므로 물(物)들이 처음으로 생겨났음에서는 몽매 (蒙昧)한 상(象)을 띠는 것이고, 이것이 하늘[☰]·땅[☷]이 생함을 계승하는 것이다.

이로부터 하늘은 그 신묘함으로써 수(水)를 생하니 수괘(需卦)䷄가 되고, 땅은 그 화함[化]으로써 수(水)를 이루어 내니 사괘(師卦)䷆가 되며 비괘(比 卦)䷇가 된다. 이는 모두 하늘·땅 가운데 있는 것을 받아서 하늘·땅의 지어냄[造化]을 이루어 내는 것들이다. 나아가 하늘은 그 전체로써 손괘☴ 를 낳고 태괘☱를 낳아서, 아래로 음(陰)과 교접하여 소축괘䷈가 되고 리괘 (履卦)䷉가 된다.

하늘은 이렇게 이미 음(陰)에게 베풀었으니 땅과 합하여서 태괘(泰卦) ䷊·비괘(否卦)䷋를 이루며, 하늘은 이에 화(火)를 이루어서 동인괘䷌·대 유괘䷍를 이룬다. 땅은 하늘의 이러한 베품을 받아들이고 그 지어냄[造化] 의 효과를 드러내는데, 또한 그 온전한 몸[體]으로써 양(陽)에 응하여 간괘 ☶를 낳고 진괘☳를 낳아서는 겸괘䷎·예괘䷏를 이룬다. 이렇게 하늘·땅 이 자주 교접하여 생함을 베풀게 되면 그 지어냄[造化]이 또한 착(錯)의 관 계로 작용한다. 그러므로 수괘(隨卦)䷐·고괘(蠱卦)䷑가 음·양이 교접하 며 뒤섞여서 스스로 서로 착의 관계를 이룬다. 수괘䷐·고괘䷑에서 이렇 게 잡됨이 시작되어 어린이[少]와 어른[長]이 서로 맞먹으니 인륜(人倫)은 어

1663 이 이후에서 왕부지는 나름대로 현재 『주역』의 괘 순서들에 논리적 필연성과 정합성이 있 음을 규명하고 있다.

그러지며, 하늘·땅의 순수함은 장차 변하게 되어 있다.

땅은 이러한 상황에서 손괘☴·태괘☱를 낳아 임괘䷒·관괘䷓를 이루어서 하늘의 지어냄이 리괘(履卦)䷉·소축괘䷈를 이룬 것을 본받는다. 거기에다가 이 잡됨은 서합괘䷔·비괘(賁卦)䷕로 변하여서 진괘☳가 리괘☲와 뒤섞이고, 리괘☲가 간괘☶와 뒤섞여서, 역시 음·양이 서로 한 무리로 어울리지 못하고 더욱 잡되게 된다. 무릇 서로 잡스러운 것들을 보면, 아직 정해지지 않은 것들은 순수함에서 벗어나지 않지만, 이미 그 무리를 정해서는 잡스러움을 이룬다. 그러므로 수괘䷄·고괘䷑·서합괘䷔·비괘(賁卦)䷕가 아직 잡스러움을 이루지 않은 상태에서, 땅이 박괘䷖를 생하고 복괘䷗를 생하니, 이것들은 오히려 순수하다. 그러나 이 괘들에서는 외로운 양(─)이 겨우 존재하고 있고, 땅의 작용 또한 미치고 있다.

땅의 생함은 진괘☳·간괘☶에서 극에 이르는데, 하늘의 지어냄[造化]도 이에 기인하므로, 무망괘䷘·대축괘䷙에서 하늘의 지어냄이 끝난다. 진괘☳·간괘☶는 상제(上帝)의 순행에서 처음과 끝을 이룬다.[1664] 그러므로 이들 두 괘가 합하여 이괘(頤卦)䷚가 되는데, 이 이괘䷚에서 하늘·땅의 시작과 끝남이 갖추어진다. 그리고 이것들이 뒤섞여서 대과괘䷛가 되면 연못과 바람이 땅의 지어냄을 갖추어서 이괘䷚에 응한다. 이괘䷚에서 위(位)를 차지하고 있는 것들은 곤괘䷁에 순수하고, 대과괘䷛에서 위(位)를 차지하고 있는 것은 건괘䷀에 순수하다. 생각건대 또한 건괘䷀·곤괘䷁가 변하며 상도(常道)와 어긋나는 상(象)에 이와 같은 것들이 있는 것이다. 그런데 이괘䷚는 리괘☲를 상징하고 대과괘䷛는 감괘☵를 상징하니, 또한 이렇게 해서 감괘䷜·리괘䷝를 일으켜 세운다. 감괘䷜·리괘䷝ 두 괘는 하늘과

1664 이는 『설괘전』 제6장의 서술을 근거로 하는 말이다.

땅, 물과 불의 중추다.

'坎'·'離'者, 陰陽相交之盛者也. 陽得'乾'之中而爲'坎', 陰得'坤'之中而爲'離', 於是而備陰陽交感之德. 故其爲屬也, 始乎'咸'·'恒': '離'中之陰升而上, '坎'中之陽升而三; 離中之陰降而初, '坎'中之陽降而四; 水火升降之始也. '坎'中之陽升而三以應乎天, 則爲'遯'; '坎'中之陽降而四以聚乎陽, 則爲'大壯'; 皆'坎'之合乎'乾'者也. 而'晉'·'明夷', '離'之麗乎地者也. '離'中之陰降而四, 爲'家人'; 升而三, 爲'睽'; 火之自化者也. '坎'中之陽升而三, 爲'蹇'; 降而四, 爲'解'; 水之自化者也. '離'中之陰升而三, '坎'中之陽升而上, 爲'損'; '坎'中之陽降而初, '離'中之陰降而四, 爲'益'; 水火之交化者也. '離'中之陰升而上, 爲'夬'; 降而初, 爲'姤'; 火之應乎天者也. '離'中之陰升而上, 爲'革'; 降而初, 爲'升'; 火之應乎地者也. '坎'欲交'離', 而'離'中之陰升而上, 爲'困'; 降而初, 爲'井'; 火不與水應而雜者也. 於是水用不登, 而火道亦替. '離'中之陰降而初, 爲'鼎'; 升而上, 爲'革'; 火自化而无水以濟之, 水火之道變矣. 故曰, "'革'去故"而"'鼎'取新"也. 凡水火之屬, 火之化多於水者, 水生於天, 行於地, 與雷·風·山·澤爲依, 而火自生滅於兩間, 其爲獨用多也. 若'屯'"蒙'·'需'"訟'·'師'"比'·'同人'"大有', 則義從天地, 水火不得而私之; '既濟'"未濟', 水火之交不失其位, 與'泰'"否'同其爲經者, 則陰陽終始之幾, '坎'"離'固不得而屬之.

역문 감괘☵·리괘☲는 음·양의 서로 교접함이 왕성한 것들이다. 양(一)이 곤괘☷의 가운데 위(位)를 얻어서 감괘☵가 되고, 음(--)이 건괘☰의 가운데 위(位)를 얻어서 리괘☲가 된다.[1665] 여기에 음·양 교감의 덕이 갖추어

진다. 그러므로 이들 두 괘에 속한 괘들은 함괘☷☶·항괘☶☷로부터 시작한
다. 함괘☷☶는 리괘☲의 가운데 음(--)이 상효로 올라가고, 감괘☵의 가운데
양(—)이 올라가서 3효가 된 것이다. 그리고 항괘☶☷는 리괘☲의 가운데 음
(--)이 내려와서 초효가 되고, 감괘☵의 가운데 양(—)이 내려가서 4효가
된 것이다. 여기에서 알 수 있듯이 이들 두 괘는 수(水)·화(火)가 올라가고
내려가는 시작을 보여 준다.

감괘☵의 가운데 양(—)이 올라가서 3효가 되어서 하늘[☰]에 응하고 있
는 것이 둔괘(遯卦)☰☶이고, 감괘☵의 가운데 양(—)이 내려와서 4효가 되어
서 아래로 양들[☰]을 모으고 있는 것이 대장괘☳☰다. 이들 두 괘는 모두 감
괘☵가 하늘[☰]에 응하고 있음을 드러내고 있다. 이에 비해 진괘(晉卦)☲☷·
명이괘☷☲는 리괘☲가 땅[☷]에 붙어 있음을 드러내고 있다.

리괘☲의 가운데 음(--)이 내려와서 4효가 된 것이 가인괘☴☲이고, 올라
가서 3효가 된 것이 규괘(睽卦)☲☱인데, 이들 두 괘는 화(火)가 저절로 화함
[化]을 드러내고 있는 괘들이다. 감괘☵의 가운데 양(—)이 올라가서 3효가
된 것이 건괘(蹇卦)☵☶이고, 내려가서 4효가 된 것이 해괘☳☵다. 이들 두 괘
는 수(水)가 저절로 화함[化]을 드러내고 있는 괘들이다. 그런가 하면, 리괘
☲의 가운데 음(--)이 올라가서 3효가 되고 감괘☵의 가운데 양(—)이 올라
가서 상효가 된 것이 손괘(損卦)☶☱이며, 감괘☵의 가운데 양(—)이 내려가
서 초효가 되고 리괘☲의 가운데 음(--)이 내려가서 4효가 된 것이 익괘☴☳
다. 이들 두 괘는 수(水)·화(火)가 교접하며 화함[化]을 드러내고 있다.

1665 원문에서는 "양(—)이 건괘☰의 가운데 위(位)를 얻어서 감괘☵가 되고, 음(--)이 곤괘☷의
가운데 위(位)를 얻어서 리괘☲가 된다.(陽得'乾'之中而爲'坎', 陰得'坤'之中而爲'離'.)"로 되
어 있다. 그런데 역자는 건괘☰와 곤괘☷가 서로 바뀌어야만 말이 된다고 보고, 이렇게 바
꾸어서 번역하였다.

리괘☲의 가운데 음(--)이 올라가서 상효가 된 것이 쾌괘䷪이고, 내려가 초효가 된 것이 구괘䷫다. 이들 두 괘는 화(火)가 하늘[☰]에 응함을 드러내는 괘들이다. 그런가 하면, 리괘☲의 가운데 음(--)이 올라가서 상효가 된 것이 췌괘䷬이고, 내려가서 초효가 된 것이 승괘䷭다. 이들 두 괘는 화(火)가 땅[☷]에 응함을 드러내는 괘들이다.

감괘☵가 리괘☲와 교접하고자 하지만, 리괘☲의 가운데 음(--)이 올라가서 상효가 된 것이 곤괘(困卦)䷮이고, 내려가서 초효가 된 것이 정괘(井卦)䷯다. 이들 두 괘는 화(火)가 수(水)에 응하지 않고 잡스럽게 뒤섞인 것들이다. 이러하기에 수(水)의 작용이 올라가지를 못하고, 화(火)의 도(道)도 교체된다.

리괘☲의 가운데 음(--)이 내려가서 초효가 된 것이 정괘(鼎卦)䷱이고, 올라가서 상효가 된 것이 혁괘䷰다. 이들 두 괘는 화(火)가 저절로 화하면서[化] 수(水) 없이도 이루어 내니, 이는 수(水)·화(火)의 도가 변한 것이다. 그러므로 "혁괘䷰는 옛것을 제거함을 드러내고 있다", "정괘(鼎卦)䷱는 새로운 것을 취함을 드러내고 있다."[1666]라고 말하는 것이다. 무릇 수·화에 속하는 괘들에서는 화의 화함[化]이 수보다 많다. 수는 하늘에서 생겨서 땅에서 행하며 우레·바람·산·연못과 함께 의거가 되고 있다. 또 화는 하늘과 땅 사이에서 스스로 생멸하며 홀로 작용하는 것이 많다. 이에 비해 준괘䷂·몽괘䷃, 수괘(需卦)䷄·송괘䷅, 사괘䷆·비괘(比卦)䷇, 동인괘䷌·대유괘䷍ 등은 의로움[義]으로 하늘·땅을 좇고 있어서, 수·화가 사사로이 어떻게 할 수가 없다. 기제괘䷾·미제괘䷿는 수·화가 교접하면서도 그 위(位)를 잃어버리지 않으니, 태괘(泰卦)䷊·비괘(否卦)䷋와 똑같이 경상

1666 『잡괘전』에서 하는 말이다.

(經常)이 되는 괘들이다. 그래서 기제괘䷾·미제괘䷿는 음·양의 시작과 끝의 낌새[幾]를 드러내기는 하지만, 감괘䷜·리괘䷝가 본래 제 붙이에 속하게 할 수가 없다.

‘震’‘艮’·‘巽’‘兌’, 陰陽雜而不得中, 故其卦僅有存者. ‘巽’道猶存而‘震’變, 陽雜起而上於三, 則爲‘漸’; ‘震’道猶存而‘巽’變, 陰雜起而上於三, 則爲‘歸妹’; 交錯之卦, 象之雜者也. ‘震’存可以交‘巽’, 而‘巽’陰升乎二, 不與震應, 爲‘豐’; ‘艮’存可以交‘兌’, 而‘兌’陰降乎五, 不與‘艮’應, 爲‘旅’; 此‘震’‘巽’·‘艮’‘兌’之將交而以雜不合, 雜之尤者也. ‘巽’存可以交‘震’, 而‘震’陽升乎二, 不與‘巽’應, 爲‘渙’; ‘兌’存可以交‘艮’, 而‘艮’陽降乎五, 不與‘兌’應, 爲‘節’; 此‘巽’‘兌’之變與‘豐’‘旅’其尤雜者也. 故是四卦相錯, 雜出於‘震’·‘艮’·‘巽’·‘兌’之間, 互爲往復, 其相比附也, 密邇呼應. 雜不可久, 將反貞也. 反其貞, 而‘巽’·‘兌’交而爲‘中孚’, ‘震’·‘艮’交而爲‘小過’. 於是而‘震’‘艮’·‘巽’‘兌’之體定, 雜之必貞也. ‘震’‘艮’·‘巽’‘兌’之體定, 而有‘坎’‘離’之象, 則六子之體咸於此定, 故繼以水火交合之定體焉. ‘旣濟’·‘未濟’, 水火交定, 而‘乾’‘坤’相交之極致, 亦於是而成. 一上一下, 水火相交而成化; 一陰一陽, ‘乾’‘坤’相錯而成章. 其於‘震’·‘艮’·‘巽’·‘兌’也, 則‘旣濟’‘震’陽上升於五, ‘巽’陰上升於二, ‘艮’陽下降於五, ‘兌’陰下降於二; ‘未濟’則‘震’陽上升於二, ‘巽’陰上升於五, ‘艮’陽下降於二, ‘兌’陰下降於五; 皆升降相應, 往來而得中者也. 自‘屯’‘蒙’以來, 陰陽相交相錯, 造是而始定, 乃殊塗之極則, 百致之備理也. 故列‘乾’‘坤’於首, 以奠其經; 要‘旣濟’‘未濟’於終, 以盡其緯; 而渾淪无垠. 一實萬變之理皆具, 此『周易』之所以合天也.

역문 진괘☳·간괘☶, 손괘☴·태괘☱는 음(--)·양(—)이 뒤섞이면서 득중하지 못한 괘들이다. 그러므로 이들 괘에는 겨우 존속함이 있다. 손괘☴의 도(道)는 오히려 존속하지만, 진괘☳의 도는 변하고 양(—)에게 뒤섞임이 일어나서 3획괘에서 상효의 자리를 차지하면, 점괘䷴가 된다. 이에 비해 진괘☳의 도는 오히려 존속하는데 손괘☴가 변하고 음(--)에게 뒤섞임이 일어나서 3획괘에서 상효의 자리를 차지하면, 귀매괘䷵가 된다. 이들 두 괘는 교접하며 착(錯)이 일어난 것들로서, 상(象)이 잡스런 괘들이다.

그런가 하면, 진괘☳는 존속하며 손괘☴와 교접할 수 있는데, 손괘☴의 음(--)이 2효의 자리로 올라가 진괘☳와 응하지 않으니, 풍괘䷶가 된다. 또 간괘☶는 존속하며 태괘☱와 교접할 수 있는데, 태괘☱의 음(--)이 5효의 자리로 내려가 간괘☶와 응하지 않으니, 여괘(旅卦)䷛가 된다. 이들은 진괘☳와 손괘☴, 간괘☶와 태괘☱가 장차 교접하려 하지만 잡스러워서 합하지 못하니, 잡스러움이 더욱 심한 것들이다.

한편 손괘☴는 존속하며 진괘☳와 교접할 수 있는데, 진괘☳의 양(—)이 2효의 자리로 올라가 버려 손괘☴와 응하지 않으니, 환괘䷺가 된다. 그런가 하면, 태괘☱는 존속하며 간괘☶와 교접할 수 있는데, 간괘☶의 양(—)이 5효의 자리로 내려가 버려 태괘☱와 응하지 않으니, 절괘䷻가 된다. 이들은 손괘☴·태괘☱의 변함이 풍괘䷶·여괘(旅卦)䷛와 함께하여 잡스러움이 더욱 심한 것들이다. 그러므로 이들 네 괘[풍괘䷶·여괘䷛·환괘䷺·절괘䷻] 서로 착(錯)의 관계를 이루며, 이들의 잡스러움은 진괘☳·간괘☶·손괘☴·태괘☱의 사이에서 나온다. 이들은 서로 간에 왕복하고 서로 의지하며 함께한다. 그래서 밀접하게 서로 호응한다.

그러나 잡스러움은 오래갈 수가 없고, 머잖아 올곧음으로 돌이킨다. 그리하여 올곧음으로 돌이켜서는, 손괘☴·태괘☱가 교접하여 중부괘䷼가 되고, 진괘☳·간괘☶가 교접하여 소과괘䷽가 된다. 이렇게 함에서 진괘 ☳·간괘☶, 손괘☴·태괘☱의 괘체가 정해지며, 잡스러움도 반드시 올곧 아진다. 아울러 진괘☳·간괘☶, 손괘☴·태괘☱의 괘체가 정해진 데다 감괘☵·리괘☲의 상(象)을 가지니,[1667] 여섯 자식 괘[六子卦]의 괘체가 모두 여기에서 정해진다.

그러므로 수(水)·화(火)가 교접하고 합함이 정해진 몸[體]으로 이어지는 것이다. 기제괘䷾·미제괘䷿에서는 수·화가 교접하며 정하는데, 건괘 ☰·곤괘☷가 서로 교접함의 극치 또한 이들 괘에서 이루어진다. 하나는 위로·하나는 아래로 수·화가 서로 교접하며 화합[化]을 이루어 내니, 한 번은 음이 되었다 한 번은 양이 되었다 하는 건괘䷀·곤괘䷁가 서로 착의 관계를 이루며, 64괘 대단원의 장(章)이 이루어진다. 이들 괘에서 진괘 ☳·간괘☶, 손괘☴·태괘☱를 보면, 기제괘䷾에서는 진괘☳의 양(—)이 5 효의 위(位)로 상승하고 손괘☴의 음(--)도 2효의 위(位)로 상승하였으며, 간괘☶의 양(—)이 5효의 위(位)로 하강하고 태괘☱의 음(--)도 2효의 위 (位)로 하강하였다. 미제괘䷿에서는 진괘☳의 양(—)이 2효의 위(位)로 상승 하고 손괘☴의 음(--)도 5효의 위(位)로 상승하였으며, 간괘☶의 양(—)이 2 효의 위(位)로 하강하고 태괘☱의 음(--)도 5효의 위(位)로 하강하였다. 이 처럼 모두가 오르내리면서 서로 응하고, 왔다 갔다 하면서 득중(得中)하고 있다.

준괘䷂·몽괘䷃ 이래로 음·양이 서로 교접하고 서로 착(錯)의 관계를 이루면서, 여기에 이르러서야 비로소 정해진다. 이것이 바로 '각기 길을 달리함[殊塗]'의 최고 준칙이고, '백 가지로 달리하면서도 한곳으로 이름[百

[1667] 소과괘䷽와 중부괘䷼를 $\frac{1}{2}$로 축약하면, 각각 감괘☵와 리괘☲의 상(象)으로 드러난다.

致'에 갖추어진 이치다. 그러므로『주역』에서는 건괘☰·곤괘☷를 머리에
다 나란히 세워서 그 경(經)을 정하고, 마지막에 기제괘䷾·미제괘䷿가 오
게 함으로써 그 위(緯)를 다하고 있다. 이러함 속에 구별되지 아니한 채 경
계 없이 모든 것이 뒤섞여 있음과 실(實)은 하나지만 만 가지로 변하는 이
치 모두가 갖추어져 있다. 이것이 바로『주역』이 하늘에 합치하는 까닭
이다.

凡錯而不綜之卦八, 即以錯相從, 見六陰六陽皆備之實:

역문 무릇 착(錯)의 관계만 이루지 종(綜)의 관계는 이루지 못하는 괘들이 여
덟이 있다. 이들은 착의 관계로만 서로를 좇으며, 6음6양이 모두 갖추어진
실(實)임을 드러내고 있다. 이들 괘는 다음과 같다.

    '건(乾)'   이(頤)   감(坎)   중부(中孚)
    ☰   ☶   ☵   ☴

    '곤(坤)'   대과(大過)   리(離)   소과(小過)
    ☷   ☱   ☲   ☳

'乾'·'坤'·'中孚'·'小過'以爲終始, '頤'·'大過'·'坎'·'離'以位乎中,
天地水火之有定體也. '頤'·'大過'外象'坎''離', 內備'乾''坤'之德, 其
有位者, 一'乾''坤'之純也. '中孚'·'小過'外象'乾''坤', 中含'坎''離'之
理, 其致用者, 一'坎''離'之交也. 凡不綜之卦, 非不可綜也, 綜之而其
德與象无以異. 其志定, 其守貞, 其德凝, 故可以始, 可以終, 可以中,
而爲變化之所自生也.

역문 이 부류에서 건괘☰·곤괘☷·중부괘䷼·소과괘䷽는 처음과 끝을 이루

고 있으며, 이괘☲·대과괘☴·감괘☵·리괘는 가운데에 자리 잡고 있다. 이는 하늘·땅, 수·화에 정해진 몸[體]이 있음을 드러낸 것이다. 이괘☲· 대과괘☴는 겉으로는 감괘☵·리괘☲의 상(象)을 드러내고 안으로는 건괘 ☰·곤괘☷의 덕을 갖추고 있다. 그리하여 여기에서 위(位)를 가지고 있는 것들은, 하나의 건괘☰·곤괘☷의 순수함이다. 중부괘☴·소과괘☳는 겉 으로는 건괘☰·곤괘☷의 상(象)을 드러내면서도 속으로는 감괘☵·리괘 ☲의 이치를 함유하고 있다. 그리하여 여기에서 쓰임을 이루고 있는 것들 은 하나의 감괘☵·리괘☲의 교접함이다.

무릇 이들이 종(綜)의 관계를 이루지 않는 괘들이라 하여 종(綜)을 이룰 수 없는 것은 아니다. 다만 종(綜)으로 하더라도 그 덕과 상이 원래와 다름 이 없을 따름이다. 이들 괘에서는 그 뜻함이 정해지고, 그 지킴이 올곧으 며, 그 덕이 엉긴다. 그러므로 시작할 수도 있고, 끝날 수도 있으며, 가운데 를 차지할 수도 있다. 이렇게 하여 변함과 화함이 저절로 생겨나는 것이다.

凡錯綜同象之卦, 其卦八, 其象四:

역문 무릇 착으로든 종으로든 똑같은 상(象)을 이루는 괘, 이 괘들은 여덟이 며 그 상은 넷이다.

태(泰)	수(隨)	점(漸)	기제(旣濟)
䷊	䷐	䷴	䷾
비(否)	고(蠱)	귀매(歸妹)	미제(未濟)
䷋	䷑	䷵	䷿

錯綜同象, 其德成乎異之甚, 雖變更往來而亦不齊也. 故'泰'通而'否'
塞, '隨'從而'蠱'改, '漸'貞而'歸妹'淫, '旣濟'成而'未濟'毁; 非若'屯'·
'蒙'相仍, '師'·'比'相協, '同人'·'大有'相資, '損'·'益'相劑之類也.
'泰'·'否'者, '乾''坤'之大機, '隨'·'蠱'·'漸'·'歸妹'者, 雷風山澤之殊
用; '旣濟'·'未濟'者, '坎''離'之極致. '隨'·'蠱'從乎'乾''坤', 雷風山澤
之承天地也; '漸'·'歸妹'之際乎'震'·'艮'·'巽'·'兌', 從其類也.

역문 이렇게 착으로든 종으로든 똑같은 상을 이루는 괘들은 그 특성[德]이 매
우 다름을 이루는데, 비록 이 괘들이 변하면서 바꾸어 왕래한다고 하더라
도 역시 고르지 않다. 그러므로 태괘(泰卦)☷☰는 통함을, 비괘(否卦)☰☷는 꽉
틀어막힘을 이루고, 수괘(隨卦)☱☳는 그대로 좇음을, 고괘(蠱卦)☶☴는 바꾸어
버림을 이룬다. 또 점괘(漸卦)☴☶는 올곧음을, 귀매괘☳☱는 음란함을 이루고,
기제괘☵☲는 이룸을, 미제괘☲☵는 허물어 버림을 이룬다. 이렇게 이 괘들은
준괘☵☳·몽괘☶☵가 서로 계승함을, 사괘(師卦)☷☵·비괘(比卦)☵☷가 서로 협동
함을, 동인괘☰☲·대유괘☲☰가 서로 바탕이 되어 줌을, 손괘(損卦)☶☱·익괘
(益卦)☴☳가 서로 조절해서 조화를 이루는 부류와 같지 않다.

그러나 태괘(泰卦)☷☰·비괘(否卦)☰☷는 건괘☰·곤괘☷가 『주역』의 괘들
을 함께 세운 데서 중추 역할을 하고, 수괘(隨卦)☱☳·고괘(蠱卦)☶☴·점괘(漸
卦)☴☶·귀매괘☳☱는 우레·바람·산·연못 등이 특수하게 작용함을 드러
내는 괘들이다. 기제괘☵☲·미제괘☲☵는 감괘☵·리괘☲가 이룬 극치다. 수
괘(隨卦)☱☳·고괘(蠱卦)☶☴는 건괘☰·곤괘☷를 좇으니, 우레·바람·산·
연못 등이 하늘·땅을 계승함을 드러내는 괘들이다. 점괘(漸卦)☴☶·귀매괘
☳☱가 진괘☳·간괘☶·손괘☴·태괘☱ 등과 맞닿고 있음은, 이들 부류를
따르고 있음을 드러낸다.

凡綜卦有錯, 用綜不用錯者, 以大化方來方往, 其機甚捷, 而非必相
爲對待, 如京氏邵子之說也. 故曰, "『易』圓而神", '神'以言乎其捷也.
'圓'以言乎其不必相爲對待也. 其卦四十八, 其象二十四:

역문 무릇 종(綜)의 관계로 순서를 이루고 있는 괘들에도 착(錯)의 관계를 이루는 괘들이 있다. 그러나 『주역』에서는 종의 관계를 쓰지 착의 관계를 쓰지 않기에 이렇게 순서 매김을 한 것이다. 이는 하늘·땅의 거대한 지어냄[造化]이 왔다 갔다 함에서 그 작동 체제가 너무나도 일거에 작동하는 것이라서 경씨(京氏; 京房)나 소자(邵子)가 제기한 설들에서처럼 굳이 서로 대대(對待)를 이룰 필요가 없음을 반영하는 것이다. 그러므로 "『주역』은 원만하며 신묘하다."[1668]라고 말하니, '신묘하다[神]'는 것은 그 '일거에 함'을 말한 것이고, '원만하다[圓]'는 것은 '굳이 서로 대대(對待)를 이룰 필요가 없음'을 말하는 것이다. 이 부류에 속하는 괘들은 48괘인데, 이들이 이루는 상(象)은 24개다. 다음과 같다.

준(屯)	수(需)	사(師)	소축(小畜)	임(臨)	정(鼎)	진(晉)	동인(同人)	예(豫)	둔(遯)	서합(噬嗑)	박(剝)

무망(无妄)	함(咸)	가인(家人)	정(井)	쾌(夬)	승(升)	손(損)	해(解)	진(震)	풍(豐)	손(巽)	환(渙)

[1668] 『계사상전』 제11장에 나오는 말이다. 그러나 거기에서는 여기에서처럼 『주역』에 대해서가 아닌 '시초(蓍草)의 덕'에 대해서 말하고 있다.(蓍之德圓而神.)

卦相次而各成象, 象立而有德, 因德以爲卦名而義行焉. 其綜卦相
次者, 以捷往捷來, 著化機之不滯, 非因後起之名義而爲之次, 明矣.
故二卦相綜, 名義有相反者, 如'剝'"復'·'家人'"睽'之類; 有相合者, 如
'屯'"蒙'·'咸'"恒'之類; 抑有以錯而相反者, 如'需'"晉'·'剝'"夬'之類; 有
因錯而相合者, 如'蒙'"革'·'師'"同人'之類; 抑有於錯於綜, 名義絶不
相涉者, 如'小畜'於'履', '謙'於'豫'之類. 蓋卦次但因陰陽往來消長之
象, 天之所以承化也; 名義後起於有象之餘, 人之所以承天, 初非一
致也.

역문 이 부류의 괘들은 서로 차례를 이루고 있는 것들끼리 각기 상(象)을 이
루고, 이렇게 하여 상이 서면 그 특성[德]을 지니게 되며, 이 특성을 바탕으
로 하여 괘의 이름이 이루어지고 의미가 행해진다. 이들 종괘(綜卦)에서 서
로 차례를 이루고 있는 것들을 분석해 보면, 일거에 갔다가 일거에 온다는
것으로써, 하늘·땅의 지어냄[造化]의 체제가 정체하지 않음을 드러내고
있다. 이렇게 보면, 결코 나중에 생긴 괘의 이름이나 괘의 의미를 바탕으
로 해서 이들 괘의 차례를 정하지 않았음이 분명하다.

그러므로 두 괘가 서로 종(綜)의 관계를 이루고 있더라도 괘의 이름과
의미에서는 상반되는 것이 있다. 예컨대 박괘(剝卦)☷와 복괘(復卦)☳, 가
인괘(家人卦)☲와 규괘(睽卦)☲가 그러하다. 또 서로 합치하는 괘들이 있으
니, 예컨대 준괘(屯卦)☵와 몽괘(蒙卦)☶, 함괘(咸卦)☱와 항괘(恒卦)☳ 등이
그러하다.

그런가 하면, 착(錯)의 관계로서 서로 반대되는 괘들이 있다. 예컨대 수
괘(需卦)☵와 진괘(晉卦)☲, 박괘(剝卦)☷와 쾌괘(夬卦)☱ 등이 그러하다. 이
에 비해 착(錯)으로 말미암아서 서로 합치하는 괘들이 있다. 예컨대 몽괘

(蒙卦)☷와 혁괘(革卦)☲, 사괘(師卦)☷와 동인괘(同人卦)☰ 등이 그러하다. 그런가 하면 또 착으로든 종으로든 괘의 이름과 의미가 절대로 서로 관련되지 않는 것들이 있다. 예컨대 소축괘(小畜卦)☰와 리괘(履卦)☱, 겸괘(謙卦)☷와 예괘(豫卦)☷가 이러하다.

생각건대 『주역』 괘들의 차례는 단지 음·양이 왕래함과 사그라졌다[消] 자라났다[長] 함의 상(象)을 바탕으로 한 것인데, 이는 하늘이 이렇게 받들면서 지어낸다는[造化] 것을 드러낸다. 괘의 이름과 의미는 상이 있고 난 뒤 나중에야 일어난 것들로서, 이는 사람이 하늘을 받듦을 드러내는 것이다.

'乾''坤'爲化之最盛, 以該十卦之成, 凡消長者皆自此而出. 凡'乾''坤'之屬, 其卦八, 其象四:

역문 건괘☰·곤괘☷는 지어냄[造化]이 가장 왕성한 괘들로서 10괘의 이룸을 갖추고 있다. 무릇 사그라졌다[消] 자라났다[長] 하는 괘들은 모두 이들로부터 나온다. 무릇 건괘☰·곤괘☷의 붙이는 8괘인데, 그 상은 넷이다. 다음과 같다.

준(屯)	수(需)	사(師)	소축(小畜)
☵☳	☵☰	☷☵	☴☰
몽(蒙)	송(訟)	비(比)	리(履)

'泰''否'者, 三陰三陽適得其均, 消長之不偏者也. 分體'乾''坤'之純, 故足以繼'乾''坤'之盛. 凡'泰'·'否'之屬, 其卦六, 其象三:

역문 태괘(泰卦)☷·비괘(否卦)☰는 세음(☷)과 세 양(☰)이 알맞게 균형을 이루고 있어서, 사그라졌다[消] 자라났다[長] 함에서 어느 한쪽으로 치우치지 않는다. 이들은 건괘☰·곤괘☷의 순수함을 나누어 가져서 각기 제 몸[體]으로 하고 있다. 그러므로 건괘☰·곤괘☷의 왕성함을 이들은 너끈히 계승한다. 무릇 이 태괘(泰卦)☷·비괘(否卦)☰의 붙이에는 6괘가 있는데, 그 상은 셋이다. 다음과 같다.

동인(同人)　　겸(謙)　　수(隨)

☰　　　　☷　　　☱

비(師)　　　예(豫)　　고(蠱)

'臨'‘觀’二陽之卦, ‘泰’“否”之陽漸消. 凡‘臨’“觀”之屬, 其卦二, 其象一:

역문 임괘☷·관괘☴는 모두 양을 두 개(⚌) 가진 괘들인데, 이는 태괘(泰卦)☷·비괘(否卦)☰의 양(—)이 점점 사그라든 결과다. 무릇 이들 임괘☷·관괘☴의 붙이에는 2개의 괘가 있고, 그 상은 하나다. 다음과 같다.

서합(噬嗑)

☲

비(賁)

‘剝’“復”陽再消而爲一陽, 陽之消止矣, 消則必長. ‘泰’·‘臨’皆先而‘復’獨後‘剝’, 以起陽也. 凡‘剝’“復”之屬, 其卦八, 其象六:

역문 박괘☶·복괘☳는 양(—)이 재차 사그라들어서 하나의 양(—)이 되고 양(陽)의 사그라짐이 멈춘 것인데, 이렇게 사그라지면 반드시 자라난다. 태괘(泰卦)☷·임괘☷는 모두 박괘☶에 앞서는데, 복괘☳만이 박괘☶에 뒤선다. 이렇게 함으로써 양(陽)을 일으키고 있다. 무릇 박괘☶·복괘☳에는 여덟 괘가 있는데, 그 상은 여섯이다.

무망(无妄)	이(頤)	대과(大過)	감(坎)	리(離)	함(咸)
䷘	䷚	䷛	䷜	䷝	䷞
(升天)망무					음(섭)

'遯'"大壯', 陰之消以漸也. 凡'遯'"大壯'之屬, 其卦八, 其象四:

역문 둔괘䷠·대장괘䷡는 음(陰)이 점점 사그라들어 가는 괘들이다. 무릇 이들 괘의 붙이에는 여덟 괘가 있는데, 그 상은 넷이다. 다음과 같다.

진(晉)	가인(家人)	건(蹇)	손(損)
䷢	䷤	䷦	䷨
음이(明夷)	규(睽)	해(解)	익(益)

'夬'"姤'陰消之極, 消亦且長, 於是而陰陽交相爲進退, 以極變化之繁. 至於'旣濟'"未濟', 而後復於'泰'"否'之交. 凡'夬'"姤'之屬, 其卦二十, 其象十一:

역문 쾌괘䷪·구괘䷫는 음(陰)의 사그라짐이 극에 이른 괘들인데, 사그라지면 또한 자라난다. 이에 음·양이 교접하며 서로 나아가고 물러나면서 변화의 번다함이 극에 이른다. 이러함이 기제괘䷾·미제괘䷿에 이른 뒤에는 태괘(泰卦)䷊·비괘(否卦)䷋의 교접함으로 돌아간다. 이들 쾌괘䷪·구괘䷫의 붙이에는 20괘가 있고, 그 상은 11개다. 다음과 같다.

췌(萃)	곤(困)	혁(革)	진(震)	점(漸)	풍(豐)	손(巽)	환(渙)	중부 (中孚)	소과 (小過)	기제 (旣濟)
䷬	䷮	䷰	䷲	䷴	䷶	䷸	䷺	䷼	䷽	䷾
승(升)	정(井)	정(鼎)	간(艮)	귀매(歸妹)	여(旅)	태(兌)	절(節)			미제(未濟)

凡二變而得陰消之卦三十二, 二陰則四陽, 二陽則四陰. 乃消之卦

多繫之陰消陽長, 而不繫之'臨'觀'・'剝'復'者, 陽不可久消, 陰不可久長, 『周易』扶抑之權也.

역문 무릇 두 번 변(變)해서는 음(陰)이 사그라드는 괘 32개를 얻는데, 이들 괘에서는 음(--)이 둘이면 양(—)이 넷이고, 양(—)이 둘이면 음(--)이 넷이다. 그런데 사그라드는 괘는 대부분 음이 사그라들고 양이 자라남과 연계되는데, 임괘䷒・관괘䷓와 박괘䷖・복괘䷗와는 연계되지 않는다. 그 까닭은, 양은 오래도록 사그라들 수 없고 음은 오래도록 자라날 수 없기 때문이다. 이것이 바로 『주역』의 북돋움[扶]・억누름[抑]의 권도(權道)다.

'乾'坤'者眾變之統宗, 故其屬卦八, 酌其中也. '泰'否'則減, 而屬卦六. '臨'觀', 二而已. '剝'復'而復八, 消極則長也. '遯'大壯'陰消之始, 其卦八. '夬'姤'陰消之極, 陰消而陽大有功, 故屬卦最多. 天化之昌昌於此, 人事之賾賾於此也.

역문 건괘䷀・곤괘䷁는 뭇 변함[變]을 통괄하는 대종(大宗)이다. 그러므로 여기에 속하는 괘는 여덟 개인데, 이들은 그 중(中)을 참작하고 있다. 태괘(泰卦)䷊・비괘(否卦)䷋는 감소하기에 이들에 속하는 괘는 여섯 개다. 임괘䷒・관괘䷓에는 두 괘가 속할 따름이다. 박괘䷖・복괘䷗에 속하는 여덟 괘가 돌이키고 있는데, 이는 사그라짐이 극에 이르러 자라나는 것들이다. 둔괘䷠・대장괘䷡는 음이 사그라들기 시작하는 괘들인데, 여기에 속하는 괘는 여덟 개다. 쾌괘䷪・구괘䷫는 음의 사그라짐이 극에 이른 괘들로서 음이 사그라지고 양들에게 크게 공(功)이 있다. 그러므로 이들에 속하는 괘들이 가장 많다. 하늘의 지어냄[造化]이 창성함은 이들에서 창성하며, 사람 일의 잡다함은 이들에서 잡다하다.

象曰, "剛柔始交而難生." 剛柔者, '乾'"坤'也. '屯'·'蒙'陽生陰中, 以
交陰而消之, 消之故難生. 一陽始交於二陰之下, 繼交於二陰之中,
爲'屯'; 繼交於二陰之中, 遂交於二陰之上, 爲'蒙'; 陽道不迫以漸升
也. 陽用其少以麗於陰之多, 變之始也. 始交乎陰, 不致一而內外迭
用二陽, 變之未甚, 其數猶豐也. '需'·'訟'二陰交陽之卦, 陰之未長
者也. '乾'以二陽交陰爲'屯'·'蒙', '坤'以二陰交陽爲'需'·'訟', 陰陽
盛, 各致其交, 於此四卦爲始合. 陽生得中, 陰生不得中, 陰之始化
不足以中, 柔道然也. 初長而即消: '師'·'比', '乾'之消也; '小畜'·
'履', '坤'之消也. 凡消長之理, 不遽不漸, 出入百變, 旋往旋復, 旋復
旋往. 驗之呼吸, 而知陽消則陰長, 陰消則陽長. 陽長而'小畜'·'履'
失中, 陰長而'師'·'比'未失中, 剛道然也. 要所謂消長者, 自其顯而
見者言之; 若合其隱而藏者, 則无有消長. 故'屯'·'蒙'之錯爲'鼎'·
'革', '屯'·'蒙'生也, '鼎'·'革'化也, 生化合而六陰六陽之用全矣.
'需'·'訟'之錯爲'晉'·'明夷', 皆爭卦也, 消長漸盛而爭矣. '師'·'比'之
錯爲'同人'·'大有', 皆和卦也, 陰函陽而不使失中, 陽亦養陰而使得
中也. '小畜'·'履'之錯爲'謙'·'豫', 陽安陰, 陰亦不得危孤陽也. 凡錯卦
合四卦而道著, 皆仿此. 六十二卦皆'乾'"坤'之有, 而獨此八卦繫之者, 自其
化之純盛者而始動於微則如此.

역문 『단전』에서는 "굳셈[剛]·부드러움[柔]이 막 교접하며 어려움이 생긴
다."[1669]라고 하는데, 여기에서 말하는 '굳셈'·'부드러움'은 건괘☰·곤괘☷
다. 준괘☵·몽괘☶에서는 양이 음들 속에서 생겨나 음들과 교접하며 사

그라든다. 이렇게 사그라들기에 어려움이 생기는 것이다. 구체적으로, 하나의 양(―)이 두 음들(☵) 아래에서 처음으로 교접하고(☳), 이어서 두 음들(☵) 가운데에서 교접하여서는(☵) 준괘☳☵가 된다. 이어서 두 음들(☵) 가운데에서 교접하고(☵), 마침내 두 음들(☵) 위에서 교접하여(☶)서는 몽괘☵☶가 된다.

여기에서 양들에게 작동하는 원리[道]는 급박하게 서두르며 점점 올라가지 않음이다. 그리고 양은 자신들의 적음을 이용하면서 음들의 많음에 붙어 있으니,[1670] 이것이 바로 변함[變]의 시작이다. 음들과 처음으로 교접하는데, 이들과 하나가 됨을 이루지는 않지만, 안팎으로 갈마들며 두 양을 쓰니, 변함이 아직은 심하지 않으며 그 수(數)는 오히려 풍부하다.

수괘(需卦)☰☵·송괘(訟卦)☵☰는 두 음들이 네 양들과 교접하는 괘인데, 음들이 아직 자라나지 않았음을 드러내고 있다. 건괘☰가 두 양들(☱)로써 네 음들과 교접하는 것이 준괘☳☵·몽괘☵☶이고, 곤괘☷가 두 음들(☵)로써 네 양들과 교접하는 것이 수괘☰☵·송괘☵☰다. 음·양이 번성하며 각각 그 교접함을 이룬 것들이 이들 네 괘에서 비로소 합한다. 그런데 이들 네 괘에서 보면, 양(―)은 생겨나서 득중하고 있고, 음(――)은 생겨나서 득중하지를 못하고 있으니, 음이 처음으로 화함[化]은 중(中)을 이루기에 부족함을 드러낸다. 부드러움[柔]의 원리가 이러한 것이다.

처음으로 자라나자마자 사그라져 버리는 것들 가운데 사괘(師卦)☵☷·비괘(比卦)☷☵는 '건(乾)'이 사라진 것이고, 소축괘(小畜卦)☴☰·리괘(履卦)☰☱는 '곤(坤)'이 사그라져 버린 것이다. 무릇 사그라졌다[消] 자라났다[長] 함의 이

1669 준괘(屯卦)☳☵의 『단전』에서 하는 말이다.
1670 이들 두 괘에서 각각 양(―)은 두 개이고, 음(――)은 네 개이기에 하는 말이다.

치는 급작스럽지도 않고 점진적이지도 않다. 들고남[出入]이 온갖 가지로 변한다고 하더라도, 돌이켜서 갔다가는 돌이켜서 돌아오고, 돌이켜서 돌아왔다가는 돌이켜서 간다.

이를 사람의 호흡에서 징험해 보면, 양이 사그라지면 음이 자라나고 반대로 음이 사그라지면 양이 자라난다는 것을 안다. 양이 자라나 소축괘(小畜卦)䷈·리괘(履卦)䷆에서는 음(--)들이 중(中)을 잃었고, 음이 자라났지만 사괘(師卦)䷆·비괘(比卦)䷇는 양(―)들이 중을 잃지 않고 있다. 바로 굳셈[剛]의 원리가 이러한 것이다.

요컨대 '사그라졌다[消] 자라났다[長] 함'이란 드러나서 보이는 것들을 가지고 말하는 것이다. 이를 숨어서 감추어진 것들과 합하면 사그라짐도 자라남도 없다. 그러므로 준괘䷂·몽괘䷃의 착(錯)은 정괘(鼎卦)䷱·혁괘(革卦)䷰인데, 준괘䷂·몽괘䷃는 생겨남을 드러냄에 비해, 정괘䷱·혁괘䷰는 화함[化]을 드러내고 있다. 이들의 생겨남·화함을 합하여서는 6음6양의 작용이 온전해진다. 수괘(需卦)䷄·송괘(訟卦)䷅의 착은 진괘(晉卦)䷢·명이괘(明夷卦)䷣인데, 이들 모두는 다툼을 드러내는 괘들이다. 사그라졌다[消] 자라났다[長] 함이 점점 왕성해지면 이렇게 다투는 것이다. 사괘(師卦)䷆·비괘(比卦)䷇의 착은 동인괘䷌·대유괘䷍인데, 이들은 모두 화목함을 드러내는 괘들이다. 그 까닭은, 음들이 양(―)을 휩싸서 중(中)을 잃지 않도록 하고[사괘䷆·비괘䷇], 양들도 음(--)을 길러 내서 득중하도록 하기[동인괘䷌·대유괘䷍] 때문이다. 소축괘(小畜卦)䷈·리괘(履卦)䷆의 착은 겸괘䷎·예괘䷏인데, 이들 괘에서는 양들이 음(--)을 편안하게 하고 있고[소축괘䷈·리괘䷆], 음들도 외로운 양(―)이 위태롭지 않게 하고 있다[겸괘䷎·예괘䷏].[1671] 62괘에는 모두 건괘䷀·곤괘䷁가 있다.[1672] 그런데 유독 이들 여덟 괘가 연계해서 드러내고 있는 것들은, 다름 아니라 지어냄[造化]의 순수·

왕성함이 은미하게 막 움직이기 시작할 때부터 이러하다는 것이다.

'否'長二陽於初·三爲'同人', '泰'長二陽於四·上爲'大有'. 長必二
者, 大化无漸長之幾, 能長則必盛也. 陽長而陰不失其中, 陽之消陰,
不遽奪其正位, 君子道也. '泰'長二陰於初·二, 爲'謙', '否'長二陰於
五·上爲'豫', 陰陽迭爲消長, 消長必二, 陰陽之變同也. 陰長而據陽
之中位, 小人道也. 且消長所臨必參差, 亦於此而見化機无對待之
理矣. 前有'師'·'比'·'小畜'·'履', 後有'同人'·'大有'·'謙'·'豫', 夾
'泰''否'於中, 消長相互, 天地之交乃定也. 陰長不已, 无卽至於'臨'
'觀'之理; 陽長不已, 无卽至於'遯''大壯'之理. 消長必乘乎大變, '隨'
'蠱'者, 大變之卦也. '泰'僅留上一陰下一陽, 而中位皆變, 爲'隨'; '否'
僅留上一陽下一陰, 而中位皆變, 爲'蠱', 二卦錯綜同德, 其變大矣.
變之極而後'臨''觀'乃來, 陽非極變, 不遽消也.

역문 비괘(否卦)▤가 두 양(─)들을 초효·3효에서 자라나게 하여서는 동인괘
▤가 되고, 태괘(泰卦)▤가 두 양(─)들을 4효·상효에서 자라나게 하여서
는 대유괘▤가 된다. 이렇게 자라나게 함이 꼭 두 개씩인 까닭은, 하늘·
땅이 만물을 화육함에서는 '점점 자라남[漸長]'의 낌새[幾]란 없고, 자라날
수 있으면 반드시 왕성해지기 때문이다. 이들 동인괘▤·대유괘▤에서처
럼, 양(─)들이 자라나서도 음(--)들이 그 중(中)을 잃지 않게 하고, 양(─)
들이 음(--)들을 사그라지게 하면서도 급작스럽게 이들의 올바른 위[正位]

1671 **저자 자주**: 여기에서 살펴본 것처럼 착(錯)의 관계를 이루고 있는 괘들은 네 개의 괘를 합해
서 보아야 그 원리가 현저해진다. 나머지 괘들도 이러하다.

1672 보이는 앞쪽[嚮]과 안 보이는 뒤쪽[背]으로 착(錯)의 관계를 이루고 있는 효(爻)들을 모두
고려하면 어떤 괘든 건괘▤·곤괘▤ 두 괘로 환원된다. 이를 의미하는 말이다.

를 빼앗지 않음은, 군자의 도(道)다.

태괘(泰卦)䷊가 두 음(--)들을 초효·2효에서 자라나게 하여서는 겸괘䷎가 되고, 비괘(否卦)䷋가 두 음(--)들을 5효·상효에서 자라나게 하여서는 예괘䷏가 된다. 음·양은 번갈아 가며 사그라졌다[消] 자라났다[長] 하는데, 이들 비괘(否卦)䷋·예괘䷏에서는 사그라들고 자라나는 것이 꼭 둘씩이니, 음·양의 변함[變]이 같다. 그런데 이들 두 괘에서처럼 음이 자라나서 양의 중위(中位)를 차지하고 있는 것은, 소인의 도(道)다. 또한 사그라졌다 자라났다 하면서 임하는 것이 꼭 들쭉날쭉 고르지 아니하니, 역시 이러함에서 하늘·땅이 지어내는[造化] 체제[機]에 똑같이 양쪽으로 갈려 마주하는 이치가 없음을 보게 된다.

앞에는 사괘(師卦)䷆·비괘(比卦)䷇·소축괘(小畜卦)䷈·리괘(履卦)䷉가 있고, 뒤에는 동인괘䷌·대유괘䷍·겸괘䷎·예괘䷏가 있어서, 양쪽에서 태괘(泰卦)䷊·비괘(否卦)䷋를 가운데에 끼고서 서로 사그라졌다 자라났다 하니, 하늘·땅의 교접함이 이렇게 해서 정해진다. 음의 자라남은 쉬지를 않으나 곧바로 임괘䷒·관괘䷓에 이르는 이치는 없고, 양의 자라남도 쉬지를 않으나 역시 곧바로 둔괘䷠·대장괘䷡에 이르는 이치는 없다.

사그라졌다 자라났다 함은 반드시 크게 변함[大變]을 타야 하는데, 수괘(隨卦)䷐·고괘(蠱卦)䷑가 크게 변하는 괘다. 태괘(泰卦)䷊가 겨우 위로 하나의 음(--)을 아래로 하나의 양(—)을 남겨 두고, 가운데 위(位)에 있는 효(爻)들은 모두 변한 것이 수괘(隨卦)䷐다. 이에 비해 비괘(否卦)䷋가 겨우 위로 하나의 양(—)을 아래로 하나의 음(--)을 남겨 두고, 가운데 위(位)에 있는 효(爻)들은 모두 변한 것이 고괘(蠱卦)䷑다. 이들 수괘(隨卦)䷐·고괘(蠱卦)䷑는 착(錯)으로든 종(綜)으로든 특성[德]을 같이하는데, 그 변함[變]이 큰 것이다. 이렇게 변함이 극에 이른 뒤에 임괘䷒·관괘䷓가 비로소 오니, 양

(陽)은 극도로 변하지도 않고 급작스럽게 사그라지지도 않는다.

'臨'觀', '泰'否'之消者也. 消不可久, 消盛則變. 復長一陽而雜之陰,
居中位得勢而安. '噬嗑'陽遷於四, 與所長之上九合而函五; '賁'陽遷
於三, 與所長之初九合而函二. 蓋'臨'觀'·'剝'復'之際, 陽道已微, 不
能順以受消, 雜亂起而後陽月不絕. 故'噬嗑'爲強合, '賁'爲強飾. 其
錯爲'井'·'困'. '噬嗑'·'賁'剛合柔, '井'·'困'柔揜剛, 皆以迎其長而息
其消也.

역문 임괘☷·관괘☷는 태괘(泰卦)☷·비괘(否卦)☷에서 양(─)이 사그라진 것
들이다. 그러나 이 사그라짐은 오래갈 수 없고, 사그라짐이 성대해지면 변
한다. 그러면 하나의 양(─)을 돌이켜 자라나게 하여 음(--)들 속에 뒤섞이
게 하고, 이것이 가운데 위(位)를 차지하여 세(勢)를 얻고서 편안해지도록
한다. 그래서 서합괘(噬嗑卦)☷에서는 양(─)이 4효의 위(位)로 옮겨 가서
자라난 상구효와 함께 육오효를 휩싸고, 비괘(賁卦)☷에서는 양(─)이 3효
의 위(位)로 옮겨 가서 자라난 초구효와 함께 육이효를 휩싼다.

생각건대 임괘☷·관괘☷와 박괘☷·복괘☷의 즈음에서는 양(陽)의 도
(道)가 이미 미약해져서 순조롭게 사그라짐을 받아들일 수가 없고, 잡스러
운 혼란이 인 뒤에 양은 끊어지지 않는다. 그러므로 서합괘☷에서는 억지
로 합하고, 비괘(賁卦)☷에서는 억지로 꾸민다. 이들 두 괘의 착(錯)은 정괘
(井卦)☷·곤괘(困卦)☷가 된다. 그래서 서합괘☷와 비괘(賁卦)☷에서는 굳
셈[剛]이 부드러움[柔]과 함께하지만, 정괘☷·곤괘☷에서는 부드러움이 굳
셈을 엄폐하고 있다. 이 모두는 그 자라남을 맞이하고 그 사그라짐을 쉽게
함이다.

‘剝’“復’, 陽消之極矣. 消之極, 則長之不容不速. 其長也, 必有所因. ‘剝’餘‘艮’上之一陽, ‘復’餘‘震’下之一陽, 而‘震’·‘艮’皆陽體, 故可以召陽而爲君. ‘坤’之錯‘乾’也, 長之速而反其所錯, 爲‘无妄’·‘大畜’, 其錯爲‘萃’·‘升’. 當乍長乍消之際, 消者相保, 以誠而聚, 以聚而興, 四卦之德, 所以繼‘剝’“復’·‘夬’“姤’也.

역문 박괘▤▤·복괘▤▤는 양(陽)의 사그라짐이 극에 이른 것이다. 사그라짐이 극에 이르면 자라남도 신속해지지 않을 수 없다. 그런데 이 자라남에는 반드시 말미암음이 있다. 박괘▤▤에서는 회괘(悔卦; 아랫괘)인 간괘▤▤의 상효(上爻)에 하나의 양(一)을 남기고 있고, 복괘▤▤에서는 정괘(貞卦; 윗괘)인 진괘▤▤의 하효(下爻)에 하나의 양(一)을 남기고 있는데, 진괘▤▤·간괘▤▤는 양의 몸[體]이므로 이들의 양을 소환(召喚)하여 박괘▤▤·복괘▤▤의 임금으로 삼을 수가 있다.

곤괘▤▤의 착(錯)은 건괘▤▤인데, 자라남이 신속하여 그 착이 되는 것을 돌이키면 무망괘▤▤·대축괘▤▤가 된다. 이들 두 괘의 착은 췌괘▤▤·승괘▤▤가 된다. 막 자라나고 막 사그라지는 즈음에, 사그라지는 것들끼리 서로 도와서 성실함으로써 모으고, 모음으로써 일어나니, 이들 네 괘의 특성[德]이 박괘▤▤·복괘▤▤와 쾌괘▤▤·구괘▤▤를 계승하는데, 구체적으로 무망괘▤▤·대축괘▤▤는 박괘▤▤·복괘▤▤를, 췌괘▤▤·승괘▤▤는 쾌괘▤▤·구괘▤▤를 각각 계승한다.

‘剝’“復’之屬, ‘无妄’·‘大畜’而已. 自‘頤’至於‘咸’·‘恒’六卦, 則統三十二陽卦而盡其消長之變. ‘剝’長爲‘大畜’而‘艮’體存, ‘復’長爲‘无妄’而‘震’體存. ‘震’“艮’者, 陽之所自終始, 故合‘震’“艮’而爲‘頤’. ‘頤’·‘大過'·'坎'·'離'·'咸'·'恒', 皆乘消長之機, 相摩相盪而爲之樞者也.
'頤'之錯爲'大過'. 至於'頤'而陽卦之變止矣, 則見其所隱, 而'大過'以
來. '頤', 陽消之極也, 有位之位, 皆陰處之. '大過', 陽處於位而陰擯
矣, 陰消之尤也. 迭相爲消, 所以爲變化之樞也. 消則必長, 失則必
得, 往來之機, 速於響應, 故'頤'有'離'象而失位, 二陽旋得乎中, 則爲
'坎'; '大過'有'坎'象而失位, 二陰旋得乎中, 則爲'離'. '頤'·'大過'·
'坎'·'離'定位於中, 而陰陽消長乃不失其權衡. 權衡定而陰陽漸返
於均, 則'大過'陰生於二而爲'咸', 生於五而爲'恒'. 抑此二卦, 乃'坎'
'離'中爻之升降, 相摩盪以復'泰''否'之平, 而特爲感通以可久, 則自
'泰''否'以來, 消長之機一終, 而陰消之卦起矣. '咸'·'恒'之錯爲'損'·
'益'. '咸'·'恒'起'遯'·'大壯', '損'·'益'起'夬'·'姤', 其義一也. 陰陽均
定, 而消長生焉. '咸'·'恒'·'損'·'益', 久暫多寡之待酌者也.

역문 박괘☷ㆍ복괘☳의 붙이에는 무망괘☰ㆍ대축괘☶가 있을 따름이다. 이
괘(頤卦)☶로부터 함괘☱에 이르는 여섯 괘는 32양괘(陽卦)들을 통괄하며
그 사그라졌다[消] 자라났다[長] 함의 변함[變]을 다한다. 박괘☷에서 양(—)
들이 자라나 대축괘☶가 되더라도 간괘☶의 몸[體]은 여전히 존재하고, 복
괘☳에서 양(—)들이 자라나 무망괘☰가 되더라도 진괘☳의 몸은 여전히
존재한다. 진괘☳ㆍ간괘☶는 양(—)들이 저절로 시작하고 끝나는 괘들이
므로, 이들 진괘☳ㆍ간괘☶가 합해서 이괘☶가 된다. 이괘☶ㆍ대과괘☱ㆍ
감괘☵ㆍ리괘☲ㆍ함괘☱ㆍ항괘☳ 등은 모두 사그라졌다 자라났다 함의
체제[機]를 탄 채 서로 비비대고 서로 흔들어 대면서 중추가 된다.

이괘(頤卦)☶의 착은 대과괘☱가 된다. 이 착이 의미하는 것은, 이괘☶에
이르러서는 양괘(陽卦)의 변함[變]이 그치니, 숨어 있던 것들이 드러나며 대

과괘▦가 온다는 것이다. 이괘▦는 양(─)들의 사그라짐이 극에 이른 괘이고, 이 괘에서 지위가 있는 위(位)들은 모두 음(--)들이 차지하고 있다. 대과괘▦에서는 양(─)들이 지위가 있는 위들을 차지하고 있으면서 음(--)들을 배척하고 있다. 그래서 이 대과괘▦에서는 음(--)들의 사그라짐이 더욱 심하다. 이렇게 양(─)들과 음(--)들이 서로 번갈아 가며 사그라지기 때문에 이들 이괘▦ㆍ대과괘▦가 변함[變]의 중추가 된다.

사그라지면 반드시 자라나고, 잃으면 반드시 얻으니, 왕래함의 체제[機]는 메아리처럼 응함[響應]에서 신속하다. 그러므로 이괘▦에 리괘▦의 상(象)이 있으나 양(─)들이 지위가 있는 위(位)들을 잃어버리고 있으니, 두 양(─)들이 돌이켜 위ㆍ아래 괘에서 중위(中位)를 얻어서는 감괘▦가 된다. 또 대과괘▦에 감괘▦의 상(象)이 있으나 음(--)들이 지위가 있는 위(位)들을 잃어버리고 있으니, 두 음(--)이 돌이켜 위ㆍ아래 괘에서 중위(中位)를 얻어서는 리괘▦가 된다.

이괘▦ㆍ대과괘▦ㆍ감괘▦ㆍ리괘▦ 등은 『주역』의 괘들에서 가운데에 위(位)를 정하고 있어서, 음ㆍ양의 사그라졌다 자라났다 함이 그 권형(權衡)을 잃지 않고 있다. 이렇게 권형을 정하고 있어서 음ㆍ양이 점점 균형을 이룸으로 돌아오니, 대과괘▦에서 2효에 음(--)이 생겨서는 함괘▦가 되고, 5효에 음(--)이 생겨서는 항괘▦가 된다. 한편으로, 이들 함괘▦ㆍ항괘▦ 두 괘는, 감괘▦ㆍ리괘▦의 가운데 효(爻)들이 오르내리며 서로 비비대고 흔들어 댄 끝에 태괘(泰卦)▦ㆍ비괘(否卦)▦의 평형을 회복하여서 특별히 서로의 느끼고 통함을 오래 유지할 수 있다. 이는 태괘▦ㆍ비괘▦ 이래 사그라졌다 자라났다 함의 체제[機]가 한 번 끝나고 음(--)의 사그라진 괘가 일어난 것이기도 하다.

함괘▦ㆍ항괘▦의 착은 손괘(損卦)▦ㆍ익괘(益卦)▦가 된다. 그래서 함괘

䷠·항괘䷚가 둔괘䷠·대장괘䷡를 일으킨 것이나, 손괘䷸·익괘䷩가 쾌괘䷪·구괘䷫를 일으킨 것이나, 그 의미는 똑같다. 여기에서 음·양의 균형이 정해지고, 사그라졌다 자라났다 함이 생겨난다. 함괘䷞·항괘䷚·손괘䷸·익괘䷩는 오래도록이든 잠깐이든, 많거나 적게 참작되기를 기다린 괘들이다.

'遯'·'大壯', 陰於是而消矣. 消則必長, '晉'·'明夷'陰長而據其中, 陰進而陽傷也. 其長甚則又消, '家人'·'睽'陽又長而陰反其消. '明夷'陽上長居九五之中而爲'家人', '晉'陽下長居九二之中而爲'睽', 閑其傷, 散其進也. 陰不久消, 長乎初·上而爲'蹇'·'解', 其中猶'家人'·'睽'也. 此四卦互相爲錯, 捷隱捷見, 蓋自'遯'·'大壯'以來, 陰陽衰王之衝, 不適有寧, 再消再長而定之以'損'·'益'. '損'三之陽不復爲'泰'以益上, '益'四之陰不復爲'否'以益下, 所以平其爭而後陰安於消也. 則'夬'·'姤'可來矣. '晉'·'明夷'者, '需'·'訟'之錯也. '需'·'訟'陽初起而疑, '晉'·'明夷'陰將伏而爭, 皆大變之機也.

역문 둔괘䷠·대장괘䷡에서 음(--)은 사그라진다. 그러나 사그라지면 반드시 자라나니, 진괘(晉卦)䷢·명이괘(明夷卦)䷣에서는 음(--)이 자라나서 그 중위(中位; 육오효·육이효)를 차지하고 있고, 이렇게 음(--)이 나아가자 양(—)이 상처를 입었다. 그 자라남이 심하면 또 사그라지니, 가인괘䷤·규괘䷥에서는 양(—)이 또 자라나고, 음(--)은 그 사그라짐으로 돌아간다. 명이괘䷣에서 양(—)이 위에서 자라나고 구오효로서 중위(中位)를 차지하고 있으면 가인괘䷤가 된다. 그리고 진괘(晉卦)䷢에서 양(—)이 아래에서 자라나고 구이효로서 중위(中位)를 차지하고 있으면 규괘䷥가 된다. 이들 두 괘의 이러함은 상처 입음을 막고, 그 나아감을 흩트린 것이다. 음(--)은 오래도록 사그라지지는 않으니, 초·상효에서 자라나서 건괘(蹇卦)☶·해괘(解卦)☳가 되는데, 이들의 중위(中位)는 오히려 가인괘☴·규괘☱와 같다.

이들 네 괘는 서로 착(錯)의 관계를 이루고 있어서 일거에 숨고[隱] 일거에 드러난다[見]. 생각건대 둔괘☳·대장괘☱ 이래, 음·양이 쇠미해지고 왕성해지다가 충돌하며 알맞게 평안히 있지를 못하고, 재차 사그라지고 재차 자라나서 손괘(損卦)☶·익괘(益卦)☴로 정해지는 것 같다. 손괘☶의 3효는 양(一)이 태괘(泰卦)☷가 됨을 회복하지 못하고 위 괘[悔卦]에 보태 준 것이고, 익괘(益卦)☴의 4효는 음(--)이 비괘(否卦)☶가 됨을 회복하지 못하고 아래 괘[貞卦]에 보태 준 것이다. 그리하여 그 싸움을 평정한 뒤에 음(--)들이 사그라짐에서 평안해진 것이다. 그래서 쾌괘☱·구괘☰가 올 수 있다.

진괘(晉卦)☲·명이괘(明夷卦)☷는 수괘(需卦)☵·송괘(訟卦)☰의 착(錯)이다. 수괘☵·송괘☰에서는 양(一)이 처음으로 일어나서 의심을 내는데, 진괘☲·명이괘☷는 음(--)이 장차 잠복해 있다가 싸움을 일으킨다. 그래서 이들 네 괘는 모두 거대하게 변하는 체제[機] 속에 있다.

'夬'·'姤', 陰消之極矣. 故陰憤盈而驟長, 陽乃聚處而保其位於五, 爲'革'; 於二, 爲'升'. 長極而漸消, 陽乃漸生以得中, 而終陷於陰中, 爲'困'·'井'. '困'·'井'雜矣. 水火相貿, 因'困'·'井'之'巽'·'兌', 而水貿爲火, 以增長乎陽, 爲'鼎'·'革'. 陰之暴長, 凡三變而始消, 陰之難於消也如此. 亦惟其難於消也, 相持之久而終絀, 故其消以定, 於是而爲'震'·'艮'. 陰雖長而體則陽, 陽乃召陽以長居於中位, 而爲'漸'·'歸妹'. '漸'·'歸妹', 錯綜合之卦也. 變之尤也. 自是而'豐'·'旅'·'渙'·'節', 陰陽皆均. 陰上下皆中而爲'豐'·'旅', 陽上下皆中而

爲'渙'·'節', 四卦交錯以相均. '震'·'艮'·'巽'·'兌', 四卦相錯以互
勝. 消長迭乘, 而一陰一陽之局汔成, 則陰陽各相聚合以持消息之
終. 陽長而保陰以爲'中孚', 陰長而舍陽以爲'小過'. '中孚'一'離'也,
'小過'一'坎'也. 相雜而安, 則天地之化, 於斯備矣. 長之无可復長也,
消之无可復消也, 而一陰一陽盡. '泰'否'之交, '既濟'未濟', 斟酌常
變, 綜之則總十卦消長之文, 錯之則兼'乾'坤'六陽六陰之質, 无有畸
焉, 无有缺焉. 故『周易』者, 渾成者也.

역문 쾌괘▤·구괘▤는 음(--)의 사그라짐이 극에 이른 괘들이다. 그러므로
이들 괘에 이르면 음(--)들은 양(—)들이 이렇게 가득 참에 분연히 떨쳐 일
어나 급작스럽게 자라난다. 이에 양(—)들은 한데 모여서 자리를 잡아 5효
에서 그 위(位)를 보존하여서는 췌괘▤가 되고, 2효에서 위(位)를 보존하여
서는 승괘▤가 된다. 자라남이 극에 이르러서는 점점 사그라지는데, 양
(—)들은 점점 생겨나서 득중하고, 마침내 음(--)들 가운데 함닉(陷溺)되어
서 곤괘(困卦)▤·정괘(井卦)▤가 된다. 그래서 이들 곤괘▤·정괘▤는 잡
스러운 괘들이다.

수(水)와 화(火)가 서로 변역하여서는 이들 곤괘▤·정괘▤로부터 기인
하여 손괘(巽卦)▤·태괘(兌卦)▤로 나아간다. 그리고 수(水)가 바뀌어서 화
(火)가 됨으로써 양(—)들이 증장(增長)하게 되어 정괘(鼎卦)▤·혁괘(革卦)
▤가 된다.

음(--)들은 폭풍처럼 자라나서 무릇 세 번 변함[變]을 거쳐 비로소 사그
라지기 시작하는데, 음(--)들이 사그라지기 어려움이 이와 같다. 또한 음
(--)들은 오직 사그라짐에 이렇게 어렵기 때문에 서로 지탱하며 오래가지
만 결국은 굽힌다. 그러므로 그 사그라짐은 정해지니, 이렇게 해서 진괘

☳ · 간괘☶가 된다. 이들 두 괘는 음(--)들이 비록 자라나기는 하였지만, 그 몸[體]은 양(陽)이다. 양이기에 양(—)을 불러서 중위(中位)에 오래 거처하게 하여서는 점괘☶ · 귀매괘☳가 된다. 이들 점괘☶ · 귀매괘☳는 착(錯)과 종(綜)이 함께하는 괘들이다. 그래서 변함[變]이 더욱 심하다.

이로부터 풍괘(豐卦)☳ · 여괘(旅卦)☶ · 환괘(渙卦)☴ · 절괘(節卦)☵가 되는데, 이들 괘에서는 음(--) · 양(—) 모두 균형을 이루고 있다. 음(--)이 위 · 아래 괘에서 모두 득중하고 있는 것이 풍괘☳ · 여괘☶이고, 양(—)들이 위 · 아래 괘에서 모두 득중하고 있는 것이 환괘☴ · 절괘☵다. 이들 네 괘는 교차하며 착(錯)을 이루어서[1673] 균형을 이루고 있다. 진괘☳ · 간괘☶ · 손괘☴ · 태괘☱ 네 괘는 서로 착을 이루면서 서로 이기고 있다.

사그라졌다 자라났다 함이 번갈아 가며 타는데, 한 번은 음이 되었다 한 번은 양이 되었다 하는 국면이 여기에 이르러서는 거의 이루어진다. 그래서 음 · 양이 각각 서로 모이고 함께하며 이 사그라졌다 자라났다 함의 마지막까지 버틴다. 그리하여 양(—)들이 자라나서 음(--)들을 보호하며 중부괘☴가 되고, 음(--)들이 자라나서 양(—)들을 품어서 소과괘☶가 된다. 중부괘☴는 전체적으로 하나의 리괘☲이고, 소과괘☶는 전체적으로 하나의 감괘☵다. 그래서 이들 중부괘☴와 소과괘☶는 서로 뒤섞여서 평안하니, 하늘 · 땅의 지어냄[造化]이 여기에서 완비된다.

자라남이 되풀이해서 자라날 수가 없고, 사그라짐이 되풀이해서 사그라질 수 없음에 이르러, 한 번은 음이 되었다 한 번은 양이 되었다 함[一陰一陽]은 다한다. 태괘(泰卦)☰ · 비괘(否卦)☲의 교접함이 기제괘☵ · 미제괘☲가 되기까지, '늘 그대로이게 함[常]'과 '변함[變]'을 딱 알맞게 발휘하며, 종

1673 풍괘☳와 환괘☴가, 여괘☶와 절괘☵가 착(錯)을 이루고 있다는 의미다.

(綜)으로는 모두 10괘가 사그라졌다 자라났다 함의 무늬를 이루고, 착(錯)으로는 건괘▤·곤괘▤를 겸한 6음6양의 질(質)을 이루고 있다. 그래서 이들에는 기이한 것도 없고 결함이 있는 것도 없다. 그러므로 『주역』이란 전체를 구별하지 않은 채 그대로 두고 뒤섞어서 이루는 것이다.

是故『易』有太極, 无極而太極. 无所不極, 无可循之以爲極, 故曰无極. 往來者, 往來於十二位之中也. 消長者, 消長於六陰六陽之內也. 於'乾'·'坤'皆備也, 於六子皆備也, 於'泰'·'否'·'臨'·'觀'·'剝'·'復'·'遯'·'大壯'·'夬'·'姤'皆備也, 於八錯之卦皆備也, 於二十八綜之卦皆備也. 錯之綜之, 兩卦而一成, 渾淪摩盪於太極之全; 合而見其純焉, 分而見其雜焉, 純有雜而雜不失純, 孰有知其始終者乎? 故曰, "太極无端, 陰陽无始."

역문 그러므로 『주역』에는 태극이 있는데, 이는 무극(无極)이면서 태극(太極)이다. 어느 곳에도 극이 되지 않음이 없고, 사람의 인식능력으로는 인식할 수 없는 차원에서 극이 되기 때문에, '무극'이라 하는 것이다. 왕래함이란 12위(位) 가운데서 왔다 갔다 하는 것이다. 사그라졌다[消] 자라났다[長] 함이란 6음6양 안에서 사그라졌다 자라났다 함이다. 건괘▤·곤괘▤에 이러함 모두가 갖추어져 있고, 여섯 자식 괘[六子卦]들에도 이러함 모두가 갖추어져 있으며, 태괘▤·비괘▤, 임괘▤·관괘▤, 박괘▤·복괘▤, 둔괘▤·대장괘▤, 쾌괘▤·구괘▤ 등의 괘들 짝에도 이러함 모두가 갖추어져 있다.

착(錯)의 관계를 이루는 여덟 괘에도 이러함 모두가 갖추어져 있고, 종(綜)의 관계를 이루고 있는 28괘에도 이러함 모두가 갖추어져 있다. 착으로 하고, 종으로 하면, 두 괘가 하나 됨을 이루는데, 구별되지 아니한 채 모든 것이 뒤섞여 있는 것들이 태극의 온전함 속에서 서로 비비대며 흔들어 대고 있다.

　이들을 합해서 보면 순수함이 드러나고, 나누어서 보면 그 잡스러움이 드러난다. 그리하여 순수함에 잡스러움이 있고, 잡스러움도 순수함을 잃지 않고 있으니, 뉘라서 이들이 시작하고 끝남을 알리오? 그러므로 "태극에는 실마리가 없고, 음·양에는 시작함이 없다."[1674]라고 한다.

爲之次者, 就其一往一來之經緯而言之爾. 往來之序, 不先'震'·'巽'
而先'坎'·'離'; 消長之幾, 不先'復'·'姤'而先'泰'·'否'. 道建於中以受
全體, 化均於純以生大用, 非有漸也明矣. 如以漸而求之, 則'乾'必援
'震', '坤'必授'巽', '乾'必授'姤', '坤'必授'復', 強元化以稊·老·生·死
之幾, 而元化之始終可執, 其不肖天地之法象明矣.

역문 『주역』 64괘의 차례를 이루고 있는 것들은, 한 번은 갔다가 한 번은 왔다가 하는 경(經)과 위(緯)에 나아가 말한 것일 따름이다. 왔다 갔다 하는

1674　여기에서 '실마리가 없다[无端]'·'시작함이 없다[无始]'라고 한 것은, 원래 정이(程頤)가 했던 말이다. 정이는 "도란 한 번은 음이 되었다 한 번은 양이 되었다 한다. 움직임[動]·고요함[靜]에는 실마리가 없고, 음·양에는 시작함이 없다. 도를 제대로 아는 이가 아니라면 뉘라서 이를 알리오? 움직임·고요함은 서로 말미암아서 변화를 이룬다."라고 하였다.(『大易粹言』 권66, 「繫辭上」 2: 伊川先生曰, "道者, 一陰一陽也. 動靜无端, 陰陽无始. 非知道者, 孰能識之? 動靜相因而成變化.") 이에 대해 주희는, 움직임이란 앞에 있는 고요함의 끝자락인데, 사실은 이 고요함의 앞에는 또한 움직임이 있었고, 그 움직임의 앞에는 또한 고요함이 있으니, 이러한 식으로 얼마든지 위로 밀고 갈 수가 있어서 끝나지를 않는다. 그래서 '실마리가 없다', '시작함이 없다'라 한 것이라고 풀이하고 있다.(『朱子語類』 권74, 「易10, 上繫上」 제6장: 旣曰'無端無始', 如何又始於靜? 看來只是一箇實理, 動則爲陽, 靜則爲陰云云. 今之所謂動者, 便是前面靜底末梢. 其實靜前又動, 動前又靜, 只管推上去, 更無了期, 所以只得從這處說起.) 그런데 왕부지는 여기에서 '움직임[動]·고요함[靜]' 대신 '태극'을 넣어서 이렇게 말하고 있다.

순서에서는 진괘(震卦)☳ · 손괘(巽卦)☴가 먼저이지 않고, 감괘(坎卦)☵ · 리괘(離卦)☲가 먼저다. 그리고 사그라졌다[消] 자라났다[長] 함의 체제[機]에서는 복괘☷ · 구괘☰가 먼저이지 않고, 태괘(泰卦)☷ · 비괘(否卦)☰가 먼저다.

도(道)는 가운데에 서서 전체를 받아들이며, 지어냄[造化]은 순수함에서 균형을 이루어서 거대한 작용을 낳으니, 여기에 점진적인 것이 있지 않음은 명확하다. 그런데도 만약에 '점(漸)'의 논리로써 찾는다면, 건괘☰는 반드시 진괘(震卦)☳를 끌어당길 것이고 곤괘☷는 반드시 손괘(巽卦)☴를 끌어당길 것이며, 건괘☰는 반드시 구괘☰에게 주고 곤괘☷는 반드시 복괘☷에 줄 것이다. 그리고 하늘 · 땅의 으뜸 되는 지어냄[元化]을 억지로 어림 · 늙음 · 생겨남 · 죽음의 체제[機]로 구분할 것이니, 이렇게 되면 으뜸 되는 지어냄이 시작하고 끝남을 우리의 인식 속으로 들일 수도 있을 것이다. 이러함이 하늘 · 땅의 일체 사물의 현상을 반영해 내지 못함은 분명할 것이다.

无待也, 无留也. 无待, 則後卦不因前卦而有; 无留, 則前卦不資後卦以成. 渾淪之中, 隨所變合, 初无激昂, 又何有相反? 而規規然求諸名象以刻畫天地, 不已固乎!

역문 『주역』의 64괘 사이에서는 의지함도 없고, 지체함도 없다. 의지함이 없으니, 뒤의 괘가 앞의 괘로 말미암아서 있지 않고, 지체함이 없으니 앞의 괘가 뒤의 괘에 바탕이 되어서 이루어지게 하지도 않는다. 64괘 모두가 구별되지 아니한 채 뒤섞여 있는 속에서 변함[變]과 합함[合]에 따르는 것일 뿐 애초에 진작(振作)함도 격려함도 없거늘, 또한 어찌 상반됨이 있을쏘냐? 그런데도 얕고 좁은 식견에 구애되어 명(名)과 상(象)에서 구해서 하늘·땅에 새기고 그려 대니, 이미 고루하도다!

二經交錯, 各行其化, 屬卦之多寡, 陰陽之登耗, 不相值也. 故六子之屬, 與十二卦之屬, 犬牙互相函受, 而无同分之幹以成斷續之迹. 取諸法象, 則日月五緯經星之相錯, 曠萬年而无合璧連珠之日, 『易』亦如是而已矣. 故曰, "神无方而『易』无體".

역문 두 개의 경상(經常) 괘들이 교착(交錯)하면서 각기 그 화함[化]을 행하는데, 여기에 속하는 괘들은 많고 적음과 음·양의 증감(增減) 측면에서 서로 맞아떨어지지 않는다.[1675] 그러므로 여섯 자식 괘[六子卦]의 붙이와 열두 괘의 붙이가 개의 이빨들처럼 서로 맞물림에서는, 양쪽 수레바퀴가 지나가며 뒤로 끊어지고 이어지는 자취를 이룬 것을 둘로 똑같이 나눌 수 있음과 같은 것이 없다. 자연계의 모든 현상에서 보면, 해와 달, 오행성,[1676] 경성[1677] 등이 서로 교착하는 것들은 억만년의 세월이 흘러도, 반 개의 구슬[璧]을 합쳐서 둥그런 구슬을 만드는 것, 여러 개의 구슬을 하나의 꿰미에 펜 것처럼 딱 맞아떨어지는 날은 없다. 『주역』도 이와 같을 뿐이다. 그러므로 "하늘의 신묘함에는 정해진 곳이 없고, 『주역』에는 정해진 몸이 없다."[1678]라고 하는 것이다.

1675 왕부지는 앞에서 두 개의 경상 괘들을 말했다. 하나는 태괘(泰卦)䷊·비괘(否卦)䷋·임괘䷒·관괘䷓·박괘䷖·복괘䷗·둔괘(遯卦)䷠·대장괘䷡·구괘䷫·췌괘䷬의 계열로서 태괘(泰卦)䷊·비괘(否卦)䷋에 바탕을 둔 열두 괘들이고, 또 하나는 감괘䷜·리괘(離卦)䷝·진괘䷲·간괘䷳·손괘(巽卦)䷸·태괘(兌卦)䷹로서 여섯 자식 괘[六子卦]의 계열이다.
1676 목·화·토·금·수성 등 다섯 행성을 말한다.
1677 항성(恒星), 즉 붙박이별을 말한다. 5행성[緯星]에 비해 상대적으로 위치가 변하지 않는 별들이기 때문에 이렇게 부른다.

動靜, 其幾之見爾; 吉凶, 其時之偶爾; 貞淫, 其象之迹爾. 因而爲之名, 名不相沿, 如魚鳥木石之各著也; 因而有其義, 義不相倚, 如君父刑賞之各宜也. 在天有不測之神, 在人有不滯之理, 夫豈求秩叙於名義, 以限天人之必循此以爲津塗哉? 故曰, "『序卦』非聖人之書也."

역문 움직임[動]·고요함[靜]은 그 체제[機]가 드러내는 것일 따름이다. 길·흉은 그 때[時]가 우연히 그러할 따름이다. 좋고 궂음은 그 상(象)이 드러내는 자취일 따름이다. 이러한 것들에 근거하여 이름을 붙일 따름인데, 이렇게 이름 붙인 것들은 그 자체로 이러한 이름을 드러낼 뿐 서로 거슬러 올라가지 않는다. 예컨대 물고기와 새, 나무와 돌 등이 각각 그 자체로 드러내고 있는 것과도 같다. 또 이러한 것들에 근거하여 그 올바름[義]이 있게 되는데, 이러한 올바름은 서로 의지 않는다. 예컨대 임금과 아버지, 형(刑)과 상(賞) 등에 각기 마땅함[宜]이 있는 것과도 같다.

하늘에는 사람으로서는 헤아릴 수 없는 신묘함이 있고, 사람에게는 지체할 수 없는 이치가 있다. 그런데 어찌 이름과 올바름[義]에서 나름대로 조리와 순서[秩序]를 구해서, 하늘과 사람이 반드시 이를 따른다고 한정하며, 나루터[1679]와 길[1680]로 삼으려 하는가? 그러므로 나는 "이 『서괘전』은

1678 『계사상전』제4장에 나오는 말이다.
1679 이는 '나루터로 가는 길을 묻다[問津]'라는 것과 관련이 있다. 공자 일행이 세상을 유세하며 돌아다니다 그만 나루터 가는 길을 잃어버렸다. 그래서 근처에서 농사일에 열중하고 있던 은자(隱者)들에게 나루터 가는 길을 물었는데, 이들은 공자라면 나루터 가는 길쯤은 가르쳐 주지 않더라도 알 것이라며 일러 주지 않았다. 마치 모든 것을 다 알기라도 하는 양 세상 사람들에게 가르쳐 다니는 공자가 설마 나루터 가는 길도 모르겠느냐는 것이다. 여기에는 은자들이 은근히 공자를 비꼬는 것이 담겨 있다.(『論語』, 「微子」: 長沮桀溺耦而耕, 孔子過之, 使子路問津焉. 長沮曰, "夫執輿者爲誰?" 子路曰, "爲孔丘." 曰, "是魯孔丘與?" 曰,

성인[孔子]이 쓴 책이 아니다."라고 말하는 것이다.

1680 여기에서 말하는 '길'은 "천하 만물은 다 같은 곳으로 돌아가는데도 거기에 이르는 길은 다
달리한다.(『周易』, 『繫辭下傳』 제5장: 同歸而殊塗.)"라는 말에서의 '길'과 관련이 있다. 다
다르게 마련인 이 길들을 『서괘전』은 한정하는 문제점을 지니고 있다는 것이다.

잡괘전¹⁶⁸¹

雜卦傳

夫錯因嚮背, 同資皆備之材; 綜尚往來, 共役當時之實. 會其大全而
非異體, 乘乎可見而无殊用. 然則卦雜而德必純, 德純而无相反之
道, 其亦曙矣. 而『雜卦』之德恒相反者, 何也? 道之所凝者性也; 道
之所行者時也; 性之所承者善也; 時之所承者變也; 性載善而一本,
道因時而萬殊也.

역문 착(錯)은 괘들의 보이는 앞쪽[嚮]과 안 보이는 뒤쪽[背] 사이에서 발생하
며, 두 쪽의 괘들이 함께 모두 갖추어진 재질을 바탕으로 삼고 있다. 종
(綜)은 왕래함을 더 우선시하는 것인데, 이 종의 관계를 이루며 이웃하고
있는 괘들은 함께 해당하는 때[時]의 실질을 힘써 해낸다. 착의 관계에 있
는 괘들은 그 크게 온전함을 모으기는 하지만, 다른 몸[體]은 아니다.¹⁶⁸² 종

1681 이 『잡괘전』에는 '잡스러움[雜]'에 대한 왕부지의 통철한 철학이 잘 드러나 있다.

1682 보이는 앞쪽[嚮]과 안 보이는 뒤쪽[背]으로 착(錯)의 관계에 있는 괘들은 예외 없이 상반(相
反) 관계를 이루고 있다. 그러므로 양쪽의 두 괘를 모으면, 64괘 모두가 건괘▤ · 곤괘▤ 두
괘로 환원된다. 그래서 "그 크게 온전함을 모으기는 하지만 다른 몸[體]은 아니다."라 하는
것이다. '그 크게 온전함'이란 건괘▤ · 곤괘▤를 의미한다. '다른 몸[體]은 아니다'라는 것
은, 지금 보이는 앞쪽[嚮]과 안 보이는 뒤쪽[背]으로 상반되는 괘를 이루고 있지만, 결국은

의 관계에 있는 괘들은 볼 수 있는 체제[機]를 타고 있지만, 이들 사이에 다른 작용은 없다.[1683] 그렇다면 괘들은 잡스럽더라도 이들의 덕은 반드시 순수하며, 덕이 순수하여 상반되는 원리가 없다는 것 또한 분명한 것이다.

그런데도 이『잡괘전』에서 제시하고 있는 괘들의 특성[德]이 항상 상반되는 까닭은 무엇이겠는가. 한 번은 음이 되었다 한 번은 양이 되었다 하는 도(道)가 엉겨 있는 것은 성(性)이고, 이 도가 행하는 것은 때[時]며, 성이 계승하고 있는 것은 선(善)이다.[1684] 그리고 이 때가 타고 있는 것은 변함[變]이다. 그래서 사람들의 성은 선을 싣고 있어서 근본은 같고, 도는 때를 바탕으로 해서 드러나니 만 가지로 다 다르다.

則何以明其然邪? 一陰而不善, 一陽而不善, 乃陽一陰一而非能善也. 堅輭合, 則熨之而不安; 明暗交, 則合之而必疑; 求與勤, 則施之而不忘; 非能善也. 其善者, 則一陰一陽之道也: 爲主持之而不任其情, 爲分劑之而不極其才, 乃可以相安相忘而罷其疑, 於是乎隨所動而皆協於善.

역문 그렇다면 어떻게 이러하다는 것을 밝힐 수 있을까. 하나의 음(陰)은 선하지 않고, 하나의 양(陽)도 선하지 않으니, 그 까닭은 양 하나·음 하나로서는 선할 수 없기 때문이다. 굳은 것과 연약한 것이 합하면 연약한 것은

이들 두 괘는 건괘☰·곤괘☷가 이렇게 배열된 것이기에 다른 몸이 아니라는 의미다.

1683 종(綜)은 보이는 앞쪽에서 위·아래로 도치(倒置)의 관계를 이루고 있는 두 괘 사이에서 발생하므로 이렇게 말하는 것이다. 이들 두 괘는 도치의 관계에 있기에 서로 거꾸로 보이기는 하지만, 180° 돌려 보면 똑같은 괘이기 때문이다.

1684 이는『계사상전』제5장의 "한 번은 음이 되었다 한 번은 양이 되었다 함을 '도'라 한다, 이를 이어지게 하는 것은 선이다, 이를 이루고 있는 것은 성(性)이다.(一陰一陽之謂道, 繼之者善也, 成之者性也.)"라는 말을 전제로 해서 논하는 것이다.

눌러서 불안하고, 밝음과 어둠이 교접하면 함께하면서도 반드시 의심을 내며, 구하는 것과 주는 것에서 부지런하면 시행하며 잊어버리지를 못한다. 이러한 것들은 모두 선할 수 없다.

선함이란 한 번은 음이 되었다 한 번은 양이 되었다 하는 도(道)이다. 여기에서는 음·양이 각자의 역할을 주체적으로 맡아서 해내면서도 자기의 감정 그대로에 내맡기지 않고, 나누어서 주지하는 속에서 서로 조절하고 전체적으로 조화를 이루면서도 각자의 재질을 극한으로 발휘하지 않는다. 이렇게 해야 서로 평안하며 서로 잊어버려서 그 의심을 내칠 수 있다. 이렇게 함에서야 비로소 움직임을 따르면서 모두가 선함에 함께하는 것이다.

雖然, 陰陽之外无物, 則陰陽之外无道. 堅輭·明暗·求與, 賅而存焉, 其情不可矯, 其才不可易也. 則萬殊仍乎時變, 而必有其相爲分背者矣. 往者一時, 來者一時, 同往同來者一時, 異往異來者一時. 時亟變而道皆常, 變而不失其常, 而後大常貞終古以協於一. 小變而輸於所委, 大變而反於所衝, 性麗時以行道, 時因保道以成性, 皆備其備, 以各實其實, 豈必其始之有殊心, 終之无合理, 而後成乎相反哉? 故純者相峙, 雜者相遷, 聽道之運行不滯者, 以各極其致, 而不憂其終相背而不相通. 是以君子樂觀其反也.

역문 비록 그러하다고는 하여도 음·양 이외에 다른 물(物)은 없으니, 음·양의 밖에는 도가 없다. 음·양은 굳은 것과 연약한 것, 밝음과 어둠, 구하는 것과 주는 것 등을 다 갖추고 있으면서도, 그 마음 씀씀이[情]에서 교만할 수가 없고, 그 재질을 바꿀 수도 없다. 각자가 다 다른 만물은 때[時]와 변함[變]을 그대로 좇으니, 이들에게는 반드시 서로 간에 분열하고 배반함이 있다.

　가는 것도 한때이고, 오는 것도 한때이다. 같이 갔다가 같이 오는 것도 한때이고, 다르게 갔다가 다르게 오는 것도 한때다. 이처럼 때는 자주 변하지만 도는 모두 늘 같게 하며[常], 변하더라도 도는 늘 그 같게 함[常]을 잃어버리지 않는다. 이러한 뒤에 거대하고 늘 같으며 올곧음[大常貞]이 하나 됨에 영원토록 함께한다.

　구체적으로, 작게 변해서는 내맡겨진 것에서 효과를 내고, 크게 변해서는 부딪히는 것과 반대로 한다. 성(性)은 때[時]와 함께하면서도 도(道)를 행하고, 때는 도를 보존함으로써 성(性)을 이룬다. 이렇게 모두가 그 갖추고 있는 것을 갖추어 내면서, 각자가 그 실함을 실답게 하고 있다. 그러니 어찌 꼭 애당초 다른 마음을 품고, 끝내 합하는 이치 없이 끝내는 방식으로, 상반됨을 이루겠는가?

　그러므로 순수한 것들은 서로 대치하고, 잡스러운 것들은 서로 옮기면서, 도가 운행하며 정체하지 않음을 받아들임으로써 각기 그 극치를 이룬다. 그리고 끝내 서로 등진 채 통하지 않으리라고는 걱정하지 않는다. 이러한 까닭에 군자는 그 반대됨을 즐겁게 보는 것이다.

雜統於純, 而純非專一也. 積雜共處而不憂, 如水穀燥潤之交養其生, 生固純矣. 變不失常, 而常非和會也. 隨變屢遷而合德, 如温暑涼寒之交成乎歲, 歲有常矣. 雜因純起, 積雜以成純; 變合常全, 奉常以處變; 則相反而固會其通, 无不可見之天心, 無不可合之道符也.

역문 잡스러움은 순수함에 통괄되니, 순수함은 꼭 오로지 한 가지인 것만은 아니다. 잡스러운 것들이 한곳에 쌓여 있더라도 근심하지 않음은, 마치 물과 곡물, 말림과 적심 등이 번갈아 가며 그 생명을 함양하더라도, 생명은 본디 순수함과 같은 것이다. 변함에서도 '늘 그대로임[常]'을 잃어버리지 않고, '늘 그대로임'은 단순히 회합·절충한 것이 아니다. 변함을 따라 자주 변천하면서도 덕에 합치하는 것이니, 예컨대 봄의 따뜻함·여름의 더움·가을의 시원함·겨울의 추움 등이 교대하며 한 해를 이루지만, 한 해는 '늘 그대로임[常]'과 같다. 잡스러운 것들은 순수한 것을 바탕으로 해서 일어나고, 이 잡스러운 것들이 누적하여서 순수함을 이룬다. 또 변하는 것들은 '늘 그대로이며 온전한 것[常全]'에 합치하고 이 '늘 그대로임[常]'을 받들면서 변함에 처하니, 상반되더라도 본디 통함으로 모이는 것이다. 그러므로 이 잡스러운 것들에 하늘의 마음[天心]을 드러낼 수 없는 것이란 없고, 도에 부합할 수 없는 것이란 없다.

是以'乾'爲剛積, 初則'潛'而不'飛'; '坤'用柔成, 二則'直'而不'括'. '比'逢樂世, '後夫'抱戚於 '无號'; '師'蹈憂危, '長子'諧心於'三錫'. '未濟'男窮, '君子'之暉有'吉'; '夬'剛道長, '獨行'之愠 '若濡'. 即此以推, 反者有不反者存, 而非極重難回以孤行於一遷矣.

역문 이러한 까닭에 건괘▤는 굳셈[剛]들로 누적되어 있지만, 그 초효는 '물속에 잠긴' 것이지 '하늘을 나는' 것이 아니다. 또 곤괘▤는 부드러움[柔]들로 이루어져 있지만 그 2효는 '곧음[直]'이지 '동여 묶음[括]'이 아니다. 비괘(比卦)▤는 전체적으로 즐거운 세상을 만난 것이지만, '뒤늦게 오는 사나이'[1685]는 '통곡하며 슬피 울어 주는 이가 없음'[1686]에 한가득 근심을 안게 된

1685 이는 비괘(比卦)▤의 괘사에 나오는 말이다. 전체 괘사는 "길하다. 본래 건원(乾元)의 영원하고 올곧음을 택하였으니 허물이 없다. 안정되지 아니한 지방에서 오는데, 뒤늦게 오는

다. 그리고 사괘䷆는 근심과 위태로움을 겪는 괘이지만,[1687] '맏아들'은 '왕이 세 번 명령을 내림'에서[1688] 화합하는 마음이 된다. 미제괘䷿는 남자의 궁색함을 드러내고 있는 괘인데,[1689] '군자'의 광명에 '길함'이 있다고 하고 있다.[1690] 또 쾌괘䷪는 굳셈[剛]들의 도(道)가 자라나는 괘인데,[1691] 군자가 '홀로 가다가' '젖게 되어' 성냄이 있다고 하고 있다.[1692] 이들의 예를 통해서 미루어 보건대, 반대되는 것들에 반대가 되지 않음이 존재하니, 매우 엄중하고 돌아가기 어려워서 외길을 혼자 가는 것만은 아니다.

反者, 疑乎其不相均也, 疑乎其不相濟也. 不相濟, 則難乎其一揆;

사나이는 흉하다.(吉. 原筮元永貞, 无咎. 不寧方來, 後夫凶.)"로 되어 있다.

[1686] 이는 쾌괘䷪의 상육효사에 나오는 말인데, 왕부지는 여기에서 단순히 표현을 절실하게 하기 위해서 구사하고 있는 것으로 보인다.

[1687] 여기에서 비괘(比卦)를 '비괘(比卦)䷇는 전체적으로 즐거운 세상을 만난 것'이라 한 것이나, '사괘䷆는 근심과 위태로움을 겪는 괘'라 한 것은, "비괘(比卦)䷇는 즐거움을 드러내고 사괘(師卦)䷆는 우려함을 드러낸다.(比樂, 師憂.)"라고 하는 『잡괘전』의 서술을 따른 것이다.

[1688] '왕이 세 번 명을 내림'은 이 사괘䷆의 육이효사에 나오는 말이고[九二: 在師中吉, 无咎. 王三錫命.], '맏아들이 군대를 통솔함'은 이 사괘의 육오효사에 나오는 말이다.[田有禽, 利執言, 无咎. 長子帥師, 弟子輿尸, 貞凶.] 그리고 이 육오효사를 풀이한 『상전』에서는 "'맏아들이 군대를 통솔함'은 중위(中位)를 차지하고 있기 때문이다.('長子帥師', 以中行也.)"라고 풀이하고 있다. 이는 육오효를 왕으로 보는 것이고, 구이효를 그 맏아들로 보는 것이라 할 수 있다.

[1689] 이는 『잡괘전』에서 미제괘䷿에 대해 서술하는 말이다.['未濟', 男之窮也.]

[1690] 이는 미제괘䷿의 육오효사에서 하는 말이다. 그 전체 효사는 "올곧고 길하며 후회함이 없다. 군자의 광명이며 믿음성이 있다. 길하다.(貞吉无悔, 君子之光, 有孚, 吉.)"로 되어 있다.

[1691] 역시 『잡괘전』에서 쾌괘䷪에 대해 서술하는 말이다. 그 전체의 맥락은, "쾌괘䷪는 툭 터서 밀어냄을 드러내고 있으니, 굳셈[剛]들이 부드러움[柔]을 툭 터서 밀어내는 것이다. 그래서 군자의 도(道)는 자라나고, 소인의 도는 우려함이다.('夬', 決也, 剛決柔也. 君子道長, 小人道憂也.)"로 되어 있다.

[1692] 쾌괘䷪의 구삼효사에 나오는 말이다. 그 효사 전체는 "얼굴의 광대뼈에서 세참이니 흉함이 있다. 군자가 과감하게 결단하여 홀로 가다가 비를 만나 젖게 되어 성냄이 있지만 허물은 없다.(壯于頄, 有凶. 君子夬夬, 獨行遇雨若濡, 有慍, 无咎.)"로 되어 있다.

不相均, 則難乎其兩行. 其惟君子乎! 知其源同之无殊流, 聲叶之有
衆響也, 故樂觀而利用之, 以起主持分劑之大用. 是以肖天地之化
而无慙, 備萬物之誠而自樂. 下此者, 驚於相反而无所不疑, 道之所
以違, 性之所以缺, 其妄滋矣. 規於一致而昧於兩行者, 庸人也. 乘
乎兩行而執爲一致者, 妄人也.

역문 반대되는 것이란 서로 균등하지 않음에 대해서 의심을 하는 것이고, 서
로 도와서 이루어지도록 하지 않음에 대해 의심하는 것이다. 서로 도와서
이루어지도록 하지 않으면 똑같은 원칙을 따르기가 어렵고, 서로 균등하
지 않으면 함께 가기가 어렵다. 그러니 오직 군자만이 가능한 것이로다!
군자는 근원이 같으면 다르게 흘러가는 물이 없다는 것, 소리와 협운(叶韻)
에는 숱한 음향이 있다는 것을 알기에 이러한 것들을 즐겁게 보면서 이롭
게 쓴다. 나아가 군자는 자신의 역할을 주체적으로 맡아서 해내면서도 서
로 조절하며 전체적으로 조화를 이루어 내는 위대한 작용을 일으킨다. 이
러하기에 군자는 하늘·땅의 지어냄[造化]을 본뜨면서도 부끄러워할 것이
없고, 만물의 성실함을 자신의 덕으로 갖추어서 스스로 즐긴다.

이보다 못한 인간들은 서로 반대됨에 깜짝 놀라며 의심 내지 않음이 없
다. 이렇게 해서 도를 어기게 되고, 하는 짓에서 사람다움으로서의 성(性)
을 드러내지 못하게 된다. 그 결과 망령됨이 더욱 심해지는 것이다. 일치
해야 한다는 관념에 사로잡혀서 함께 가야 함을 망각하는 이는 평범한 사
람이고, 함께 감을 올라타고 있는 상황에서도 같이 가는 사람들의 특성
을 인정하지 않으며 그저 일치해야 한다고 고집하는 사람은 망령된 사람
이다.

夫君子盡性不安於小成, 因時不徼其極盛. 性无小成, 剛柔之嚮背
而同體; 時不徼盛, 憂樂之往來而遞用. 故道大无私, 而情貞不亂.
其不然者, 一用其剛, 一用其柔, 且有一焉不剛不柔, 以中剛柔而尸
爲妙; 一見爲憂, 一見爲樂, 且有一焉不憂不樂, 以避憂樂而偷其安.
則異端以爲緣督之經, 小人以爲詭隨之術矣.

역문 군자가 사람됨[性]을 다 발휘하면서 작게 이룸에 마음이 편안하지 않은
까닭은, 때[時]가 그러하여 극히 융성하기를 바라지 않기 때문이다. 사람됨
에는 작게 이룸이 없고, 굳셈[剛]·부드러움[柔]은 보이는 앞쪽[嚮]과 안 보
이는 뒤쪽[背]으로 같은 몸[體]을 이룬다. 때가 융성하기를 바라지 않더라도
근심과 즐거움이 왕래하며 번갈아 쓰인다. 그러므로 도는 커서 아무런 사
심이 없고 정(情)은 올곧아서 혼란하지 않다.

그러나 이렇지 아니한 사람은 한편으로 그 굳셈[剛]을 쓰고 한편으로 그
부드러움[柔]을 쓰며, 또한 한편으로는 굳셈도 부드러움도 아닌 굳셈·부
드러움의 중(中)을 취하며 오묘하다고 주장한다. 또 한편으로는 근심함을
내비치고 또 한편으로는 즐거워함을 내비친다. 아울러 한편으로는 근심하
지도 즐거워하지도 않은 채로 근심과 즐거움을 피하며 편안하기를 엿본
다. 그래서 이단들은 이를 '텅 빔을 원칙으로 삼아서 행하는 한결같음'[1693]
으로 여기고, 소인들은 시비곡직을 가리지 않고 망령되이 남의 의견을 따
르도록 하는 술수로 여긴다.

異端者, 小人之捷徑也. 有莊周之'寓庸', 斯有胡廣之'中庸'; 有莊周

1693 이에 대한 자세한 것은 앞 주230)을 참고하라.

之'至樂', 斯有憑道之'長樂'. 曰, "盛一時也, 衰一時也, 盛德必因於
盛時, 凉時聊安於凉德. 古人之道可反, 而吾心之守亦可反也. 吾自
有所保以怙成於一德, 而他奚恤哉?" 怙成於消而迷其長, 嚴光際光
武而用'蠱'; 怙成於往而迷其來, 許衡素夷狄而用'隨'. 其尤者: 譙周
賣國而日鳴其愛主, 可云'既濟'之定; 張邦昌篡位而苟託於從權, 且
矜'大過'之顚. 匡之以大, 則云 "吾從其一致"; 責之以正, 則云 "吾善
其兩行". 始以私利爲詖行, 繼以猖狂爲邪說, 如近世李贄之流, 導天
下以絕滅彝性, 遂致日月失其貞明, 人禽毀其貞勝, 豈不痛與!

역문 이단은 소인들이 빠지는 지름길이다. 장주(莊周)의 '우용(寓庸)'[1694]이 있
기에 호광(胡廣)의 '중용(中庸)'이 있는 것이고,[1695] 또 장주의 '지락(至樂)'이

1694 『장자』, 「제물론(齊物論)」에 나오는 말이다. 원래는 '寓諸庸(우저용)'이라 하여 세 글자로
쓰였는데(唯達者知通爲一, 爲是不用而寓諸庸. / 爲是不用而寓諸庸, 此之謂以明.), '중용'과
같은 두 글자로 맞추기 위해 '諸'는 생략하고 의미를 전달하는 '寓庸' 두 글자만 쓴 것으로
보인다. 『장자』의 이곳에서 '寓諸庸(우저용)'은 특별한 어느 하나의 쓰임에 국한하지 않고
'한결같은 쓰임[常用]에 내맡김'을 의미한다.

1695 호광(1369~1418)은 명대의 유명한 학자다. 강서성(江西省) 출신이다. 명나라 제2대 건문
제(建文帝) 2년(1400)에 동향의 왕간(王艮; ?~1402, 자는 敬止)과 전시(殿試)에 응시하였
는데, 본래 시험관(試驗官)들에 의해 시험성적으로써 왕간이 장원으로 결정되었다. 그런
데 그의 외모가 마땅치 않다는 이유로 건문제가 그를 2등으로 끌어내렸다. 그런데 당시는
건문제의 숙부 가운데 한 사람인 연왕(燕王; 나중에 건문제를 몰아내고 명나라의 제3대 황
제가 됨. 죽은 뒤 '永樂帝'라 칭함)이 정난(靖難)을 일으켜 건문제는 이에 시달리고 있던 상
황이었다. 이러한 상황인지라 건문제는 호광의 답안 가운데 "천자의 친족인 번왕(藩王)이
너무 날뛰자 민심이 요동친다.(親藩陸梁, 人心搖動.)"라고 한 말이 마음에 들었다. 그래서
건문제는 호광을 장원(壯元)으로 뽑고, 호광의 이름까지 '정(靖)'으로 바꾸어 주었다. 그리
고 그에게 한림원 수찬(修撰)이라는 벼슬을 주었다.

　연왕이 당시 수도인 금릉의 응천부(應天府)를 공격해 들어올 적에 왕간·호광·해진(解
縉; 1369~1415)·오부(吳溥; 1363~1426) 등이 모임을 가진 일이 있다. 이때 호광과 해진은
비분강개하며 연왕의 처사를 비판하였지만, 왕간만은 한마디도 하지 않은 채 훌쩍거리기
만 할 따름이었다. 이를 목격한 오부의 아들이, 아마 호광과 해진은 도성이 함락되면 건문
제를 따라 순절(殉節)할 것이라고 하였다. 그러나 오부는 이를 부인하며 저들의 말은 빈말

있기에¹⁶⁹⁶ 풍도(馮道)¹⁶⁹⁷의 '장락(長樂)'이 있는 것이다.¹⁶⁹⁸ 사람들은 말하기

일 따름이고 진정한 충신은 왕간이라고 하였다. 실제로 우려했던 상황이 현실이 되자 왕간은 음독자살하였지만, 호광과 해진은 언제 건문제의 명나라를 걱정하였느냐는 듯 연왕에게 나아가 무릎을 꿇고 충실한 신하로 변절하였다.

이제 새로이 천자가 된 영락제(永樂帝)의 명나라에서 호광은 승승장구하였다. 건문제가 하사하였던 이름조차 아무런 미련 없이 버리고는 원래의 이름 '광(廣)'으로 바꾸었다. 나아가 호광은 영락제의 충실한 신하로서의 소임을 다하였다. 두 차례 북정(北征)에 나선 영조가 그때마다 그를 데리고 나설 정도로 호광은 영락제로부터 두터운 신임을 받았다. 두 번째 북정에서는 역시 영락제를 따라나선 황손에게 경학과 사학을 가르치라는 명을 받기도 하였다. 영락 14년(1416), 문연각(文淵閣) 대학사(大學士)가 된 호광은 이후 영락제가 필요로 할 적마다 자신의 학식을 총동원하여 글을 지어 바치며 영합하였다.(이상『明史』권 143,「王艮傳」및『명사』권147,「解縉·胡廣傳」참고.)

호광의 변절과 이러한 인생 역정 때문에 '호광의 중용'이란 말이 생겨났다. 예컨대 주희는 '호광의 중용'을『중용』의 '중용'과 구별하고 있다.(『四書或問』권10,「論語, 公冶長」: '直'之爲言, 在昔聖賢, 未有以爲非, 美德者, 特惡其直, 而失於絞訐而已. 今槩以'直'爲非中庸之行, 吾不知其何所取而爲斯言耶. 然則斯人之所謂'中庸'者乃胡廣之'中庸', 而非子思之'中庸', 必也.) 그러나『성리대전(性理大全)』이라는 불후의 대작을 낳았으니, 이는 그의 변절이 지닌 아이러니라 할 것이다.

¹⁶⁹⁶ 『장자』,「지락(至樂)」에서 이를 논하고 있다. 장자는 여기에서, 세상 사람들이 '즐거움[樂]'이라 한 것을 모두 부인한 뒤, 역설적으로 자신의 '즐거움'이란 세속에서 '큰 괴로움[大苦]'이라 하며, '최고의 즐거움은 세속의 즐거움이 없는 것이며, 최고의 영예는 세속의 영예가 없는 것이라 하고 있다.["今俗之所爲與其所樂, 吾又未知樂之果樂邪? 吾觀夫俗之所樂, 擧群趣者誙誙然如將不得已, 而皆曰樂者, 吾未知之樂也, 亦未知之不樂也. 果有樂无有哉? 吾以无爲誠樂矣, 又俗之所大苦也. 故曰,"至樂无樂, 至譽无譽."]

¹⁶⁹⁷ 풍도(882~954)에 대해서는 앞 주1094)를 참고하라.

¹⁶⁹⁸ 풍도는 중국 역사상 가장 많은 조대(祖代)에서 종사하였고, 가장 많은 임금을 섬긴 인물로 유명하다. 그래서 그 스스로 오랜 세월에 걸쳐 복락(福樂)을 누리기도 하였지만, 민초들을 위해서 좋은 정책을 많이 시행하도록 임금들을 유도하기도 하였다. 이 풍도에 대한 역사가들의 평가는 호불호가 극단적으로 갈린다. 이는 앞에서 예로 든 호광과 비슷하다. 이들은 변절하고 의로움[義]을 어겼다는 점에서는 나쁜 평가를 받아 마땅하지만, 이들이 이룬 업적에서는 매우 탁월하였기 때문이다.

그래서 왕부지는 여기에서 이들을 나란히 거론하고 있는데, 이『주역외전』을 쓸 당시 이들에 대한 왕부지의 풍도에 대한 평가는 매우 안 좋다는 것이었다. 왕부지와 함께 명조(明朝)의 세 유로(遺老)로 꼽히는 황종희(黃宗羲)도 비슷한 견해를 보이고 있다.(黃宗羲,『明文海』, '辭'8, '黃叔度二誣辭': 且李氏既惡鄕原矣, 顧於胡廣·馮道有取焉, 何也? 盖李氏奇人, 盛氣喜事, 而不能無事, 以濟世爲賢, 而不以逝世爲高. 故喜稱胡廣之'中庸'·馮道之'長樂', 絶不喜叔度之無事.)

를, "융성함도 한때[時]요, 쇠미함도 한때다. 융성한 덕은 반드시 융성한 때 [時]에 의해 이루어지는 것이고, 알아주는 이 없이 외롭고 쓸쓸하게 지낼 때는 애오라지 이러한 때에 맞는 덕에 편안해야 한다. 옛사람들이 받들던 도(道)에 대해서도 반대로 할 수 있고, 내 마음으로 지키는 것에 대해서도 반대로 할 수 있다. 나에게는 스스로 보존하여 하나의 덕에 의지하며 이룸 이 있는데, 남이 어찌 이를 괘념한단 말인가?"라고 말한다.

그런데 사그라짐[消]에서 의지하며 이루었으나 자라남[長]에 대해서는 미혹되었던 이가 있었으니, 엄광(嚴光)[1699]이 후한의 광무제(光武帝; B.C.5~ 57A.D., 재위 25~57)와 마주했을 적에 고괘(蠱卦)䷑의 원리를 쓴 것이 그것이 다.[1700] 또 감[往]에서 의지하며 이루었으나 옴[來]에 대해서는 미혹되었던 이가 있었으니, 허형(許衡; 1209~1281)[1701]이 이적(夷狄)에 바탕을 두고서 수

그런데 왕부지는 이 『주역외전』을 쓴 뒤로 30년의 『주역』 공부를 더해서 쓴 『주역내전』 에서는 풍도에 대해, 때를 따르며 수용함을 취했다는 점에서 긍정적으로 평가하고 있다. 그는 여기에서 풍도의 행위를, 비괘(否卦)䷋ 「단전」에서 "때를 따르는 의의가 위대하도다 [隨時之義大矣哉!]"라고 함에 해당하는 것으로 본다. 다만 왕부지 당시의 소인들이 이들의 행위를 자신들의 행위에 가져다 맞추며 정당화하는 것에 대해서는, 염치를 상실한 것일 뿐 만 아니라 세상의 근심거리가 됨이 깊다고 비판하고 있다.(『주역내전』, 「단전」, 비괘䷋ 주: 撥亂反正·唯聖人順天道以行大用, 然後可以隨時, 故歎其時義之大, 非可輕用, 以枉道 從人. 近世無忌憚之小人以譙周·馮道隨時取容當之, 則廉恥喪, 而爲世患深矣.)

1699 엄광에 대해서는 앞 주217)을 참고하라.
1700 고괘䷑의 의미는 그 『단전』에서 "고괘는 굳셈은 위에 있고 부드러움은 아래에 있으며, 공 손하면서 멈추어 있으니, 이것이 고괘다.('蠱', 剛上而柔下, 巽而止, '蠱'.)"라고 하는 점에서 찾을 수 있다. 왕부지는 비록 엄광이 끝내 광무제에게 협조하는 것을 거절하였으나, 아랫 사람으로서 윗사람을 대하는 태도는 잃지 않았다고 보는 것이다.
1701 허형은 '노재선생(魯齋先生)'으로 불리는 인물로서, 당시 금(金)나라의 강역에 속하던 회주 (懷州) 하내(河內; 지금의 河南省 沁陽) 출신이다. 허형은 16세에 학문을 뜻을 두고 온 마 음을 기울여 유학의 경전 연구에 몰두하였다. 그의 나이 26세가 되던 해(1234)에 금나라는 몽골과 남송의 연합군에 멸망하였다. 그 뒤 허형은 30세에 과거에 합격하여 교학(敎學)을 업으로 삼게 되었고, 그 4년 뒤에는(1242) 정이(程頤)의 『역전』, 주희의 『사서장구집주(四 書章句集注)』, 『소학(小學)』 등을 입수하여 이를 교재로 삼아 제자들을 가르치게 되었다.

괘(隨卦)䷐의 원리를 쓴 것이 그것이다.[1702]

이들보다 더욱 심한 예로는 초주(譙周)가 나라를 팔아먹으면서도 스스로는 임금을 사랑하기 때문이라고 외쳐 대던 것이니,[1703] 이렇게 되면 기제

그의 나이 46세가 되던 해(1254), 쿠빌라이가 선무사(宣撫司)를 설치하여 그를 경조교수(京兆教授)에 임명하였다. 재직 4년 뒤에 허형은 고향인 하내(河內)로 돌아와 거주하였다. 그 2년 뒤(1260)에 쿠빌라이는 원(元)의 세조로 즉위하여 허형을 다시 연경(燕京)으로 불러들였다. 그리고 이듬해(1261)에 그를 국자감 좨주에 임명하였다. 얼마 지나지 않아 허형은 이를 사직하고 귀향하였다. 이 뒤로 쿠빌라이는 소환하고 허형은 벼슬에 나아갔다가 곧 사직하고 귀향하는 일이 반복되었다. 지원(至元) 8년(1271)에 허형은 또 집현전 대학사(集賢大學士) 겸 국자감 좨주에 임명되어 국자학(國子學) 과정을 설치하였다. 이때 허형은 교학에 온 정성을 기울이며 『소학』과 사서(四書) 및 자신이 지은 『대학직해(大學直解)』, 『중용직해(中庸直解)』, 『대학요략(大學要略)』, 『편년가괄(編年歌括)』, 『계고천자문(稽古千字文)』 등을 교재로 편찬하여 가르쳤다. 그리고 또 2년 뒤 허형은 사직하고 고향으로 돌아갔다. 그 3년 뒤인 지원 13년(1276) 허형은 쿠빌라이에 의해 다시 소환되어 쿠빌라이의 명에 의해 왕순(王恂), 곽수경(郭守敬) 등과 함께 역법을 만들기도 했다. 그 4년 뒤에 벼슬을 그만두고 고향으로 돌아갔다가 이듬해에 세상을 떠났다. 이처럼 그는 쿠빌라이의 조정에서 5번 벼슬에 나아갔고, 5번 사양하고 돌아왔다고 한다. 왕부지가 여기서 지적하는 것은 바로 이러한 허형의 행적에 문제가 있다는 것이다.

허형의 주요한 업적은 원나라에 국자학의 터전을 마련했다는 것과 정주학을 관학으로 정착시켰다는 것이다. 그보다 40년 연하인 오징(吳澄)과 함께 '남오북허(南吳北許)'로 불린다. 원대에 정주학을 계승한 양대 학자라는 의미다.(이상, 『元史』 권158, 「姚樞·許衡傳」 참고.) 이 허형에 의해 이후 동아시아의 유학은 주자학이 교조가 되었다.

[1702] 수괘(隨卦)䷐의 『단전』에서는 이 수괘의 의미에 대해, "수괘는 굳셈이 와서 부드러움의 밑에 있고, 움직이며 기뻐함이니, '따라감'의 의미로서 수괘가 된다.(隨, 剛來而下柔, 動而說, 隨.)"라 하고 있다. 굳셈[剛; ㅡ]들이 부드러움[柔; --]들의 아래에서 떠받들고 따라감을 드러내고 있다는 것이다. 왕부지는 여기에서, 굳셈으로 상징되는 한족의 대학자 허형(許衡)이 부드러움에 해당하는 몽골족의 원나라에 저항하지 않고 순순히 봉사하였다고 보고, 이렇게 비판하는 것이다.

[1703] 초주(201?~270)는 삼국시대 촉한의 학자요, 관리다. 파서(巴西)의 서충국(西充國; 지금의 四川省 西充) 출신이다. 어려서 아버지를 잃고 매우 가난하게 생활하였으나 열심히 육경(六經)을 공부하여 촉(蜀) 지방의 대유(大儒)가 되었다. 그래서 그를 '촉중공자(蜀中孔子)'라고 불렀다. 특히 천문(天文)에 대한 소양이 대단히 컸다. 그 문하에서 『삼국지』를 쓴 진수(陳壽)와 나헌(羅憲) 등의 저명한 학자들이 배출되었다. 제갈량이 익주(益州)의 목사(牧士)로 있을 적에 그를 권학종사(勸學從事)에 임명하였고, 유선(劉禪)을 태자로 세울 적에는 태자복(太子僕)에 임명하였다가 가령(家令)으로 전보하였다. 나중에는 중산대부(中散大夫), 광록대부(光祿大夫)가 되었다.

괘██의 명운은 정해졌다고 말할 수 있을 것이다.[1704] 또 장방창(張邦昌;

그는 나라에 대한 충성심과 의리가 대단하였고 백성에 대한 사랑과 우환이 남달랐다. 여러 차례 군대를 따라 출정하면서 그는 수년간의 전쟁 때문에 백성들의 삶이 얼마나 피폐해졌는지를 잘 알게 되었다. 그래서 그는 위(魏)나라와 전쟁을 벌이는 북벌(北伐) 전쟁에 일관되게 반대하였다. 국력을 소모하고 백성을 힘들게 한다는 이유에서였다. 그는 당시 촉나라에 가장 절실한 것은 백성들을 쉬게 하고 병력을 줄이는 것이라 하였다.

그는 전쟁을 벌였을 때의 이해득실을 놓고 상서령(尚書令) 진기(陳祇; ?~258)와 논쟁을 벌이다 결론이 나지 않자 물러나서 글을 지었다. 이것이『구국론(仇國論)』이다. 경요(景耀) 6년(263), 위(魏)의 대장군 등애(鄧艾)가 촉나라를 침입하여 여러 고을을 유린할 적에 견디지 못한 백성들이 산야로 달아나는 일이 있었다. 촉나라의 후주 유선(劉禪)은 속수무책이었다. 이에 열린 군신회의(群臣會議)에서 초주는 위나라에의 투항을 건의하였다. 그리고 회의 결과는 그의 주장대로 되었다. 위나라에서는 그에게 전국을 경영할 만한 능력이 있다고 보고 양성정후(陽城亭侯)에 봉하였다. 왕부지가 여기서 지적하는 점은 바로 이것으로 보인다. 왕부지는, 그가 때[時]와 의(義)를 정확하게 판단한 것으로 평가하는 것이다.

나중에 진(晉)나라를 연 사마씨(司馬氏)의 정권에서는 초주의 인물됨을 높이 평가하여 기도위(騎都尉), 산기상시(散騎常侍)에 임명하였다. 그러나 그는 작위와 봉토를 돌려주려고 하였으나 뜻을 이루지 못했고, 산기상시에는 병이 위중하여 부임하지는 못한 채 죽었다.『구국론』외에도『고사고(古史考)』,『촉본기(蜀本紀)』,『논어주(論語注)』,『오경연부론(五經然否論)』등이 있으나 모두 일실되어 오늘날에 전하지는 않는다.(이상,『三國志』,「蜀書, 譙周傳」참고.)

1704 이 기제괘██의 괘사에서는 "형통하다. 소인이 이롭고 올곧으며, 처음에는 길하지만 끝내는 혼란해진다.(亨. 小利貞, 初吉終亂.)"라 하고 있다. 그리고 이를 풀이한『단전』에서는 괘사에서 '형통하다'고 했던 것에 대해, "'이미 이루어서 형통하다.'라는 것은 소인이 형통하다는 것이다.('既濟亨', 小者亨也.)"라고 풀이하고 있다. 그리고 괘사에서 '끝내는 혼란해진다'고 함에 대해서는 "끝마치게 되면 혼란스러워짐은 그 도(道)가 궁하기 때문이다.(終止則亂, 其道窮也.)"라고 풀이한다.

그런데 왕부지는 이 기제괘██에 대해 전반적으로 "'이미 이루어짐'이라는 것이 하늘의 지어냄[造化]에는 없다. 사람의 일에도 없고 물(物)들에게서도 이러한 이치는 없다. 하늘의 지어냄[造化], 사람의 일, 물(物)들의 이치가 비록 복잡다단하기는 해도 거기에는 반드시 순수함이 있다. 그런데 이 기제괘██처럼 지극히 잡스러우면서 순수하지 않음은, 오직 커다란 혼란의 세상에서 한결같음이라고는 없는 소인이 그 의도와 욕구를 파는 것을 드러내고 있을 뿐이다. 그러므로 형통한 이는 오직 소인뿐이니, 음(--)들이 각기 군셈(—)을 올라타고서 그 위로 나오지 않은 것이 없다. 한 괘의 여섯 위(位)가 군셈으로 나뉘고 부드러움으로 나뉜 것에 어찌 꼭 의로움에 반드시 합치하며 음·양의 올바름이 아닌 것이 있겠는가! 그러므로 '이롭고 올곧다'라고 할 수 있는 것이다. 그러나 요컨대 이 기제괘██에서는 군셈이 군셈의 위(位)를 차지하고 부드러움이 부드러움의 위(位)를 차지하여, 정서상 서로 맞지 않고, 세력으로도 서로 균형을 이루어 아래로 내려오겠다는 이가 없다. 이러한데도 오

1081~1127)은 황위(皇位)를 찬탈하였으면서도 구차하게 어쩔 수 없이 임시 변통의 방법을 따랐다고 평계를 댔으니,[1705] 이는 또한 대과괘䷛의 전복(顚

래 유지할 수 있다는 것에 대해서 나는 들어 본 적이 없다. … 혼란은 꼭 이미 이루어지기까지를 기다려서 발생하는 것이 아니라, 그 이루어짐을 구할 당시에 벌써 싹트고 있는 것이다.(『주역내전』, 기제괘䷾: '既濟'者, 天無其化, 人無其事, 物無其理. 天之化, 人之事, 物之理, 雖雜而必有純也. 至雜而不純, 唯大亂之世, 無恒之小人以售其意欲, 故所亨者唯小也, 陰無不乘剛而出其上也. 夫六位之分剛分柔, 豈非義之必合而爲陰陽之正哉? 故可謂之'利貞'; 而要未聞剛以居剛, 柔以居柔, 情不相得, 勢不相下者之可久居也. … 亂非待旣濟之後; 當其求濟, 而亂已萌生矣.)"라고 풀이하고 있다.

1705 장방창은 북송의 진사(進士) 출신으로서 휘종·흠종 시기에 상서우승(尙書右丞)·상서좌승(尙書左丞)·중서성 시랑(侍郎)·소재(少宰)·태재(太宰) 겸 문하시랑(門下侍郎) 등의 관직을 역임하였다. 금나라 군대가 변량(汴梁)을 포위하고 있을 때 장방창은 화의(和議)를 주장하였으며, 강왕(康王) 조구(趙構; 1107~1187, 남송의 고종으로 재위 1127~1162, 태상황 1162~1187)와 함께 금나라에 인질로 잡혀가서 송나라의 영토 일부를 할애해 주고 배상도 해 주겠다고 하며 화의를 청하였다. 귀국 후 정강(靖康) 2년(1127), 금나라 군대가 다시 쳐들어와서 휘종(徽宗)·흠종(欽宗) 두 황제와 송나라 황족 470여 명 및 문무백관 15,000여 명을 잡아서 금나라 수도로 압송해 가는 일이 벌어졌다. 이른바 '정강지변(靖康之變)', 또는 '정강의 치욕[靖康之恥]'이다.

금나라 군대는 이제 집권층이 비게 된 송나라에 괴뢰 정부를 세우고자 했다. 금나라에서는 이때 송조(宋朝)와는 다른 성씨를 가진 인물이어야 한다는 조건을 내세웠고, 이렇게 해서 장방창이 그 당사자로 지목되었다. 장방창은 이 괴뢰 황제 자리가 얼마나 위험한 자리이고, 그 앞에 가시밭길이 열려 있음을 잘 알고 있기에 극구 사양하였으나 안 될 일이었다. 금나라 군대는 장방창이 끝까지 거부하면 개봉부 사람들을 몰살하겠다고 위협하였다. 장방창으로서는 마지못해 황위에 오르는 것을 수락할 수밖에 없었다. 장방창은 자신이 황위에 오르는 조건으로 금나라 군대가 포로로 잡고 있는 송나라 관원들을 대거 사면한다는 것을 내세워서 관철하기도 하였다.

황위에 오르는 날 장방창은 금나라 군대가 써 준 책명(冊命)을 그대로 읽을 수밖에 없었고, 다 읽고 나서 그는 황위에 올랐다. 그리고 국호를 '대초(大楚)'라 하고, 수도를 금릉(金陵; 오늘날의 南京市)에 두었다. 장방창은 딱 32일 동안 황제의 자리에 있었다. 금나라 군대가 물러간 뒤 장방창은 황제의 옷을 벗어던지고 황제의 호칭도 버렸다. 그리고는 폐위된 원우황후(元祐皇后; 1073~1131)를 찾아내서 연복궁(延福宮)에 거처하게 한 뒤 군왕(郡王)에 봉하고는 자신은 그 자리를 벗어났다.

나중에 장방창은 남하하여 응천부(應天府; 오늘날의 하남성 商丘 지역)에 있던 강왕을 만나 땅에 엎드려 통곡하며 죽여 줄 것을 간청했다. 자신이 황위에 오를 수밖에 없었던 것은 이렇게 함으로써 당시 송나라에 닥친 어려움을 풀고자 하는 것 이외에 다른 것이 없다고 하였다.(이상 『宋史』 권475, 「열전제234, 叛臣 上」 참고.)

覆)됨[1706]을 자랑스럽게 여기는 것이다. 그런데 이단들은 이를 '커다람[大]'으로써 바로잡는답시고 "나는 그 일치를 좇겠다."라고 할 것이고, '올바름[正]'으로써 꾸짖는다면서는 "나는 그 양행(兩行)을 좋게 여긴다."라고 할 것이다.

처음에는 사사로운 이익에서 출발하여 한쪽으로 치우친 행위를 일삼다가, 계속해서는 미치광이의 사악한 설을 퍼뜨리기에 이른 것은, 근세 이지(李贄; 1527~1601)[1707]의 무리다. 이들은 세상 사람들을 선천적으로 타고난

강왕은 응천부에서 남송의 황제[高宗]로 즉위한 뒤 장방창을 태보(太保)에 임명하였고, 국군절도사(國軍節度使)·동안군왕(同安郡王)에 봉했으며, 태부(太傅)로 발탁하였다. 그러나 장방창이 황궁에서 궁녀를 범했다는 고발을 받고, 남송의 고종은 장방창에게 죽음을 내렸다. 이에 장방창은 자결하는 것으로서 생을 마감하였다.(『續資治通鑑』 권100.) 그러나 이듬해인 건염(建炎) 2년(1128), 고종은 장방창과 그 아들, 형, 사위 등의 명예를 회복시켜 주었다.(『建炎以來系年要錄』 권20.)

그러나 이하지변(夷夏之辨)에 철저하고 '정강의 치욕'에 절치부심(切齒腐心)하던 왕부지로서는 장방창이 황위에 오른 것 자체를 아예 용납할 수가 없었다. 비록 장방창은 자신이 금나라 군대의 요구를 받아들임으로써 더는 송나라 관원들과 백성들이 고초를 당하지 않을 수 있다는 심산에서 일종의 희생정신을 발휘한 것이었다고 할 수 있으나, 왕부지는 여기에서 장방창에 대해 이렇게 가차 없는 비판을 가하고 있다. 왕부지의 이러한 평가에는, 비운의 인생을 산 장방창에게 좀 가혹한 면이 있다고 할 수 있다.

1706 '대과괘䷛의 전복됨'은 『잡괘전』에서 이 대과괘䷛에 담긴 의미를 서술하며 하는 말이다. 왕부지는 이에 대해 『주역내전』에서, "'대과괘䷛는 엎어짐을 드러내고 있다.'라는 것은, 근본과 말단이 휘었다는 것을 의미한다.('大過'顚'者, 本末撓也.)"라고 풀이한다. 이는, 이 대과괘䷛의 괘사 가운데서 '용마루가 휨이요(棟橈)'라 한 것을, 『단전』에서 "대과괘䷛는 큰 것이 지나침이다. 용마루가 휨은 본말이 약하기 때문이다.(大過, 大者過也. 棟橈, 本末弱也.)"라고 풀이함을 받아들이는 것이라 할 수 있다. 즉 대과괘䷛는 본말이 약해서 휘어지고, 그래서 전복됨을 상징한다는 것이다. 이는 금나라에 의한 송나라의 멸망을 상징한다고 볼 수 있다. 그런데 왕부지는, 장방창이 비록 괴뢰 정부일망정 그 황위(皇位)에 올랐다는 것은, 이를 자랑스럽게 여겼다고 보는 것이다.

1707 이지는 호가 탁오(卓吾)·독오였다. 복건(福建)의 천주(泉州) 출신이다. 그는 개성이 강하여 남과 좀처럼 어울리기 어려운 유형의 사람이었고, 어떠한 것에도 구속되려 하지 않는 성격이었다. 가정(嘉靖) 31년(1552) 향시에 급제하였는데, 이후로는 자기 뜻이 거기에 있지 않다고 보고 다시는 과거에 응시하지 않았다.

그러나 이지는 하남(河南) 공성(共城)의 교유(敎諭)·남경(南京) 국자감 박사(國子監博

떳떳한 본성을 아주 없애 버리는 쪽으로 끌고 갔다. 그러고는 마침내 해와 달이 그 정명(貞明)을 잃어버리고, 사람과 짐승 사이에서의 정승(貞勝)을 잃어버리게까지 하였다. 그러니 어찌 통절하다고 하지 않겠는가!

士)·북경 예부사무(禮部司務)·남경 형부원외랑(京刑部員外郎)·운남(雲南) 요안지부(姚安知府) 등의 관직을 지냈다. 만력 8년(1580) 요안지부를 사직한 뒤로 다시는 벼슬길에 나서지 않고, 호북(湖北)의 황안(黃安)에 거주하는 동안 벗 경정리(耿定理)에 의지하며 살아갔다. 그러다 경정리가 죽자, 이지는 마성(麻城)의 용호(龍湖)로 옮겨 지불원(芝佛院)을 짓고 거주하며 승려와 같은 삶을 살았다.

용호에 거주하는 20년 동안 이지는 그를 찾아온 사람들과 승속(僧俗)을 가리지 않고 대화를 나누었고, 나머지 시간에는 독서와 저술로 소일했다. 그의 저작 대부분은 이 시기에 쓰였다. 『분서(焚書)』, 『장서(藏書)』, 『속장서(續藏書)』, 『역인(易因)』 등이 여기에 속한다.

이지는 일찍부터 왕수인(王守仁; 1472~1529)의 고제(高弟)인 왕기(王畿; 1498~1583)·나여방(羅汝芳; 1515~1588) 등을 알고 마음속으로 이들을 깊이 추숭했다. 이지의 스승 왕벽(王襞; 1511~1587)은 양명좌파인 태주학파의 창시자 왕간(王艮; 1483~1541)의 아들이었다. 그래서 이지의 학풍은 자연스레 태주학파를 계승하게 되었다. 인연으로도, 그의 성격으로도, 이지에게는 양명학이 맞았다고 할 수 있다. 이지는 또 초횡(焦竑; 1540~1620)과도 교류하며 우정을 돈독히 하였다. 이지는 만력 29년(1601)년, 도를 어지럽히고 혹세무민한다는 죄명으로 체포되어 투옥되었다. 이에 이지는 옥중에서 칼로 목을 찔러서 자결하였다. 향년 75세였다.

이지는 그의 저작 속에서 풍자의 수법으로 유가의 성인(聖人)들을 조롱하였다. 그리고 유가의 경전들과 선유들의 가르침을 매우 못마땅하게 여기며 비판하였다. 유가의 경전들은 성인들의 친저(親著)가 아니라 후학들이 기록한 것이어서 가치가 떨어지고, 설사 성인의 말이라 하더라도 당시에나 약발이 먹히는 것일 뿐 영원토록 가르침을 주는 지론(至論)일 수 없다고 혹평하였다. 그는 보통 사람들이 성인을 위대하다고 믿는 것은 그저 미신일 뿐이고, 유학자들이 신봉하는 도통설(道統說)도 허구라 하였다. 그래서 유가의 서적들은 모두 불살라 버려야 한다[焚書]고까지 극단적인 표현을 하게 된 것이다.

이지는 당시의 도학자들에 대해서도, 겉으로는 도학을 한다지만 속으로는 부귀를 탐하는 족속이라고 비판하였다. 그들이 비록 유학자의 의복을 입고 있어도 행동은 개·돼지와 다를 바가 없다고 하며 신랄하게 성토하였다. 아울러 도학자들은 허위로 가득 찬 인물들로서 추악하기 이를 데 없고, 사람 세상을 운용하는 데서 전혀 쓸모가 없는 존재들이라고 하였다. 이리하여 당시의 통치 계급이 볼 때, 이지는 양립할 수 없는 인물로 여겨질 수밖에 없었다. 그래서 그들은 이지를 '이단(異端)'으로 지목하였고, 반드시 죽여 없애야 할 인물로 간주하였다. 그리고 결말은 그의 비극적 죽음으로 끝났다.

天之生斯人也, 道以爲用, 一陰一陽以爲體. 其用不滯, 其體不偏. 嚮背之間, 相錯者皆備也; 往來之際, 相綜者皆實也. 迹若相詭, 性奚在而非善? 勢若相左, 變奚往而非時? 以生以死, 以榮以賤, 以今以古, 以治以亂, 天不可見之天心, 无不可合之道符. 是故神農‧虞‧夏世忽徂, 而嗇於孤竹之心; 『周禮』‧『周官』道已墜, 而存於東魯之席. 亦奚至驚心於險阻, 以賊道於貞常也哉!

역문 하늘이 이 사람들을 생함에서, 도는 작용이 되고, 한 번은 음이 되었다 한 번은 양이 되었다 하는 기(氣)는 몸[體]이 된다. 그래서 그 작용은 정체하지를 않고, 그 몸은 한쪽으로 치우지지 않는다. 보이는 앞쪽[嚮]과 안 보이는 뒤쪽[背]으로 서로 착(錯)을 이룸 속에 모든 것이 갖추어져 있고, 번갈아 갔다[往] 왔다[來] 하는 속에 서로 종(綜)을 이룸에서 모든 것이 실답다.

드러나는 자취로만 보면 마치 서로 어그러지는 듯하지만, 사람의 본성 어디에 선(善)하지 않음이 있을 것인가? 또 세(勢)로는 서로 달라서 일치하지 않는 듯하지만, 변함[變]이 어디로 흘러간다 한들 때[時] 아님이 있겠는가? 이렇게 하면서 생겨나고 죽으며, 영예를 누리기도 하고 비천한 신세가 되기도 한다. 또 지금이기도 하고 과거이기도 하며, 사람 세상을 살맛 나는 것으로서 안정되게 이끌기도 하고[治] 반대로 사람 세상을 혼란스럽게 하여 살기 어렵게 끌어가기도[亂] 한다. 그러나 이러한 것들 어디에서도 하늘의 마음[天心]을 볼 수 없는 곳이란 없고, 도에 부합할 수 없는 것이란 없다.

그러므로 신농씨(神農氏)‧순임금의 우(虞)나라‧우임금의 하(夏)나라는 명(命)을 다하고 갔지만, 이들의 훌륭함은 고죽군(孤竹君)[1708]의 마음에 남아 있다. 또 『주례(周禮)』‧『주관(周官)』의 도는 이미 적용할 수 없게 되었지만, 동로(東魯)의 자리에 존재하였다.[1709] 그러니 어찌 자신이 현재 당하는 험난하고 꽉 틀어막힘에 놀라서, 올곧게 늘 그대로임을 유지하고 있는 도를 해친단 말인가!

是以君子樂觀其雜以學『易』, 廣矣, 大矣, 言乎天地之間則備矣. 充天地之位, 皆我性也; 試天地之化, 皆我時也. 是故歷憂患而不窮, 處死生而不亂, 故人極立而道術正. 『傳』曰, "苟非其人, 道不虛行", 聖人贊『易』以竢後之君子, 豈有妄哉! 豈有妄哉!

역문 이러한 까닭에 군자는 이 세상의 잡스러움을 즐겁게 바라보면서 『주역』을 공부하는 것이니, '아득히 넓다.', '거대하다.'라는 말에 하늘·땅 사이에 대한 것이 갖추어져 있다. 하늘·땅의 위(位)를 채우고 있는 것 모두가 나의 성(性)이고, 하늘·땅의 지어냄[造化]을 맞닥뜨리며 시험하고 있는 것도 모두 나의 때[時]다.

그러므로 우환을 겪으면서도 궁하지 않고, 죽고 사는 갈림길에 처해서도 혼란스러워하지 않기에, 사람 세상의 표준[人極]이 세워지고 도술(道術)은 올발라진다. 『계사하전』에서는 "진실로 거기에 해당하는 사람이 아니면 『주역』의 도(道)는 결코 헛되이 행해지지 않는다."[1710]라고 하니, 성인들

1708 고죽군은 상(商)나라 때 고죽국(孤竹國) 임금의 봉호(封號)다. 고죽국은 오늘날의 하북성 (河北省) 노룡현(盧龍縣) 지역에 있었다. 백이(伯夷)·숙제(叔弟)는 이 고죽군의 두 아들 이다.

1709 '『주례(周禮)』·『주관(周官)』의 도는 이미 적용할 수 없게 되었다'라는 것은, 이들에 의해 다스려지던 주나라가 쇠하고 춘추시대로 접어들었다는 것이고, '동로(東魯)'의 자리에 존재 하였다'라는 것은, 공자(孔子)가 『춘추』를 써서 『주례(周禮)』·『주관(周官)』의 도를 드러 내고 있다는 것이다.

1710 「계사하전」 제8장에 나오는 말이다. 점을 쳐서 얻은 괘·효사가 그것을 얻을 만한 자질과 자격이 없는 사람에게는 해당하지 않는다는 것이다. 『주역』의 도(道)는 결코 이러한 사람

께서 『주역』을 지어서 후세의 군자를 기다림에 어찌 망령됨이 있으리오, 어찌 망령됨이 있으리오!

들에게까지 헛되이 행해지지 않기 때문이다. 따라서 점쳐서 얻은 괘·효사보다는 그것을 얻을 만한 자질과 자격을 갖추는 것이 우선이라는 의미가 된다.

저자 소개

왕부지 王夫之

왕부지는 1619년 중국 호남성(湖南省) 형양(衡陽)에서 태어나 가학(家學)으로 공부하였으며, 20살에 잠시 장사(長沙)의 악록서원(嶽麓書院)에서 공부하였다. 그의 나이 20대 중반에 명나라가 멸망함으로써 선비로서 의로움[義]을 피워 낼 국가가 없어져 버려, 평생을 명나라의 유로(遺老)로 살면서 학문에 매진한 결과 주희와 함께 중국 전통 철학을 대표하는 최고의 경지에 올랐다는 평가를 받는다. 문·사·철에 두루 달통하였던 그는 『주역내전』·『주역외전』을 비롯한 『주역』 관련 5부작 외에도, 『시광전(詩廣傳)』, 『상서인의(尚書引義)』, 『속춘추좌씨전박의(續春秋左氏傳博議)』, 『사서훈의(四書訓義)』, 『독사서대전설(讀四書大全說)』, 『독통감론(讀通鑑論)』, 『영력실록(永曆實錄)』, 『장자정몽주(張子正蒙注)』, 『노자연(老子衍)』, 『장자해(莊子解)』, 『상종락색(相宗絡索)』, 『초사통석(楚辭通釋)』, 『강재문집(薑齋文集)』, 『강재시고(薑齋詩稿)』, 『고시평선(古詩評選)』, 『당시평선(唐詩評選)』, 『명시평선(明詩評選)』 등 불후의 거작들을 남겼다. 1692년 74세를 일기로 서거함으로써 가난과 굴곡으로 점철한 평생을 마감하였다.

1619년 9월(음): 중국 호남성(湖南省) 형주부(衡州府; 오늘날의 衡陽市) 왕아평(王衙坪)의 몰락해 가는 선비 집안에서 아버지 왕조빙(王朝聘; 1568~1647)과 어머니 담씨(譚氏) 부인 사이에 3남으로 태어났다. 어려서의 자(字)는 '삼삼(三三)'이었고, 성장한 뒤의 자(字)는 '이농(而農)'이었다. '부지(夫之)'는 그 이름이다. 왕부지의 호는 대단히 많다. 대표적인 것만을 소개하면, 강재(薑齋), 매강옹(賣薑翁), 쌍길외사(雙吉外史), 도올외사(檮杌外史), 호자(壺子), 일호도인(一瓠道人), 선산노인(船山老人), 선산병수(船山病叟), 석당선생(夕堂先生), 대명전객(大明典客), 관아생(觀我生) 등이다. 호는 20개가 넘는데, 스스로는 '선산유로(船山遺老)'라 불렀다. 왕부지와 함께 명조(明朝)의 세 유로(遺老)로 불리는 황종희(黃宗羲; 1610~1695)보다는 9살 아래고, 고염무(顧炎武; 1613~1682)보다는 6살 아래다. 동시대에 활약한 대학자 방이지(方以智; 1611~1671)보다는 8살 아래다.

1622년(4세): 자신보다 14살 연상의 큰형 왕개지(王介之; 1605~1687)에게서 글을 배우기 시작하다. 왕개지는 그의 자(字)를 좇아 '석애(石崖)선생'으로 불렸는데, 경학에 조예가 깊은 학자로서『주역본의질(周易本義質)』과『춘추사전질(春秋四傳質)』등의 저술을 남겼다. 왕부지는 9살 때까지 이 왕개지로부터 배우면서 많은 영향을 받았다. 그런데 왕부지는 7살에 13경을 다 읽을 정도여서 '신동(神童)'으로 불렸다.

1628년(10세): 아버지에게서 경전을 배우기 시작하다.

1637년(19세): 형양(衡陽)의 재야 지주인 도씨(陶氏)의 딸에게 장가를 들다. 이해부터 숙부 왕정빙(王廷聘)에게서 중국의 역사를 배우기 시작하였다.

1638년(20세): 장사(長沙)의 악록서원(嶽麓書院)에 입학하다. 동학인 광붕승(鄺鵬升) 등과 함께 '행사(行社)'라는 독서 동아리를 만들어 경전의 의미와 시사(時事)에 대해 토론하였다.

1639년(21세): 관사구(管嗣裘)·곽봉선(郭鳳躔)·문지용(文之勇) 등 뜻이 맞는 벗들과 함께 '광사(匡社)'라는 동아리를 꾸려 정권의 잘잘못과 예측 불가능할 정도로 급변해 가는 시사를 주제로 토론하며 대안을 세웠다.

1644년(26세): 청나라 세조(世祖)가 북경에 천도하여 황제로 즉위하고 청나라 왕조를 세웠다. 왕부지는 명나라 멸망에 비분강개하며『비분시(悲憤詩)』100운(韻)을 짓고 통곡하였다. 그리고 형산(衡山)의 쌍길봉(雙吉峰)에 있는 흑사담(黑沙潭) 가에 초가집을 짓고 거처하며 '속몽암(續夢庵)'이라 불렸다.

1646년(28세): 비로소『주역』을 공부할 뜻을 세우고『주역패소(周易稗疏)』4권을 지었다. 아버지로부터『춘추』를 연구하여 저술을 내라는 명을 받았다. 도씨(陶氏) 부인과 사별하였다.

1647년(29세): 청나라 군대가 형주(衡州)를 함락시키자 왕부지 일가는 흩어져 피난길에 올랐다. 이 도피 생활 중 그의 아버지가 서거하였다.

1648년(30세): 왕부지는 형산(衡山) 연화봉(蓮花峰)에 몸을 숨긴 채『주역』공부에 더욱 매진하였다. 그러다가 기회를 타서 벗 관사구(管嗣裘)·하여필(夏汝弼)·성한

(性翰; 승려) 등과 함께 형산 방광사(方廣寺)에서 거병하였다. 그러나 이 의병활동이 실패로 돌아가자, 밤낮으로 험한 산길을 걸어가 당시 조경(肇京)에 자리 잡고 있던 남명정부 영력(永曆) 정권에 몸을 맡겼다. 병부상서 도윤석(堵允錫)의 추천으로 한림원 서길사(庶吉士)에 제수되었으나 부친상이 끝나지 않은 이유로 사양하였다.

1649년(31세): 왕부지는 조경(肇京)을 떠나 구식사(瞿式耜)가 방어하고 있던 계림(桂林)으로 갔다. 그리고는 다시 계림을 떠나 청나라 군대의 수중에 있던 형양(衡陽)으로 돌아와 어머니를 모시고 살게 되었다.

1650년(32세): 부친상을 마친 왕부지는 당시 오주(梧州)에 자리 잡고 있던 남명 정부를 다시 찾아가 행인사행인(行人司行人)의 직책을 맡게 되었다. 그런데 조정의 실세인 왕화징(王化澄)의 비행을 탄핵하다 그의 역공을 받아 투옥되었다. 농민군 수령 고일공(高一功; 일명 必正)의 도움으로 간신히 죽음을 면한 왕부지는 계림으로 가서 구식사(瞿式耜)의 진영에 합류하게 되었다. 그러나 청나라 군대가 계림을 핍박하는 바람에 다시 피난길에 올라 두메산골에서 나흘을 굶는 등 갖은 고초를 겪었다. 이해에 정씨(鄭氏)부인과 재혼하였다.

1654년(36세): 상녕(常寧)의 오지 서장원(西莊源)에서 이름을 바꾸고 복식을 바꾼 채 요족(瑤族)에 뒤섞여 살았다. 이때의 경험으로 왕부지는 중국 소수민족들의 생활상을 알게 되었고, 이들에 대한 인식을 바꾸게 되었다. 그리고 명나라 멸망으로부터 얻은 교훈을 정리하는 저술활동에 몰두할 결심을 굳힌다.

1655년(37세): 진녕(晉寧)의 산사(山寺)에서 『주역외전』을 저술하였고, 『노자연(老子衍)』초고를 완성하였다.

1657년(39세): 4년 가까이 지속된 도피 생활을 마치고 서장원에서 돌아와 형산 쌍길봉(雙吉峰)의 옛 거처 속몽암(續夢庵)에서 기거하게 되었다. 그리고 유근로(劉近魯)의 집을 방문하여 6천 권이 넘는 장서를 발견하고는 그 독파에 시간 가는 줄을 몰랐다.

1660년(42세): 속몽암으로부터 형양(衡陽)의 금란향(金蘭鄉; 지금의 曲蘭鄉) 고절리

(高節里)로 거처를 옮겼다. 수유당(茱萸塘) 가에 초가집을 짓고 '패엽려(敗葉廬)'라 부르며 기거하였다.

1661년(43세): 정씨부인과 사별하였다. 정씨부인의 이해 나이는 겨우 29세였다. 아내 의 죽음에 깊은 상처를 받은 왕부지는 그 쓰라린 감정을 애도(哀悼) 시로 남긴다.

1662년(44세): 남명(南明)의 영력제(永曆帝)가 곤명(昆明)에서 오삼계(吳三桂)에게 살 해당했다는 소식을 듣고 『삼속비분시(三續悲憤詩)』100운(韻)을 지었다.

1665년(47세): 여전히 패엽려에 기거하며 『독사서대전설(讀四書大全說)』전 10권을 중정(重訂)하였다.

1669년(51세): 장씨(張氏) 부인을 세 번째 부인으로 맞이하였다. 이해에 30세부터 써 오던 근고체 시집 『오십자정고(五十自定稿)』를 펴냈다. 그리고 『속춘추좌씨전박 의(續春秋左氏傳博議)』상·하권을 지어서 부친의 유명(遺命)에 부응하였다. 수유 당(茱萸塘) 가에 새로이 초가집 '관생거(觀生居)'를 짓고 겨울에 이사하였다. 그 남 쪽 창가에 유명한 "六經責我開生面(육경책아개생면), 七尺從天乞活埋(칠척종천걸 활매)"라는 대련(對聯)을 붙였다. 풀이하면, "육경이 나를 다그치며 새로운 면모를 열라 하니, 이 한 몸 하늘에 산 채로 묻어 달라 애걸하네!"라는 것이다. 육경의 정 확한 풀이가 자신에게 임무로 맡겨졌으니, 필생의 정력을 다해 이 임무를 완수할 동안만 내 생명을 허락해 달라고 하늘에 빈다는 것이다. 여기에서 '산 채로 묻어 달라고 하늘에 애걸한다[乞活埋]'라고 하는 구절이 필자에게는 처연한 충격으로 다 가온다. 자신의 남은 생을 산 채로 묻힌 것처럼 살며 오로지 육경 의미를 밝히는 데 온통 바치겠다는 통절한 다짐으로 보이기 때문이다. 이렇게 사는 것이 스스로 자부하는 문화민족으로서 한족(漢族) 지식인에게 허락된 길이라는 깨달음을 반영 한 것으로 보인다.

1672년(54세): 『노자연(老子衍)』을 중정(重訂)하였다. 그러나 불행히도 그의 제자 당 단홀(唐端笏)이 이것을 빌려 갔다가 그 집이 불타는 바람에 그만 소실(燒失)되고 말았다. 지금 전해지는 것은 그가 37세 때 지은 초고본이다.

1676년(58세): 상서초당(湘西草堂)에 거처하기 시작하다. 『주역대상해(周易大象解)』

를 지었다.

1679년(61세): 『장자통(莊子通)』을 짓다.

1681년(63세): 『상종락색(相宗絡索)』을 지었다. 그리고 제자들의 요청으로 『장자(莊子)』 강의용 『장자해(莊子解)』를 지었다.

1685년(67세): 병중임에도 제자들의 『주역』 공부를 독려하기 위해 『주역내전』 12권과 『주역내전발례』를 지었다.

1686년(68세): 『주역내전』과 『주역내전발례』를 중정(重訂)하였고, 『사문록(思問錄)』 내·외편을 완성하였다.

1687년(69세): 『독통감론(讀通鑑論)』을 짓기 시작하다. 9월에 병든 몸을 이끌고 나가 큰형 왕개지(王介之)를 안장(安葬)한 뒤로 다시는 바깥출입을 하지 않았다.

1689년(71세): 병중에도 『상서인의(尙書引義)』를 중정(重訂)하였다. 이해 가을에 「자제묘석(自題墓石)」을 지어 큰아들 반(攽)에게 주었다. 여기에서 그는, "유월석(劉越石)의[1] 고독한 울분을 품었지만 좇아 이룰 '명'(命)조차 없었고,[2] 장횡거(張橫渠)의 정학(正學)을 희구했지만 능력이 부족하였다. 다행히 이곳에 온전히 묻히나[3] 가슴 가득 근심을 안고 세상을 하직하노라!"[4]라고 술회하고 있다.

---

1 유곤(劉琨; 271~318)을 가리킨다. '월석(越石)'은 그의 자(字)다. 유곤은 서진(西晉) 시기에 활약했던 인물이다. 그는 건무(建武) 원년(304년) 단필제(段匹磾)와 함께 석륵(石勒)을 토벌하게 되었는데, 단필제에 농간에 의해 투옥되었다가 죽임을 당하였다. 나중에 신원되어 '민(愍)'이라는 시호를 추서 받았다. 이처럼 자기도 모르는 사이에 진행된 일 때문에 정작 이적(夷狄)을 토벌하려던 입지(立志)는 펴 보지도 못하고 비명에 간 유곤의 고분(孤憤)을 왕부지는 자신의 일생에 빗대고 있다.

2 이해는 명나라가 청나라에 망한 지 벌써 48년의 세월이 흐른 뒤이다. 왕부지는 명조(明朝)의 멸망을 통탄해 마지않았고, 끝까지 명조에 대한 대의명분을 지키며 살았다. 이처럼 한 평생을 유로(遺老)로 살았던 비탄(悲嘆)이 이 말 속에 담겨 있다.

3 이 말은 그와 더불어 청조(淸朝)에 저항하였던 황종희(黃宗羲), 고염무(顧炎武), 부산(傅山), 이옹(李顒) 등이 비록 끝까지 벼슬을 하지 않으면서도 치발령(薙髮令)에는 굴복하여 변발을 하였음에 비해, 왕부지 자신만은 이에 굴하지 않고 죽을 때까지 머리털을 온존하며 복색(服色)을 바꾸지 않았음을 술회하는 것처럼 보인다.

4 王之春, 『船山公年譜』(光緒19年板), 「後篇」, 湖南省 衡陽市博物館, 1974: 抱劉越石之孤憤,

1690년(72세): 『장자정몽주(張子正蒙注)』를 중정(重訂)하였다.

1691년(73세): 『독통감론(讀通鑑論)』 30권과 『송론(宋論)』 15권을 완성하였다.

1692년(74세): 정월 초이튿날(음) 지병인 천식으로 극심한 고통 속에 서거하다.

저서: 왕부지는 중국철학사에서 가장 방대한 양의 저술을 남긴 인물 중의 한 사람으로 꼽힌다. 대표적인 것만 꼽아도 다음과 같다.

『주역내전(周易內傳)』, 『주역외전(周易外傳)』, 『주역대상해(周易大象解)』, 『주역고이(周易考異)』, 『주역패소(周易稗疏)』, 『상서인의(尙書引義)』, 『서경패소(書經稗疏)』, 『시경패소(詩經稗疏)』, 『시광전(詩廣傳)』, 『예기장구(禮記章句)』, 『춘추가설(春秋家說)』, 『춘추세론(春秋世論)』, 『춘추패소(春秋稗疏)』, 『속춘추좌씨전박의(續春秋左氏傳博議)』, 『사서훈의(四書訓義)』, 『독사서대전설(讀四書大全說)』, 『설문광의(說文廣義)』, 『독통감론(讀通鑑論)』, 『송론(宋論)』, 『영력실록(永曆實錄)』, 『장자정몽주(張子正蒙注)』, 『사문록(思問錄)』, 『사해(俟解)』, 『악몽(噩夢)』, 『황서(黃書)』, 『노자연(老子衍)』, 『장자해(莊子解)』, 『장자통(莊子通)』, 『상종락색(相宗絡索)』, 『초사통석(楚辭通釋)』, 『강재문집(薑齋文集)』, 『강재시고(薑齋詩稿)』, 『곡고(曲稿)』, 『석당영일서론(夕堂永日緖論)』, 『고시평선(古詩評選)』, 『당시평선(唐詩評選)』, 『명시평선(明詩評選)』

而命無從致; 希張橫渠之正學, 而力不能企. 幸全歸于玆邱, 固銜恤以永世."

역주자 소개

김진근

연세대학교 철학과에서 학부, 대학원을 마침(문학사, 문학석사, 철학박사. 지도교수: 裵宗鎬 · 李康洙)

북경대학교 고급진수반(高級進修班) 과정 수료(지도교수: 朱伯崑)

연세대학교, 덕성여대 등에서 강의

한국교원대학교 교수(전)

국제역학연구원(國際易學研究院) 상임이사

한국동양철학회(韓國東洋哲學會) 감사(전)

한국교원대학교 도서관장(전)

대표 논문

· 「왕부지 『周易外傳』의 无妄卦 풀이와 道 · 佛 兩家 비판에 대한 고찰」

· 「太極'論의 패러다임 轉換에서 드러나는 문제점과 그 해소」

· 「대통령의 탄핵을 계기로 본 유가의 군주론」

· 「왕부지의 『장자』 풀이에 드러난 '무대' 개념 고찰」

· 「왕부지의 겸괘 「대상전」 풀이에 담긴 의미 고찰」

· 「互藏其宅'의 논리와 그 철학적 의의」

· 「船山哲學的世界完整性研究(中文)」 외 40여 편

저서

『왕부지의 주역철학』, 『주역의 근본 원리』(공저)

역서

『주역내전』, 『완역 역학계몽』, 『역학철학사』(전8권, 공역)

An Annotated Translation of "JUYEOKOEJEON